법집행기관 조사
후회없이 대처하기

위반하기 쉬운 주요 금융법규 해설 포함

검찰 경찰
금융감독원 공정거래위원회
감사원

오용석 지음

박영사

　필자는 30년간 금융감독원에서 근무하면서 은행, 증권사, 자산운용사 등 금융회사 검사와 자본시장 불공정거래 조사 업무를 담당했다. 다양한 사람들을 조사하고 행정조치와 수사기관 고발·통보하는 과정에서 인간적으로 상당한 심적 갈등을 겪기도 했다. 많은 사례들 가운데는 전임자 업무처리를 단순히 답습하거나 책임자라는 이유만으로 처벌을 받는 안타까운 사정도 있었기 때문이다. 또 금융관련 규정에 무지하여 금융법규를 위반하고, 조사단계에서 은폐나 변명에만 급급하면서 조사에 충실히 대응하지 못해 결국은 징계나 형사처벌을 받고 후회를 거듭하는 사례들도 많았다.

　우리가 30세에 일자리를 찾는다 해도 30년 이상 경제활동을 하게 된다. 그 오랜 기간동안 검찰, 경찰, 금융감독원, 공정거래위원회, 감사원 문턱을 한 번도 넘어보지 않고 은퇴하는 사람은 거의 없을 것이다. 그만큼 우리는 삭막한 현대사회에 살고 있어 언제 어디서 어떤 곤란을 당할지 모른다. 선량한 일반인들에게 '후회막급(後悔莫及)'이 아닌 '유비무환(有備無患)'이 필요하다는 필자의 그간 아쉬움은 이 책의 집필로 이어지게 되었다.

　이 책 1편에서는 법집행기관별로 조사절차는 어떻게 되며, 어떤 단계를 거쳐 처벌이 결정되는지, 처벌에는 어떤 종류가 있는지 정리해 보았다. 조사받는 입장이 되면 무엇보다도 조사기관의 조사절차, 처벌 결정 과정 등을 명확히 알고 있어야 최적의 대처를 할 수 있기 때문이다.

2편에서는 기본 권리조차 모르는 상태에서 주먹구구식으로 조사받다 후회하지 않도록 어떻게 대응하는 것이 최선일지 참고가 될 수 있는 사항들을 설명한다.

3편에서는 일반인이 유의할 금융법규를 설명한다. 차명금융거래, 보험사기, 외국환거래 위반, 개인정보침해는 다양한 법규위반 위험으로 다가오고 있다. 미공개정보 이용 금지 등 불공정거래 규제들도 위반하기 쉬운 법규들이다.

'적수단신(赤手單身)'이라는 말이 있다. 맨손과 홀몸이라는 뜻으로, 재산도 없고 의지할 데도 없는 외로운 몸을 이르는 말이다. 문제가 생기면 그 많던 친구들도, 직장동료들도 도움을 외면하는 경우가 비일비재하다. 또 성실히 일하다가 발생한 문제임에도 조직은 냉정하게 모른 체하기 일쑤이다.

갈수록 각박해지는 세상에서 평생 법집행기관의 조사를 한 번도 받지 않은 선량한 일반인들이 매일 내려야 하는 수많은 결정 중에 문제가 될 수 있는 것들을 골라 내고, 주위 충고도 가려 들으며, 상사 지시 중 부당한 것들을 파악하는 지혜가 이책을 통해 생기기를 바라는 마음이 간절하다. 그리고 조사를 받을 예정이거나 법규위반으로 고민하고 있다면 이 책의 정보와 조언을 통해 슬기롭게 대처하여 한치의 억울함이나 아쉬움이 없도록 잘 해결해 나갔으면 좋겠다.

고비 때마다 보호해 주시고 새로운 길을 열어주신 하나님의 은혜에 깊이 감사드리고, 한결같이 곁을 지켜준 아내 현승, 두 딸 지선과 지은에게 무한한 사랑을 전하며, 일찍 하나님 곁으로 떠난 동생 승원에게 이 책을 바친다.

2022. 8. 저자 오용석

차례

제2편 **피조사자로서 유의할 점과 권리** **165**

제3편 　**위반하기 쉬운 금융법규** 　　**269**

제 1 편

법집행기관 조사절차 및 처벌의 종류

1 검찰 · 경찰

2 금융감독원

3 공정거래위원회

4 감사원

　　춘추시대 최고의 책략가였던 손무가 쓴 손자병법에는 '지피지기 백전불태(知彼知己 百戰不殆)', 즉 적을 알고 나를 알면 백번을 싸워도 위태롭지 않다는 유명한 말이 있다. 어떠한 이유로든 법집행기관에서 조사받게 되는 경우 가장 기본이 되는 것이 조사받는 상대방 조사기관의 특성, 고유한 조사절차와 처벌의 종류에 대하여 철저히 파악하는 것이다. 그래야 그 조사기관에 맞는 전략을 수립할 수 있고, 이를 바탕으로 본인의 사건을 분석하여 단계마다 적절한 논리와 주장을 함으로써 처벌의 위험을 최소화할 수 있다.

　　이 책 1편에서는 검찰, 경찰, 금융감독원, 공정거래위원회, 감사원 등 조사기관[1]에서 조사를 받게 되는 경우 참고가 될 수 있도록 각 조사기관별로 구체적인 조사절차와 처벌의 종류 등을 설명하고자 한다. 금융감독원, 공정거래위원회, 감사원 등 행정조사기관[2]의 법규 위반행위 조사는 그 자체로 심각한 처벌을 받을 수 있을 뿐 아니라, 중대한 위반의 경우 행정처벌에 그치지 않고 행정조사 결과를 검찰 등에 고발·통보하여 형사소추까지 이어진다는 점에서 검찰과 경찰의 조사에 상응하는 중요성이 있다. 모든 내용은 관련 법·규정, 판례와 해당 조사기관이 공개한 자료 등에 근거하여 작성되었음을 밝혀둔다.

1　이 책에서는 검찰, 경찰, 금융감독원, 공정거래위원회, 감사원을 편의상 "조사기관"으로 통칭한다.

2　이 책에서 설명하는 금융감독원, 공정거래위원회, 감사원 외에도 조사기능을 갖는 행정기관은 많을 것이다. 조사에 따르면 현행 약 1,500여개의 법률에서는 대부분 행정조사에 관련한 규정을 두고 있다(이천현 등, '행정기관의 범죄조사권 현황 분석 및 개선방안 연구', 한국형사정책연구원 연구총서 20-A-07, 2020. p. 53.).

01 / 검찰·경찰

　　검찰·경찰(이하 '검경')의 수사절차는 기본적으로 형사소송법을 근간으로 한다. 세부 절차와 내용은 '검사와 사법경찰관의 상호협력과 일반적 수사준칙에 관한 규정', '경찰수사규칙', '검찰사건사무규칙', '인권보호 수사규칙'[3] 등에서 자세히 규정하고 있다. 이는 검경 수사가 필연적으로 형사처벌 등 개인에게 치명적인 영향을 미칠 수 있는 조치를 수반할 수 있으므로 이를 투명하게 처리하도록 하여 국민의 인권을 보호하기 위함이다. 따라서 검경 수사를 받게 된다면 우선적으로 위 규정들을 찾아[4] 정독해야 한다. 이 책에서는 위 규정들을 중심으로 검경 수사절차에 대하여 설명할 예정이다.

---

[3] 　2019. 10. 31. 수사방식 개선을 위해 제정된 규칙으로, 기존에 법무부훈령이던 '인권보호수사준칙'을 법무부령으로 상향해 규범력을 높이고 인권 보호와 관련된 중요 규정들을 신설하였다.

[4] 　각 규정의 세부내용은 국가법령정보센터(www.law.go.kr)에서 바로 찾아볼 수 있다.

검경 간 수사권 관계 고민은 형사소송법 제정 당시부터 있었다[5]

검경 수사절차 설명에 앞서 일명 '검수완박'(검찰수사권 완전 박탈) 이슈로 대표되는 검찰과 경찰 수사권 조정 경과에 대하여 먼저 살펴보자. 약 70년 전인 1954. 9월 형사소송법 제정 당시부터 검찰과 경찰의 수사권 관계를 어떠한 형태로 설정할 것인지는 고민이었다. 당시 국회 공청회에서 법제사법위원회 엄상섭 의원이 '장래에 있어서는 우리나라도 조만간 수사권하고 기소권하고는 분리시키는 이러한 방향으로 나가는 것이 좋겠다는 생각을 가지고 있습니다'라고 하자 당시 검찰총장이었던 한격만은 '앞으로 백년후면 모르겠지만 검사에게 수사권을 주는 것이 타당하다고 생각합니다'라고 답변한다.[6] 당시에는 경찰에 대해서 일제강점기 '순사'로 통했던 인권침해적 수사가 많았던 기억이 있어 경찰을 견제하려고 여러 가지 논쟁에도 불구하고 검찰에게 기소권 독점과 수사권을 부여한 것으로 보인다. 이후로도 현재에 이르기까지 검찰과 경찰의 수사권 논의는 끊임없이 이어져 왔다.[7]

---

5   필자는 내용을 집필하면서 정치적인 의도나 편향성 없이 역사적 사실과 규정 위주의 객관적인 입장에서 기술하였다. 이는 필자의 개인적 판단보다 일반인의 시각에서의 판단과 영향을 염두에 두었기 때문이다.

6   이동희, '형사사법 개혁동향과 경찰·검찰의 역할변화' 경찰학연구 제9호 2005. pp. 48-49

7   역대 정부별로 검경 수사권과 관련한 특징을 살펴보면 박정희 정부 집권기는 검찰권이 급격히 강화되었던 시기로 경찰의 수사권 독립 주장이 드러나지 않았으나, 1980년대 전두환 정부 및 노태우 정부 때 경찰의 수사권 독립 주장이 간헐적으로 제기되었다. 1990년대 김영삼 정부가 들어서면서 여당인 민주자유당이 경찰에게 독자적 수사권을 주는 방안을 제안하기도 했으나 구체적인 진전은 없었다. 김대중 정부가 들어서면서 검찰과 경찰의 수사권 대립이 표면화되었다. 당시 연립여당인 국민회의와 자민련의 민생안정대책위원회는 신속하고 효과적인 수사를 위해 단순경미범죄에 한하여 경찰에게 독자적 수사권을 부여하는 법 개정을 추진하겠다고 발표하기도 하였는데 이때 검찰을 견제할 목적의 '특별검사제도'가 처음 도입되었다. 노무현 정부에서도 민생침해범죄에 대하여 경찰의 독자적 수사권 부여를 대선공약으로 제시하고 검찰과 경찰로 구성된 수사권조정협의체를 발족시키는 등 노력을 하였으나 눈에 띄는 결과는 없었다. 이명박 정부 때에도 검경 수사권 조정, 검찰개혁과 관련하여 상당한 논의가 있었으며, 상설특검제가 도입되었다. 박근혜 정부 때 검찰개혁이 대선공약사항이었으며 이후 대검 중수부가 폐지되었다. 문재인 정부 역시 검찰개혁을 대선 공약으로 제시했고 정권 초기부터 국정 과제에 포함하는 등 검경 수사권 조정을 적극적으로 추진하였다.

2021. 1월 시행된 검경 수사권 조정[8]

2020년 이전에는 경찰이 수사개시 권한만 보유하였던 반면 검찰은 수사 개시권, 수사지휘권, 수사종결권, 기소독점권을 모두 가지고 있었다. 2018. 6. 21. 법무부장관·행정안전부장관의 '검경 수사권 조정 합의문'과 국회 사법개혁특별위원회 논의를 거쳐 마련된 형사소송법과 검찰청법 개정안이 2021. 1월부터 시행되면서 상당한 수준의 검경 수사권 조정이 이루어졌다.[9]

과거 검경 역할과 달라진 2021년 검경 수사권 조정의 핵심은

① 경찰이 사건을 검찰에 송치하기 전에는 원칙적으로 검사의 수사지휘를 받지 않도록 하는[10] 수사지휘권 폐지,

② 과거에는 경찰이 수사한 모든 사건을 검찰에 송치하여야 했지만 이제는 범죄 혐의가 인정된 경우만 송치하도록 하여 경찰에 수사종결권 부여,

③ 검찰이 직접 수사를 개시할 수 있는 범죄의 범위를 부패범죄, 경제범죄, 공직자범죄, 선거범죄, 방위사업범죄 등 6대 범죄, 경찰공무원이 범한 범죄로 제한한 것이다.[11]

---

8 2021. 1월 검경 수사권 조정 시행 후 변경된 사항들은 이 책의 내용에 이미 반영되어 있다.

9 2021. 1. 1. 시행된 검경 수사권 조정은 수사권 분산과 상호 견제를 통해 수사권이 국민의 인권을 지키면서 민주적이고 효율적으로 행사되도록 하는데 그 목적이 있다고 천명한다(대한민국정책브리핑(www.korea.kr)/기획&특집/정책위키/한눈에보는정책/).

10 예외적으로 검찰은 경찰의 수사과정에서 법령위반, 인권침해 또는 현저한 수사권 남용이 의심되는 사실의 신고가 있거나 그러한 사실을 인식하게 된 경우에는 사건기록 등본의 송부를 요구할 수 있고, 송부를 받은 검찰은 필요한 경우 경찰에게 시정조치를 요구할 수 있으며, 검찰은 시정조치 요구가 정당한 이유 없이 이행되지 않은 경우에 경찰에게 사건을 송치할 것을 요구할 수 있다(형사소송법 제197조의3).

11 그 외에도 국민의 방어권을 보장하고 공판 중심주의를 구현하기 위해 검사가 작성한 피의자 신문조서의 증거능력을 경찰과 동일하게 변경하고, 경찰이 신청한 구속영장을 검사가 청구하지 않을 경우 경찰이 영장심의위원회에 심의신청을 할 수 있도록 하였다.

2021년 검경 수사권 조정에 따른 변화

		수사권 조정 전		2021. 1월 수사권 조정 후	
		경찰	검찰	경찰	검찰
수사권*	수사개시권 (보완수사권**)	○ (-)	○ (○)	○ (-)	△ (○)
	수사지휘권		○		×
	수사종결권	×	○	○	○
영장청구·기소권		×	○	×	○

* 일반적으로 수사권이라 함은 수사개시권, 수사지휘권, 수사종결권을 포함하는 개념
** 보완수사권: 경찰이 수사하여 송치한 사건에 대하여 검찰이 직접 보완수사할 수 있는 권한

2021년 검경 수사권 조정에 따른 검찰의 직접 수사권 변경

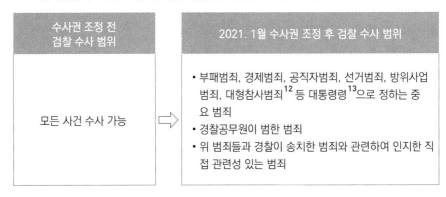

수사권 조정 전 검찰 수사 범위	2021. 1월 수사권 조정 후 검찰 수사 범위
모든 사건 수사 가능	• 부패범죄, 경제범죄, 공직자범죄, 선거범죄, 방위사업범죄, 대형참사범죄[12] 등 대통령령[13]으로 정하는 중요 범죄 • 경찰공무원이 범한 범죄 • 위 범죄들과 경찰이 송치한 범죄와 관련하여 인지한 직접 관련성 있는 범죄

---

12 • 부패범죄: 주요공직자의 뇌물, 특정범죄가중법상 뇌물·알선수재, 정치자금, 배임수증재 등
　　• 경제범죄: 특정경제범죄법상 사기·횡령·배임, 공정거래, 금융증권범죄, 마약수출입 등
　　• 공직자범죄: 주요공직자의 직권남용, 직무유기, 공무상비밀누설 등 직무상 범죄
　　• 선거범죄: 공무원의 정치관여, 공직선거·위탁선거·국민투표 등 관련 범죄
　　• 방위사업범죄: 방위사업의 수행과 관련한 범죄
　　• 대형참사범죄: 대형 화재·붕괴·폭발사고 등 관련범죄, 주요통신기반시설 사이버테러 범죄
13 검사의 수사개시 범죄 범위에 관한 규정 제2조.

검경 수사권 조정으로 인해 검찰과 경찰의 관계는 과거 지휘·감독관계에서 이제는 상호협력 관계로 전환되었다. 형사소송법에는 검찰과 경찰이 수사, 공소제기 및 공소유지에 관하여 서로 협력하여야 한다는 조문이 신설되고[14] 경찰의 모든 수사에 관하여 검사의 지휘를 받도록 하는 조문 내용도 삭제하였다.[15] 다만, 공소 유지 목적 또는 경찰의 수사권 남용 등의 예외적인 경우 검찰이 경찰에게 보완수사나 시정조치를 요구할 수 있게 하여[16] 견제가 이루어질 수 있도록 하였다.

2022. 9월 시행된 검경 수사권 조정[17]

일명 '검수완박'으로 불리우는 2022년 검경 수사권 조정으로 검찰의 직접 수사개시 가능 범위가 이전보다 축소되었다. 당초 민주당에서 2022. 4. 15. 발의한 형사소송법 및 검찰청법 개정안은 검찰이 공소 제기와 유지만 담당하도록 하고 모든 수사권을 완전 박탈[18]하는 말 그대로 '검수완박'의 내용이었다. 그러나 국회의장의 중재, 여야 합의 및 합의 파기 등을 거치며 수정되어 최종적으로는 6대 중대 범죄중 부패범죄와 경제범죄에 대한 검찰 수사권은 존치[19]하고 경찰이 송치한 사건에 대한 검사의 보완수사권도 제한적

---

14 형사소송법 제195조 제1항.

15 구 형사소송법 제196조 제1항; 수사관, 경무관, 총경, 경정, 경감, 경위는 사법경찰관으로서 모든 수사에 관하여 검사의 지휘를 받는다.

16 형사소송법 제197조의2 및 제197조의3.

17 이하에서 설명하는 검경 수사권 조정 변경 내용은 검찰청법 개정안 및 형사소송법 개정안이 2022. 9. 10. 차질 없이 시행되는 것을 전제로 기술한 것이다. 2022. 7. 31. 현재 아래와 같은 변수들에 따라 검경 수사권 조정과 관련한 이 책의 내용은 변경될 수 있음을 일러둔다. ① 위 개정법률안들에 대하여 국민의힘(정당)과 법무부가 각각 헌법재판소에 청구한 권한쟁의심판 결과, ② 국회 형사사법체계개혁특별위원회(사개특위) 구성 및 향후 중대범죄수사청(가칭) 설치 진행 여부.

18 경찰·고위공직자범죄수사처 소속 공무원의 직무에 관한 범죄 제외.

19 2022. 4. 22. 여야가 합의한 국회의장 중재안에 따르면 검찰 직접수사권은 단계적 전면 폐지였다. 즉, 국회 사법개혁특별위원회를 구성하고 6개월 이내에 한국형 FBI(미 연방수사국)인

으로 인정하는 수준의 개정안이 2022. 5월 국회를 통과하여 2022. 5. 9. 공포되었으며, 공포 후 4개월이 경과한 2022. 9. 10.부터 시행되었다.

주요 내용을 보면 우선 검찰의 직접 수사 개시가 가능한 범죄의 종류를 부패범죄와 경제범죄 두 가지로 축소하였다. 종전 검찰이 수사할 수 있었던 4대 범죄(공직자범죄, 선거범죄, 방위사업범죄·대형참사범죄)는 삭제하여 이런 범죄는 경찰만 수사할 수 있게 되었다. 다만, 선거범죄의 경우 2022. 6월 지방선거가 있는 점을 고려하여 2022. 12. 31.까지는 종전처럼 검찰이 수사를 개시할 수 있도록 경과조치를 두었다.

다음으로 검찰의 보완수사권을 제한하였다. 즉, 원칙적으로 경찰이 송치한 모든 사건에 대하여 검찰이 보완수사할 수 있도록 허용하지만, 수사 범위는 당해 사건과 동일성을 해치지 않는 범위로 제한된다.

개정법률은 또한 검찰이 직접 수사를 개시하는 사건의 경우 수사와 기소를 분리하도록 하여 검찰 내부에서 상호 견제기능이 작동하도록 하였다.[20] 이에 따라 검사는 자신이 수사를 개시한 범죄에 대하여는 공소를 제기할 수 없다.

2022년 '검수완박' 검경 수사권 조정 내용을 도표로 요약하면 다음과 같다.

'중대범죄수사청(이하 중수청)' 설치 입법을 완료한 후 1년 이내 중수청을 발족시켜 검찰의 직접 수사권한을 모두 이관한 뒤 검찰의 직접 수사개시권을 폐지하기로 하였다. 그러나 여야 간 합의가 파기되었고 검찰청법 개정법률에 부패·경제범죄에 대한 검찰 수사권 폐지 시점을 명시하지 않아 그 이행 여부는 불투명한 상황이다.

20 검찰청법 제4조 제2항: '검사는 자신이 수사개시한 범죄에 대하여는 공소를 제기할 수 없다. 다만, 사법경찰관이 송치한 범죄에 대하여는 그러하지 아니하다.'

2022년 검경 수사권 조정 개정법률에 따른 변화

		검경 수사권 조정 전		2021. 1월 검경 수사권 조정		2022. 9월 검경 수사권 조정	
		경찰	검찰	경찰	검찰	경찰	검찰
수사권	수사개시권 (보완수사권)	○ (-)	○ (○)	○ (-)	△ (○)	○ (-)	△ (△*)
	수사지휘권		○		×		×
	수사종결권	×	○	○	○	○	○
영장청구·기소권		×	○	×	○	×	○**

* 보완수사는 당해 사건과 동일성을 해치지 않는 범위로 한정
** 검사가 수사개시한 사건의 경우 수사와 기소를 분리하도록 함

2022년 검경 수사권 조정에 따른 검찰의 직접 수사권 변경

2021년 수사권 조정 후 검찰 수사 범위	2022년 수사권 조정 후 검찰 수사 범위
• 부패범죄, 경제범죄, 공직자범죄, 선거범죄, 방위사업범죄, 대형참사범죄 등 대통령령으로 정하는 중요 범죄 • 경찰공무원이 범한 범죄	• 부패범죄, 경제범죄 등 대통령령으로 정하는 중요 범죄 * 선거범죄는 2022년 말까지 유보 • 경찰공무원 및 고위공직자범죄수사처 소속 공무원이 범한 범죄

'검수완박' 시행으로 일반인에 예상되는 영향은?[21]

검찰이 처리하는 사건 중 검찰이 처음부터 직접 수사하는 수사 개시 사

---

21 2022년 검경 수사권 조정의 전체적인 파급효과에 대한 의견은 아니며, 평범한 일반인들을 기준으로 한정하여 그 영향을 가늠해 본 개인적 의견이다.

건은 1% 정도 비중을 차지한다고 한다. 나머지 99%는 경찰이 수사를 마친 뒤 검찰에 송치하는 사건에 대한 보완수사이다. 참고로 대검찰청 발표에 따르면 2021년 중 경찰이 범죄혐의로 검찰에 송치한 사건 약 60만 건 중 30% 정도를 검찰이 보완수사 후 기소하였다.[22] 한편, 경찰도 검찰이 수사를 개시할 수 있는 중대 범죄사건을 수사할 수 있으며, 2022년 검경수사권 조정으로 검찰 수사 개시 범위에서 제외되는 4가지 범죄(공직자범죄·선거범죄·방위사업범죄·대형참사)의 경우 이미 검찰보다 경찰이 많이 처리해왔을 뿐 아니라 전체 범죄 처리 건수 중 1% 미만에 불과하다고 한다.[23]

이러한 사실을 통해 2022년 검경 수사권 조정 내용이 시행됨으로써 평범한 일반인에 미치는 영향을 추측해 보면 첫째, 2022년 검경수사권 조정의 핵심 중 하나가 검찰의 직접 수사 범위 축소인데 현재 검찰의 직접 수사 비중이 1%에 불과하고 둘째, 검찰의 직접 수사권 배제가 공직자범죄, 선거범죄, 방위사업범죄, 대형참사범죄 등 평범한 일반인과 다소 거리가 먼 사안으로 여전히 부패범죄와 경제범죄는 검찰이 직접 수사할 수 있으며 셋째, 모든 사건에 대하여 검찰이 보완수사를 할 수 있으므로 평범한 일반인이 직접 체감하는 정도는 크지 않을 것으로 보이지만 넷째, 경찰 수사 총량의 증가로 인한 수사 지연 가능성 및 검찰의 수사역량 사장, 검찰의 보완수사 범위제한으로 범죄자에 대한 부실수사 가능성 등으로 일반인의 간접적 피해는 커질 수 있을 것이다.

피조사자로서 수사를 받게 되는 일반인 입장에서는 유리한 측면도 있다. 즉, 개정법률은 검찰의 보완수사시 과거와 달리 해당사건과 동일성을 해치지 아니하는 범위 내에서만 수사할 수 있도록 제한하고 있어 속칭 별건수사 우려를 덜 수 있다.[24] 또한, 검찰이 직접 수사를 개시한 사건의 경우 수사와

---

22 연합뉴스, '경찰이 상해치사로 본 사건, 살인이었다…대검, 보완수사 공개(종합)', 2022. 4. 20.

23 노컷뉴스, '검수완박으로 힘 실린 경찰, 정말 재난인가 팩트체크', 2022. 5. 4.

24 물론 '동일성을 해치지 않는 범위'를 향후 시행령 등 하위 법규에 세부적으로 어떻게 정하느냐에 따라 검찰의 수사 가능 범위가 달라질 수 있다. 참고로 형사소송법은 '동일성'이라는 개

기소를 분리하여 직접 수사를 담당한 검사가 공소를 제기할 수 없도록 제한
(경찰이 송치하여 검사가 보완수사를 한 경우 제외)하여 검찰내에서 역할을 분리
한 점도 유리하게 작용할 수 있다.

> 참고로 책 발간 시점에 2022년 검경 수사권 조정 관련 하위 규정 정비 등 후속
> 조치가 남아있고, 검경 수사권 조정 법률개정안들에 대한 헌법재판소의 권한쟁
> 의 심판 결과와 향후 중대범죄수사청(가칭)의 설치 여부 등의 변수도 있으나 이
> 책의 기본적 내용은 크게 변경될 것으로 보지 않는다.
> 이 책은 검경 간 수사 권한의 '범위'가 아니라 '수사절차', '처벌 종류'를 다루고 있
> 기 때문이다. 법 시행 후에도 여전히 부패·경제범죄에 대한 검찰의 직접 수사 개
> 시권이 있고,[25] 장기적으로도 최소한 검찰의 보완 수사권은 존치되므로 이 책의
> 검찰 수사기능에 대한 설명은 유효하다.

념을 제298조(공소장의 변경) 제1항에서 이미 사용하고 있다. 즉, '검사는 법원의 허가를 얻
어 공소장에 기재한 공소사실 또는 적용법조의 추가, 철회 또는 변경을 할 수 있다. 이 경우
에 법원은 공소사실의 동일성을 해하지 아니하는 한도에서 허가하여야 한다'고 규정한다. 과
거 판례를 살펴보면 '공소사실의 동일성은 그 사실의 기초가 되는 사회적 사실관계가 기본
적인 점에서 동일하면 그대로 유지되는 것이나, 이러한 기본적 사실관계의 동일성을 판단함
에 있어서는 그 사실의 동일성이 갖는 법률적 기능을 염두에 두고 피고인의 행위와 그 사회
적인 사실관계를 기본으로 하되 규범적 요소도 아울러 고려하여야 한다(대법원 2021. 7. 21.
선고 2020도13812 판결, 대법원 2002. 3. 29. 선고 2002도587 판결, 2003. 7. 11. 선고 2002도
2642 판결 등 참조)'고 판시한 바 있다.

25 아울러 개별 법령에 검사의 수사권을 부여하는 규정이 있는 경우 이 분야에 대한 검찰의 직
접 수사도 여전히 가능할 것이다. 예를 들어 근로기준법 제105조는 '이 법이나 그 밖의 노동
관계 법령에 따른 현장조사, 서류의 제출, 심문 등의 수사는 검사와 근로감독관이 전담하여
수행한다'라고 규정하여 '검수완박'에도 불구하고 노동분야 범죄는 검찰에게 직접 수사권한
이 있다고 보는 견해가 우세하다(근로기준법은 검찰청법과 형사소송법에 대하여 특별법적
인 지위에 있으므로 근로기준법이 검찰청법과 형사소송법에 우선한다는 논리이다).

가. 검경 수사의 일반원칙

형사소송법을 포함한 제반 법·규정들에는 검경 수사를 받는 사람의 권리와 인권보호, 부당한 수사금지의 원칙 등이 곳곳에 명시되어 있다. 혹시라도 검경 수사를 받게 되는 운명이 본인에게 닥칠지라도 위축되지 말고 본인의 권리와 적법한 절차를 확인하고 이에 따른 수사를 당당히 요구해야 한다.

헌법과 법률이 보장하는 권리와 인권 보호가 우선된다

검경은 모든 수사과정에서 헌법과 법률이 보장하는 피의자와 피해자, 참고인 등의 권리를 보호하고 적법한 절차에 따라야 한다. 또한 수사과정에서 선입견을 갖지 않고, 근거없는 추측을 배제하며, 사건 관련자들의 진술을 과신하여서는 안 된다.[26] 고문 등 가혹행위는 절대 금지되며, 가혹행위 등으로 인한 자백이나 진술거부권을 고지받지 못한 상태에서의 자백, 변호인과 접견·교통이 제한된 상태에서 한 자백을 증거로 사용할 수 없다. 또한 합리적인 이유 없이 성별, 종교, 장애, 나이, 사회적 신분, 출신지역, 인종, 국적, 용모, 정치적 의견 등을 이유로 차별해서는 안 된다.[27]

피의자로 조사받을 때 보호받을 수 있는 권리[28]

무죄추정의 원칙[29]에 따라 수사기관은 아무리 혐의가 있는 피의자라 할지라도 인권과 방어권 등을 보장하며 수사를 진행하여야 한다. 먼저 피의자는

---

26 검사와 사법경찰관의 상호협력과 일반적인 수사준칙에 관한 규정 제3조.

27 인권보호수사규칙 제2조, 제3조, 제4조 및 제7조 등.

28 법무부의 '인권보호수사규칙' 제4절을 중심으로 '검사와 사법경찰관의 상호협력과 일반적 수사준칙에 관한 규정' 등에 나와 있는 주요 권리들을 요약하였다.

29 헌법 제27조 제4항, '형사피고인은 유죄의 판결이 확정될 때까지는 무죄로 추정된다.'

조사를 받을 때 진술을 거부할 수 있는 권리가 있다.[30] 수사관이 피의자에게 신문을 시작하기 전 '모든 질문에 전부 대답하지 않거나 개개의 질문에 대하여 선택적으로 진술을 거부할 수 있고, 이로 인해 불이익을 받지 않으며, 진술거부 권리를 포기하고 한 진술이 재판에서 유죄의 증거로 사용될 수 있다'는 것을 반드시 알려줘야 한다. 만일 진술거부권을 고지하지 않고 조사를 했다면 이러한 진술은 증거능력이 없다. 뒤에 다시 한 번 설명하겠지만 피의자로서 조사를 받을 때 본인에게 불리한 내용에 대하여 수사관이 질문을 한다면 거짓으로 대답하기보다 진술거부권을 행사하여 진술을 하지 않는 것이 낫다. 본인이 거짓말을 하더라도 참고인이나 다른 피의자의 진술, 다양한 증거조사로 결국은 사실이 드러날 가능성이 많고 이로 인해 다른 진술의 신빙성까지 의심받을 수 있기 때문이다.

의견 청취 수준의 조사라도 변호인의 배석이 가능하다

아울러 변호인의 도움을 받을 수 있는 권리가 있다.[31] 체포나 구속되어 있

---

30   형사소송법 제244조의3(진술거부권 등의 고지) ① 검사 또는 사법경찰관은 피의자를 신문하기 전에 다음 각 호의 사항을 알려주어야 한다.
     1. 일체의 진술을 하지 아니하거나 개개의 질문에 대하여 진술을 하지 아니할 수 있다는 것
     2. 진술을 하지 아니하더라도 불이익을 받지 아니한다는 것
     3. 진술을 거부할 권리를 포기하고 행한 진술은 법정에서 유죄의 증거로 사용될 수 있다는 것
     4. 신문을 받을 때에는 변호인을 참여하게 하는 등 변호인의 조력을 받을 수 있다는 것
  ② 검사 또는 사법경찰관은 제1항에 따라 알려 준 때에는 피의자가 진술을 거부할 권리와 변호인의 조력을 받을 권리를 행사할 것인지의 여부를 질문하고, 이에 대한 피의자의 답변을 조서에 기재하여야 한다. 이 경우 피의자의 답변은 피의자로 하여금 자필로 기재하게 하거나 검사 또는 사법경찰관이 피의자의 답변을 기재한 부분에 기명날인 또는 서명하게 하여야 한다.

31   형사소송법 제243조의2(변호인의 참여 등) ① 검사 또는 사법경찰관은 피의자 또는 그 변호인·법정대리인·배우자·직계친족·형제자매의 신청에 따라 변호인을 피의자와 접견하게 하거나 정당한 사유가 없는 한 피의자에 대한 신문에 참여하게 하여야 한다.
  ② 신문에 참여하고자 하는 변호인이 2인 이상인 때에는 피의자가 신문에 참여할 변호인 1인을 지정한다. 지정이 없는 경우에는 검사 또는 사법경찰관이 이를 지정할 수 있다.
  ③ 신문에 참여한 변호인은 신문 후 의견을 진술할 수 있다. 다만, 신문 중이라도 부당한 신문방법에 대하여 이의를 제기할 수 있고, 검사 또는 사법경찰관의 승인을 얻어 의견을 진술할 수 있다.

다면 변호인과의 접견을 요구할 수 있고 조사를 받을 때 변호인을 참여시킬 수 있다. 문답조서를 작성하지 않고 의견을 청취하는 정도의 조사라 하더라도 변호인의 배석과 도움을 받을 수 있으니 기억해 둘 필요가 있다.[32] 참고로 변호인은 조사를 받는 중이라도 수사관의 승인을 받아 의견을 진술할 수 있고, 조사가 끝난 후에는 조서를 열람하고 의견을 진술하거나 별도의 서면으로 의견을 제출할 수도 있다.

조사 중 충분히 해명할 기회를 주지 않는 것도 금지된다

수사관이 조사 중 폭언, 강압적이거나 모멸감을 주는 언행, 정당한 사유 없이 피의자의 다른 사건이나 가족 등 주변 인물에 대한 형사처벌을 암시하는 내용의 발언을 하는 것도 금지된다. 또한 충분히 해명할 기회를 주지 않거나, 본인의 억울함을 입증하려고 제출하는 자료들을 정당한 사유 없이 거부하거나, 나중에 기억을 환기하기 위하여 수기로 메모하는 것을 방해하는 것도 금지된다.

조사받는 시간도 제한이 있다

수사관이 조사할 수 있는 시간도 제한이 있다. 원칙적으로 대기시간, 휴식시간, 식사시간 등 모든 시간을 합산한 조사시간이 12시간이 초과되어서는 안 되며,[33] 특별한 사정이 없는 한 식사시간, 휴식시간 및 조서의 열람시간

---

④ 제3항에 따른 변호인의 의견이 기재된 피의자신문조서는 변호인에게 열람하게 한 후 변호인으로 하여금 그 조서에 기명날인 또는 서명하게 하여야 한다.

⑤ 검사 또는 사법경찰관은 변호인의 신문참여 및 그 제한에 관한 사항을 피의자신문조서에 기재하여야 한다.

32 검사와 사법경찰관의 상호협력과 일반적인 수사준칙에 관한 규정 제13조 제2항; 검사 또는 사법경찰관은 피의자에 대한 신문이 아닌 단순 면담이라는 이유로 변호인의 참여·조력을 제한해서는 안 된다.

33 단, 조서의 열람만을 위해 피의자 등 사건관계인이 서면으로 요청한 경우는 예외이다. 또한

을 제외한 실제 조사시간이 8시간을 초과하지 않도록 해야 하고, 최소한 조사 2시간마다 10분 이상의 휴식시간을 주어야 한다. 그리고 조사를 마친 후 최소한 8시간이 지나야 다시 조사를 할 수 있도록 하고 있다. 심야조사에도 제한이 있다. 오후 9시부터 오전 6시까지 조사는 원칙적으로 제한되며, 단지 조서 열람을 위한 절차는 자정 이전까지 진행할 수 있다.

기소 전 형사사건의 공개는 금지된다

수사과정에서 사건관계인의 사생활 비밀을 보장하고 명예와 신용이 훼손되지 않도록 해야 하는 것은 당연할 것이고, 공소를 제기하기 전에는 검경이 형사사건에 대한 내용을 공개할 수 없도록 하고 있다.[34] 사회적으로 이슈가 된 사건의 경우 언론의 취재 경쟁이 워낙 치열하여 공소 제기, 즉 검사가 법원에 재판을 청구하기 전에 혐의내용들이 보도되기도 하는데 만일 본인이 조사를 받고 있는 내용이 어떠한 이유로든 공개되었다면 언론사 또는 조사기관이나 수사관에게 문제를 제기하고 항의할 필요가 있다. 다만, 누설한 사람을 찾아 처벌을 요구하는 정식 민원을 제출 하거나 명예훼손 등 법적 조치까지 가는 것은 신중을 기해야 한다. 누가 누설했는지 정확히 확인이 안되는 경우가 많아 조치의 대상이 불분명하기 때문이고, 본인이 감당하지 못할 만큼 전선을 넓히는 것도 원래 사건 해결에 도움이 되지 않는다.

별건수사 압박은 부당한 행위로 금지된다

별건수사는 범죄혐의를 조사하는 과정에서 이와는 관련없는 다른 범죄의 증거나 정황 등이 나와 별개의 건으로 수사를 하는 것을 말한다. 예를 들어

피의자가 서면으로 요청하고 요청이 상당한 사유가 있다고 인정되는 경우, 공소시효 완성 임박 등 긴급한 경우에는 총 조사시간을 초과할 수 있다.

34 검사와 사법경찰관의 상호협력과 일반적인 수사준칙에 관한 규정 제5조.

자본시장법상 미공개정보[35] 이용 혐의로 조사를 받고 있는 상장회사 임원이 조사과정에서 횡령한 사실이 밝혀졌다면 횡령혐의에 대하여 별개의 건으로 조사할 수 있다. 그렇지만 수사 중에 다른 종류의 위법 정황이 나왔다 하더라도 구속수사 등으로 수사기한이 제한되어 있는 상황에서는 명백한 증거가 발견되었거나 혹은 수사 중인 혐의만으로는 기소하기 어려워 혐의내용을 보강하고자 할 필요[36]가 있지 않은 한 별건수사로 무작정 확대하는 것은 물리적으로 쉽지 않고, 또한 모든 잘못이 형사처벌로까지 이어질 정도로 요건들을 갖추게 되는 것은 아니므로 지나치게 위축될 필요는 없다.

다른 혐의가 추가될 수 있다는 두려움

조금 더 구체적으로 설명하면, 피의자로 조사를 받는 경우 압수수색까지는 아니라 할지라도 피의자가 보유한 휴대폰을 제출받아 포렌식 분석을 의뢰하거나, 때로는 과거 금융거래들을 추적하는 경우도 있다. 그런데 포렌식이나 계좌추적 과정에서 다른 불법행위의 정황증거가 발견되는 일도 있을 것이다. 형사처벌까지 받는 중대한 위법행위까지는 당연히 아니더라도 거래처 직원에게 식사 대접을 받았거나 명절선물을 받았다거나 하는 사회적으로 관행처럼 이루어지는 일들 또는 밝히기 어려운 사생활들도 있는데, 막상 피의자로서 조사를 받게 되면 처벌에 대한 우려뿐만 아니라 공개되었을 경우 주위 사람들에게 실망감을 안겨줄 것이라는 두려움은 큰 부담으로 다가오게 된다.

별건수사 압박을 받을 때 기억하여야 할 것들

과거에는 수사관들이 이러한 약점들을 조사과정에서 흘리면서 자백을

---

35 법상 정확한 용어는 '미공개중요정보'이나 이 책에서는 편의상 '미공개정보'로 기술한다.

36 수사 중인 혐의와 유사한 혐의이거나 현재 수사 중인 혐의의 증거확보가 다소 미진하여 재판에서 무죄의 가능성이 높은 경우 등.

하지 않을 경우 별건조사하여 처벌될 것이라고 압박하는 경우도 있었다. 그러나 이제는 검찰이나 경찰이 다른 사건의 수사를 통해 확보된 증거 또는 자료를 내세워 관련이 없는 사건에 대한 자백이나 진술을 강요하는 것이 원천적으로 금지되어 있다.[37] 또한 인권보호 차원에서 수사 목적을 달성하기 위해 필요한 범위를 벗어난 과도한 수사는 금지하는 수사의 비례성 원칙도 도입되어 있고,[38] 수사 중인 사건과 관련 없는 새로운 범죄혐의를 찾기 위한 목적만으로 수사 중인 사건에 대한 수사기간을 부당하게 지연하는 것도 금지되어 있으므로[39] 이러한 상황이라면 수사관에게 반드시 상기시켜 주거나, 그래도 시정이 안 되는 경우 해당 기관의 감사담당 부서에 정식으로 문제를 제기한다. 한편, 종전에는 별건수사 금지원칙을 대통령령과 법무부령에 규정하였으나, 2022. 5월 일명 '검수완박' 형사소송법 개정 때 별건수사 금지 원칙을 아예 상위 법에 명시[40]함으로써 과거보다 훨씬 강한 구속력을 갖게 되었다.

압수·수색시에도 주장할 권리가 있다

수사기관의 압수·수색은 수사에 필요한 최소한의 범위에서 실시하여야 하고 대상이나 장소를 특정하여 영장에 기재하여야 한다. 또한 압수·수색하는 공무원은 소속과 성명을 알려주고 압수·수색하는 이유를 설명할 의무가

---

37 검사와 사법경찰관의 상호협력과 일반적인 수사준칙에 관한 규정 제3조 및 인권보호수사규칙 제15조.
38 인권보호수사규칙 제6조.
39 인권보호수사규칙 제15조.
40 대통령령(검사와 사법경찰관의 상호협력과 일반적인 수사준칙에 관한 규정) 및 법무부령(인권보호수사규칙)에 별건수사 금지규정이 있었던 것을 형사소송법에 명시하였다(형사소송법 제198조 제4항; '수사기관은 수사 중인 사건의 범죄 혐의를 밝히기 위한 목적으로 합리적인 근거 없이 별개의 사건을 부당하게 수사하여서는 아니 되고, 다른 사건의 수사를 통하여 확보된 증거 또는 자료를 내세워 관련 없는 사건에 대한 자백이나 진술을 강요하여서도 아니 된다', 2022. 9. 10. 시행).

있으며, 주간에 실시하는 것을 원칙으로 한다. 그리고 압수·수색을 당할 경
우 당사자들이 직접 압수·수색 과정에 참여할 수 있는 권리도 있으므로[41] 수
동적으로 있지 말고 영장대로 집행되는지 확인하고 부적절하다고 생각하면
수사관에게 이의를 제기한다.

또한 인권보호수사규칙 등에 압수·수색 과정에서 사생활의 비밀, 주거의
평온을 최대한 보장하고, 피의자 및 현장에 있는 가족 등 지인들의 인격과 명
예를 침해하지 않도록 하며, 회계장부 등 기업의 영업활동에 반드시 필요한
서류 등은 계속 압수할 필요가 없으면 신속히 돌려주어야 하고, 장기간 압수
로 영업 등에 중대한 지장이 있는 경우에는 사본을 교부하도록 규정되어 있
음을 기억할 필요가 있다. 신체를 수색하는 경우에는 수치심을 느끼거나 명
예가 훼손되지 않도록 장소·방법 등을 신중하게 선택하고 여성의 신체에 대
하여 수색하는 때에는 성년의 여성을 참여하게 하여야 한다.[42]

나. 검경의 수사절차

1) 수사 착수

(가) 내사 (입건전조사[43])

내사(경찰은 '입건전조사'라고 한다)란 수사 개시 이전의 단계를 말하는데
범죄를 의심할 만한 정황이 있어 수사 개시 여부를 결정하기 위한 사실관계
의 확인 등이 필요한 조사 활동을 말한다. 즉, 신고, 풍문, 신문기사, 다른 행
정기관의 정보 제공 등 수사기관이 입수한 내용이 범죄의 혐의 유무를 조사

---

41   형사소송법 제121조.
42   인권보호수사규칙 제30조 및 제32조.
43   경찰은 2022. 1. 4. 경찰수사규칙을 개정하여 종전 '내사' 용어를 '입건전조사'로 변경하였다.
      검찰은 검찰사건사무규칙에서 '내사'의 용어를 그대로 사용한다.

할 만한 가치가 있다고 판단되면 그 진상을 내사(입건전조사)한 후 범죄의 혐의가 있다고 인정할 때 입건하여 수사를 개시하고 그렇지 않은 경우에는 내사(입전건조사)를 종결처리하게 된다.[44]

내사를 받는 사람도 진술거부권이나 변호인 조력권이 있을까?

수사 대상이 되는 피의자는 진술거부권, 변호인 조력권 등 각종 피의자 보호를 위한 권리가 형사소송법 등 각종 법규에 명시되어 있지만, 내사(입전건조사)를 받은 사람에 대하여는 명확한 규정이 없다. 그렇지만 대법원 판례를 보면 피내사자(경찰의 경우 피입건전조사자)에 대하여도 변호인의 조력권이 당연히 인정된다고 판시[45]하였음에 기초하여 볼 때 피내사자(피입건전조사자)도 피의자에게 적용되는 진술거부권, 변호인 조력권 등 각종 권리가 당연히 보장된다. 참고로 검찰사건사무규칙은 피의자뿐만 아니라 피혐의자, 피내사자, 피해자, 참고인 신분인 경우에도 변호인 조력을 받을 수 있음을 명시하고 있다.[46] 따라서 본인이 피내사자(피입건전조사자)가 된 경우 내사(입건전조사)과정에서 변호인 조력권 등 본인의 권리를 적극 활용할 필요가 있다.

경찰의 입건전조사 처리기준은?

경찰의 입건전조사 처리기준을 보면 입건전조사 후 구체적으로 아래와 같이 처리한다. 입건처리가 되는 경우 수사에 착수하게 되고, 나머지는 입건전조사 단계에서 종료되거나 중단되어 수사단계로 진행되지 않는다고 보

---

44 내사종결을 결정하면 피혐의자에게도 7일 이내에 통보한다.
45 '접견교통권은 피고인 또는 피의자나 피내사자의 인권보장과 방어준비를 위하여 필수불가결한 권리이므로 법령에 의한 제한이 없는 한 수사기관의 처분은 물론 법원의 결정으로도 이를 제한할 수 없다'(대법원 1996. 6. 3. 자 96모18 결정).
46 검찰사건사무규칙 제22조 제11항.

면 된다.[47]

〈수사 착수〉
▸ 입건: 범죄의 혐의가 있어 수사를 개시한 경우

〈수사 미착수〉
▸ 입건전조사종결: 혐의가 없거나 죄가 안 되거나 공소권이 없는 경우
▸ 입건전조사중지: 피혐의자·참고인 등의 소재불명으로 입건전조사를 계속할 수 없는 경우
▸ 이송: 관할이 없거나 병합처리 등을 고려하여 다른 기관으로 넘기는 경우
▸ 공람 후 종결: 진정·탄원·투서 등 서면으로 접수된 신고가 아래 중 하나인 경우
  - 같은 내용으로 3회 이상 반복하여 접수되고 2회 이상 그 처리 결과를 통지한 신고와 같은 내용인 경우
  - 무기명 또는 가명으로 접수된 경우
  - 단순한 풍문이나 인신공격적인 내용인 경우
  - 완결된 사건 또는 재판에 불복하는 내용인 경우
  - 민사소송 또는 행정소송에 관한 사항인 경우

금융감독원이 검경에 혐의사실을 통보하면 내사사건이 된다

금융감독원은 불공정거래 조사 또는 상장회사 분식회계 등을 조사하면서 법을 위반한 것으로 보이나 임의조사권의 한계로 증거자료 확보가 사실상 불가능한 경우 또는 상법, 형법 등 다른 법령의 위반사항이 발견된 경우 고발이

---

47   경찰수사규칙 제19조 제2항.

아니라 수사기관통보·정보제공 등의 조치를 통해 검경에 이첩하게 되는데[48] 이때 검경은 보통 이를 내사(입건전조사)사건으로 처리한다.

(나) 고소와 고발의 차이

고소는 범죄로 피해를 입은 자 또는 그 외 고소권자[49]가 수사기관에 범죄 사실을 신고하여 범인을 처벌할 것을 요구하는 의사표시이다. 사건과 관계 없는 사람도 고발은 할 수 있는 것과 달리 고소는 고소할 수 있는 사람이 정 해져 있다.

고발은 형사소송법에서 '누구든지 범죄가 있다고 사료하는 때에는 고발 할 수 있다'고 명시하고 있는 데서 알 수 있는 것처럼[50] 고소권자와 범인 이 외의 사람이 수사기관에 대하여 범죄사실을 신고하여 그 소추[51]를 구하는 의 사표시이다. 그러므로 범죄현장을 목격하고 단순히 이를 신고하는 것은 고 발이라고 할 수 없다.

고소·고발의 법적 요건을 갖추었으면 자동으로 형사입건된다

고소·고발이 있는 경우 형식적인 하자가 없으면, 즉 고소·고발의 요건들 을 갖추었다면 수사기관은 의무적으로 피고소·피고발인을 형사입건하여 수 사를 하게 된다. 자본시장법 위반 혐의자에 대한 증권선물위원회·금융위원 회의 고발, 불공정거래 사범에 대한 공정거래위원회의 고발 등이 당사자들에 게는 큰 부담이 되는 이유이다. 특히 형사소송법은 공무원이 그 직무를 행함

---

48 위법사항이 확실하고 입증자료들이 있는 경우에는 고발한다.
49 미성년자의 친권자나 후견인 같은 피해자의 법정대리인 및 법인의 대표자 등 법률상의 대리 권을 가진 자를 말한다(형사소송법 제223조~제227조).
50 형사소송법 제234조.
51 형사사건에 대하여 법원에 심판을 신청하여 이를 수행하는 일을 말한다. 우리나라는 국가 소 추주의와 검사 소추주의를 택하고 있다.

에 있어 범죄가 있다고 판단하는 때에는 고발하도록 의무화[52]하고 있어 행정조사기관에 형사범죄혐의가 적발되면 예외없이 고발·통보 조치가 된다. 일반적으로 경찰에 고소·고발을 접수하면 3개월 이내에 수사를 마치도록 하고 있다.[53] 다만, 고소장 또는 고발장의 명칭으로 제출되었지만 고소·고발 내용이 불분명하거나 구체적 사실이 기재되어 있지 않은 경우, 처벌을 희망하는 의사표시를 취소한 경우에는 일반적인 내사(입건전조사)처럼 수사기관이 재량으로 수사 여부를 결정할 수 있다.

사건의 종류나 규모에 따라 고소·고발할 수 있는 기관이 다르다

검경 수사권 조정으로 2021년부터 고소·고발 제출기관에 변화가 생겼다. 즉, 과거에는 고소·고발장을 경찰이나 검찰 어디든지 제출할 수 있었으나, 검경 수사권 조정으로 검찰의 직접수사 대상은 3천만원 이상의 뇌물사건, 5억원 이상의 사기·횡령·배임 등 경제범죄, 5천만원 이상의 알선수재[54]·배임수증재[55] 등에 한정된다. 따라서 살인·상해·폭행 등 신체범죄나 명예훼손·모욕, 5억원 미만의 사기·횡령·배임 등의 고소·고발은 경찰서에 하여야 한다.

(다) 인지

범죄인지란 수사기관이 고소·고발·자수 이외의 원인에 의하여 범죄혐

52　형사소송법 제234조 제2항.

53　경찰수사규칙 제24조.

54　본인의 지위를 이용하여 다른 사람의 직무에 속한 사항을 잘 처리하도록 알선해주고 그 대가로 금품을 받는 죄를 말하는데, 형법상 알선수뢰죄, 특정범죄가중처벌법상 알선수재죄, 특정경제범죄가중처벌법상 알선수재죄 등이 있다.

55　형법 제357조(배임수증재)에 규정되어 있는데, 타인의 사무를 처리하는 자가 그 임무에 관하여 부정한 청탁을 받고 재물 또는 재산상의 이익을 취득하거나(배임수재, 5년 이하의 징역 또는 1천만원 이하의 벌금), 재물 또는 이익을 공여한 경우(배임증재, 2년 이하의 징역 또는 500만원 이하의 벌금) 해당하는 죄이다.

의를 인정하고 수사를 개시하는 것이다. 통상적으로는 수사기관 독자적으로 범죄의 사실을 알게 되는 것을 말하는데, 순찰을 돌던 경찰관이 패싸움을 직접 목격하고 현행범으로 체포하거나 수사과정에서 피의자가 저지른 다른 범죄사실을 알게 되어 그 범죄사실에 대하여 직권으로 조사하는 경우 등이 인지의 사례이다. 인지를 하게 되면 혐의자의 신분은 피의자의 신분으로 바뀌게 되며 수사기관이 일단 범죄를 인지한 후에는 그 인지사건에 대한 수사 종결 의무가 생긴다.

검찰의 보완수사권 행사로 인한 수사 착수

일반적인 검경 수사 착수 절차와 달리 검찰의 경우 보완수사권을 행사하여 경찰이 수사한 사건을 보완수사할 수 있는데, 앞에서 살펴본 바와 같이 검경 수사권 조정 이후 검찰의 직접 수사 개시권은 중요범죄로 제한되어 있어 실제 검찰 수사 사건의 상당 부분을 보완수사가 차지한다. 검찰은 경찰이 수사하여 송치받은 사건에 대하여 증거 또는 범죄사실 증명, 소송조건 또는 처벌조건, 양형, 죄명 및 범죄사실의 구성, 공소제기나 유지에 필요한 사항 등을 이유로 경찰에게 보완수사를 요구하거나 직접 보완수사를 할 수가 있다.[56] 또 경찰이 불송치 결정한 사건에 대하여도 고소인, 피해자 등의 이의신청이 있거나[57] 불송치 결정이 위법·부당하다고 판단되면[58] 경찰에 보완수사를 요구하거나 검찰이 직접 수사할 수 있다.

---

56 검사와 사법경찰관의 상호협력과 일반적 수사준칙에 관한 규정 제59조.

57 형사소송법 제245조의7.

58 형사소송법 제245조의8.

2) 수사 진행

범죄혐의가 있는 경우 그 혐의가 사실인지 여부와 함께 그 실체와 상황을 명확히 하여 재판에 넘길지를 결정하기 위하여 혐의자 신체를 보전하고 증거를 수집·확보하는 절차를 수사라 한다. 일반적으로 수사는 입건과 함께 시작되는데, 입건은 수사기관의 사건접수부에 기재하고 사건번호를 부여받는 단계이다. 다음의 행위에 착수하는 때에는 자동적으로 수사를 개시한 것으로 본다.[59]

> ▶ 피혐의자의 수사기관 출석 조사
> ▶ 피의자신문조서의 작성
> ▶ 긴급체포
> ▶ 체포·구속영장의 청구 또는 신청
> ▶ 압수·수색영장의 청구

(가) 임의수사

형사소송법은 그 목적을 달성하기 위하여 필요한 수사를 할 수 있다고 허용하면서도 강제처분은 법률에 특별한 규정이 있는 경우에 한하며 필요한 최소한의 범위 내에서만 하도록 명시하고 있다.[60] 즉, 검경이 수사를 할 때는 수사 대상자 입장에서 상대적으로 자유로운 임의수사를 원칙으로 해야 함을 천명하고 있는 것이다. 대표적인 임의수사는 피의자에 대한 출석요구 및 조사, 임의동행, 참고인 조사, 증거물을 임의로 제출하게 하여 조사하는 것들이 해당한다.

59　검사와 사법경찰관의 상호협력과 일반적 수사준칙에 관한 규정 제16조.
60　형사소송법 제199조.

출석요구는 임의수사이다

검찰 또는 경찰에서 피의자로서 출석요구를 하는 경우 이는 임의수사에 해당되므로 본인의 의사가 반영될 수 있다는 것을 알아 둘 필요가 있다. 혹시 출석을 대체하여 서면이나 전화를 통한 진술이 가능한지, 출석의 일시·장소를 정할 때 본인의 명예나 사생활이 침해될 수 있거나 생업에 지장을 주는지 여부를 판단하여 수사관에게 출석 여부나 시기를 협의하는 것이 충분히 가능하다. 물론 무작정 아무런 이유없이 출석을 기피하는 경우에는 체포, 구속 등 강제수사 수단이 동원될 수 있으므로 유의하여야 한다. 당연히 출석요구를 하는 경우 피의사실의 요지 등 출석요구의 취지를 적은 출석요구서를 발송하거나 부득이한 경우라도 전화, 문자메시지로 취지를 설명하고 출석을 요청하여야 한다. 아울러 피의자에 대한 조사시에는 장시간 조사 제한, 심야조사 제한, 휴식시간 부여, 변호인과 신뢰관계인의 동석, 자료·의견의 제출 기회 보장 등의 피의자 보호제도가 있는데 이에 대하여는 이 책의 2편에서 자세히 설명할 예정이다.

임의동행 요구도 임의수사이다

검찰이나 경찰이 임의동행을 요구하는 경우 상대방에게 동행을 거부할 수 있다는 뜻과 동행하는 경우에도 언제든지 자유롭게 동행 과정에서 이탈하거나 동행 장소에서 나갈 수 있음을 반드시 알려야 하므로 임의동행을 요구하면 당황하지 말고 동행이유 및 장소 등을 반드시 묻고 이에 응할지 여부를 신중히 판단할 필요가 있다. 필요하다면 임의동행을 승낙하기 전에 전화로 알고 있는 변호사나 전문가에게 자문을 받아 보는 것도 좋다.

(나) 강제수사

강제수사는 수사기관이 영장없이 행하는 것과 영장에 의해서 행하는

것으로 구분할 수 있다. 영장없이 행할 수 있는 대표적인 것이 긴급체포[61]
이고, 영장에 의한 강제수사의 대표적인 것은 체포영장에 의한 체포[62]와
구속[63]이다. 경찰이 긴급체포를 하는 경우 12시간 이내에 검사에게 긴급체포

---

[61] 형사소송법 제200조의3(긴급체포) ① 검사 또는 사법경찰관은 피의자가 사형·무기 또는 장
기 3년이상의 징역이나 금고에 해당하는 죄를 범하였다고 의심할 만한 상당한 이유가 있고,
다음 각 호의 어느 하나에 해당하는 사유가 있는 경우에 긴급을 요하여 지방법원판사의 체포
영장을 받을 수 없는 때에는 그 사유를 알리고 영장없이 피의자를 체포할 수 있다. 이 경우
긴급을 요한다 함은 피의자를 우연히 발견한 경우등과 같이 체포영장을 받을 시간적 여유가
없는 때를 말한다.
    1. 피의자가 증거를 인멸할 염려가 있는 때
    2. 피의자가 도망하거나 도망할 우려가 있는 때
② 사법경찰관이 제1항의 규정에 의하여 피의자를 체포한 경우에는 즉시 검사의 승인을 얻어
  야 한다.
③ ~ ④ (생략)

[62] 형사소송법 제200조의2(영장에 의한 체포) ① 피의자가 죄를 범하였다고 의심할 만한 상당
한 이유가 있고, 정당한 이유없이 제200조의 규정에 의한 출석요구에 응하지 아니하거나 응
하지 아니할 우려가 있는 때에는 검사는 관할 지방법원판사에게 청구하여 체포영장을 발부
받아 피의자를 체포할 수 있고, 사법경찰관은 검사에게 신청하여 검사의 청구로 관할지방법
원판사의 체포영장을 발부받아 피의자를 체포할 수 있다. 다만, 다액 50만원이하의 벌금, 구
류 또는 과료에 해당하는 사건에 관하여는 피의자가 일정한 주거가 없는 경우 또는 정당한
이유없이 제200조의 규정에 의한 출석요구에 응하지 아니한 경우에 한한다.
② 제1항의 청구를 받은 지방법원판사는 상당하다고 인정할 때에는 체포영장을 발부한다. 다만, 명
  백히 체포의 필요가 인정되지 아니하는 경우에는 그러하지 아니하다.
③ 제1항의 청구를 받은 지방법원판사가 체포영장을 발부하지 아니할 때에는 청구서에 그 취지 및
  이유를 기재하고 서명날인하여 청구한 검사에게 교부한다.
④ 검사가 제1항의 청구를 함에 있어서 동일한 범죄사실에 관하여 그 피의자에 대하여 전에 체포영
  장을 청구하였거나 발부받은 사실이 있는 때에는 다시 체포영장을 청구하는 취지 및 이유를 기
  재하여야 한다.
⑤ 체포한 피의자를 구속하고자 할 때에는 체포한 때부터 48시간이내에 제201조의 규정에 의하여
  구속영장을 청구하여야 하고, 그 기간내에 구속영장을 청구하지 아니하는 때에는 피의자를 즉
  시 석방하여야 한다.

[63] 형사소송법 제201조(구속) ① 피의자가 죄를 범하였다고 의심할 만한 상당한 이유가 있고 제
70조제1항 각 호의 1에 해당하는 사유가 있을 때에는 검사는 관할지방법원판사에게 청구하
여 구속영장을 받아 피의자를 구속할 수 있고 사법경찰관은 검사에게 신청하여 검사의 청구
로 관할지방법원판사의 구속영장을 받아 피의자를 구속할 수 있다. 다만, 다액 50만원이하
의 벌금, 구류 또는 과료에 해당하는 범죄에 관하여는 피의자가 일정한 주거가 없는 경우에
한한다.
② 구속영장의 청구에는 구속의 필요를 인정할 수 있는 자료를 제출하여야 한다.

의 승인을 요청해야 하고 승인을 받지 못한 경우 즉시 석방해야 한다.

영장 제시 및 사본교부를 요구하자

모든 국민은 신체의 자유를 가지며, 누구든지 법률에 의하지 아니하고는 체포·구속·압수·수색 또는 심문을 받지 아니한다. 그리고 체포·구속·압수 또는 수색을 할 때에는 검사의 청구에 의하여 법관이 발부한 영장을 제시하여야 함을 헌법이 명시하고 있다.[64] 이는 수사행위가 남용되어 국민의 인권이 침해될 가능성이 있으므로 강제행위 필요 여부를 수사기관이 자체적으로 정하지 않고 법원의 판단에 의하도록 하는 것이다. 한편, 형사소송법 개정(2022. 2. 3. 시행)으로 구속영장의 집행과 압수·수색영장의 처분(처분을 받는 자가 피고인인 경우)시에는 영장을 제시하는 것 뿐만 아니라 반드시 그 사본을 교부하도록 하여 피고인의 방어권 보장을 더욱 강화하였다.[65] 또한 영장내용은 특정되어야 한다. 즉, 범죄사실과 피의자는 물론 압수·수색의 대상, 구금할 장소 등이 구체적으로 명시되어야 한다. 이와 같은 영장주의가 있으므로 수사관이 방문하여 영장 제시 없이 사무실을 수색한다거나 심지어 수사기관으로 데려가 자세한 이야기를 듣는 임의동행을 거부할 권리가 있는 것이다. 다만, 현행범 긴급체포 등 긴급한 필요가 있을 경우에는 사전영장주의의 예외가 인정되기는 하지만, 이 경우에도 지체없이 사후영장을 청구하여야 한다.

---

③ 제1항의 청구를 받은 지방법원판사는 신속히 구속영장의 발부여부를 결정하여야 한다.

④ 제1항의 청구를 받은 지방법원판사는 상당하다고 인정할 때에는 구속영장을 발부한다. 이를 발부하지 아니할 때에는 청구서에 그 취지 및 이유를 기재하고 서명날인하여 청구한 검사에게 교부한다.

⑤ 검사가 제1항의 청구를 함에 있어서 동일한 범죄사실에 관하여 그 피의자에 대하여 전에 구속영장을 청구하거나 발부받은 사실이 있을 때에는 다시 구속영장을 청구하는 취지 및 이유를 기재하여야 한다.

64 헌법 제12조 제1항(신체의 자유) 및 제3항(사전영장주의).
65 형사소송법 제85조 및 제118조.

불구속수사가 원칙이다

'피의자에 대한 수사는 불구속 상태에서 함을 원칙으로 한다.' 형사소송법 제198조 제1항에 명시된 내용이다. 이는 구속[66]이 헌법상 보장된 기본권을 침해할 소지가 있어 수사 목적 달성을 위해 최소한의 범위에 그쳐야 한다는 원칙에 근거한다.[67]

구속의 부당함을 주장할 기회는 있다

형사소송법은 '구속전 피의자 심문제도(또는 영장실질심사제도)'를 두고 있다.[68] 즉, 수사기관이 구속영장을 청구하면 법관이 반드시 피의자를 심문한 후 영장 발부 여부를 결정해야 한다. 따라서 수사기관이 구속영장을 청구하는 경우 피의자는 구속 여부를 판단하는 판사앞에 직접 출석하여 구속의 부당함과 본인의 억울함을 밝힐 수 있다. 이때에도 무조건 본인의 억울함을 주장하는 것은 효과가 없으므로 일단 법원에서 검사의 영장청구서를 복사[69]하여 범죄 혐의사실 등을 확인하고 이에 대한 반박과 함께 도주나 증거인멸 우려가 없다는 의견서, 관련자료를 판사에게 제출하는 것이 좋다.

심문할 피의자에게 변호인이 없는 때에는 판사가 직권으로 변호인을 선

---

66 형사절차상 법원에 의한 강제처분의 하나로서 피의자나 피고인의 신체의 자유를 제한하는 것을 말한다. 구속의 종류에는 수사기관이 공소제기 전 수사단계에서 행하는 '피의자 구속'과 공소제기 후에 법원 등이 행하는 '피고인 구속' 및 '형의 집행을 확보하기 위한 구속'이 있다. 여기에서는 수사단계에서 행하는 피의자 구속에 한정하여 설명한다.
67 헌법 제12조 제1항; 모든 국민은 신체의 자유를 가진다. 누구든지 법률에 의하지 아니하고는 체포·구속·압수·수색 또는 심문을 받지 아니하며, 법률과 적법한 절차에 의하지 아니하고는 처벌·보안처분 또는 강제노역을 받지 아니한다.
68 형사소송법 제201조의2; 1995. 12. 29. 개정 '형사소송법'에서 피의자의 법관 대면권 보장 등을 통한 인권보장차원에서 처음 도입되었다.
69 본인은 경황이 없거나 심지어 긴급체포되어 여력이 없을 수 있으나, 영장청구서 복사는 변호인, 법정대리인, 배우자, 직계친족, 형제자매, 고용주 등도 복사를 요청할 수 있다.

정한다.[70] 다시 말해 영장실질심사를 받는 경우에도 변호인의 도움을 받을 수 있는데, 피의자가 개인적으로 변호인을 선임하여 대응할 수도 있고 만일 변호인을 선임하지 않았다면 판사가 피의자의 변호인 선임 능력 여부를 따지지 않고 국선변호인을 선정해준다.[71] 재판과 달리 영장실질심사는 공개되지 않으며 피의자의 친족이나 피해자 등 이해관계인들은 법원의 허가를 얻어 방청이 가능하다.

중대한 범죄 여부가 구속의 기준은 아니다

그렇다면 죄질이 나쁘면 구속되는 것일까? 그렇지 않다. 무죄추정의 원칙에 의해 살인혐의가 있더라도 법원의 판결 이전까지는 무죄로 추정되기 때문에[72] 중대한 범죄 여부가 구속의 기준이 되는 것은 아니다. 법원이 피고인 구속을 결정하는 이유는 죄를 범하였다고 의심할 만한 상당한 사유가 있는 피고인이 ① 일정한 주거가 없는 때, ② 증거를 인멸할 염려가 있는 때, ③ 도망하거나 도망할 염려가 있는 때 이 세 가지 사유 중 하나에 해당될 때이다. 물론 법원이 구속사유를 심사할 때 범죄의 중대성, 재범의 위험성, 피해자 및 중요 참고인 등에 대한 위해 우려 등이 고려되지만 위 세 가지 사유 중 하나에 해당되지 않으면 구속할 수 없다.[73] 다시 말해 구속은 형벌이 아니다. 구속영장이 기각되었다는 것이 죄가 없다고 판결을 내린 것이 아니며, 단지 강제적으로 구금한 상태에서 수사나 재판을 진행할 필요까지는 없겠다는 판단일 뿐이다.[74]

---

70 형사소송법 제201조의2 제8항.

71 변호인이 선정되면 구속 영장 청구가 기각된 경우를 제외하고 1심 재판까지 변호인으로서의 자격을 가지게 된다.

72 형사소송법 제27조 제4항; 형사피고인은 유죄의 판결이 확정될 때까지는 무죄로 추정된다.

73 형사소송법 제70조.

74 반대로 구속영장이 발부되어 구치소에 미결 수용된 상태에서 수사나 재판을 받더라도 법원에서 무죄의 판결을 받아 석방되는 경우도 있다.

구속되면 교도소로?

구속영장이 발부되었는데 경찰이 수사하고 있는 단계라면 피의자는 경찰서 유치장에 구금되게 되며, 경찰이 수사를 마치고 검찰로 사건을 넘긴 후 또는 검찰이 직접 수사를 하고 있는 단계인 경우 구치소에 구금된다.

무한정 구속할 수는 없다

구속영장을 발부받으면 경찰(사법경찰관)과 검찰(검사)은 각각 피의자를 10일간 구속할 수 있다. 사법경찰관이 피의자를 구속한 때에는 10일 이내에 피의자를 검사에게 인치[75]하지 않으면 석방하여야 하며,[76] 검사가 피의자를 구속한 때 또는 사법경찰관으로부터 피의자의 인치를 받은 때에는 10일 이내에 공소를 제기하지 아니하면 석방하여야 한다.[77] 다만, 검사는 판사의 허가를 받아 최대 10일을 넘지 않는 한도에서 1회 연장할 수 있다.

실제 구속되는 비율은 어느 정도 되나?

구속영장 청구, 기각, 발부 현황

구분	2017	2018	2019	2020	2021
전체 사건 접수	2,415,869	2,302,601	2,391,529	2,255,553	1,362,685
청구	35,102	30,060	29,647	25,770	21,983
구속영장청구율(%)	1.5	1.3	1.2	1.1	1.6
발부	28,340	24,438	24,018	21,098	18,064
발부율(%)	80.7	81.3	81.0	81.9	82.2
기각	6,682	5,585	5,587	4,656	3,895

---

75 신체의 자유를 구속한 자를 일정한 장소로 연행하는 것을 말한다.
76 형사소송법 제202조.
77 형사소송법 제203조.

기각률(%)	19.0	18.6	18.9	18.1	17.7
구속점유율(%)	1.3	1.2	1.1	1.0	1.5

(출처: e나라지표(www.index.go.kr))

주) 구속영장 청구인원 = 검사직접청구 구속영장 인원 + 경찰로부터 구속영장을 신청받아 청구한 인원

구속영장발부율(%) = 구속영장 청구인원 대비 구속영장발부 인원 비율

구속영장기각율(%) = 구속영장 청구인원 대비 구속영장기각 인원 비율

구속점유율(%) = 전체 사건 접수(신수)인원 대비 구속인원의 비율

2021년을 기준으로 구속점유율은 1.5%이다. 즉, 검경에 접수된 사건 인원을 기준으로 하면 1,000명 중 15명 정도만 구속된다는 것이다. 그리고 검경에 접수된 사건 기준으로 구속영장이 청구되는 비율 또한 1% 남짓에 불과하며, 구속영장이 청구된 사람 중 20% 가까이 구속영장이 기각되고 있다. 그러므로 본인이 피의자로서 수사를 받는다고 하더라도 지나치게 구속을 걱정할 필요는 없다.

다. 수사결과 처리

1) 경찰의 결정

경찰이 사건을 수사한 경우 아래와 같은 결정을 하게 된다. 이때 하나의 사건을 수사했지만 피의자가 여러 명 있을 수도 있고, 한 사람을 수사했는데 피의사실이 여러 개인 경우도 있을 것이다. 이때는 사람에 따라 각기 다른 결정을 할 수도 있고, 또 한 사람의 각기 다른 피의사실마다 다른 결정을 할 수 있다.

과거 사회적으로 이슈화가 되었던 검경 수사권 조정의 결과[78]로 2021. 1월부터 변경된 형사소송법 등에 따르면 검찰이 수사·기소·영장청구 권한을

---

[78] 기본원칙은 검찰과 경찰의 관계를 상하 관계에서 협력적 관계로 재정립한 것이며, 이러한 결과로 '검사와 사법경찰관의 상호협력과 일반적인 수사준칙에 관한 규정'이 2020. 10. 7. 제정되어 2021. 1. 1.부터 시행되었다.

모두 가지고 있어 경찰 수사결과 모든 사건을 검찰에 송치했던 과거와 달리 개정 법은 범죄 혐의가 인정된 경우에만 송치하도록 하여 경찰도 수사종결권을 가지게 되었다. 즉, 일반적으로 1차 수사기관인 경찰이 무혐의나 증거 불충분 결정을 했더라도 과거에는 무조건 검찰에 사건을 이송해야 했고 검사가 송치된 사건의 기록과 경찰의 의견을 참고하여 최종 처분을 하였다면 이제는 경찰 스스로 사건을 종결하고 검찰에 사건을 보내지 않아도 되는 불송치 결정권을 갖게 된 것이다.

(가) 법원송치

소년법[79] 등에 근거하여 법원에 직접 보내는 것으로 흔한 처분은 아니다.

(나) 검찰송치

경찰 수사 결과 유죄의 혐의가 있는 경우 경찰은 그간 수사한 결과와 처리 의견을 붙여 검찰로 사건을 넘기는데 이는 기소독점주의로 인해 검사만이 피의자에 대해 기소, 즉 재판에 넘길 수 있기 때문이다. 검사는 경찰이 송치한 사건을 살펴보고 미흡한 부분이 발견되면 추가 수사를 요구하며, 경찰이 추가 수사를 마치고 다시 송치하면 검사는 필요시 피의자를 다시 한 번 소환하여 조사한 후 최종 처분을 내린다. 물론 검사는 경찰에 추가 수사를 요구하지 않고 직접 보완수사를 할 수도 있다.

---

[79] 소년법 제4조 제2항은 형벌 법령에 저촉되는 행위를 한 10세 이상 14세 미만인 소년과 집단적으로 몰려다니며 불안감을 조성하거나 술을 마시고 소란을 피우는 등의 사유가 있고 앞으로 형벌 법령에 저촉되는 행위를 할 우려가 있는 10세 이상인 소년에 대하여 경찰서장이 직접 관할 법원 소년부에 송치하도록 의무화하고 있다.

(다) 불송치[80]

ⅰ) 혐의 없음

ⓐ 범죄인정안됨: 피의사실이 범죄를 구성하지 않거나 범죄가 인정되지 않음

ⓑ 증거불충분: 피의사실을 인정할 만한 충분한 증거가 없음

ⅱ) 죄가안됨: 피의사실이 범죄구성요건에 해당하나 법률상 범죄의 성립을 조각하는 사유가 있어 범죄를 구성하지 않는 경우[81]

ⅲ) 공소권없음: 사면, 공소시효 만료, 피의자 사망, 판결 확정 등[82]

---

80 경찰이 불송치 결정을 하였더라도 사건의 고소인, 피해자가 이의신청을 하는 경우 검찰로 이송되어 검사가 이를 다시 검토할 수 있다(2022. 5월 검경 수사권 조정을 위한 형사소송법 개정으로 이의 신청이 가능한 자에서 고발인은 제외하였다). 또 경찰이 불송치 결정을 한 후 90일 이내에 검사가 불송치 기록을 검토해 경찰에 재수사를 요청할 수도 있다.

81 범죄의 성립 = 범죄의 구성요건 해당 + 범죄성립 조각사유(위법성 조각 및 책임성 조각) 미해당
즉, 범죄가 되기 위해서는 첫째, 범죄의 구성요건에 해당되어야 하는데, 범죄의 구성요건이란 형법 등 법률에서 범죄로 규정해야 한다는 것이다. 즉, 형법 등 각종 법률에는 형사처벌을 하는 구체적인 범죄행위들이 기술되어 있다.
둘째, 범죄가 되기 위해서는 조각사유가 없어야 한다. 조각사유는 위법성 조각사유와 책임성 조각사유가 있다.
1) 위법성 조각사유의 예
가. 정당방위: 현재의 부당한 침해를 방어하기 위한 행위로서 상당한 이유가 있는 때. 예를 들어 칼을 들고 위협하는 강도에 방망이로 맞선 경우
나. 긴급피난: 현재의 위난을 피하기 위한 행위로서 상당한 이유가 있는 때. 화재가 난 옆집 불을 진화하기 위하여 대문을 부수고 들어간 경우
다. 자구행위: 자신의 청구권을 보전하기 위하여 법적 절차를 기다릴 수 없는 긴급한 상황에서 스스로 권리를 구제하는 행위. 길거리에서 도난당한 가방을 멘 범인을 발견했으나 경찰을 부를 여유가 없어서 직접 범인을 쫓아가 잡은 경우
라. 피해자의 승낙: 피해자가 자신의 법적 이익의 침해를 허락한 때. 이웃 허락하에 주거를 출입
2) 책임성 조각사유: 법적으로 책임을 질 수 있는지를 보는 것으로 위법행위를 했더라도 그 행동이 위법하다는 사실을 인식할 수 없는 자이면 범죄가 성립되지 않는다. 이에는 형사미성년자(14세 미만), 심신 장애로 사물을 변별할 능력이 없거나 의사를 결정할 능력이 없는 자(심신장애로 이와 같은 능력이 미약한 자의 행위는 형을 감경할 수 있다. 간혹 범죄를 저지르고 만취로 인한 일시적인 심신장애를 주장하는 경우 등은 형의 감경을 노린 주장이라 할 수 있다), 협박에 의해 강요된 행위 등

82 경찰수사규칙 제108조 제1항 제3호.

iv) 각하: 고소·고발사건 중에서 혐의가 없거나 죄가 안되는 것이 명백하거나 새로운 증거없이 반복적인 제출 또는 관계인의 행방불명 등[83]

(라) 수사중지[84]

ⅰ) 피의자중지: 소재불명, 장기간 해외체류·중병 등 사유로 피의자·참고인 조사 불가능, 중요 증거자료가 외국에 소재하여 확보에 시일 소요 등

ⅱ) 참고인중지: 참고인·고소인·고발인·피해자 또는 같은 사건 피의자의 소재불명으로 수사를 종결할 수 없는 경우

(마) 이송

사건관할이 다른 경찰관서 또는 기관이거나 다른 사건과 병합할 필요가 있는 경우 등 사건을 해당 경찰관서나 기관으로 이관[85]

2) 검찰의 결정

검찰이 사건을 수사한 경우 아래의 구분에 따라 결정을 하게 된다. 이때 하나의 사건을 수사했지만 피의자가 여러 명 있을 수도 있고, 한 사람을 수사했는데 피의사실이 여러 개인 경우도 있을 것이다. 이때는 경찰의 경우와 마찬가지로 분리하여 결정할 필요가 있으면 그 중 일부에 대하여 각각 다른 결정을 할 수 있다.

---

83 경찰수사규칙 제108조 제1항 제4호.
84 경찰수사규칙 제98조 및 제99조. 소재불명인 경우 매분기 1회 이상 소재수사를 해야 하며, 해외체류 및 중병 등으로 중지된 경우 매월 1회 이상 중지사유가 해소되었는지 확인해야 한다.
85 경찰수사규칙 제96조.

(가) 공소제기

공소제기란 검사가 수사하거나 경찰이 송치한 형사사건에 대하여 법원의 심판을 구하는 행위를 말하며, 이를 일반적으로 기소라고 한다. 기소 방법에는 공판절차를 거치는 방법(구공판)과 서면심리를 통한 약식절차를 거치는 방법(구약식)이 있다. 우리나라에서는 오직 검사만이 공소를 제기할 수 있으며,[86] 또한 검사는 범행의 동기, 결과 등을 참작하여 공소를 제기하지 아니할수도 있다.[87] 검사의 판단에 판사가 할 수 있는 것은 기소를 기각하거나 재판에서 무죄를 선고하는 방법, 불기소를 취소하고 기소를 명령하는 것이며, 기소의 내용에 대하여는 간섭할 수 없다.

> i) 구공판[88]: 피의자의 죄가 인정되고, 징역형에 처하는 것이 상당한 경우에 법원에 정식재판을 청구하는 처분(구속 여부에 따라 구속구공판 및 불구속구공판으로 구분된다)
> ii) 구약식: 피의자의 죄가 인정되고 벌금형에 처하는 것이 상당한 경우에 법원에 약식명령을 청구하는 처분

수사절차가 마무리되고 검찰이 정식기소를 하게 되면 피의자에게 기소되었다는 처분통지서가 우편으로 발송된다. 이후 공판[89]절차가 진행되는데, 공

---

86 형사소송법 제246조; 기소독점주의라 하는데, 이는 국가형벌권 내지 형사소추권의 행사가 피해자의 개인적인 감정이나 집단적인 이해관계 또는 여론에 좌우되지 않도록 공익의 대표자인 검사로 하여금 객관적 입장에서 공소의 제기 및 유지활동을 하게 하는 것이 형사소추의 적정성 및 합리성을 기할 수 있다고 보기 때문이다. 2021. 1. 1.부터 시행된 검경 수사권 조정으로 경찰도 수사종결권 및 검사로부터의 수사권 독립이 어느 정도 이루어졌지만 기소독점주의는 유지되었다. 이에 따라 경찰이 조사를 진행하고 혐의가 없다고 판단되면 '불송치결정'을 통해 사건을 종결시키지만, 혐의가 있다고 판단되면 '송치결정'을 통해 사건을 검찰로 송치하고 이후 검사가 기소 여부를 결정하게 된다.

87 형사소송법 제247조; 기소편의주의.

88 검사가 법원에 공판을 구하는 것으로 이해하면 편하다.

89 공소가 제기되어 판결이 날 때까지 재판이 진행되는 것을 공판이라 한다. 좁은 의미에서는

판(정식재판)은 인정신문, 검사의 모두진술, 피고인의 모두진술, 증거조사, 피고인 신문, 검사의 논고, 피고인의 최후진술과 변호인의 최후변론, 판결 순서로 진행된다. 1심 판결을 검사와 피고인 모두 받아들이면 1심 판결로 공판은 끝나지만, 그 어느 한쪽이라도 받아들이지 않아 항소나 상고에 따른 재판이 열리면 2심(고등법원), 최종심(대법원)으로 공판은 계속된다. 구약식(약식재판)의 경우 구공판과 달리 피고인 출석 없이 법원에서 사건 기록을 서면으로만 검토하여 최종 처분을 내리게 된다.

(나) 불기소

검사가 수사를 종결하면서 사건에 대하여 공소를 제기하지 않아 재판까지 가지 않도록 처분하는 것을 말한다. 즉, 검사의 불기소 처분이 있으면 피의자는 기소를 면하게 되어 형사처벌까지 가지 않게 되며, 구속된 피의자는 석방되게 된다. 그렇지만 불기소 처분은 확정력이 없어 한 번 불기소 처분을 한 사건이라도 언제든지 수사를 다시 할 수 있고 다시 공소를 제기할 수도 있다.[90]

> i) 기소유예: 범죄혐의가 충분하고 기소요건이 충족되지만 피의자의 전과나 피해자의 피해 정도 및 관계, 피해자와의 합의 내용, 반성 정도 등을 참작할 때[91] 피의자를 처벌하여 전

재판정에서 재판이 열리는 것만을 말하기도 한다.

[90] 이와 달리 형사재판에서 확정판결을 받은 경우에는 일사부재리(一事不再理)원칙에 의하여 그 사건에 대하여 재차 공소를 제기하여 심판을 구할 수 없다(형사소송법 제326조 제1호). 다만, 민사소송법상에서는 확정판결에 일사부재리의 효력은 없다.

[91] 형법 제51조(양형의 조건) 형을 정함에 있어서는 다음 사항을 참작하여야 한다.
1. 범인의 연령, 성행, 지능과 환경
2. 피해자에 대한 관계
3. 범행의 동기, 수단과 결과
4. 범행 후의 정황

과자를 만드는 것보다는 다시 한 번 올바른 삶을 살 수
있는 기회를 주기 위하여 검사가 기소를 하지 않고 용
서를 해주는 처분

ⅱ) 혐의없음: 피의자에게 죄가 있다고 인정할 만한 증거가 부족하거
나, 법률상 죄가 되지 않아서 피의자를 처벌할 수 없는
경우에 하는 처분

우리나라 형사재판은 합리적인 관점에서 무죄의 가능성을 생각하기 어
려울 정도의 엄격한 증명이 있어야 한다는 증거재판주의 원칙을 채택하고
있다.[92] 따라서 확실한 증거가 없다면 검사가 기소를 통해 재판까지 가더라
도 무죄판결이 나오는 것이 일반적이므로 검사가 수사과정상 확실한 증거
를 확보하지 못하면 기소를 할 이유가 없다. 증거가 확실하지 않음에도 기소
를 했다가 무죄판결이 나오면 검찰의 중립성과 심지어 검사 자질을 의심받
을 수 있기 때문이다. 증거불충분으로 혐의를 인정하기 어렵다는 판단을 받
았더라도 무죄인 것이며,[93] 이를 가지고 피의자를 범죄자로 모욕하거나 허위
사실을 유포하면 처벌받을 수도 있다. '혐의없음' 불기소 처분은 다음의 두
가지로 구분된다.

(a) 범죄인정안됨: 피의사실이 범죄를 구성하지 않거나 피의사실이
인정되지 않는 경우

(b) 증거불충분: 피의사실을 인정할 만한 충분한 증거가 없음

---

92   형사소송법 제307조(증거재판주의) ① 사실의 인정은 증거에 의하여야 한다.
② 범죄사실의 인정은 합리적인 의심이 없는 정도의 증명에 이르러야 한다.

93   현실적으로는 진실로 무죄인 사람과, 유죄이지만 이를 밝힐 증거가 부족해서 무죄인 사람으
로 나뉘겠지만 그 사실 여부는 그 누구도 알 수 없을 것이다.

iii) 죄가안됨: 피의사실이 범죄구성요건에 해당하나 법률상 범죄의 성
　　 립을 조각하는 사유가 있어 범죄를 구성하지 않는 경우

iv) 공소권없음: 소송조건을 구비하지 못한 경우이다. 즉, 피의자의 사
　　 망, 사면, 공소시효의 완성,[94] 범죄 후 법령 개정이나
　　 폐지로 형이 폐지되거나 형이 면제되는 경우나 반의
　　 사불벌죄[95]로 원고가 처벌을 원하지 않은 경우 등 이
　　 유 때문에 피의자를 처벌할 수 없는 경우에 하는 처분

v) 각하: 수사를 하지 않고도 고소장 또는 고발장 자체에 의하여도 혐
　　 의없음, 죄가 안됨, 공소권 없음 등의 사유에 해당함이 명백
　　 한 경우, 권한없는 자의 고소·고발인 경우,[96] 고소·고발인이
　　 출석하지 않거나, 한 번 불기소를 한 사건에 대하여 새로운
　　 증거 없이 다시 고소·고발을 하는 경우에 실질적인 조사없
　　 이 피의자를 처벌하지 않는 처분

94　형사소송법 제249조(공소시효의 기간) ① 공소시효는 다음 기간의 경과로 완성한다.
　　1. 사형에 해당하는 범죄에는 25년
　　2. 무기징역 또는 무기금고에 해당하는 범죄에는 15년
　　3. 장기 10년 이상의 징역 또는 금고에 해당하는 범죄에는 10년
　　4. 장기 10년 미만의 징역 또는 금고에 해당하는 범죄에는 7년
　　5. 장기 5년 미만의 징역 또는 금고, 장기10년 이상의 자격정지 또는 벌금에 해당하는 범죄에
　　　는 5년
　　6. 장기 5년 이상의 자격정지에 해당하는 범죄에는 3년
　　7. 장기 5년 미만의 자격정지, 구류, 과료 또는 몰수에 해당하는 범죄에는 1년
　　② 공소가 제기된 범죄는 판결의 확정이 없이 공소를 제기한 때로부터 25년을 경과하면 공소시효
　　가 완성한 것으로 간주한다.

95　명예훼손죄, 단순폭행, 존속폭행, 과실치상죄 등이 해당하는데 이러한 반의사불벌죄는 피해
　　자의 의사와 관계없이 검사가 공소제기를 할 수는 있지만, 그 후 피해자가 처벌을 원하지 않
　　는다는 의사를 표시하거나 처벌의 의사를 철회한 경우에는 공소기각의 판결을 선고하게 된
　　다(형사소송법 제327조 제6호).

96　예를 들어 형법에 따라 직계존속을 고소할 수 없으므로 아들이 아버지를 고소하면 검사가 각
　　하처분을 한다.

(다) 기소중지, 참고인 중지

피의자 또는 중요 참고인의 소재불명 등으로 더 이상 수사를 계속하여 종결할 수 없을 때 하는 중간 처분(피의자 또는 참고인의 소재가 발견되면 다시 수사를 함)

(라) 보완수사 요구

경찰로부터 송치된 사건의 공소제기 여부 결정 또는 공소의 유지에 필요한 사항이 있는 경우 하는 처분

(마) 공소보류

국가보안법을 위반한 피의자에 대하여 범죄의 객관적인 혐의가 충분하더라도 범행동기와 결과, 범행 뒤의 정황 등을 종합적으로 고려하여 공소의 제기를 미루는 처분[97]

(바) 이송

피의자 또는 중요한 증인의 소재를 관할하는 검찰청으로 사건을 보내서 그 검찰청에서 사건을 결정하도록 하거나, 그 검찰청에서 조사를 마치고 다시 사건을 받아 결정할 필요가 있는 경우에 하는 처분

(사) 소년보호사건 송치

'소년법'에 따라 관할법원에 송치하는 결정[98]

---

[97]   국가보안법 제20조 제1항.

[98]   소년법 제49조(검사의 송치) ① 검사는 소년에 대한 피의사건을 수사한 결과 보호처분에 해당하는 사유가 있다고 인정한 경우에는 사건을 관할 소년부에 송치하여야 한다.
　　　 ② 소년부는 제1항에 따라 송치된 사건을 조사 또는 심리한 결과 그 동기와 죄질이 금고 이상의 형사처분을 할 필요가 있다고 인정할 때에는 결정으로써 해당 검찰청 검사에게 송치할 수 있다.
　　　 ③ 제2항에 따라 송치한 사건은 다시 소년부에 송치할 수 없다.

(아) 가정보호사건 송치

'가정폭력처벌법'에 따라 관할법원에 송치하는 결정[99]

(자) 성매매보호사건 송치

'성매매처벌법'에 따라 관할법원에 송치하는 결정[100]

(차) 아동보호사건 송치

'아동학대처벌법'에 따라 관할법원에 송치하는 결정[101]

3) 수사 결과의 통지

경찰이나 검찰이 사건을 수사하여 그 결과 송치, 기소, 증거불충분 등의 결정을 하게 되면 그 내용을 피의자, 피해자, 고소·고발인에게 통지하도록 하고 있다.[102] 경찰이 피의자나 고소인 등에게 하는 수사 결과 통지는 서면,

---

99   가정폭력처벌법 제11조(검사의 송치) ① 검사는 제9조에 따라 가정보호사건으로 처리하는 경우에는 그 사건을 관할 가정법원 또는 지방법원(이하 "법원"이라 한다)에 송치하여야 한다.
      ② 검사는 가정폭력범죄와 그 외의 범죄가 경합(競合)하는 경우에는 가정폭력범죄에 대한 사건만을 분리하여 관할 법원에 송치할 수 있다.

100   성매매처벌법 제12조(보호사건의 처리) ① 검사는 성매매를 한 사람에 대하여 사건의 성격·동기, 행위자의 성행(性行) 등을 고려하여 이 법에 따른 보호처분을 하는 것이 적절하다고 인정할 때에는 특별한 사정이 없으면 보호사건으로 관할법원에 송치하여야 한다.
      ② 법원은 성매매 사건의 심리 결과 이 법에 따른 보호처분을 하는 것이 적절하다고 인정할 때에는 결정으로 사건을 보호사건의 관할법원에 송치할 수 있다.

101   아동학대처벌법 제28조(검사의 송치) ① 검사는 제27조에 따라 아동보호사건으로 처리하는 경우에는 그 사건을 제18조제1항에 따른 관할 법원(이하 "관할 법원"이라 한다)에 송치하여야 한다.
      ② 검사는 아동학대범죄와 그 외의 범죄가 경합(競合)하는 경우에는 아동학대범죄에 대한 사건만을 분리하여 관할 법원에 송치할 수 있다.

102   검사와 사법경찰관의 상호협력과 일반적 수사준칙에 관한 규정 제53조. 다만, 경찰의 수사 중지나 검찰의 기소중지의 경우에는 피해자, 고소·고발인에게만 통지한다(피의자 제외).

전화, 팩스, 이메일, 문자메시지 등 피의자나 고소인 등이 요청한 방법으로 할 수 있으며, 요청한 방법이 없는 경우 서면으로 통지하게 된다. 아울러 통지시한도 정하고 있는데 사건을 송치하거나 사건기록을 송부한 날로부터 7일 이내에 하도록 명시하고 있다.[103] 검찰이 피의자나 피해자 등에게 통지를 하는 경우에는 전화, 전자우편, 문자메시지 및 이에 상당하는 방법으로 통지하되, 피의자가 서면에 따른 통지를 요구하거나 서면에 따른 통지가 필요하다고 판단되면 서면으로 통지한다.[104]

---

103   경찰수사규칙 제97조.
104   검찰사건사무규칙 제103조 제2항.

02 / 금융감독원[105]

    금융감독원의 탄생은 1997년 IMF 외환위기가 직접적인 계기가 된다. 태국에서 시작된 외환위기가 필리핀과 인도네시아 등 동아시아 전역으로 빠르게 확산하면서 1997년 말 우리나라도 외환위기에 빠지게 되었다. 결국 그해 12월 3일 우리나라와 IMF(국제통화기금)간 구제금융 양해각서가 체결되었는데, IMF는 외환위기를 가져온 요인 중 하나로 우리나라의 미흡한 금융감독체계를 지적하였다. IMF는 운영과 예산의 자율성이 보장된 통합감독기구를 설치하여 부실금융회사를 처리하는 데 필요한 권한을 부여하도록 권고했으며, 이에 따라 1998. 4월 합의제 행정기구인 금융감독위원회(현 금융위원회)가 출범하였다. 그리고 후속작업으로 그동안 금융업권별로 금융회사 감독 · 검사업무를 담당했던 은행감독원, 보험감독원, 증권감독원, 신용관리기

---

[105] 금융감독원은 엄밀한 의미에서 국가행정기관이라 할 수 없으나, 금융위원회 또는 증권선물위원회로부터 권한을 위임받아 실질적인 행정행위를 하므로 여기에서는 행정기관의 범주에 넣어 기술한다. 아울러 우리나라의 금융산업 및 시장의 감독 및 검사 · 조사업무는 정책업무를 담당하는 금융위원회와 실무를 집행하는 금융감독원의 이원체제로 이루어져 있지만 일부 불공정거래 조사, 자금세탁방지업무 등을 제외하고 주로 정책업무를 담당하는 금융위원회는 이 책의 집필 목적 및 범위를 고려할 때 포함의 필요성이 적으므로 검사 · 조사의 실행을 담당하는 금융감독원만을 설명하되, 필요시 금융위원회의 기능을 부가하는 방식으로 한다.

금(금융회사 감독부문)의 통합이 추진되어 1999. 1월 금융감독원이 출범하게 되었다.[106]

당시 금융감독원을 '금융감독기구 설치 등에 관한 법률'에 의해 설립되는[107] 무자본 특수법인[108]으로 하여 국가 또는 지방자치단체로부터 독립된 특정한 공공사무를 담당하는 특수 공법인의 성격을 가지도록 하였다. 공적인 업무를 수행함에도 불구하고 애초에 금융감독원을 정부조직으로 하지 않고 독립된 공법인으로 한 것은 금융감독업무가 정치적 압력 또는 행정부의 영향력에 의해 자율성을 잃지 않도록 함으로써 중립적이고 전문적인 금융감독기능을 구현하기 위함이다.[109] 금융위원장의 제청으로 대통령이 임명하는 원장, 4인 이내의 부원장, 9인 이내의 부원장보, 1인의 전문심의위원 및 감사 1인의 집행간부를 두며, 2023. 2. 13. 현재 총 62개 부서에 직원은 2,060명이다. 직원 중 변호사가 182명, 공인회계사 420명, 보험계리사 45명, 박사 47명에 달하는 전문가집단이라 할 수 있다.[110]

금융감독원의 업무는 금융회사 인허가 및 건전성 규제, 경영공시, 검사, 분쟁조정뿐만 아니라 자본시장의 감독 및 조사 등 매우 광범위하다. 이 책에서 다루는 행정조사 기능과 관련하여서는 ① 금융회사 검사, ② 자본시장 불공정거래 조사, ③ 회계감리(회계분식 조사) 등 3개의 큰 축으로 이루어지고 있다. 이하에서는 금융감독원의 3가지 검사·조사기능에 대하여 설명한다.

---

106 금융감독원, 금융감독원 20년사, pp. 54~55.

107 이후 2008. 2. 29에 개정된 '금융위원회의 설치 등에 관한 법률'에 의거하여 현재의 금융감독원이 되었는데, 이전 금융감독원 조직과 가장 큰 차이점은 이전에는 금융감독위원회 위원장이 금융감독원장을 겸임했지만 2008. 2. 29. 금융위원장과 금융감독원장을 분리하였다는 점이다.

108 금융위원회의 설치 등에 관한 법률 제24조.

109 금융감독원, 2020년 연차보고서, p. 14.

110 금융감독원, 제403회 국회 업무현황자료, 2023. 2. 21. p.2(금융감독원 홈페이지/국회업무보고자료/).

금융감독원의 3개 조사기능 담당부서 현황[111]

(출처: 금융감독원 홈페이지)

2-1. 금융회사 검사

가. 검사대상 및 검사 유형

금융감독원의 업무는 상당히 광범위하여 금융회사뿐만 아니라, 상장회사, 외부감사대상 비상장회사, 심지어 대부업체, 유사투자자문업체, 불법사금융업체, 개인 등을 대상으로 각종 규정 위반 여부에 대하여 다양한 조사를 수행한다. 이중 '검사'는 특히 금융위원회의 설치 등에 관한 법률에 의한 검

---

111   2023. 6. 29. 현재 금융감독원 조직도 기준이다(조직도 출처: 금융감독원 홈페이지(www.fss. or.kr)). 한편, 위 도표의 우측 편에 있는 민원이나 분쟁조정부서들에게도 민원·분쟁조정관련 검사기능이 일부 부여되어 있는 등 여타 부서도 제한적인 감독·검사기능이 있다.

사대상 기관에 대하여 업무 및 재산상황을 조사하는 것을 말한다.[112] 구체적으로 금융회사 검사란 금융회사의 업무와 경영상태를 평가하고, 금융회사나 그 소속 임직원이 수행한 업무가 관련법규나 행정지도, 회사 내부규정 등에 위배되는 것은 없는지 조사하는 것이다.

따라서 만일 이 책을 읽는 분이 금융감독원의 검사를 받는 금융회사나 금융관련기관에 다니시는 분이 아니라면 이 부분은 너무 관심깊게 읽을 필요는 없다. 다만, 이 책의 후반부에 기술하는 것처럼 일반인들도 금융회사와 거래를 할 때 차명금융거래나 불법송금 등 금융관련법령을 부지불식간에 위반할 수 있고, 또 금융감독원이 금융회사 검사시 일반인들의 불법금융거래들도 다수 적발하여 필요시 수사기관에 제공하고 있다는 점에서 살펴볼 필요는 있다.

금융감독원의 검사대상은?

검사대상기관들은 금융지주사, 은행, 보험회사, 증권회사, 상호저축은행과 그 중앙회, 신용협동조합과 그 중앙회, 카드 등 여신전문금융회사 등이 해당된다. 2020년 말 현재 검사대상기관은 5,983개에 달하며, 금융권역별로 보면 금융지주 10개, 은행 55개,[113] 중소서민 3,385개, 보험 60개, 금융투자 2,045개, 기타 428개이다.[114]

금융감독원의 검사 실시 현황은?

금융감독원은 매년 800회 내외의 검사를 실시하고 있는데, 2019년 펀드 불완전판매사태 영향 등으로 검사실시 횟수가 992회로 급증하였다가 2020년에는 631회로 감소하였다. 특히 최근 들어서는 현장검사의 비중이 줄어들고 서면검사가 늘어나는 추세를 보이고 있다.

---

112 금융위원회의 설치 등에 관한 법률 제38조.
113 시중은행(6), 지방은행(6), 인터넷 전문은행(2), 특수은행(5), 외국은행 국내지점(36).
114 금융감독원 2020 연차보고서, p. 106.

금융감독원 검사 실시 횟수 및 연도별 추이(단위: 건)

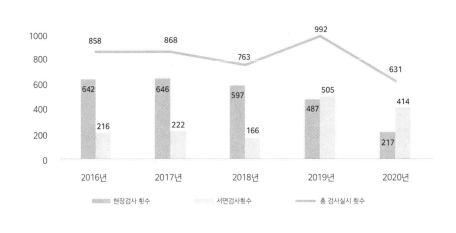

(출처: 금융감독원 2020 연차보고서)

검사는 어떠한 종류가 있는가?

검사는 운영방식에 따라 정기검사와 수시검사로 구분된다. 정기검사는 금융회사의 규모나 시장에 미치는 영향력 등을 감안하여 일정 주기에 따라 정기적으로 실시하는 검사로서 경영실태평가[115]가 포함되며 수시검사에 비하여 비교적 검사의 범위가 넓고 연간 검사계획 수립시 검사대상 회사가 미리 선정되는 경향이 있다.

수시검사는 금융사고 예방, 금융질서 확립, 기타 금융감독정책상의 필요에 따라 수시로 실시하는 검사를 말하는데 주로 금융사고가 발생했다든지, 사모펀드 사태 등 특정 이슈가 발생하거나 감독정책상 필요가 있다든지 하는 이유로 특정 부문에 한정하여 실시하게 된다.

---

115 금융회사의 재무상태, 자산의 건전성, 경영진의 경영능력 등을 종합적이고 통일적인 방식에 의해 평가하는 것을 말한다.

검사 장소가 어디인가에 따라 현장검사와 서면검사로 구분하기도 한다. 금융회사에 직접 방문하여 장부, 현물 등 관계 서류와 실물을 점검하는 현장검사와 달리, 서면검사는 금융회사에 직접 방문하지 않고 필요한 서류를 제출받아 금융감독원 검사국 사무실에서 검사를 진행한다.

2022. 1. 27. 금융감독원의 '검사 · 제재 혁신방안'에 따른 제도 개편[116]

금융감독원은 검사 · 제재 혁신방안을 발표하여 금융회사 검사체계를 기존 '종합검사 · 부문검사체계'에서 '정기검사 · 수시검사체계'로 개편하였다. 이는 종합검사시 검사범위가 불특정되어 수검회사의 불확실성이 커진다는 지적에 따른 것이다.

▶ 정기검사: 일정 주기로 실시하되, 시장영향력 등이 큰 금융회사는 검사주기를 상대적으로 짧게 운영*
  * 시중은행 2년 내외, 종합금융투자사업자 등 4년 내외, 자산규모 상위 보험회사 3년 내외 등
  − 또한 검사범위도 경영실태평가와 핵심 · 취약부분을 반영하여 차별적 설정

▶ 수시검사: 종전과 동일하게 금융사고, 소비자 보호, 리스크 등 특정사안에 대해 기동성 있게 실시

(출처: 금융감독원 보도자료 '검사 · 제재 혁신방안', 2022.1.27)

---

116 금융감독원 보도자료, '금융시장의 공감과 신뢰 제고를 위한 「검사 · 제재 혁신방안」 마련', 2022. 1. 27.

나. 금융회사 검사 절차[117]

금융감독원의 검사처리 절차

단계	주요 내용	비고
검사 사전예고	검사실시내용 사전예고	검사착수 1주일전
검사착수 및 검사 실시	검사개시 면담 자료요청 · 확인, 사실확인 면담 등	검사기간 중
검사 종료	검사 종료 면담 현지조치(검사반장) 지적예정사항 및 지적근거를 기재한 검사의견서 교부	검사종료일
금융감독원 내부처리절차 *금융감독원장 전결조치사항인 경우 바로 검사결과 통보	* 지적사항 있는 경우 검사서 작성 → 부서자체 심의 → 제재심의국 심사조정 → 조치예정내용 사전통지 → 제재 심의위원회 심의	1~5개월 내외
금융위원회 (금융위 의결사항)	안건 상정 및 의결	1개월 내외
검사 결과 통보	검사서 송부 등	검사종료 후 1~6개월
권리구제 절차	이의신청 행정심판, 행정소송	1개월 이내 90일 이내

(출처: 금융감독원 '검사업무 처리절차 안내')[118]

117　금융기관 검사 및 제재에 관한 규정 및 시행세칙, 금융감독개론(금융감독원, 2019년 개정판),
　　　검사업무 처리절차 안내(금융감독원, 2020.6) 등을 참조하였다.
118　금융감독원(www.fss.or.kr)/업무자료/업무처리절차/

1) 검사 사전예고

금융감독원이 현장검사를 실시하는 경우에는 검사목적과 검사기간 등이 포함된 검사 사전예고통지서를 검사착수일 1주일 전(정기검사의 경우 1개월 전)까지 해당 금융회사에 통지한다. 다만, 현장을 방문하지 않는 서면검사이거나 증거인멸 등 검사목적 달성에 중대한 영향을 미칠 경우 등 예외적인 경우에는 통보를 하지 않을 수 있다.[119]

2) 검사 착수 및 검사 실시

현장검사에 착수하면 먼저 검사반장이 검사 목적, 검사대상회사로 선정된 이유, 중점적으로 검사할 사항 등 검사실시 개요를 금융회사 경영진에게 설명한다. 이후 검사반은 본격적인 검사에 들어가게 되는데 검사반원[120]은 검사 착수 전 미리 요청한 사전징구자료 이외에 검사업무 수행상 필요한 검사자료를 요구할 수 있고, 필요시 금고, 장부, 물건 등을 봉인하거나 검사범위에 있는 업무를 담당하는 관련임직원에게 검사현장에 출석하여 진술을 하도록 요구하거나 면담을 할 수 있다.[121] 또한 모든 위법사항에 대하여 그러는

---

119 금융기관 검사 및 제재에 관한 규정 제8조의2 (검사의 사전통지) 감독원장은 제8조에 따른 현장검사를 실시하는 경우에는 검사목적 및 검사기간 등이 포함된 검사사전예고통지서를 당해 금융기관에 검사착수일 1주일전까지 통지하여야 한다. 다만, 검사의 사전통지에 따라 검사목적 달성이 어려워질 우려가 있는 다음 각 호의 하나에 해당하는 경우에는 그러하지 아니하다.
   1. 사전에 통지할 경우 자료 · 장부 · 서류 등의 조작 · 인멸, 대주주의 자산은닉 우려 등으로 검사목적 달성에 중요한 영향을 미칠 것으로 예상되는 경우
   2. 검사 실시 사실이 알려질 경우 투자자 및 예금자 등의 심각한 불안 초래 등 금융시장에 미치는 악영향이 클 것으로 예상되는 경우
   3. 긴급한 현안사항 점검 등 사전통지를 위한 시간적 여유가 없는 불가피한 경우
   4. 기타 검사목적 달성이 어려워질 우려가 있는 경우로서 감독원장이 정하는 경우

120 금융감독원은 검사를 담당하는 직원을 검사역이라 부르며, 직급에 따라 부국장검사역, 수석검사역, 선임검사역, 검사역 등으로 나뉜다.

121 금융기관 검사 및 제재에 관한 규정 제6조(검사원의 권한 및 의무) ① 검사원은 검사업무를

것이 아니지만 중대한 위반으로 필요하다고 인정하거나 금융회사 직원이 사실관계를 계속 부인하는 경우 책임소재를 명확히 하기 위하여 검사반원의 질의 및 이에 대한 관련임직원의 답변을 기재하는 문답서를 작성하기도 한다.

처벌의 근거가 되는 입증자료의 종류는?

검사결과 나타난 위법·부당행위는 다양한 입증자료를 근거로 제재가 이루어지므로 검사를 하는 입장이나 검사를 받는 입장에서 입증자료가 무엇인지, 또는 입증자료에 어떤 내용이 담기는지가 매우 중요하다. 규정이 명시하고 있는 위법·부당행위의 입증자료는 다음과 같다.[122]

(가) 확인서

금융감독원의 검사 결과 나타난 위법·부당행위에 대한 증거보강을 위하여 6하원칙에 따라 구체적인 사실관계 위주로 기재한 확인서를 위법·부당행위자로부터 받을 수 있다. 확인서는 검사반장 또는 검사실시 부서장의 명의로 제출 기한을 명시(예를 들어 검사종료일 이후 3일 이내)하여 공식문서로 제출을 요구한다. 이때 관련자 등이 의견진술을 희망하는 경우 의견서를 첨부하도록 하고 있으므로 사실과 다른 부분이나 억울한 부분에 대하여는 충분히 소명될 수 있도록 의견서를 충실히 작성한 후 확인서에 첨부해 주도록 검사 담당자에게 요구하는 것이 좋다. 한편, 확인서는 문서나 장표 등으로 위법·부당행위가 충분히 입증되는 경우 받지 않을 수도 있다.

수행함에 있어 필요한 경우 다음 각호의 조치를 할 수 있다.
　　1. 증명서, 확인서, 의견서, 문답서 및 기타 관계자료와 물건 등의 제출요구
　　2. 금고, 장부, 물건 및 기타 보관장소 등의 봉인
　　3. 당해 금융기관 관계자에 대한 출석·진술 요구
　　4. 기타 검사상 필요하다고 판단하는 조치
　②~③ (생략)
122　　금융기관 검사 및 제재에 관한 규정 시행세칙 제24조.

참고로 금융감독원의 검사·제재 개혁 방안 시행으로 현재는 피검사자에게 부담이 많은 확인서를 받는 대신 실무적으로 대부분 뒤에서 설명하는 검사의견서를 교부하고 있다. 즉, 다른 입증자료로는 위법·부당행위의 입증이 불가능하거나 금융회사 임직원이 사실관계를 해명하기 위한 경우로 해당 임직원이 동의하는 등 예외적인 경우에 한하여 확인서를 받고 원칙적으로는 확인서 대신 검사의견서를 교부한다.

(나) 문답서 및 질문서

위법·부당행위의 정도가 크거나 복잡하고 책임소재가 불분명한 사안의 경우 관련자의 책임소재를 명확히 하고 행위의 동기와 배경 등을 파악하기 위하여 검사현장에서 관련자와의 질의·응답을 통하여 문답서를 작성할 수 있으며, 금융회사나 관련자에게 질문서를 발부하기도 한다.[123] 실무적으로는 금융회사 임직원이 사실관계를 해명하기 위하여 동의하는 경우에만 예외적으로 문답을 받고 있으며, 일반적으로는 문답서 대신 의견서, 경위서 등을 제출받거나 질문서를 발부한다.

참고로 문답을 받는 금융회사 임직원이 원하는 경우 변호사, 준법감시인 또는 검사를 받는 부서의 임직원 등으로부터 조력을 받을 수 있는데, 금융감독원은 문답을 받는 임직원에게 문답전에 미리 '방어권'과 '이의신청 절차' 등에 관하여 설명을 하여야 한다. 혹시라도 여러 가지 이유로 본인이 문답을 받게 되는 경우 사안이 본인에게 중대한 영향을 미칠 수 있음을 재빨리 인식하고 이 책의 2편에서 설명하는 문답시 유의해야 할 내용들을 숙지하고 문답에 임하는 것이 좋을 것이다.

---

123 물론 검사종료 후 사실관계를 명확히 하기 위하여 사후에 질문서가 발부되는 경우도 있다.

(다) 문서 및 장표의 사본

검사결과 입증을 위하여 필요한 경우에 관련서류를 제출받기도 하는데, 원본과 다름이 없음을 관계인이 날인한다. 이때 검사를 하는 검사반원은 당연히 위법·부당행위의 입증에 필요한 서류만을 필요로 할 것이지만, 금융회사나 임직원은 위법·부당행위가 아님을 소명하는 자료들도 적극 제출하여 입증자료에 같이 편철하도록 요구할 필요가 있다. 검사결과는 검사반이 정리하지만, 이후 검사담당부서내 독립적인 심사조정담당자와 독립부서인 제재심의부서에서 제재의 적정 여부에 대하여 심의할 때 검사반이 주장하는 자료뿐만 아니라 피검사자가 제출한 자료도 검토하게 되므로 균형된 심의를 통한 제재 감경 효과를 기대할 수 있기 때문이다.

(라) 검사의견서

확인서는 향후 제재과정에서 증빙자료로 쓰이고 피검사자가 날인을 하게 되므로 심리적으로 크게 위축될 수 있다. 금융당국은 이러한 문제점을 해결하기 위하여 검사·제재 개혁방안으로 검사의견서제도를 도입하였다. 검사반장은 검사결과 관련 문서 및 장표의 사본 등을 통해 확인된 위법·부당행위 가운데 문책사항·자율처리필요사항·주의사항·변상사항에 해당하는 지적예정사항에 대해서 확인서를 받는 대신 검사의견서를 당해 금융회사에 교부한다.[124] 검사현장에서 교부할 때 기재항목(사실관계, 적용법규, 관련자 명세(행위자/감독자/보조자 등)) 중 검사현장에서 확정이 어려운 항목(금액·건수, 관련자 구분 등)은 생략하여 교부하고 추후 보완한다. 한편, 이후 검사처리과정에서 지적사항에 대한 중요한 변경이 있는 경우에는 검사의견서를 재교부할 수도 있다.

---

[124] 금융기관 검사 및 제재에 관한 규정 시행세칙 제24조 제4항.

검사를 받을 때 피검사자 보호제도를 충분히 활용하라

만일 금융회사 직원으로 금융당국의 검사를 받는 입장이 된다면 본인을 보호하기 위하여 최소한 몇 가지는 기억해 둘 필요가 있다. 첫째는 조력을 받을 권리이다. 현장검사 과정에서 검사를 받는 금융회사 임직원은 문답서 및 확인서 작성시 변호사 또는 전문지식을 갖춘 사람[125]으로부터 조력을 받을 수 있는 권리가 있으니 충분히 활용할 필요가 있다.

둘째, 명확한 위법사항이지만 문답까지 가지 않는 사항인 경우 자칫 본인의 해명없이 진행될 우려가 있다. 이때에도 관련규정[126]에 따라 의견진술을 희망하는 경우 의견서를 첨부할 수 있도록 하고 있으므로 서면 의견서를 제출하는 것이 좋다.

셋째, 금융감독원이 운영하고 있는 권익보호담당역 제도를 활용할 수 있다. 권익보호담당역 제도는 검사 업무 수행과정에서 금융회사 및 그 임직원의 권익 보호를 위하여 도입된 제도로서 권익보호담당역인 자는 금융회사의 신청이 있는 경우 위법·부당한 검사가 진행되거나 절차상 중요한 흠결이 있다고 인정하면 금융감독원장에게 검사중지 건의 또는 시정 건의를 할 수 있고, 해당 검사반원에 대하여 소명 요구, 검사자료 제출 요구 등 검사업무 수행과정에 대한 조사를 할 수 있다.[127]

과거 제재사례를 찾아보고 조치의 수준과 방향을 가늠할 수 있다

금융회사나 소속 임직원의 금융법규 위반에 따른 조치 수준은 기본적으

---

125 검사를 받는 금융회사의 준법감시인 또는 업무를 담당하는 금융회사 임직원으로 제한된다 (금융기관 검사 및 제재에 관한 규정 시행세칙 제27조의2).

126 금융기관 검사 및 제재에 관한 규정 시행세칙 제27조.

127 금융기관 검사 및 제재에 관한 규정 제10조. 금융감독원 홈페이지(www.fss.or.kr)/참여마당/ 금융회사소통광장/금융회사권익보호신청/, 현재 권익보호담당역은 금융감독원 감찰실 국 장이 겸임하며, 업무도 감찰실에서 담당한다.

로 '금융기관 검사 및 제재에 관한 규정'과 동 규정 시행세칙 등에 명시된 양정기준에 따라 결정된다.[128] 그렇지만 규정내용만 보고 제재의 수준을 가늠해보기는 쉽지 않을 것이다. 이때는 금융감독원 홈페이지에 금융회사에 대한 검사결과 주요 제재내용들을 공시하고 있으므로[129] 본인 또는 본인이 근무하는 금융회사의 법규 위반에 따른 제재내용과 유사한 제재사례가 있었는지 살펴보는 것도 좋은 방법이 된다. 본인이 근무하는 금융회사와 같은 업종인 회사들의 제재내용을 검색하여 유사사례를 찾아보면 통상 법규위반은 반복적으로 발생하고 조치의 수준은 유사한 경우가 많으므로 조치 수준과 방향을 대략 가늠해 볼 수 있다.[130]

금융감독원의 금융회사 제재내용 공시

(출처: 금융감독원 홈페이지)

---

128 예를 들어 금융기관 검사 및 제재에 관한 규정 시행세칙 별표 3 금융업종별·위반유형별 제재양정기준, 별표 5 제재양정 감경기준 등.

129 금융감독원 홈페이지(www.fss.or.kr)/업무자료/검사·제재/제재관련공시/검사결과제재

130 다만, 제재내용이 금융회사에 조치를 요구하는 것이기 때문에 해당 금융회사에 의해 이루어지는 실제 조치내용은 공시내용과 다를 수 있다. 또한 비징계적 성격의 조치인 경영유의·개선사항은 '경영유의사항 등 공시'항목에 별도로 공시된다.

3) 검사 종료

검사종료 시점에서 경영진 면담이 이루어지는데 검사과정에서 확인된 경영상 취약점이나 주요 지적사항, 애로 및 건의사항, 경영진의 경영정책 및 방침, 감독 및 검사정책 등에 대하여 상호 협의하고 의견을 교환한다. 또한 검사 종료 후에 경영상 상당한 문제점이 발견되어 필요한 경우에는 이사회 또는 감사위원회를 대상으로 경영상 문제점 개선을 위한 이사회 등의 관심 필요사항, 경영진의 시정계획 등에 대하여 면담을 실시하여 협의할 수 있다. 한편, 지적사항 중 경미한 사항의 경우에는 검사반장이 시정, 개선, 주의조치를 결정하는 현지조치사항으로 처리를 종료하기도 한다.[131]

검사 후 조치결과를 통보받기까지는 얼마나 소요될까?

금융감독원이 검사를 종료한 후 금융회사에 검사결과를 통보하는 데까지 얼마나 기간이 소요될까? 일반적으로 정기검사의 경우 수시검사에 비하여 검사의 범위가 넓고 경영실태평가까지 하게 되므로 검사 기간도 오래 걸리지만 처리에도 상당한 시간이 걸릴 것이고, 수시검사의 경우에는 이보다 짧게 소요된다. 법령은 금융감독원이 자의적으로 검사처리를 지연할 수 없도록 처리시한을 명시하고 있다. 즉, 표준검사처리기간제도[132]를 도입하여 정기검사의 경우 180일 이내(제재심의위원회 심의사항이 없는 경우 160일 이내), 수시검사의 경우 152일 이내(제재심의위원회 심의사항이 없는 경우 132일 이내)에 처리하도록 하고 있다.[133] 다만, 의견청취나 유권해석, 후속검사나 추가자

---

131 검사종료 후 심사하는 과정에서 현지조치가 적정하다고 판단되는 사항도 검사 종료 후 정기 검사인 경우 15영업일(수시검사 10영업일) 이내에 통보한다.

132 금융기관 검사 및 제재에 관한 규정 제14조 제5항 및 동 규정 시행세칙 제30조의2.

133 수시검사라도 연인원 150명 이상인 검사는 정기검사와 동일한 처리기간이 적용된다. 그리고 다수의 금융회사를 대상으로 특정기간에 중복·연속하여 이루어지는 테마검사의 경우(검사 총괄담당부서장이 '테마검사'로 합의한 경우) 마지막 검사의 종료일을 해당 테마검사의 검

료 징구에 소요되는 기간 등은 이 기간에서 제외된다.[134]

4) 검사 후 내부처리 절차

검사가 종료되면 검사반장은 검사결과를 요약정리한 귀임보고서를 작성하여 금융감독원 내부에 보고하며, 이후 검사결과를 종합정리한 검사서를 작성하고 조치수준을 결정한다. 검사결과 금융감독원이 제재를 하는 것으로 결정하는 경우 제재를 받는 금융회사와 소속 임직원들에게는 중대한 영향을 미치게 되는 것이므로 검사서와 조치안을 작성할 때도 해당 검사반의 내부 회의 및 상급 책임자 등과 지속적인 피드백 등을 통해 자체 검증을 한다. 또 이

사종료일로 간주한다(금융기관 검사 및 제재에 관한 규정 시행세칙 별표 10).

[134] 금융기관 검사 및 제재에 관한 규정 시행세칙 제30조의2(표준검사처리기간) ① 규정 제14조제5항에서 "감독원장이 정하는 기간"이라 함은 정기검사 180일, 수시검사 152일을 말하며, 세부사항은 별표 10의 표준검사처리기간에 의한다.

② 규정 제14조제7항에 따른 표준처리기간에 산입되지 아니하는 기간으로서 감독원장이 정하는 기간은 다음 각 호와 같다. 다만, 제1호, 제3호 및 제6호의 경우에는 최대 60일을 초과하여서는 아니 된다.

1. 검사실시부서가 관련법규 소관 정부부처, 법무법인, 회계법인 및 감독원 법무·회계 관련부서에 검사처리 관련 사안에 대한 유권해석(과태료·과징금 부과건의 관련 질의를 포함한다.) 또는 법률·회계 검토를 의뢰한 날로부터 회신일까지 소요기간

2. 제59조제1항의 규정에 의한 제재대상자에 대한 사전통지 및 의견청취 소요기간(사전통지일부터 의견접수일까지의 기간을 말한다.), 같은 조 제2항의 규정에 의한 제재대상자에 대한 공고기간, 제60조의 규정에 의한 청문절차 소요기간(청문실시 통지일부터 청문주재자의 의견서 작성일까지의 기간을 말한다.)

3. 검사종료후 추가적인 사실관계 확인을 위한 후속검사 소요기간(검사총괄담당부서장이 합의하는 사전준비기간 및 집중처리기간을 포함한다.) 및 주요 입증자료 등 징구에 소요되는 기간(자료요구일로부터 자료접수일까지의 기간을 말한다.)

4. 검사결과 처리가 관련 소송 및 수사·조사기관의 수사·조사 결과에 연관된다고 감독원장이 판단하는 경우 동 판단시점부터 재판 확정 또는 수사 및 조사 결과 통지 등까지 소요되는 기간

5. 제재심의위원회가 심의를 유보한 경우 심의 유보일로부터 제재심의위원회 최종 심의일까지의 소요기간

6. 제재의 형평성을 위해 유사사안에 대한 다수의 검사 건을 함께 처리할 필요가 있는 경우 일괄처리를 위해 소요되는 기간

7. 제53조의2에 의한 검사결과 조치안 사전협의회 개최에 소요되는 기간

와 별도의 이중 삼중 검증장치로서 검사부서내 독립된 팀(주로 기획총괄팀) 및 별도 독립부서인 제재심의국에서 차례로 심사조정절차를 거친다.

이와 같이 검사서와 조치안은 ① 검사반 자체 검증 후 ② 검사반 소속 부서 자체의 심의 및 조정절차를 거치고 ③ 별도 독립부서인 제재심의국에서 다시 한 번 심사조정단계를 거치게 된다. 제재심의부서는 검사서와 조치안에 대하여 지적내용, 적용한 법규의 적정성, 조치 수준의 형평성 및 타당성, 입증자료의 증거능력 정도 등 전반적인 내용을 심사하고 필요시 검사를 실시했던 부서와 검사서의 내용 및 조치수준에 대하여 협의하고 조정한다. 이후 외부위원까지 포함된 제재심의위원회[135]에 부의되어 조치 수준이 정해진다. 금융감독원 제재심의위원회는 금융감독원장의 자문기구로서 조치 결정은 금융감독원장이 하는 것이지만 통상적으로 동 제재심의위원회의 결정을 대부분 그대로 수용한다.

의견 진술 및 열람 권리를 적극 활용하라

금융감독원의 내부처리절차 과정 중에 제재를 받는 제재대상자에 대하여는 의견진술 및 열람권이 보장되어 있다.[136] 금융감독원장이 제재조치를 하는 경우 위규 행위사실, 관련 법규, 제재 예정내용 등을 제재대상자에게 구체적으로 사전통지하고 구두나 서면에 의한 의견진술 기회를 주도록 하고 있다. 또한 제재심의위원회에 출석하여 제재심의위원들을 대상으로 소명할 수 있는 기회도 부여된다.

어떠한 경우든 가급적 서면 의견진술보다 직접 출석하여 본인의 의견을 충분히 진술하고 선처를 부탁하는 것이 좋을 것이다. 아울러 제재대상자

---

135   제재심의담당 부원장, 제재심의담당 부원장보, 금융감독원 법률자문관(통상 검찰파견 검사), 당해 부의안건 관련 금융위원회 담당국장, 외부위원(법률전문가·대학교수·금융전문가 등) 6명 등 총 10명으로 구성된다.

136   금융기관 검사 및 제재에 관한 규정 제35조 및 제35조의3.

로 사전통지를 받았다면 제재심의위원회 위원들에게 제출된 조치안 및 관련 서류를 열람할 수 있다. 만일 제재심의위원회에 출석하여 진술할 예정이라면 본인의 권리를 적극 활용하여 부의예정인 조치안건 및 관련 자료들을 미리 열람함으로써 훨씬 효율적이고 설득력 있는 진술전략을 세울 수 있을 것이다.

5) 금융위원회 부의

검사결과 조치는 가벼운 조치 위주로 금융감독원장이 결정하는 경우도 있지만,[137] 중요한 사항의 경우 금융위원회 회의에서 최종 결정된다. 자본시장법 위반 등 일부 법규 위반에 대한 제재가 금융위원회내 증권선물위원회의 사전 심의를 거치도록 규정되어 있는 경우에는 금융위원회 결정 전 증권선물위원회도 거친다. 금융위원회가 증권선물위원회에 권한을 위임하거나 제재의 종류가 증권선물위원회의 고유권한에 속하는 경우 증권선물위원회의 의결로 끝나기도 한다.

6) 검사결과 통보

조치내용이 결정되면 금융감독원은 금융회사에 대한 검사결과를 검사서에 담아 금융회사에 통보하여 필요한 조치를 하도록 요구한다. 금융감독원이 요구하는 조치사항들은 크게 경영유의사항과 지적사항으로 구분할 수 있다.

---

137 은행법, 보험업법, 자본시장법 등 금융권역별 관계법규에 금융회사의 위법·부당행위에 대한 각종 제재내용이 명문화되어 있는데, 금융감독원장이 조치할 수 있는 수준에 다소간 차이가 있다.

(가) 경영유의사항

경영유의사항은 검사결과 경영상 취약성이 있는 것으로 나타나 경영진의 주의 또는 경영상의 조치가 필요한 사항으로서 경영유의사항을 전달받은 금융회사는 6개월 이내에 조치요구사항을 정리하고 그 결과를 금융감독원에 보고해야 한다. 경영유의사항은 개인에 대한 신분조치가 없는 조치이다.

(나) 지적사항

지적사항은 검사결과 나타난 위법·부당한 업무처리내용 또는 업무처리방법의 개선 등이 필요한 사항을 말하며, 세부적으로는 문책·자율처리필요·주의·변상·개선사항으로 구분된다.[138] 통보를 받은 금융회사는 문책사

---

138   금융기관 검사 및 제재에 관한 규정 제14조(검사결과의 통보 및 조치) ① 감독원장은 금융기관에 대한 검사결과를 검사서에 의해 당해 금융기관에 통보하고 필요한 조치를 취하거나 당해 금융기관의 장에게 이를 요구할 수 있다.
② 제1항의 규정에 의한 검사서 작성 및 검사결과 조치요구사항은 다음 각 호와 같이 구분한다.
  1. 경영유의사항
  2. 지적사항
  가. 문책사항
    금융기관 또는 금융기관의 임직원이 금융관련법규를 위반하거나 금융기관의 건전한 영업 또는 업무를 저해하는 행위를 함으로써 신용질서를 문란하게 하거나 당해 기관의 경영을 위태롭게 하는 행위로서 과태료·과징금 부과, 기관 및 임원에 대한 주의적경고 이상의 제재, 직원에 대한 면직·업무의 전부 또는 일부에 대한 정직·감봉·견책에 해당하는 제재의 경우
  나. 자율처리필요사항
    금융기관 직원의 위법·부당행위에 대하여 당해 금융기관의 장에게 그 사실을 통보하여 당해 금융기관의 장이 조치대상자와 조치수준을 자율적으로 결정하여 조치하도록 하는 경우
  다. 주의사항
    위법 또는 부당하다고 인정되나 정상참작의 사유가 크거나 위법·부당행위의 정도가 상당히 경미한 경우
  라. 변상사항
    금융기관의 임직원이 고의 또는 중대한 과실로 금융관련법규 등을 위반하는 등으로 당해 기관의 재산에 대하여 손실을 끼쳐 변상책임이 있는 경우
  마. 개선사항
    규정, 제도 또는 업무운영 내용 등이 불합리하여 그 개선이 필요한 경우
  3. 현지조치사항

항 중 임직원 인사조치내용은 2개월 이내, 나머지 사항은 3개월 이내에 정리하고 그 결과를 기한종료일로부터 10일 이내에 금융감독원장에게 보고해야 한다.

7) 권리구제 절차

금융위원회 또는 금융감독원장으로부터 제재를 받은 금융회사, 소속 임직원 등이 제재처분, 조치요구가 부당하다고 생각되면 금융위원회 또는 금융감독원장에게 이의를 신청할 수 있다. 이와 함께 행정심판, 행정소송의 제기도 가능하다.[139] 이의신청의 경우 금융위원회 또는 금융감독원장에게 하게 되는데, 금융위원회의 제재처분인 경우 금융감독원장이 타당성 여부를 심사하여 취소, 변경 또는 이의신청 기각을 금융위원회에 건의하며, 금융감독원장의 제재처분인 경우 금융감독원장이 취소, 변경 또는 이의신청을 기각한다.

아울러 직접 행정심판위원회에 행정심판 청구도 가능하다. 이의신청이 제재처분을 한 행정기관에 하는데 비하여, 행정심판은 같은 행정기관이지만 상급기관에 불복절차를 청구하는 것이다.[140] 또한 행정소송도 불복절차의 한 방법으로 이용할 수 있다. 행정소송은 법원에 불복하여 구제를 받는 것

③ 감독원장은 제1항의 규정에 의하여 조치를 요구한 사항에 대하여 금융기관의 이행상황을 관리하여야 한다. 다만, 현지조치사항에 대하여는 당해 금융기관의 자체감사조직의 장이나 당해 금융기관의 장에게 위임하며, 신용협동조합·농업협동조합·수산업협동조합·산림조합에 대한 조치요구사항은 당해 설립법에 의한 중앙회장에게 위임할 수 있다.

④ 감독원장은 금융관련법규 등에 의하여 제4장에서 정하는 제재조치를 취할 수 없는 금융기관의 위법·부당행위에 대하여는 이를 당해 금융기관의 감독기관에 통보할 수 있으며, 금융관련법규 등에 의하여 제4장에서 정하는 제재조치를 취할 수 없는 금융기관의 임직원(집행간부 포함)의 위법·부당행위에 대하여는 이를 당해 금융기관의 장, 당해 금융기관의 감독기관 또는 당해임원의 임면권자(임면제청권자를 포함한다)에게 통보할 수 있다.

⑤ ~ ⑧ (생략)

139 금융기관 검사 및 제재에 관한 규정 제36조 및 제37조.

140 현재 금융위원회 및 금융감독원의 행정심판은 국민권익위원회에 설치되어 있는 중앙행정심판위원회에서 담당한다.

으로서 과거에는 행정심판을 거친 후에나 가능했지만[141] 행정소송의 1심 법원으로 행정법원이 설치됨에 따라 현재는 행정심판을 거치지 않고 바로 행정소송을 제기하는 것이 가능하며, 또한 행정심판과 행정소송의 동시 진행도 가능하다.

다. 검사결과 조치의 종류

검사결과 금융회사나 임직원에 대한 제재조치 실익은 무엇일까?

제재는 금융회사 또는 그 임직원에게 영업상, 신분상, 금전상의 불이익을 부과함으로써 금융회사 경영의 건전성 확보 및 금융제도 안정성 도모 등 금융회사 감독목적의 실효성 확보를 위한 사후적 감독수단으로서 의미를 갖는다.[142] 일반적으로 행정기관은 다양한 행정행위를 하면서 상대방으로 하여금 이를 준수·이행하게 하기 위한 실효성 확보수단으로 행정벌, 과징금, 징계벌 등의 다양한 제재조치를 사용한다.

1) 금융회사(법인)에 대한 제재[143]

금융회사에 대한 제재조치 중 가장 강력한 것은 '영업의 인가·허가 또는 등록의 취소, 영업·업무의 전부 정지' 조치라 할 수 있다. 이는 건전한 영업 또는 업무를 크게 저해하는 행위를 하여 건전경영을 심히 훼손하거나 금융회사 또는 금융거래자 등에게 중대한 손실을 초래한 경우나 위법행위 반복,

---

141 1998. 2월까지 행정기관의 행정처분 등에 불복하는 행정소송은 원칙적으로 행정심판을 거친 뒤에 제기할 수 있도록 하는 필요적 행정심판전치주의를 채택하고 있었다. 그러나 1998. 3월부터 개정된 행정소송법이 시행되어 임의적 행정심판전치주의를 채택하였다.

142 금융감독원, '금융감독개론', 2019년 개정판, p.440.

143 금융기관 검사 및 제재에 관한 규정 제17조(기관에 대한 제재).

시정명령 불이행 등의 사유가 해당된다. 이외에도 일부 영업정지, 계약이전, 경고, 주의 등의 조치를 받게 된다.

(1) 영업의 인가·허가 또는 등록의 취소, 영업·업무의 전부 정지
(2) 영업·업무의 일부에 대한 정지
(3) 영업점의 폐쇄, 영업점 영업의 전부 또는 일부 정지
(4) 위법·부당행위 중지
(5) 계약이전의 결정
(6) 위법내용의 공표 또는 게시 요구
(7) 기관경고
(8) 기관주의

2) 임원에 대한 제재[144]

금융위원회의 설치등에 관한 법률과 기타 금융관련법령에 의거하여 금융회사의 임원에 대하여 취할 수 있는 조치는 아래와 같다.

(1) 해임권고(요구)
(2) 업무집행의 전부 또는 일부의 정지
(3) 문책 경고
(4) 주의적 경고
(5) 주의

---

[144] 금융기관 검사 및 제재에 관한 규정 제18조(임원에 대한 제재).

3) 직원에 대한 제재[145]

금융회사와 임원에 대하여 금융감독당국이 직접 조치를 하는 것과 달리[146] 직원에 대한 조치는 금융감독당국이 직접 하지 않고 소속 금융회사에 조치를 취할 것을 요구한다. 특히 2004년부터 '자율처리필요사항 통보'제도를 도입하여 일부 중대한 위규행위를 제외하고는 금융회사 직원의 위법부당행위사실만을 해당 금융회사에 통보하고 조치대상자의 범위와 조치수준을 자율적으로 결정하여 조치하도록 하고 있다.

예외적으로 금융회사가 자율적으로 조치수준을 결정하도록 허용하지 않고 금융감독원이 조치수준을 정하여 통보하는 경우는 금융기관의 건전성 또는 소비자 권익을 크게 훼손하거나 금융질서를 문란하게 한 때, 그리고 조치를 요구할 금융회사의 내부통제체계가 취약하거나 과거에 자율처리 요청사항이 부적절하게 처리되는 등 자율처리 필요사항을 통보하기에 적합하지 않다고 판단되는 때가 해당된다. 이 경우 금융감독원장은 금융위원회에 해당 직원에 대한 면직요구 등을 건의하거나 해당 금융회사의 장에게 소속 직원에 대한 면직, 정직, 감봉, 견책 또는 주의 등의 제재조치를 취할 것을 요구할 수 있다.[147]

4) 과징금 및 과태료 부과[148]

과징금과 과태료의 부과는 금융감독원장이 단독으로 결정할 수 없고 금융위원회에 부과를 건의하여야 한다. 벌금과 달리 행정처벌인 과징금과 과

---

145   금융기관 검사 및 제재에 관한 규정 제19조(직원에 대한 제재).
146   다만, 임원의 해임 조치의 경우 권고(요구)인데, 이는 임원의 임면이 주식회사의 경우 주주총회의 고유권한이기 때문이다.
147   직원에 대한 조치 종류별 조치 권한은 여러 금융관련 법령에서 달리 정하고 있다.
148   금융기관 검사 및 제재에 관한 규정 제20조.

태료는 형법상 처벌이 아니므로 전과가 남지 않지만 불이행시 국가로부터 강제징수 절차에 따른 집행이 가능하다. 또한 금융회사뿐만 아니라 임직원에게도 부과할 수 있다. 과태료는 주로 일정한 의무를 이행하지 않거나 가벼운 벌칙을 위반한 사람에게 행정기관이 부과하는 것이며, 과징금은 행정기관이 부과하는 금전적 제재이기는 하나 과태료와 달리 부당이득에 대한 환수조치의 성격이 있다.

5) 확약서·양해각서

검사결과 나타난 경영상의 취약점이나 기관주의에 해당하는 금융관련법규 위반사항에 대하여 이의 개선을 위한 확약서를 요구할 수 있고, 경영상의 심각한 취약점이나 기관경고 이하에 해당하는 금융관련법규 위반사항은 해당 금융회사와 개선대책의 수립과 이행을 내용으로 하는 양해각서를 체결할 수 있다. 금융감독원장은 확약서를 제출하거나 양해각서를 체결하는 경우 제재를 하지 않을 수 있다. 2019. 11월 금융감독원이 외국환거래 취급 규정을 위반한 5개 은행[149]에 대하여 '기관경고 갈음 양해각서 체결', '기관주의 갈음 확약서 제출 요구'를 결정하고 제재를 하지 않은 사례가 이에 해당한다.

149　은행은 외국환거래 취급시 고객이 소액분할송금거래를 하지 못하도록 내부통제 기준을 마련하여야 하는데 5개 은행이 이를 어겨 제재 기준으로는 1개 은행은 기관경고, 4개 은행은 기관주의를 받아야 했다. 그러나 금융감독원은 소액분할송금거래 관련 은행의 의무에 대한 업계의 인식이 부족했고, 소액분할송금 방지를 위하여 은행들이 시스템을 개선해 온 점을 감안하였다(출처: 금융감독원 보도자료, '금감원, 금융회사의 자율개선기능 강화 등을 위해 기관제재 갈음 MOU 등 활용 활성화 추진', 2019. 12. 2.).

6) 기타 조치

금융회사 임직원이 위법·부당한 행위로 소속 금융회사에 재산상의 손실을 끼친 경우 변상조치를 부과할 수 있고, 기타 불합리한 업무방법의 개선을 요구할 수도 있다.

7) 수사당국에 고발 또는 통보

어떤 경우 수사당국에 고발이나 통보를 하는 것일까?

금융회사 또는 소속 임직원의 위법·부당행위가 금융관련법규상 형사벌칙이 적용되는 행위로 사회적으로 물의를 일으키거나 금융회사에 큰 손실을 초래하여 금융회사 부실화의 주요 원인이 된 경우, 고의로 위법·부당행위를 하여 법 질서에 배치되는 경우, 동일한 위법·부당행위를 반복적으로 행하여 금융질서를 해쳤다고 판단되는 경우 금융감독원은 수사당국에 그 내용을 고발하거나 통보한다.[150] 사안에 따라 위법·부당행위를 한 임직원과 함께 금융회사도 같이 고발할 수 있고, 증거인멸이나 도피의 우려 등으로 즉각적인 조치가 필요할 때에는 검사과정 중에서도 즉시 고발·통보를 할 수 있다.

고발·통보가 이루어지는 경우 행정제재는 받지 않는 것일까?

수사기관 고발·통보는 앞에서 설명한 금융감독당국의 행정제재조치와 별도로 이루어지는 것으로 양자택일적인 사항은 아니다.

---

150 금융기관 검사 및 제재에 관한 규정 시행세칙 제32조.

수사기관 고발과 통보는 사건의 중대성 차이인가?

일반적으로 고발조치하는 사안이 통보조치보다 중대한 위법행위인 경우가 많다. 즉, 사회·경제적 물의를 일으키거나 위법성의 정도가 심하다고 인정되고, 위법성·고의성 등 범죄사실에 관하여 증거자료·관련자의 진술 등 객관적인 증거들이 충분히 확보된 경우에는 수사당국에 고발한다. 한편, 사회·경제적 물의가 상대적으로 경미하거나, 위법성 및 고의성의 혐의는 충분하나 강제력이 없는 금융감독당국 검사권한의 한계 등으로 객관적인 증거의 확보가 어렵다고 인정되는 경우에는 수사당국에 통보하는 경향이 있다.

고발이나 통보를 받은 수사기관의 입장에서는 어떤 차이가 있나?

'고발'은 형사소송법에 근거[151]하고 있으며, 고발을 접수한 수사기관은 일정기간 안에 사건을 처리해 당사자에게 고지[152]하도록 의무화하고 있는 반면, '통보'는 법률상 용어가 아닌 범죄가 의심되므로 실체를 파악하고 처벌할지를 가려달라는 단순한 수사의뢰 성격이라 할 수 있다. 즉, 고발과 달리 통보는 수사기관의 재량권이 인정되고 처리시한 등이 없어 통보를 하는 기관이나 통보를 접수한 수사기관, 혐의자 모두 부담이 상대적으로 덜한 측면이 있다.

금융감독원의 검사결과 실제 조치내용

2020년의 경우 검사결과 금융감독원이 지적한 건수는 총 2,413건에 달한다. 업무 유형별로는 경영관리·내부통제와 관련한 지적이 38.2%(921

---

151 형사소송법 제234조(고발) ① 누구든지 범죄가 있다고 사료하는 때에는 고발할 수 있다. ② 공무원은 그 직무를 행함에 있어 범죄가 있다고 사료하는 때에는 고발하여야 한다.

152 형사소송법 제257조(고소등에 의한 사건의 처리) 검사가 고소 또는 고발에 의하여 범죄를 수사할 때에는 고소 또는 고발을 수리한 날로부터 3월 이내에 수사를 완료하여 공소제기여부를 결정하여야 한다.

건)로 가장 많았고, 최근 금융의 디지털화 추세에 따라 IT 관련 지적도 12.1%(292건)로 큰 비중을 차지하였다. 조치요구 사항별로 보면 현지조치가 33.5%(808건)로 가장 많았으며, 다음으로 문책이 24.0%를 차지하였다.[153]

2020년중 금융감독원 조치요구사항별 제재 현황 (단위: 건, %)

구분	경영유의	문책	자율처리필요사항	주의	개선	현지조치	기타	합계	구성비
여신	53	19	2	6	30	131	–	241	10.0
수신	2	1	–	1	1	6	–	11	5.0
외환	1	2	3	–	12	2	–	20	8.0
위탁매매	10	20	5	1	11	30	–	77	3.2
자금운용	21	38	3	6	10	11	–	89	3.7
보험영업	13	114	–	1	89	41	–	258	10.7
회계처리	–	–	–	–	2	3	–	5	2.0
경영관리내부통제	247	89	3	17	196	369	–	921	38.2
IT	7	8	3	–	133	141	–	292	12.1
기타	87	288	3	6	41	74	–	499	20.7
합계	441	579	22	38	525	808	–	2,413	100.0
구성비	18.3	24.0	0.9	1.6	21.7	33.5	–	100.0	–
증감 (전년대비)	31	164	△37	△61	44	△152	△4	△15	–

(출처: 금융감독원 2020년 연차보고서)

---

153   금융감독원 2020년 연차보고서, p. 110.

라. 금융회사 임직원의 제재를 결정하는 구체적인 기준

임원 및 직원이 위법·부당행위를 한 경우 해임요구 등 중징계부터 주의 등 경징계까지 다양한 행정제재 조치를 받을 수 있는데, 금융감독당국이 임직원에 대한 제재조치의 수준을 결정할 때는 ① 위법·부당행위의 심각성과 ② 고의·과실 여부 두 가지를 기준으로 다양한 정상참작 사유를 고려하여 결정한다.

금융기관 검사 및 제재에 관한 규정 시행세칙에서 정한 제재양정기준은 위법·부당의 유형별로 비위 정도 및 고의성 여부를 기준으로 제재수준을 달리하고 있다.

위법·부당행위 관련 임직원 등의 제재양정기준

위법·부당의 정도 / 유형	비위 정도가 심하고 고의가 있는 경우	비위 정도가 심하고 중과실이거나, 비위 정도가 약하고 고의가 있는 경우	비위 정도가 심하고 경과실이거나, 비위 정도가 약하고 중과실인 경우	비위 정도가 약하고 경과실인 경우
법령, 관계규정 또는 감독기관의 명령, 처분, 지시등의 위반	해임권고 (면직)	해임권고(면직)~ 문책경고(감봉)	직무정지(정직)~ 문책경고(감봉)	주의적경고 (견책)
횡령, 배임, 절도, 업무와 관련한 금품수수등 범죄행위	해임권고 (면직)	해임권고(면직)~ 문책경고 (감봉)	직무정지(정직)~ 문책경고(감봉)	주의적경고 (견책)
당해 금융기관 또는 금융거래자 등에게 금전적 손해를 초래하거나 사회적 물의를 일으키는 행위	해임권고 (면직)	해임권고(면직)~ 문책경고(감봉)	직무정지(정직)~ 문책경고(감봉)	주의적경고 (견책)

당해금융기관의 정관 또는 내규를 위반하거나 충실 의무의 위반	해임권고 (면직)	해임권고(면직)~ 문책경고(감봉)	직무정지(정직)~ 문책경고(감봉)	주의적경고 (견책)
직무태만	해임권고 (면직)	직무정지(정직)~ 문책경고(감봉)	문책경고(감봉)~ 주의적경고(견책)	주의적경고 (견책)
기타 위법(단순 절차 위반 등)	해임권고 (면직)	직무정지(정직)~ 문책경고(감봉)	문책경고(감봉)~ 주의적경고(견책)	주의적경고 (견책)

(출처: 금융기관 검사 및 제재에 관한 규정 시행세칙 별표 2)

일단 비위정도 및 고의성 여부를 기준으로 제재의 수준이 결정되면 다음 단계로 아래와 같은 참작 사유를 고려하여 제재를 가중하거나 감경한다.[154]

① 제재대상자의 평소의 근무태도, 근무성적, 개전의 정 및 동일·유사한 위반행위에 대한 제재 등 과거 제재사실의 유무
② 위법·부당행위의 동기, 정도, 손실액 규모 및 금융질서 문란·사회적 물의 야기 등 주위에 미친 영향
③ 제재대상자의 고의, 중과실, 경과실 여부
④ 사고금액의 규모 및 손실에 대한 시정·변상 여부
⑤ 검사업무에의 협조정도 등 사후수습 및 손실경감을 위한 노력 여부
⑥ 경영방침, 경영시스템의 오류, 금융·경제여건 등 내·외적 요인과 귀책판정과의 관계
⑦ 금융거래자의 피해에 대한 충분한 배상 등 피해회복 노력 여부
⑧ 그 밖의 정상참작 사유

---

154 금융기관 검사 및 제재에 관한 규정 시행세칙 제46조 제1항.

한편, 과거 제재를 받은 경력이 있는 자가 또다시 위법·부당행위로 적발된 경우, 또는 서로 관련이 없는 위법·부당행위가 동일 검사에서 3개 이상 적발된 경우 등은 가중하여 조치하며[155] 위법·부당행위를 감독기관이 인지하기 전에 자진신고하거나 보고한 자, 금융감독원장의 표창을 받은 자 등은 제재를 감면할 수 있다.[156]

미등기임원에 대한 제재는 어느 기준을 따르는가?

이사·감사와 사실상 동등한 지위에 있는 미등기임원[157]은 임원의 역할을 하지만 사실상 근로자의 성격이 있다. 실무적으로도 주주총회에서 선임되지 않은 미등기임원은 근로기준법의 적용을 받는 근로자로 간주하고 있다. 따라서 금융감독당국은 미등기임원의 제재수준을 결정할 때는 임원에 대한 제재기준을 적용하지만, 실제 조치의 종류는 직원에 대한 제재조치중 하나를 부과한다.

제재를 받은 임직원은 금융회사 임원이 되는데 제한이 있는가?

금융회사 임원의 자격요건은 '금융회사의 지배구조에 관한 법률'(이하 '금융회사 지배구조법')에서 일괄적으로 정하고 있다.[158] 첫째, 금융관계법령[159]을

---

155   금융기관 검사 및 제재에 관한 규정 제24조의2(임원제재의 가중), 동 규정 제25조(직원제재의 가중) 및 동 규정 시행세칙 제49조(직원제재의 가중) 참조.

156   금융기관 검사 및 제재에 관한 규정 시행세칙 제50조.

157   법인등기부등본에 이름을 올리지 않지만 통상 임원의 명칭(이사·상무·전무·대표 등)과 역할을 하는 자를 말하며, 등기임원이 아니므로 상법상 이사회에 참석하거나 의사결정에 참여할 수 없고 해임시 주주총회의 의결도 필요 없다.

158   금융회사의 지배구조에 관한 법률 제5조 및 금융회사의 지배구조에 관한 법률 시행령 제7조; 이는 인허가 라이선스를 받아 영업을 하는 금융회사의 특성과 금융소비자 보호 측면 등이 고려된 것이다.

159   여기서 금융관계법령은 은행법, 보험업법, 자본시장법, 금융지주회사법, 전자금융거래법, 예금자보호법 등 약 50여개의 금융과 관련된 법령의 위반을 말한다(금융회사의 지배구조에

위반하여 행정조치를 받은 경우이다. 임직원 행정제재조치를 받은 자[160]중 당시 임원이었던 자로서 해임조치를 받은 자는 해임일로부터 5년, 직무정지는 종료일로부터 4년, 문책경고는 경고일로부터 3년동안 금융회사의 임원 자격이 제한된다. 직원이었던 자로서 제재를 받은 자는 면직요구의 경우 요구일로부터 5년, 정직요구는 요구일로부터 4년, 감봉요구는 요구일로부터 3년동안 금융회사 임원이 될 수 없다.

둘째, 금융관계법령을 위반하여 형사처벌을 받은 경우이다. 벌금 이상의 형을 선고받고[161] 그 집행이 끝난 날[162]로부터 5년(집행유예의 경우에는 그 유예기간 중에 있는 기간)이 지나지 않으면 금융회사 임원이 될 수 없다.

셋째, 회사 내규를 위반하여 자체 징계를 받거나 금융감독당국이 아닌 다른 행정기관으로부터 금융관계 규정이 아닌 다른 이유로 행정제재 요구를 받은 경우에는 금융회사 지배구조법상 금융회사 임원 자격에 문제가 없다. 물론 회사 정관이나 타 법령의 제한사유가 되는 때에는 논외로 한다.

넷째, 금융관계법령이 아닌 다른 일반 법령을 위반하여 형사처벌을 받은 경우이다. 벌금 이하의 처벌은 임원의 자격에 문제가 없다. 금고 이상의 실형을 선고받고 그 집행이 끝난 날로부터 5년(집행유예의 경우에는 그 유예기간 중에 있는 기간)이 지나지 않은 자는 금융회사 임원으로 취업이 제한된다.

관한 법률 시행령 제5조 참고).

160   퇴임 또는 퇴직한 임직원의 경우 조치에 상응하는 통보를 포함한다.

161   여기서 형사처벌은 최종판결을 기준으로 한다. 따라서 1심, 2심에서 유죄판결이 있더라도 구속 등 사실상 업무수행을 할 수 없는 경우가 아니라면 현직을 유지하는데 법적인 문제는 없다.

162   또는 면제된 날을 말한다. 이하 같다.

과거 제재경력과 금융회사 임원 자격제한 기간

	금융관계법령 위반으로 제재를 받은 경력이 있는 경우		기타 법령, 회사 내규 위반으로 제재를 받은 경력이 있는 경우	
	조치당시 신분 및 조치 종류	임원자격 제한기간	조치당시 신분 및 조치 종류	임원자격 제한기간
형사처벌	임원·직원: 벌금 이상	집행이 끝난 날부터 5년(집행유예는 유예기간 중에만 제한)	임원·직원: 금고 이상	집행이 끝난 날부터 5년(집행유예는 유예기간 중에만 제한)
행정 제재	임원: 해임(해임요구·권고 포함) 직원: 면직	임원: 해임일(요구·권고는 요구일·권고일)부터 5년 직원: 면직요구일부터 5년	임원: 해임(해임요구·권고 포함) 직원: 면직	제한 없음
	임원: 직무정지 (직무정지 요구 포함) 직원: 정직요구	임원: 직무정지 종료일(요구의 경우는 요구일)부터 4년 직원: 정직요구일부터 4년	임원: 직무정지 (직무정지 요구 포함) 직원: 정직요구	제한 없음
	임원: 문책경고 직원: 감봉요구	임원: 문책경고일부터 3년 직원: 감봉요구일부터 3년	임원: 문책경고 직원: 감봉요구	제한 없음

금융회사 임원이 제재를 받으면 잔여임기를 채울 수 없는가?

임원 자격요건에서 정하는 제한사항 중 하나에 해당되면 법상 임원의 자격요건 상실을 의미하므로 원칙적으로 잔여임기도 채울 수 없다. 다만, 금융회사 지배구조법 제5조 제2항은 일부 제한사항에 한하여 현직 임원이 잔여 임기를 채울 수 있도록 허용하고 있다.[163] 즉, 금융회사 지배구조법이나 금융관계법령에 따라 임직원 제재조치를 받은 경우로 직무정지, 업무집행정지 또는 정직 요구(재임 또는 재직 중이었더라면 조치를 받았을 것으로 통보를 받은 경우를 포함한다[164]) 이하의 제재를 받았다면 현직에서 물러날 필요가 없다.

---

[163] 금융회사 지배구조법 제5조(임원의 자격요건) ① 다음 각 호의 어느 하나에 해당하는 사람은 금융회사의 임원이 되지 못한다.
    1. 미성년자 · 피성년후견인 또는 피한정후견인
    2. 파산선고를 받고 복권(復權)되지 아니한 사람
    3. 금고 이상의 실형을 선고받고 그 집행이 끝나거나(집행이 끝난 것으로 보는 경우를 포함한다) 집행이 면제된 날부터 5년이 지나지 아니한 사람
    4. 금고 이상의 형의 집행유예를 선고받고 그 유예기간 중에 있는 사람
    5. 이 법 또는 금융관계법령에 따라 벌금 이상의 형을 선고받고 그 집행이 끝나거나(집행이 끝난 것으로 보는 경우를 포함한다) 집행이 면제된 날부터 5년이 지나지 아니한 사람
    6. 다음 각 목의 어느 하나에 해당하는 조치를 받은 금융회사의 임직원 또는 임직원이었던 사람(그 조치를 받게 된 원인에 대하여 직접 또는 이에 상응하는 책임이 있는 사람으로서 대통령령으로 정하는 사람으로 한정한다)으로서 해당 조치가 있었던 날부터 5년이 지나지 아니한 사람
    가. 금융관계법령에 따른 영업의 허가 · 인가 · 등록 등의 취소
    나. 「금융산업의 구조개선에 관한 법률」 제10조제1항에 따른 적기시정조치
    다. 「금융산업의 구조개선에 관한 법률」 제14조제2항에 따른 행정처분
    7. 이 법 또는 금융관계법령에 따라 임직원 제재조치(퇴임 또는 퇴직한 임직원의 경우 해당 조치에 상응하는 통보를 포함한다)를 받은 사람으로서 조치의 종류별로 5년을 초과하지 아니하는 범위에서 대통령령으로 정하는 기간이 지나지 아니한 사람
    8. 해당 금융회사의 공익성 및 건전경영과 신용질서를 해칠 우려가 있는 경우로서 대통령령으로 정하는 사람
  ② 금융회사의 임원으로 선임된 사람이 제1항제1호부터 제8호까지의 어느 하나에 해당하게 된 경우에는 그 직(職)을 잃는다. 다만, 제1항제7호에 해당하는 사람으로서 대통령령으로 정하는 경우에는 그 직을 잃지 아니한다.

[164] A라는 사람이 B 금융회사에서 위법행위를 하고 C 금융회사 임원으로 재직하고 있는 상황이 이에 해당한다. 금융당국은 A에 대해서 조치를 하여야 하나 위법행위를 저지른 B 금융회사에서는 이미 퇴직하였으므로 실질적인 조치를 할 수 없어 퇴직자 통보 조치를 하게 된다. 이 때에도 퇴직자 통보조치 수준이 직무정지 등 이하인 경우 A는 B 금융회사에서 잔여임기를 채울 수 있다.

임원으로 연임이나 다른 금융회사 임원으로 신규선임은 어렵다

당장 임원 사퇴는 피할 수 있다 하더라도 연임은 사실상 불가능하다는 것을 알아야 한다. 직장 내 신망을 잃어 연임이 안 되는 것은 차치하고 연임도 법상으로는 신규로 선임되는 것으로 임원의 자격 제한요건에 걸리기 때문이다. 당연히 다른 금융회사의 임원으로 취업도 불가능하다.

법상 임원 자격제한은 등기임원만 해당되는 것인가?

금융회사 지배구조법상 금융회사 임원 자격제한 규정은 등기임원뿐만 아니라 비등기임원으로 집행임원, 업무집행책임자까지 포함한다. 이사의 경우 사내이사, 사외이사 및 비상임이사가 전부 해당된다. 집행임원은 이사회가 결정한 사항을 실무적으로 집행하는 임원으로 상법상 집행임원[165]에 한정되며, 업무집행책임자란 이사가 아니면서 명예회장 · 회장 · 부회장 · 사장 · 부사장 · 행장 · 부행장 · 부행장보 · 전무 · 상무 · 이사 등 업무를 집행할 권한이 있는 것으로 인정될 만한 명칭을 사용하여 금융회사의 업무를 집행하는 사람을 말한다.

사소한 법규위반으로 임원의 꿈은 날아간다

조심할 것은 심각한 비위행위가 아닌 잠시 실수나 가볍게 생각하는 사안이 형사처벌로 이어져 직장 경력을 망칠 수 있다는 점이다. 예를 들어 금융관련법령인 자본시장법은 금융회사 임직원의 주식투자를 근무회사에 신고하도록 하고 있는데 이를 하지 않거나 차명계좌로 주식투자를 하여 검찰로 통보될 경우 미공개정보 이용 등 심각한 범죄행위가 아닌 경우에도 기계적으로 벌금이 나올 수 있다(금융관련법령 위반으로 벌금 이상시 금융회사 임원자

---

165   상법 제408조의 2.

격 제한). 또한 최근의 강화된 음주운전 규제로 반복된 음주운전 또는 음주운전 중 사고시에 실형이 선고되는 사례가 많아지고 있다(일반법령 위반으로 금고 이상시 금융회사 임원자격 제한). 이 경우 금융회사 임원경력의 유지가 어렵게 되고 직원이라면 임원의 꿈을 버려야 한다. 금융회사 임직원이 되면 새삼 조심해야 할 일이다.

금융당국의 제재 수용이 어려운 이유 중 한 가지

금융당국의 제재가 개인의 신상에 미치는 영향이 크다 보니 피조치자의 입장에서는 제재 수준에 대한 인정이 쉽지 않다. 얼마 전 세상을 떠들썩하게 했던 DLF사태,[166] 라임사태[167]로 금융회사 CEO를 비롯하여 많은 임직원들에 대한 금융당국의 제재조치가 있었다. 이 과정에서 중징계를 받은 임원들이 제재절차가 진행되는 과정에서 강력한 이의제기 및 소명이 있었고, 일부는 금융당국의 중징계 결정에 맞서 행정소송을 제기하였다. 당시 펀드를 판매한 금융회사 임원에 대하여 해임에 상당하는 조치는 없어 당장 임원을 그만둘 필요는 없었지만, 앞에서 설명한 금융회사 지배구조법의 임원자격 제한규정에 따라 연임이 원천적으로 불가능해질 뿐 아니라 다른 금융회사에 임원으로 재취업하는 것도 불가능해져서 사실상 금융시장에서 퇴출되는 효과를 가져오는 것이 이유 중의 하나였다는 분석도 있다.

---

166 2019년 해외금리 하락으로 대규모 손실이 난 해외금리연계형파생결합상품(DLF, Derivative Linked Fund)을 노년층이나 투자경험이 없는 개인투자자에게 불완전판매하여 사회적 물의를 야기한 사건으로 이를 판매한 은행 등 금융회사 경영진에 대하여 제재가 이루어졌다.

167 2019. 7월 라임자산운용이 코스닥 부실상장회사 전환사채 등을 편법거래하면서 수익률을 관리하고 있다는 의혹에서 시작되어 펀드런 위기까지 몰리자 1조 6천억원에 달하는 펀드의 환매중단을 선언한 사건이다. 개인투자자의 투자금액이 1조원에 달해 판매사의 불완전판매 문제까지 드러나며 라임자산운용 경영진뿐만 아니라 판매금융회사 및 소속 임직원에 대한 제재가 이루어졌다.

2-2. 자본시장 불공정거래 조사

최초의 불공정거래는 1800년대 영국의 '베렝거사건'

유럽 본토의 나폴레옹 전쟁이 막바지에 다다랐던 1814. 2월 어느날, 영국 항구 도시 도버에서 왔다는 군복을 입은 한 병사가 잉글랜드 남부의 윈체스터 거리를 뛰어 다니며 이렇게 외쳐대기 시작했다. "여러분, 나폴레옹이 죽었습니다. 연합군이 드디어 파리를 점령했어요." 그리고 다른 몇몇 사람도 같은 소문을 전하면서 소문은 사실처럼 온 도시로 퍼져 나갔다. 전쟁에 찌든 영국인들에게 이보다 더 좋은 뉴스는 없었고 투자자들의 심리가 안정되면서 주가는 급등했다. 그러나 얼마 가지 않아 이 소문은 사실이 아니라는 것이 판명됐고 주가는 다시 곤두박질 쳤다. 진상 파악에 나선 영국정부는 소문의 진원지가 드 베렝거(de Berenger)와 그 일당이라는 사실을 밝혀냈다. 이들은 계획적으로 거짓 소문을 퍼뜨린 뒤 주가가 오르자 주식을 모두 내다 팔아 막대한 이득을 챙긴 것으로 드러났다. 이것이 역사상 처음으로 주가 조작이라는 불공정거래 범죄가 법정에서 단죄받은 '베렝거 사건'의 전말이다.[168]

불공정거래 규제의 필요성

주식시장이 이상적이라면 시장참여자들 사이에 정보의 불균형이 존재하지 않고 자유로운 수요와 공급 원칙에 따라 결정될 것이다. 그렇지만 현실에서 기업이나 투자자는 우월적인 지위를 이용하거나 시세에 인위적으로 개입하여 이득을 얻고자 하는 행위도 마다하지 않는다. 이러한 정보의 비대칭성을 제거하여 정상적인 수요와 공급에 의하여 가격이 결정될 수 있는 여건을 만들기 위한 감독기능이 필요하게 된다. 이를 위해 우리나라도 기업공시제

---

168   금융감독원 증권불공정거래신고센터(http://cybercop.fss.or.kr) "불공정거래란?"

도 및 회계감독제도를 마련하여 금융감독원 등이 심사하고 모니터링하고 있지만, 이것만으로는 부족하여 내부자 등의 미공개정보 이용을 금지하고 시세조종 및 부정거래 행위 등도 엄격하게 금지하고 있다.

불공정거래 규제 법규는?

불공정거래 행위는 일종의 사기적 증권범죄로서 자본시장에 대한 불신을 초래할 뿐만 아니라 거래의 공정성과 투명성을 훼손하여 일반투자자의 시장이탈을 초래한다. 2009. 2. 4. 시행된 자본시장법은 과거 '증권거래법'과 '선물거래법' 등에서 증권범죄행위로 엄격하게 규율하던 불공정거래 행위를 통합·계승하였고 그동안 제도보완이 필요하다고 논의되던 현물·선물, 현물·현물 연계 시세조종행위, 내부자의 범위 확대 등 불공정거래 규제를 대폭 확대·보완하여 규율함으로써 증권시장의 투명성과 거래의 공정성을 더욱 높일 수 있게 되었다.[169] 아울러 2015. 7. 1.부터 자본시장법 제178조의2를 신설하여 형사처벌까지 이르는 정도는 아니더라도 시장질서를 어지럽히는 행위에 대하여 과징금을 부과할 수 있게 하여 규제의 사각지대도 해소하였다.

자본시장법상 주요 불공정거래 규제

규제 명	근거조항	규제 내용
주식등의 대량 보유 등의 보고	제147조	일명 5%보고제도로서 상장회사의 발행주식 등의 총수의 5% 이상 보유하게 된 자(본인 및 특수관계인의 주식 등을 합산)는 보유하게 된 날로부터 5일 이내에 이를 보고하여야 하며, 또한 보유주식 등이 1% 이상 변동되게 된 경우에도 그 변경상황을 5일 이내에 보고하도록 한 제도이다.

---

169   금융감독원, '금융감독개론' 2019 개정판, p.575.

내부자의 단기 매매차익 반환	제172조	내부정보 접근이 용이한 임직원, 주요주주가 이를 이용하여 증권 등을 거래함으로써 이익을 얻는 것을 예방하기 위한 제도로서 이들은 미공개정보를 이용했느냐 여부와 상관없이 자기회사의 주식 등을 매수한 후 6월 이내에 매도하거나, 매도한 후 6월 이내에 매수하여 차익을 얻은 경우 이를 반환하도록 한 제도이다.
임원등의 특정 증권 등 소유상황 보고	제173조	상장회사의 임원 및 주요주주는 임원이나 주요주주가 된 날로부터 5일 이내에 누구의 명의로 하든지 자기의 계산으로 소유하고 있는 증권 등의 소유상황을 보고하여야 하며, 또한 증권 등의 소유상황에 변동이 생긴 경우에도 그 변동이 있는 날부터 5일까지 보고하도록 한 제도이다.
미공개중요정보[170] 이용행위 금지	제174조	회사의 임직원, 주요주주, 계약관계에 있는 자들이나 이들로부터 정보를 받은자가 업무와 관련하여 얻은 중요정보가 공개되기 전에 이를 이용하여 증권을 매매하거나 다른 사람에게 이용하도록 하는 행위를 금지하는 것으로서 일반투자자는 이를 모르고 거래에 참여하게 되므로 시장의 형평성과 공정성이 훼손될 수 있다.
시세조종행위 등의 금지	제176조	증권이나 장내파생상품의 수요나 공급을 인위적으로 조작하여 가격을 조작함으로써 부당한 이익을 얻는 행위를 금지하는 것으로서 거래가 성황리에 이루어지는 것처럼 보이게 하는 위장거래, 허수성주문, 반복적인 고가 매수주문 · 저가 매도주문, 시가 및 종가관여 행위 등이 있다.
부정거래행위 등의 금지	178조	타인의 오해를 유발시키지 않기 위하여 필요한 중요한 사항을 고의로 기재하지 않거나 표시를 누락하여 이익을 얻고자 하는 경우, 풍문의 유포, 위계 사용 등을 통해 거래를 유도하는 경우 등이 대표적인 부정거래행위로서 금지되는 행위이다.

---

170   이미 언급한 것처럼 정확한 법상 용어는 이처럼 '미공개중요정보'이나 이 책에서는 편의상 '미공개정보'로 기술한다.

시장질서 교란 행위 금지	제178조의2	이상의 불공정거래 행위에 저촉되지는 않아 행위의 위법성은 비교적 낮으나 시장의 건전성이나 투자자 보호를 위해 규제할 필요성이 있는 행위를 규제하며 이에 대하여는 이 책의 3편에서 자세히 설명한다.

불공정거래 조사 적발 건수는?

금융감독원의 과거 불공정거래 조사 실적 발표를 보면 불공정거래 적발 건수가 매년 줄어드는 모습을 보이고 있지만, 여전히 상당한 규모의 불공정 거래 행위들이 적발되고 있는 실정이다.

금융감독원 불공정거래 조사 실적[171]

(단위: 건)

구 분	'16년		'17년		'18년		'19년		'20년	
부정거래	16	(9.3%)	10	(7.2%)	27	(17.9%)	24	(18.6%)	28	(29.8%)
시세조종	35	(20.3%)	23	(16.5%)	18	(11.9%)	21	(16.3%)	17	(18.1%)
미공개 정보	47	(27.3%)	36	(25.9%)	36	(23.8%)	23	(17.8%)	12	(12.7%)
보고의무	24	(14.0%)	20	(14.4%)	23	(15.2%)	16	(12.4%)	8	(8.5%)
기 타	27	(15.7%)	19	(13.7%)	8	(5.3%)	12	(9.3%)	6	(6.4%)
무조치	23	(13.4%)	31	(22.3%)	39	(25.8%)	33	(25.6%)	23	(24.5%)
합 계	172	(100%)	139	(100%)	151	(100%)	129	(100%)	94	(100%)

* 동일 사건에 2개 이상 위반유형이 있는 경우 중한 위반유형 1건으로 산정

---

[171] 금융감독원, 2020 연차보고서, p.124.

평범한 일반인들도 불공정거래로 적발된다

불공정거래 중 특히 미공개정보 이용의 경우 전문적인 꾼들이거나 불법인지를 알면서 고의적으로 위법행위를 일삼는 상습범죄자들보다는 평범한 회사 임직원들이나 일반인들이 일순간의 실수나 규정을 몰라서 법 위반을 하는 경우가 많다.

위반자 신분별 미공개정보 적발 현황[172]

(단위: 명)

구 분		'14년	'15년	'16년	'17년	'18년
내부자		60	49	43	54	26
	대주주	4	10	10	4	6
	임직원	44	36	28	42	16
	기타	12	3	5	8	4
준내부자		14	17	36	20	23
1차 수령자		37	29	56	23	29
합계		111	95	135	97	78

불공정거래 행위로 적발되면 절반 이상이 사법당국에 이첩된다

금융감독원에 적발되어 조치된 유형을 살펴보자. 금융감독원에 불공정거래 행위로 적발되면 단순한 행정조치에 끝나지 않고 검찰에 이첩되는 비중이 매우 높음을 알 수 있다. 검찰의 자체인지, 긴급조치 사건으로 검찰에서

---

172   금융감독원 보도자료 '18년 자본시장 불공정거래 조사 실적 및 19년 중점 조사 방향', 2019. 2. 27.

수사한 사건 등을 감안한다면 금융감독원의 발표보다 더 많은 사람들이 적발되어 형사 처벌받고 있을 것으로 추정된다.

조치유형별 조사실적[173]

(단위: 건)

구 분	'15년		'16년		'17년		'18년		'19년	
검찰이첩	89	(51.7%)	104	(60.5%)	77	(55.4%)	91	(60.3%)	75	(58.1%)
긴급조치	20	(11.6%)	16	(9.3%)	5	(3.6%)	16	(10.6%)	9	(7.0%)
행정조치	36	(20.9%)	45	(26.2%)	31	(22.3%)	21	(13.9%)	21	(16.3%)
무조치	47	(27.3%)	23	(13.4%)	31	(22.3%)	39	(25.8%)	33	(25.6%)
합 계	172	(100%)	172	(100%)	139	(100%)	151	(100%)	129	(100%)

* 동일 사건에 2개 이상 조치유형이 있는 경우 중한 조치유형 1건으로 산정

가. 일반적인 절차 및 증권선물위원회[174]

'자본시장과 금융투자업에 관한 법률'(이하 '자본시장법')이 처벌하는 불공정거래행위들, 즉 미공개정보 이용행위, 시장질서 교란행위, 시세조종행위 등

---

[173] 금융감독원 보도자료, '19년 자본시장 불공정거래 조사 실적 및 20년 중점 조사 방향', 2020. 1. 21.

[174] 금융위원회의 설치 등에 관한 법률 제19조에 설치 근거를 두고 있는데, 자본시장의 불공정거래 조사, 기업회계의 기준 및 회계감리에 관한 업무, 금융위원회 소관 사무 중 자본시장의 관리·감독 및 감시 등과 관련된 주요 사항에 대한 사전 심의, 자본시장의 관리·감독 및 감시 등을 위하여 금융위원회로부터 위임받은 업무 등을 담당한다.

에 대한 조사[175]는 한국거래소,[176] 금융감독원, 금융위원회(자본시장조사단[177]), 검찰[178]이 유기적으로 협력하여 이루어지며, 그 결과 관련자는 행정제재와 함께 중대한 위반인 경우 형사처벌도 받게 된다.[179] 일반적으로 자본시장 불공정거래 조사의 핵심적인 역할은 공적 규제기관인 금융감독원과 금융위원

---

[175] 불공정거래 조사라 함은 자본시장법 또는 동 법 시행령 및 시행규칙, 금융위원회 규정 또는 명령에 위반된 사항이 있거나 공익 또는 투자자 보호를 위하여 필요하다고 인정되는 경우에 관계자에게 참고가 될 보고 또는 자료의 제출을 명하는 등 관련사항을 수집, 확인하고 이에 필요한 조치를 취하는 일련의 과정을 말한다.

[176] 자본시장법(제373조의2)에 의하여 허가받은 거래소로서 과거 한국증권거래소와 코스닥증권시장, 한국선물거래소, 코스닥위원회가 통합설립된 거래소를 말한다.

[177] 2013년 정부가 발표한 '주가조작 등 불공정거래 근절 종합대책'의 일환으로 금융위원회 내에 직접 주가조작 등 불공정거래 조사를 전담하는 부서로 신설되었다. 금융위원회 사무처장 직속 부서로 거래소 등으로부터 통보받은 사건을 분류하여 관계기관에 배당하는 역할과 함께 중요 사건은 직접 조사하고 필요시에는 금융감독원과 공동조사를 실시한다.

[178] 금융불공정거래는 금융범죄 중점청으로 지정된 서울남부지방검찰청에서 주로 담당하며, 이를 위해 동 지검내에는 금융조사부가 설치되어 있다. 특히 2013년 검찰, 금융위원회, 금융감독원 직원들을 중심으로 증권범죄합동수사단이 설치되어 주가조작 등 금융범죄 수사를 전담하였다. 동 합수단은 검찰의 직접 수사 부서를 축소한다는 이유로 2020. 1월 폐지되었다가 증권범죄 대응 역량이 떨어졌다는 비판을 받아 금융증권범죄수사협력단이 2021. 9월 다시 설치됐다(동 협력단은 증권범죄합수단과 달리 검사들은 직접 수사를 하지 않으며, 검찰수사관과 파견 직원 지휘, 기소 및 공소유지 업무만 담당). 2022. 5. 18. 위 협력단을 확대개편하여 '금융·증권범죄 합동수사단'이 설치되었다. 2023. 5. 23. 동 합수단이 정식 직제화되어 서울남부지검 금융·증권범죄 합동수사부로 바뀌었다. 금융감독원에서 근무하는 특별사법경찰도 합수부 검사의 지휘를 받는다.

[179] 행정제재와 형사처벌의 동시부과가 위법하다고 생각할 수도 있겠지만, 헌법 제13조 제1항이 정한 이중처벌금지의 원칙(동일한 범죄행위에 대하여 국가가 형벌권을 거듭 행사할 수 없음)은 '형사처벌'에 대해서 적용된다. 행정제재는 형사처벌과 성격이 다르다. 즉, 당사자에게 불이익을 준다는 점에서는 동일하지만 법적 성격이 다르기 때문에 행정제재가 이중의 '처벌'이 되지는 않는 것이다(헌법재판소 2015. 2. 26. 선고 2012헌바435 결정 참조; 헌법 제13조 제1항은 "모든 국민은…… 동일한 범죄에 대하여 거듭 처벌받지 아니한다"고 하여 이른바 '이중처벌금지원칙'을 규정하고 있는바, 이 원칙은 한 번 판결이 확정되면 동일한 사건에 대해서는 다시 심판할 수 없다는 '일사부재리원칙'이 국가형벌권의 기속 원리로 헌법상 선언된 것으로서, 동일한 범죄행위에 대하여 국가가 형벌권을 거듭 행사할 수 없도록 하여 국민의 기본권, 특히 신체의 자유를 보장하기 위한 것이다. 이러한 점에서 헌법 제13조 제1항에서 말하는 '처벌'은 원칙적으로 범죄에 대한 국가의 형벌권 실행으로서의 과벌을 의미하는 것이고, 국가가 행하는 일체의 제재나 불이익처분을 모두 그 '처벌'에 포함시킬 수는 없는 것이다).

회(자본시장조사단) 등 금융감독당국에서 담당하지만 이러한 공적규제기관만으로는 방대한 시장에서 일어나는 불공정거래 행위들을 효과적으로 적발하기는 어렵기 때문에 초기단계의 시장감시활동을 한국거래소와 같은 자율규제기관이 같이 담당하고 있다.

자본시장 불공정거래 조사에서 처벌까지 일반적인 절차

불공정거래에 대한 조사가 이루어지는 일반적인 절차는 다음과 같다. 먼저, 불공정거래 혐의를 인지하게 되는 경로는 1) 한국거래소의 거래이상종목에 대한 심리, 2) 제보, 3) 금융감독원·자본시장조사단의 자체인지 등 크게 3가지를 들 수 있다. 이 밖에도 공익 또는 투자자 보호를 위하여 조사의 필요성이 있다고 인정하는 경우 조사에 착수할 수 있다.

이러한 경로를 통해 혐의거래가 발견되면 금융감독원 또는 자본시장조사단은 매매분석, 금융거래정보 추적, 문답조사 등 불공정거래 혐의에 대하여 본격적인 조사를 실시하며, 조사결과 위법사항이 발견될 경우 자본시장조사심의위원회의 심의를 거쳐 증권선물위원회 심의 및 의결로 위반자에게 직접 행정조치를 부과한다. 또한 위반내용이 중대하거나 금융감독당국에 부여된 수사권으로는 혐의사실을 밝히기 어려운 경우에는 행정조치와 별도로 검찰에 통보 또는 고발도 하게 된다.[180] 검찰은 필요한 경우 압수수색 등 추가적인 강제수사를 통해 수사내용을 보강하여 해당 혐의자를 기소하게 되면 법원의 재판을 통해 형사처벌이 결정된다.

---

180 또한 금융감독원 등의 고발이 없어도 검찰과 경찰에서도 자체인지를 통해 불공정거래를 수사하는 경우도 있다.

일반적인 불공정거래 조사절차

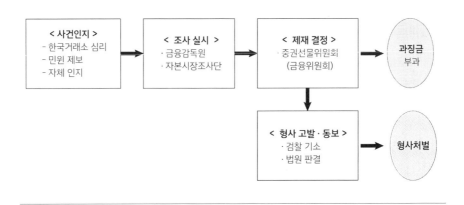

금융감독원 불공정거래 조사는 임의적 조사권이지만 사실상 강제력도 있다

금융당국의 불공정거래 조사는 당사자의 협조를 전제로 한 임의적 조사권이기는 하지만 출석요구에 불응하는 경우 형사처벌 대상이 되는 등 사실상 강제력이 있다.[181] 불공정거래 혐의가 있는 경우 조사사항에 관한 사실과 상황에 대한 진술서 제출, 증언을 위한 출석, 장부·서류 기타 물건의 제출, 제출된 장부 등의 영치, 관계자의 사무소 또는 사업장에의 출입을 통한 업무·장부·서류 그 밖의 물건의 조사 등을 할 수가 있다. 한편, 금융위원회 소속 공무원은 압수, 수색과 같은 강제조사권도 발동할 수 있으므로 특수한 행정권을 가지고 있다고 할 수 있다.[182]

---

181 불공정거래 조사의 법적 성질은 원칙적으로 당사자의 동의와 협조를 전제로 한 청문적 성격의 행정상 임의조사의 성격을 띠지만, 출석요구 등에 불응하는 경우 형사처벌의 대상이 됨으로써(자본시장법 제445조 제48호) 간접적 강제력에 의하여 실효성이 담보되는 권력적 행정조사에 가깝다고 할 수 있다.

182 자본시장법 제427조(불공정거래 조사를 위한 압수수색); 증권선물위원회는 미공개정보이용

금융감독원 및 금융위원회 소속 일부 직원에게는 행정조사 성격이 아닌 수사권이 발동되는 사법적 수사절차에 따른 강제조사 권한이 부여되기도 한다.[183] 즉, 금융감독원 및 금융위원회 조직 내 자본시장특별사법경찰의 조사는 수사과정이므로 법원의 영장을 발부받아 압수·수색 등 강제조사권을 발동할 수 있다.[184]

자본시장 불공정거래에 대한 조치 권한은 증권선물위원회에 있다

자본시장법상 불공정거래의 규제[185]관련 조사 및 조치 권한은 기본적으로 증권선물위원회의 고유권한이다.[186] 자본시장법에서 열거하고 있는 증권선물위원회의 고유한 조사 및 조치 권한은 미공개정보 이용행위 금지(제174조)를 비롯하여 내부자의 단기매매차익 반환(제172조), 임원등의 특정증권 등 소유상황 보고(제173조), 시세조종행위 등의 금지(제176조), 부정거래행위 등의 금지(제178조), 시장질서 교란행위의 금지(제178조의2) 등이 있다. 다만,

---

등 불공정거래를 조사하기 위하여 필요하다고 인정되는 경우에는 금융위원회 소속공무원(증권선물위원회위원장이 제청하여 검찰총장이 지명한 자)에게 위반행위의 혐의가 있는 자를 심문하거나 물건을 압수 또는 사업장 등을 수색하게 할 수 있다.

183 금융감독원 및 금융위원회 소속 자본시장특별사법경찰은 '사법경찰관리의 직무를 수행할 자와 그 직무범위에 관한 법률'에 주된 근거를 두고 있다.

184 금융감독원 소속 자본시장특별사법경찰제도는 그간 꾸준히 필요성이 제기되어 오다가 2019. 7월 도입되어 금융감독원 본원에 10명의 금융감독원 소속 직원으로 출범하였으며, 일단 증권선물위원회 위원장이 Fast-Track(긴급·중대사건에 대하여 증권선물위원회 심의를 생략하고 증권선물위원장 결정으로 검찰에 이첩하는 제도) 사건으로 선정하여 검찰청에 이첩한 자본시장 불공정거래 사건 중 서울남부지검이 지휘한 사건을 처리하도록 하고 적법절차 준수를 위해 압수수색 등 강제수사 뿐 아니라 업무 전반을 검사가 지휘하도록 하였다. 검찰청은 수사 종결 후 증권선물위원회 위원장에게 수사결과를 통보하게 된다. 참고로 2021년 말에 자본시장특별사법경찰의 규모 및 업무범위가 더욱 확대(금융위원회 공무원도 특별사법경찰로 임명하고, 금융감독원 소속 자본시장특별사법경찰 인원을 확대하며, 업무범위를 Fast Track 사건 이외에 일반사건(증권선물위원회의 일반 고발, 통보 사건)과 인지사건까지 포함)한다는 금융당국의 발표가 있었다.

185 자본시장법 제4편 불공정거래 규제.

186 자본시장법 제426조 및 동법시행령 376조.

시장질서 교란행위의 금지(제178조의2)의 과징금 부과는 금융위원회 고유권 한이지만[187] 이 역시 증권선물위원회에 위임[188]되어 있다.

상장회사의 불공정거래 행위와 관련하여 상장회사에 대하여 조치를 하는 경우에도 증권선물위원회가 조치권을 갖는다. 즉, 증권의 발행 및 유통[189]관 련 조사 및 조치 권한은 본래 금융위원회의 권한이나 증권선물위원회에 위 임되어 있다.[190] 그리고 불법행위 주체가 금융회사 등 금융감독원의 검사를 받는 기관[191]인 경우에는 임원 해임권고를 할 수 있고, 상장회사에 대하여도 증권발행 제한 등의 각종 행정처분을 한다.

긴급을 요하는 조치는 증권선물위원회 위원장이 결정한다

한편, 증권선물위원회의 조치권한 중 긴급을 요하는 상황은 위원장에게 위임이 되어 있어 다음의 경우에 해당되는 경우 위원장이 위 증권선물위원 회의 조치권한을 행사할 수 있다.[192]

1. 천재·지변·전시·사변·경제사정의 급격한 변동 그 밖의 이에 준하는 사태로 상당 기간 증권선물위원회 개최가 곤란한 경우 그 처리에 긴 급을 요하는 사항
2. 수사당국이 수사 중인 사건으로서 즉시 통보가 필요한 사항

---

187 자본시장법 제429조의2.
188 자본시장법 제438조 제2항, 동법 시행령 제387조 제1항 제3호.
189 자본시장법 제3편 증권의 발행 및 유통.
190 자본시장법 제438조 제2항, 시행령 제387조 제1항. 다만, 5억원을 초과하는 과징금의 부과, 1개월 이상의 업무 전부 정지, 지점 그 밖의 영업소의 폐쇄 조치는 증권선물위원회에 위임되 지 않고 금융위원회의 권한이다.
191 은행, 증권사, 보험사, 자산운용사 등 금융위원회의 설치 등에 관한 법률 제38조에 해당하는 기관.
192 자본시장조사업무규정 제19조 제2항.

3. 위법행위가 계속되거나 반복되어 투자자 보호와 공정거래질서 유지를 위하여 즉시 조치가 필요한 사항
4. 위법행위 혐의자의 도주 · 증거 인멸 등이 예상되는 사항
5. 위에 준하는 경우로서 투자자 보호와 공정거래질서 유지를 위하여 신속한 조치가 필요하고 증권선물위원회를 개최하여 처리할 경우 그 실효성이 떨어질 것이 명백한 사항

불공정거래 조사 실시와 경미한 조치는 금융감독원(장)이 담당한다

증권선물위원회의 불공정거래 행위 관련 권한 중 실제 불공정거래 조사 업무는 금융감독원장에게 위탁되어 불공정거래의 조사는 금융감독원이 담당한다.[193] 이와 함께 일부 경미한 조치사항의 경우도 금융감독원장에게 위임이 되어 있다. 불공정거래 혐의자에 대한 주의 · 경고, 불공정거래와 관련된 금융투자업자 등에 대한 기관경고 · 기관주의, 소속 임원에 대한 주의적 경고, 주의, 그 직원에 대한 6개월 이내의 정직 · 감봉 · 견책 · 경고 · 주의 요구,[194] 단기매매차익 발생사실의 해당 법인에의 통보 등은 금융감독원장이 결정한다.

나. 금융감독원의 불공정거래 조사절차

대표적으로 불공정거래 조사를 담당하는 금융감독원의 불공정거래 조사 및 처리절차와 제재 내용은 다음과 같다.[195]

---

193 자본시장법 제438조 제4항, 시행령 제387조 제3항.
194 증권회사 등 금융투자회사 소속 직원에 대하여는 금융감독원장이 직접 조치하지 않고 해당 금융투자회사의 장에게 조치를 요구한다.
195 http://cybercop.fss.or.kr(금융감독원 증권불공정거래신고센터 홈페이지) 및 자본시장조사 업무규정의 내용을 참조하였다. 한편, 금융위원회 자본시장조사단의 사건처리절차도 금융감독원의 처리절차와 거의 유사하다고 보면 된다.

1) 불공정거래 조사 단서 입수

· 금융감독원 자체 인지: 내부분석정보(시장감시), 제보, 풍문, 언론보도 등
· 한국거래소의 통보: 이상거래종목 등 매매심리 결과 혐의점 발견시
· 검찰·금융정보분석원(FIU) 의뢰: 수사·자금거래보고 중 의심거래 발견시

미공개정보 이용 등 불공정거래 조사는 조사단서의 입수로부터 시작된다. 조사의 단서란 범죄 혐의를 두고 조사를 개시하게 되는 원인을 말한다. 금융감독원 조사부서에는 자본시장 불공정거래 시장정보를 분석하는 팀을 두고 자체 시장감시시스템을 통한 이상매매거래 분석을 하거나 입수되는 제보,[196] 풍문, 언론보도 등을 검토하여 불공정거래 단서를 입수하고 예비조사를 하게 된다. 이와 별도로 상장회사 주식이 거래되고 있는 한국거래소는 시장감시시스템[197]에서 이상거래 의심 종목이나 계좌로 선정되면 일정기간 주가·거래량, 거래양상 등을 모니터링하여 매매 및 호가상황을 분석하고 혐의가 짙을 경우 심리담당부서에서 심리를 하여 심리결과 미공개정보 이용행위 등 관계법규를 위반한 혐의를 포착하게 되면 금융위원회(금융감독원)에 통보한다. 금융감독원은 검찰로부터 위법행위에 대한 조사를 요청받거나 금융정보분석원 등 행정기관으로부터 위법행위의 혐의사실을 통보받기도 한다.

196　금융감독원은 불공정거래신고센터(☎1332)를 운영하고 있는데, 누구든지 불공정거래 의심거래에 대하여 위반행위자, 일시, 거래점포, 계좌번호, 종목, 위반행위 내용 등을 제보(신고자 신상정보와 신고내용은 비공개)할 수 있고, 신고내용이 사실로 확인된 경우 그 기여도에 따라 최고 20억원의 포상금을 지급하고 있다.

197　유가증권시장, 코스닥시장 및 파생상품시장의 시장감시와 매매심리 등을 지원해 주는 전산시스템으로 주식감리시스템, 지수선물·옵션감리시스템, 상품선물감리시스템으로 구성되며, 증권 및 선물·옵션 종목의 가격 또는 거래량이 과거 가격 및 거래량을 기초로 한 통계모델에 의하여 만들어진 매매기준을 벗어나 상승(하락) 또는 증가할 경우 이상거래의심종목 또는 계좌로 분류하게 된다.

2) 사건수리 및 배정

· 조사단서 분석 및 사건수리
· 사건을 부서·팀에 배정

    불공정거래 조사를 담당하는 자본시장조사부서(2022. 2월 말 현재 조사기획국, 자본시장조사국, 특별조사국과 자본시장특별사법경찰 등 4개 부서에 약 15개 팀이 있다)에서는 사건을 수리하여 부서, 팀, 담당자가 지정되면 본격적으로 조사원이 사건 조사에 착수한다. 다만, 조사단서가 확인되었다고 모두 사건이 수리되어 조사되는 것은 아니다. 혐의 내용이 경미하여 조사의 실익이 없거나 공시자료, 언론보도 등에 의하여 널리 알려진 사실이나 풍문만을 근거로 조사를 의뢰하는 경우, 민원인의 사적 이해관계에서 민원이 제기된 것으로 판단되는 등 공익 및 투자자 보호와 직접적인 관련성이 없다고 판단되는 경우 등은 조사를 실시하지 않을 수 있다. 또한 조사 중이라도 검찰이 수사를 하거나 법원이 형사판결을 선고하는 경우에는 조사를 중단하게 된다.[198]

---

[198] 자본시장조사업무규정 제6조(조사의 실시 등) ① (생략) ② 제1항의 규정에 불구하고 다음 각 호의 1에 해당하는 경우에는 조사를 실시하지 아니할 수 있다.
1. 당해 위법행위에 대한 충분한 증거가 확보되어 있고 다른 위법행위의 혐의가 발견되지 않는 경우
2. 당해 위법행위와 함께 다른 위법행위의 혐의가 있으나 그 혐의내용이 경미하여 조사의 실익이 없다고 판단되는 경우
3. 공시자료, 언론보도 등에 의하여 널리 알려진 사실이나 풍문만을 근거로 조사를 의뢰하는 경우
4. 민원인의 사적인 이해관계에서 당해 민원이 제기된 것으로 판단되는 등 공익 및 투자자 보호와 직접적인 관련성이 적은 경우
5. 당해 위법행위에 대한 제보가 익명 또는 가공인 명의의 진정·탄원·투서 등에 의해 이루어지거나 그 내용이 조사단서로서의 가치가 없다고 판단되는 경우
6. 당해 위법행위와 동일한 사안에 대하여 검찰이 수사를 개시한 사실이 확인된 경우
③ 제1항의 규정에 의하여 조사를 실시한 경우라도 당해 위법행위와 동일한 사안에 대하여 다음 각 호의 어느 하나에 해당하는 사유가 확인된 경우에는 추가적인 조사를 중단하고 자체적으로 종결처리할 수 있다.
1. 검찰이 수사를 개시하거나 금융위 또는 감독원장이 검찰에 조사자료를 제공한 경우

3) 불공정거래 조사 실시

· 자료제출 요구: 상장회사 또는 금융회사에 거래정보 등 요구
· 정보생성시점 분석, 매매분석, 자금추적, 정보생산자·수령자 추적
· 출석 및 문답조사(금융감독원 출석시), 진술서 등 제출 요구

예비조사의 실시

본조사를 실시하기 전 필요한 경우 예비조사를 실시한다. 한국거래소로부터 위법행위의 혐의사실을 이첩받은 경우에는 예비조사를 하지 않는데[199] 이는 한국거래소가 이미 예비조사에 준하는 사전 심리작업을 거쳤기 때문이다. 예비조사 결과 혐의가 발견되지 않았다면 담당 부서장이 자체 종결처리할 수 있고, 혐의가 있다고 판단되면 본조사로 전환한다.

조사반의 편성 및 조사 품의

조사를 실시하는 경우 담당 부서장이 조사반을 편성하고 조사반장을 지명한다. 조사반은 조사의 이유, 범위, 방법, 조사기간 등을 조사실시품의서에 포함하여 승인을 받으며, 수시로 조사진행상황 등을 사건담당부서장에게 보고한다.[200] 실무적으로는 조사부서의 팀장이 조사반장을 맡게 되며, 팀에 배정된 사건들을 통할한다.

---

2. 검찰이 처분을 한 경우
3. 법원이 형사판결을 선고한 경우
4. 금융위와 감독원이 중복하여 조사에 착수한 경우
199　자본시장조사 업무규정 시행세칙 제8조의2 제1항.
200　자본시장조사 업무규정 시행세칙 제9조 내지 제11조.

장부 등의 제출 요구

금융감독원 불공정거래 조사담당 조사원은 불공정거래 혐의 관계자에게 장부, 서류 기타 물건의 제출을 요구할 수 있다.[201] 이때 당사자에게 자료제출요구서를 발부하게 되는데 여기에는 제출요구의 취지 등이 명백히 기재되어야 한다.[202] 한편, 금융감독원은 불공정거래 조사를 위해 필요한 경우, 즉 불공정거래가 금융회사와 관련이 있거나 혐의자가 금융거래를 한 혐의가 있다면 금융회사 등 검사대상기관에 자료제출을 요구하거나 검사를 실시할 수 있다. 조사원이 금융회사 등에 혐의계좌 거래내역의 자료제출을 요구할 때는 금융거래자의 인적사항, 사용목적 및 요구하는 거래정보 등의 내용을 기재한 금융거래정보제공요구서[203]를 제공하는 등 엄격한 절차에 따라야 한다.

유의할 점은 불공정거래 조사를 위하여 본인의 계좌정보를 금융감독원에 제공한 경우에도 금융회사는 본인에게 그 사실을 통보하지 않는다는 것이다. 일반적으로는 금융회사 등이 개인의 금융거래정보를 제공한 경우 명의인에게 서면으로 통보하도록 되어 있지만, 금융감독원에서 내부자거래 및 불공정거래 행위 등의 조사에 필요하여 요구한 경우에는 금융회사가 명의인에게 따로 통보를 하지 않는다.[204]

출석 및 문답조사, 현장조사

조사원이 위반 혐의가 있는 사람이나 그 밖의 관계자에 대하여 진술을 위

---

201 자본시장법 제426조 제2항 제1호.
202 자료제출요구서 서식은 자본시장조사 업무규정 마지막 부분 '별지 5의1'에 첨부되어 있으므로 실제 양식이 궁금한 경우 참고하기 바란다. 참고로 조사기관의 각종 양식은 보통 소관규정의 마지막 부분에 파일형태로 첨부되어 있는 경우가 많다.
203 자본시장조사 업무규정 별지 10호.
204 금융실명거래 및 비밀보장에 관한 법률 제4조의2.

한 출석을 요구할 때 출석요구의 취지를 명백히 기재한 출석요구서[205]를 발부한다. 또한 진술서 제출을 요구[206]하거나 관계자가 직접 금융감독원에 출석하도록 하여 문답을 실시하기도 한다.[207] 문답서는 불공정거래 혐의자 등에 대하여 대면조사를 통해 위법 또는 위규행위를 적발해 나가는 과정에서 작성되며, 혐의자의 불공정거래 혐의에 대하여 질문과 대답의 형식으로 작성되는데 혐의자의 소명내용을 포함하고 임의성을 띠고 있어 법적 구속력은 없으며 검찰에서 수사할 때 이를 참고로 하게 된다.

금융감독원 내 문답이 이루어지는 문답실은 조사과정이 영상녹화되며, 진술은 관계자의 임의적인 의사에 의하여 이루어지므로 강요에 의한 진술은 금지된다. 또한 조사원은 혐의자의 신청이 있는 경우에는 문답을 포함한 조사 과정에서 변호사를 혐의자의 대리인으로 참여하게 할 수 있다.[208] 한편, 조사원은 관련자의 사무소나 사업장에 직접 방문하여 업무·장부·서류, 그 밖의 물건에 대하여 현장조사를 할 수도 있는데[209] 이 경우 조사원은 조사명령서[210]와 신분증을 제시하여야 한다.

정보생성시점 분석, 매매 분석, 자금추적, 정보생산자·수령자 추적

실제 조사원이 불공정거래 조사를 하게 되면 관계자 진술서, 금융회사 및

---

205   자본시장조사 업무규정 별지 3호.

206   자본시장조사 업무규정 별지 4의1호.

207   자본시장조사 업무규정 별지 11의1호.

208   그러나 대리인 참여 신청이 조사의 개시 및 진행을 지연시키거나 방해하기 위한 것으로 판단되는 경우, 대리인이 조사원의 승인없이 혐의자를 대신하여 진술하는 등 조사과정에 개입하거나 모욕적인 언동 등을 하는 경우, 혐의자에게 특정한 답변 또는 부당한 진술번복을 유도하는 경우, 조사과정을 촬영, 녹음, 기록하는 경우 대리인의 참여를 제한할 수 있으며, 증거인멸·조작, 공범의 도주, 참고인 신체나 재산에 대한 침해 우려가 존재하는 등 후속 조사나 검찰수사에 현저한 지장을 초래할 것으로 예상되는 경우에는 대리인의 참여 없이 조사의 개시 및 진행을 할 수 있다(자본시장조사 업무규정 제17조의4).

209   자본시장법 제426조 제3항 제2호.

210   자본시장조사 업무규정 별지 2호.

상장회사 등에서 제출받은 거래 자료, 주주명부 등 기초자료를 분석하고, 자금추적 및 주권 명의개서 내역 조회, 금융거래시 이용한 컴퓨터 IP주소 추적 등을 통해 혐의사실을 확인하게 된다.

미공개정보 이용 여부 조사는 부도, 유무상증자, 자본감소, 합병 등 미공개정보가 어느 시점에서 형성되었는지 회사내부의 검토·기안자료, 이사회 의사록 등 관계서류 및 진술 등을 토대로 조사하고, 정보전달 경로를 추적하여 미공개정보를 증권 등 매매에 이용하였는지 여부를 확인한다. 이때 혐의자가 미공개정보를 자신의 증권 등 매매에 이용하거나 다른 사람으로 하여금 이용하게 하였는지 여부를 판단하는 것은 본인의 자백이 없는 한 쉽지 않으므로 갑작스런 계좌개설, 단기간 대량매매, 시장가 매수주문, 차명계좌 이용, 미공개정보 공개 이후 반대방향 매매 등 이상 거래 징후를 참고하고 거래주문이 나간 컴퓨터나 스마트폰 소유주 확인 등을 통해 조사해 나간다.

4) 처리의견서 및 조사결과처리안 작성

조사를 담당한 조사원은 불공정거래 조사가 완료되면 수집한 증거자료, 혐의자 문답내용, 매매분석자료 등을 기초로 위법행위자들을 가려내고 위법사실들을 정리하여 처리의견을 정리한 보고서를 작성한다. 보고서 내용은 보고 요지, 조사착수, 조사의 범위, 조사의 전말, 위법사실 및 처리의견의 순서대로 정리된다. 특히 위법사실은 위법행위자별로 위법행위명(위반법조문)과 위법사실을 달리하여 기술하고, 처리의견에는 담당조사책임자 및 조사원이 기명날인한다.[211]

---

211 자본시장조사 업무규정 제20조.

5) 심사 조정

처리의견서 및 조사결과처리안에 대하여 조사담당부서(1차) 및 제재심의부서(2차)에서 조치 타당성, 조사 내용 및 절차, 형식 적법성 등을 심사한다. 불공정거래조사결과 금융감독원이 개인이나 법인에 대해 제재나 검찰통보 등을 하는 경우 당사자들의 일신상 중대한 영향을 미치게 되므로 조사원의 조사과정 및 처리의견서를 작성할 때도 해당 조사팀 내 내부회의 및 관리자와의 지속적인 피드백 등을 거치게 되지만, 자체부서내 별도의 팀(주로 기획총괄팀) 및 별도 부서인 제재심의국[212]에서 심사 조정절차를 거치게 된다. 이 때 위법사실에 대한 법적 구성요건의 타당성, 위법행위에 대한 적용법규의 적정성, 과거 조치 및 내부양정기준과의 형평성 등 실질적인 부분뿐만 아니

---

[212] 자본시장조사 업무규정 시행세칙 제15조 및 제16조.
　　제15조(심사·조정 의뢰) ① 사건담당부서장은 조사결과의 처리를 위하여 다음 각 호의 사항을 첨부하여 제재심의담당부서장에게 심사·조정을 의뢰하여야 한다. 다만, 외부감사 및 회계등에 관한 규정 제51조에 의한 조사결과의 처리는 외부감사 및 회계등에 관한 규정 시행세칙 제24조의 2에 따른다.
　　　1. 조사결과 처리안(이의신청 및 직권재심사항 포함. 이하 같다)
　　　2. 관련입증자료
　　　3. 기타 심사·조정에 필요한 참고자료
　　② 제1항의 규정에도 불구하고 감독원장이 긴급한 처리가 필요하다고 인정하는 경우 및 제8조의2에 따라 예비조사결과를 처리하는 경우에는 심사조정을 의뢰하지 아니한다.
　　제16조(심사·조정 및 결과통보) ① 제재심의담당부서장은 제15조에 따른 심사·조정신청이 있는 경우에는 다음 각 호의 사항을 심사한 후 그 결과를 기록유지하고, 사건담당부서장에게 통보하여야 한다. 이 경우 심사·조정에 필요하다고 인정하는 때에는 사건담당부서장에게 추가자료의 제출 또는 의견진술을 요청할 수 있다.
　　　1. 위법행위에 대한 적용법규의 적정성 등 실질적 사항
　　　2. 입증자료의 확보 및 제15조제1호에 따른 보고서의 기술방식 등 형식적 사항
　　　3. 처리의견의 형평·타당성 여부
　　② 제재심의담당부서장은 제1항에 따른 심사·조정결과 의견이 있는 경우에는 이를 사건담당부서장에게 통보하여 내용의 보정을 요구할 수 있다.
　　③ 사건담당부서장은 제2항에 따른 보정요구에 대하여 이견이 있는 경우에는 조사담당부원장보의 재정절차를 거쳐 심사·조정결과의 수용여부를 결정하고 그 결과를 제재심의담당부서장에게 통보한다.

라 입증자료 확보 및 보고서의 형식적인 사항들까지 점검한다.

6) 조치예정 사전통지[213]

금융감독원은 조사결과 조치를 예정하고 있는 경우 조치예정일 10일 전까지 당사자 또는 그 대리인에게 조치 제목, 조치의 원인이 되는 사실, 조치하고자 하는 내용 및 법적 근거, 이에 대하여 의견을 제출할 수 있다는 뜻과 의견진술 기한·장소·방법 등을 사전에 통지한다.[214] 다만, 검찰 고발 또는 수사기관 통보를 하는 경우, 공공의 안전 또는 복리를 위하여 긴급히 조치를 할 필요가 있는 경우 및 당해 조치의 성질상 의견청취가 현저히 곤란하거나 명백히 불필요하다고 인정될 만한 상당한 이유가 있는 경우에는 사전통지를 하지 않을 수 있다.

조치의 당사자 또는 그 대리인은 구두, 서면 또는 정보통신망을 이용하여 의견제출을 할 수 있는데, 의견이 있는 경우 조사결과 및 처리안에 의견 내용과 제출된 의견내용에 대한 금융감독원의 검토내용이 기재된다.[215] 한편, 조치예정 사전통지를 받은 당사자 또는 대리인은 당사자의 진술서, 문답서 또는 그 밖에 본인이 제출한 서류에 대한 열람·복사를 신청할 수 있으므로 의견서를 작성하기 전 문답서 등을 확인해 보는 것이 좋을 것이다(조사대상자가 법인인 경우에는 열람에 한정).[216]

---

213 자본시장조사 업무규정 제36조.

214 자본시장조사 업무규정 별지 13호.

215 자본시장조사 업무규정 제37조; 당사자 등이 정당한 이유없이 기한내에 의견제출을 하지 않거나 의견제출의 기회를 포기한다는 뜻을 명백히 밝힌 경우는 의견에 대한 검토없이 조치가 진행된다.

216 자본시장조사 업무규정 제17조의2; 열람·복사의 신청이 있는 경우 조사원은 원칙적으로 열람·복사를 허용하여야 하지만, 고발·수사기관 통보의 조치가 예상되는 사건의 관계자가 열람·복사를 신청하는 경우, 관계자에게 진술서, 문답서 또는 그 밖에 조사기관에 제출한 서류의 열람·복사를 허용하면 증거인멸이나 조사비밀 누설 등으로 후속 조사, 증권선물위원

7) 자본시장조사심의위원회[217] 심의

조사결과 및 처리안은 증권선물위원회 회의에 부의되기 전에 자본시장조사심의위원회의 심의절차를 거치게 된다. 자본시장조사심의위원회는 법에 의하여 설치된 자문기구는 아니며 업무상 필요에 의해 만든 임의적 성격의 자문기구로서 증권선물위원회에 두도록 되어 있다.[218] 심의위원회 회의는 재적위원 3분의 2 이상의 출석으로 성립하며 출석위원 과반수 이상의 찬성으로 의결한다.[219] 금융감독원 사건담당 부서 책임자는 심의회에 출석하여 위원들의 질문에 답변하게 되며, 심의회가 필요하다고 인정하는 경우 조사담당자 또는 기타 참고인을 출석시켜 의견을 듣기도 한다.

8) 증권선물위원회 의결 및 조치 통보

금융감독원의 자본시장 불공정거래 조치는 최종적으로 증권선물위원회 의결로 결정된다. 증권선물위원회는 위원장(금융위원회 부위원장이 겸임)을 포함한 5명의 위원(1명은 상임)으로 구성[220]되는데 회의는 2명 이상의 위원이 요

회 조치 내지 수사당국의 수사에 방해가 초래될 우려가 있다고 판단되는 경우에는 이를 거부할 수 있다.

217 증권선물위원회 상임위원이 심의회 의장이 되며 금융위원회 자본시장국장 또는 금융위원회 3급 이상 공무원 중에서 금융위원장이 지명하는 자 1인(주로 자본시장조사단장이 지명된다), 금융위원회 법률자문관, 금융감독원 공시·조사 담당 부원장보, 금융위원회 자본시장조사단 조사담당관, 그리고 금융관련법령에 전문지식이 있거나 증권·선물에 관한 학식과 경험이 있는 변호사·교수 등 전문가중에서 증권선물위원회 위원장이 위촉하는 자 6인으로 구성된다(금융위원회 자본시장조사 업무규정 제2절).

218 자본시장조사 업무규정 제21조; 과거에는 금융감독원장의 자문기구였으나 2002. 3. 금융위원회에 조사기획과가 신설되면서 증권선물위원회 위원장의 자문기구로 바뀌었다. 따라서 회의소집, 안건배포, 의사록 작성 등 안건사무 처리는 금융위원회 공정시장과에서 담당한다.

219 가부동수인 경우에는 의장이 이를 결정하며, 필요시 서면에 의하여 동일한 기준에 의해 의결할 수도 있다.

220 증권선물위원회 위원은 다음 하나에 해당하는 사람 중에서 금융위원회 위원장의 추천으로

구할 때 위원장이 소집하며, 위원장이 단독으로 소집할 수도 있다.[221] 그리고 안건은 3명 이상의 찬성으로 의결한다. 증권선물위원회의 의결은 행정처분에 해당되므로 조치를 받는 자는 이에 불복하는 경우 조치통보일로부터 30일 이내 이의신청을 하거나, 또는 조치있음을 안 날로부터 90일 이내 행정심판 또는 행정소송을 제기할 수 있다.

다. 불공정거래 행위에 대한 조치의 종류

1) 고발·수사기관 통보[222]

불공정거래 행위로 적발된 경우 매우 심각한 경우가 고발·수사기관 통보일 것이다. 일단 검찰에 이첩되는 경우 형사처벌의 가능성으로 인해 일반인의 경우 심리적인 압박이 극도로 커지게 된다. 압수수색, 구속 가능성, 피의자로서 문답을 받는 등의 힘든 과정도 문제이지만 변호사 선임 등으로 인한 경제적인 피해도 무시할 수 없다. 금융감독원이 불공정거래 조사에 나서는 경우 조치가 결정된 조사사건의 50 ~ 60% 정도를 검찰에 이첩(고발·수사기관 통보)[223]하고 있다.

대통령이 임명하며 임기는 3년으로 한 차례 연임이 가능하다(금융위원회의 설치 등에 관한 법률 제20조).

　　1. 금융, 증권, 파생상품 또는 회계 분야에 관한 경험이 있는 2급 이상의 공무원 또는 고위공무원단에 속하는 일반직공무원이었던 사람

　　2. 대학에서 법률학·경제학·경영학 또는 회계학을 전공하고, 대학이나 공인된 연구기관에서 부교수 이상 또는 이에 상당하는 직에 15년 이상 있었던 사람

　　3. 그 밖에 금융, 증권, 파생상품 또는 회계 분야에 관한 학식과 경험이 풍부한 사람

221　통상 월 2회 둘째 주, 넷째 주 수요일에 개최된다.

222　자본시장법 시행령 제376조 제1항 제11호.

223　2019년 58.1%, 2018년 60.3%, 2017년 55.4%, 2016년 60.5%(출처: 금융감독원 보도자료, "19년 자본시장 불공정거래 조사실적 및 '20년 중점 조사계획', 2020. 1. 22.).

조사에 비협조하거나 버틴다고 문제가 해결되지는 않는다

관계규정[224]에서 정한 조치기준[225]에 따르면 금융당국이 불공정거래 조사에 착수하여 검토한 결과 법규 위반행위로서 형사벌칙의 대상이 되는 행위가 발견된 경우에는 관련자를 수사기관에 이첩하도록 하고 있다. 조사를 받는 입장에서는 '관련자들이 출석하지 않고 또 묵비권 행사로 고발할 정도의 조사가 금융당국 차원에서 이루어지지 못했으니 수사기관으로의 이첩은 불가능하겠지'라고 생각할 수도 있지만, 이 경우에도 금융당국은 수사기관 통보조치를 하거나 최소한 수사기관 참고사항으로 정보를 제공한다. 즉, 불공정거래 조사결과 혐의자의 행위 사실이 자본시장법상 형사벌칙 대상행위에 해당될 수 있는 상당한 혐의는 있지만 임의조사의 한계 등으로 증거자료 확보나 사실관계 확인이 사실상 불가능한 경우에 증거 불충분 등으로 조사를 종결하는 것이 아니라 수사기관에 정보를 제공하여 강제수사권을 가진 수사기관에서 이를 종합적으로 다시 조사할 수 있게 하고 있다.[226]

금융감독원 소관업무가 아닌 위법행위도 그냥 넘어가지는 않는다

그렇다면 금융당국의 조사과정 중 자본시장법 위반사항이 아닌 횡령·특별배임과 같은 상법, 형법 등 다른 법령 위반사항이 발견될 경우는 어떨까? 금융감독당국이 자본시장법 등 금융관련법령상 조치권만을 가지고 있기 때문에 다른 위법사항은 문제가 되지 않을 것이라고 생각할 수도 있지만, 조사과정 중 금융당국 소관 외의 위법사항들이 발견되면 역시 이를 수사기관이

---

224 자본시장조사 업무규정 제34조.

225 자본시장조사 업무규정 별표3 증권·선물조사결과 조치기준; 다만, 위법행위의 시정 또는 원상회복 여부, 유사사건에 대한 조치와의 형평성, 당해 조치가 향후 증권·파생상품시장 참여자에게 미칠 영향 등 정상을 참작할 사유가 있는 경우에는 기준과 달리 조치할 수 있다.

226 자본시장조사 업무규정 33조 제3항은 정당한 사유 없이 출석요구에 2회 이상 불응하는 위법행위 혐의자에 대하여는 수사기관 통보 이상으로 조치를 할 수 있도록 명시하고 있다.

나 관련기관에 정보사항으로 제공하여 수사하도록 의뢰한다.

불공정거래 행위 적발시 무기징역의 형사처벌까지 가능하다

금융감독원의 고발·수사기관 통보는 필연적으로 사법당국의 조사 및 형사처벌로 이어진다. 자본시장 불공정거래 행위에 대한 벌칙은 자본시장법 제443조에서 정하고 있는데 기본적으로 1년 이상의 유기징역 또는 그 위반행위로 얻은 이익 또는 회피한 손실액의 3배 이상 5배 이하에 상당하는 벌금을 부과한다. 특히 이익 또는 회피한 손실액이 50억원 이상인 경우에는 무기 또는 5년 이상의 징역, 5억원 이상에서 50억원 미만인 경우에는 3년 이상의 유기징역으로 가중한다.[227] 아울러 불공정거래를 한 개인이 형사처벌을 받으면 개인이 소속된 법인도 상당한 주의와 감독을 게을리하지 않은 경우를 제외하고 양벌규정에 의하여 벌금형에 처해진다.[228]

2) 행정제재

금융회사와 임직원에 대한 행정제재

자본시장 불공정거래 행위에 증권회사 등 금융투자업자, 은행, 보험회사, 종합금융회사, 증권관계기관 등 금융감독원 검사대상기관 임직원이 연루되어 있다면, 위의 고발·수사기관 통보 외에 행정제재 조치의 대상이 된다. 예를 들어 금융투자업자의 임원은 해임요구, 6개월 이내의 직무정지, 문책경고, 주의적 경고, 주의 등의 조치가 내려질 수 있고, 직원의 경우에는 면직, 6개월 이내의 정직, 감봉, 견책, 경고, 주의 요구 등의 조치가 내려진다.[229] 이때 증권

---

227 자본시장법 제443조 제2항.
228 자본시장법 제448조.
229 자본시장법 제422조; 또한 그 임직원에 대하여 관리·감독의 책임이 있는 임직원에 대하여도

회사, 자산운용사 등 전업금융투자업자뿐만 아니라 펀드, 채권 등 금융투자상
품을 판매하는 은행, 보험회사 등도 겸업금융투자업자에 해당되므로 자본시
장법상 제재를 받는다는 점도 유의하여야 한다.

상장회사와 그 임직원에 대한 행정제재

금융회사가 아닌 불공정거래에 연루된 상장회사 및 그 임직원 등에 대하
여도 행정제재가 가능하다.[230] 여기에는 1년의 범위에서 증권 발행제한, 임
원에 대한 해임 권고, 고발 또는 수사기관에의 통보, 경고 또는 주의가 포함
된다.[231]

금전제재 부과도 가능하다

과징금이 부과될 수도 있는데 불공정거래 행위의 경우 시장질서 교란행
위가 이에 해당한다.[232] 시장질서 교란행위자에 대하여는 원칙적으로 5억원
이하의 과징금이 부과된다. 다만, 그 위반행위와 관련된 거래로 얻은 이익 또
는 회피한 손실액의 1.5배가 5억원을 초과하는 경우에는 그 금액 이하의 과
징금이 부과된다.[233]

조치를 함께 하거나 이를 요구할 수도 있다. 다만, 관리·감독의 책임이 있는 자가 그 임직원
의 관리·감독에 상당한 주의를 다한 경우에는 조치를 감면할 수 있다.

230 자본시장조사 업무규정 제30조.
231 자본시장법 시행령 제138조.
232 자본시장법 제178조의2 및 제429조의2; 이외에도 금융당국은 금융투자업자에 대한 과징금
(제428조), 공시위반에 대한 과징금(제429조) 부과 권한이 있다. 금융당국은 과태료도 부과
할 수 있는 권한이 있으나, 이 책에서 설명하는 불공정거래 행위와 관련하여서는 과태료 부
과 규정은 없다(자본시장법 제449조 참조).
233 과징금 부과의 구체적인 기준은 자본시장조사 업무규정 별표 제2호를 참조.

3) 행정조치의 병과

불공정거래 처벌 중 고발·수사기관 통보, 과징금 부과, 시정명령, 단기매매차익 발생사실 통보, 경고·주의, 증권의 발행제한 조치 등은 중복 처벌이 가능하다.[234] 즉, 불공정거래 조사결과 위법행위를 한 자가 상장회사인 경우에는 고발 등 조치와 함께 증권의 일정기간 발행제한 조치 등을 부과할 수 있고, 금융감독원의 검사대상기관이나 그 임직원인 경우에는 고발 등의 조치와 각종의 행정제재가 동시에 취해질 수 있다.

4) 무조치

불공정거래 조사결과 위법사실이 발견되지 않은 경우 무혐의 처리를 하고 사건을 종결한다. 금융감독원의 사건조사 중 무조치 비율이 약 20% 수준[235] 이므로 불공정거래 혐의가 모두 조치 대상이 되는 것은 아니다. 한편, 혐의사건이 아닌 혐의자를 기준으로 본다면 단일 혐의사건은 여러 혐의자들을 포함하고 있는 경우가 많고 이중 일부 사람들은 무혐의로 조치대상에서 제외되기도 하므로 혐의자 기준으로는 더 많은 수가 제외된다.

법규위반 사실이 있어도 무조치가 나오기도 한다

무조치는 무혐의뿐만 아니라 조치의 실익이 없어 조치하지 않는 것을 포함하므로 무조치가 반드시 법규위반 사실이 없는 경우만은 아니다. 개인의 경우 조치대상자가 사망한 경우 뿐만 아니라 법인이 부도 발생 후 폐업, 해

---

234 금융위원회 자본시장조사 업무규정 제31조.
235 금융감독원 불공정거래조사 무조치 비율 2019년 25.6%, 2018년 25.8%, 2017년 22.3%, 2016년 13.4%(출처: 금융감독원 보도자료, '2019년 자본시장 불공정거래 조사실적 및 2020년 중점 조사계획', 2020. 1. 22.).

산, 사무실 폐쇄, 전직원 퇴사 또는 잔존재산이 전무하여 사실상 회사의 실체
가 없어진 경우, 실제 주소지가 없어 행정처분의 통지가 불가능한 경우 등으
로 행정처분의 실효성 및 사후관리 어려움 등 행정낭비의 초래를 방지하기
위하여 별도의 조치없이 사건을 종결하는 경우도 많다.

라. 불공정거래 행위에 대한 조치의 구체적인 기준

금융위원회 자본시장조사 업무규정은 조사결과 발견된 위법행위에 대한
조치를 하기 위하여 별표 3으로 '증권선물조사결과 조치기준'을 정하고 있
다. 이에 따르면 조사당국이 위법행위의 조치 수준을 결정할 때 위법행위의
동기와 법규위반 결과 두 가지를 판단요소로 한다.

1) 위법행위의 동기 및 결과 판단요소

(가) 위법행위 동기

위법행위의 동기는 고의, 중과실, 과실의 세 가지로 구분하여 적용한다.

❶ 고의: 위법사실 또는 그 가능성을 인식하고 위법행위를 한 경우
❷ 중과실: 당해 행위에 요구되는 주의의무가 현저하게 부족한 경우
❸ 과실: 정상적인 주의를 소홀히 하거나 선량한 관리자 주의의무가 없
　　　는 경우

(나) 법규위반 결과

자본시장에 미친 영향, 공정거래질서 저해 정도, 사회·경제 전반에 미치
는 파급효과, 법규 위반 정도 등의 경중에 따라 다음 세 가지로 구분하여 적
용한다.

❶ 사회적 물의 야기

❷ 중대

❸ 경미

2) 위법행위의 판단기준

위의 동기·결과를 판단요소로 하여 아래와 같이 판단기준을 정한다. 다만, 이 기준은 일반적으로 적용되는 기준으로 5% 보고의무 위반, 위법한 공매도 행위의 판단기준 등은 별도로 정하고 있다. 또 반복 위반이나 복수의 위법행위가 있는 경우 등은 가중조치할 수 있는 등 사안에 따라 달리 정하고 있으므로 실제 상황에서는 반드시 규정을 찾아 최신의 정확한 정보를 확인할 필요가 있다.[236]

위법행위의 동기 및 판단 기준

결과 ＼ 동기	고의	중과실*		과실**
		공시위반	보고의무위반	
사회적 물의 야기	고발	과징금	경고	경고
중 대	수사기관 통보	과징금	경고	경고
경 미	경고	경고	경고	주의

* 공시위반 또는 임원보고의무위반에 한한다.

** 불공정거래의 경우(위법한 공매도 제외) 중과실을 포함한다.

236 　자본시장 업무규정 별표 제3호 '증권·선물조사결과 조치기준'(국가법령정보센터 www.law.go.kr).

3) 금융투자업자 등에 대한 조치

금융회사 임직원이 만일 불공정거래로 인해 고발 또는 통보 조치를 받게 되는 경우에는 임원은 문책경고 이상, 직원은 감봉요구 이상의 행정조치를 병과하도록 하고 있다. 또한 해당 금융회사나 당해 불공정거래 행위를 한 임직원의 관리·감독자도 '금융기관 검사 및 제재에 관한 규정'에서 정하는 바에 따라 행정제재를 받을 수 있다.[237]

---

[237]   자세한 내용은 자본시장 업무규정 별표 제3호 '증권·선물조사결과 조치기준' 참조.

2-3. 분식회계 조사

오래전 모 대형 조선업체가 2012년부터 2014년까지 매출액과 영업이익을 부풀리는 등 분식회계를 저지른 일이 적발되어 경제계가 시끄러웠던 적이 있다. 재무제표 작성 책임이 있는 대표 등 회사 임직원이 구속되었고, 분식회계를 눈감아줬다는 혐의로 재판에 넘겨진 대형 회계법인 회계사도 역시 구속되었다. 법원은 예정원가를 임의로 축소하거나 매출액을 과대계상한 혐의 등으로 동 대형조선사 대표, CFO(재무담당 최고책임자) 등에게 실형을 선고하였고, 회계사들도 외부감사를 하면서 회계처리의 부정 내지 오류 가능성을 인식하고도 감사범위 확대 등 필요한 조치를 하지 않았다고 실형을 선고하였다.

투자자들의 손해배상소송도 이어졌다. 국민연금공단이 동 조선업체 회사채에 투자했다가 분식회계로 손해를 봤다고 낸 손해배상 청구소송에서 '국민연금에 515억원을 지급하고 이 가운데 약 221억원은 외부감사를 맡은 회계법인이 부담하라'고 판결한 바 있으며,[238] 우정사업본부를 운영하는 정부도 동 조선업체와 당시 회사대표, 당시 CFO, 외부감사를 맡은 회계법인을 상대로 소송을 제기하여 동 조선업체, 전 대표, 전 CFO가 공동으로 국가에 약 110억원을 지급하고 그중 47억원은 외부감사법인과 공동으로 지급하라는 승소판결[239]을 받는 등 투자자 피해보상 판결이 지금까지도 이어지고 있다.[240]

분식회계로 배상책임을 지게 된 해당 조선업체도 분식회계에 책임이 있는 전 대표와 전 CFO를 상대로 손해배상소송을 제기하였다. 법원은 전 대표

---

238 한국경제, '분식회계 대우조선·안진, 국민연금에 515억원 물어줘라.' 2022. 2. 2.
239 뉴스1, '법원 "분식회계 대우조선해양, 우정사업본부 운영 국가에 110억 배상해야."' 2022. 1. 21.
240 손해배상소송의 판결은 대부분 1심판결 기준이며, 향후 최종심에서 변경될 가능성이 있다. 형사재판에 비하여 민사소송의 진행이 더딘 것은 통상 형사재판의 결과를 바탕으로 민사소송이 제기되기 때문이다.

와 전 CFO가 동 조선업체에 850억원을 공동으로 지급하고, 전 CFO는 별도로 202억원을 추가로 지급하라고 명령했다.[241]

우리는 여기서 모 조선업체의 전 대표와 전 CFO 사례를 살펴볼 필요가 있다. 이들은 형사처벌을 받는 것[242]도 모자라 피해를 입은 투자자들에게 막대한 손해를 배상할 책임을 지게 되었을 뿐 아니라, 자신이 몸담았던 회사로부터도 소송을 당하는 엄청난 결과에 직면하였다. 처벌과 손해배상의 이유도 개인적인 횡령이나 주도적 역할로 인한 것이 아니라 법원 판결문에서 지적한 것처럼 '분식회계를 적극적으로 지시했다기보다 기존부터 이어지던 고질적이고 구조적인 회계 부정행위에 편승한 측면이 강'했던 사건이다. 이들은 금융법령 위반의 엄중함을 모르는 대가로 혹독한 시련을 받고 있는 것이다.

분식회계는 어떠한 행위를 말하는 것인가?

분식회계란 '주식회사의 외부감사에 관한 법률'(이하 '외감법')에 의한 회계처리기준[243]을 준수하여 재무제표를 작성하고 또 이를 공시할 책임이 있는 회사의 경영진 등이 회사의 재무상태나 영업실적을 실제와 다르게 자산이나 이익 등 재무제표상의 수치를 왜곡시켜 작성·공시하는 행위를 말한다. 쉽게 말해 '분식'이 '가루 분(粉)'에 '꾸밀 식(飾)'을 쓰는데 얼굴의 약점을 화장으로 감추듯 기업 경영성과나 재무상태를 사실과 다르게 조작하는 것이 분식회계라 보면 된다.

---

241 연합뉴스, '법원, 분식회계 전 대우조선 사장에 850억 배상 판결.' 2022. 2. 7.

242 두 사람은 징역 9년과 6년이 각각 확정되었다.

243 외감법 제5조에 의거, 금융위원회가 증권선물위원회의 심의를 거쳐 정하는 기준으로서 사실상 모든 기업의 회계처리기준이 된다.

분식회계는 회계실무자들이 걱정해야 할 사항이 아닌가?

분식회계는 일반인과 전혀 상관이 없을 것 같지만 의외로 그렇지 않다. 외감법상 분식회계 규제의 대상인 외부감사를 받는 회사[244]는 2021년 말 기준 33,250사에 달하고 있으니[245] 직장인이라면 외부감사를 받는 기업에 다닐 확률이 클 것이며, 본인이 회계관련 부서에서 근무하지 않더라도 분식회계가 매출 허위 조작 등 현업부서와 관련성도 있어 누구든 분식회계의 영향력에서 완전히 벗어나 있다고 할 수는 없을 것이다.

외부감사대상 회사 현황(2021. 12월 말 현재)

(단위: 사)

구 분	주권상장법인				비상장법인·유한회사	총 계
	유가증권	코스닥	코넥스	소계		
2020	792	1,447	143	2,382	29,362	31,744
2021	815	1,511	131	2,457	30,793	33,250

(출처: 금융감독원)

예를 들어 보자. 상장회사의 공시담당자가 분식회계를 한 재무제표를 기재하여 사업보고서를 작성·공시하였다면 회사 및 담당자는 자본시장법에서

---

244 외부감사대상(외감법 제4조, 동법시행령 제5조)
· 직전 사업연도말의 자산총액이 500억원 이상인 회사
· 직전 사업연도말의 매출액이 500억원 이상인 회사
· 다음의 사항 중 2개(유한회사: 3개) 이상에 해당하는 회사
  - 직전 사업연도 말의 자산총액이 120억원 이상
  - 직전 사업연도 말의 부채총액이 70억원 이상
  - 직전 사업연도의 매출액이 100억원 이상
  - 직전 사업연도 말의 종업원이 100명 이상
  - 직전 사업연도 말의 사원이 50명 이상(유한회사 限)
· 주권상장법인 및 해당 또는 다음 사업연도에 주권상장법인이 되려는 회사
245 금융감독원 보도자료. '2021년 외부감사대상 회사 및 감사인 지정 현황', 2022. 1. 28.

금지하는 허위공시에 해당되어 민형사상 책임까지 질 수 있을 것이고, 또 자금부서에서 분식회계를 한 재무제표를 근거로 금융회사에서 대출을 받거나 회사채·기업어음을 발행하여 자금을 조달하였다면 사기대출, 사기적 부정거래, 사문서 위조 및 동행사 등의 혐의로 민형사상 책임을 질 수도 있겠다. 아울러 매출채권 허위 계상이 영업부서의 묵인하에 이루어졌다면 영업부서 담당자라도 책임에서 자유로울 수 없다. 또 분식회계로 부풀려진 경영실적·영업이익으로 상여금을 지급했다면 업무상 배임에 해당될 수 있다. 더욱이 2020 사업년도부터는 외부감사 의무화 대상이 일정규모 이상의 유한회사까지 확장되어 유한회사도 더 이상 분식회계의 안전지대가 아니다.

가. 조사절차

분식회계에 대한 심사·감리 및 처리절차는 불공정거래 조사 및 처리 절차와 큰 틀에서 흐름이 유사하므로 구체적인 설명은 생략한다.[246] 금융감독원의 분식회계 조사와 관련한 대략적인 절차는 다음과 같다.

---

[246] 국가법령정보센터(www.law.go.kr)에서 '외부감사 및 회계 등에 관한 규정', '외부감사 및 회계 등에 관한 규정 시행세칙'을 검색하여 참조하면 감리 등의 대상, 방법, 절차 등 세부 규정 내용을 확인할 수 있다.

금융감독원 분식회계 조사절차

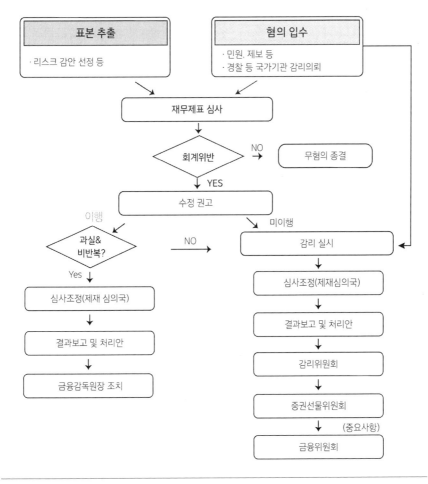

(출처: 금융감독원 회계포탈(http://acct.fss.or.kr/fss))

1) 심사 단계

표본추출,[247] 재무제표 자진 수정 및 혐의 입수[248]를 사유로 대상회사가 선정되면 먼저 재무제표 심사를 한다. 회사의 재무제표 등에 회계처리기준 위반이 있는지 검토하여 발견된 특이사항에 대하여 회사의 소명을 듣게 되는데, 회계처리기준 위반사항이 없으면 무혐의 종결처리되나, 회계처리기준 위반사항 발견시 회사에 동 위반사항의 수정을 권고한다. 반복적이 아닌 일회성 성격으로 고의나 중과실이 아닌 위반사항에 대하여 회사가 금융감독원의 수정권고를 이행하는 경우 금융감독원장이 경고 등 가벼운 조치로 심사종결처리한다.[249]

2) 감리 단계

금융감독원의 수정권고를 회사가 이행하지 않거나 회계처리기준 위반사항이 고의 또는 중과실에 해당되는 경우, 과거 5년 이내에 경고를 2회 이상 받은 상태에서 또다시 회계처리기준 위반이 발견된 경우에는 감리에 착수할 수 있다. 또한 혐의사항이 구체적이고 중대한 경우이거나 공시된 재무제표를 회사가 자진하여 수정하였으나 수정된 금액이 상당한 경우 등에는 심사단계 없이 곧바로 감리에 착수할 수 있다.[250] 앞선 재무제표 심사단계로 종결될 경우 회계처리기준 위반이 있어도 재무제표의 수정 및 금융감독원의 경조치로

---

247   표본추출 방법으로 감리대상을 선정하여 실시하는 감리로 표본추출은 분식위험요소(횡령·배임 발생, 내부회계제도 부적정, 잦은 최대주주 변경 등)가 있는 회사 우선 추출 방법과 무작위 표본추출 방법 등을 병행한다.

248   금융감독원 업무수행과정에서 또는 외부제보 등으로 혐의사항을 사전인지하여 실시하는 감리이다.

249   금융감독원은 경조치를 하는 경우에도 조치예정일 10일 전까지 조치를 받는 자에게 조치사전통지서를 송부하고, 조치가 확정될 경우 확정된 조치의 내용·사유 및 조치에 대한 불복절차 등을 통지하여 조치를 시행한다.

250   외부감사 및 회계 등에 관한 규정 제23조.

끝나지만, 감리가 착수되면 본격적으로 회사의 재무제표 및 감사인의 감사보고서에 대하여 회계처리 기준 및 회계감사기준 준수 여부를 조사하고, 회계처리기준(감사인의 경우 회계감사기준) 위반사항이 발견된 경우 책임소재와 위반동기를 규명하여 제재조치를 하게 된다.

감리조사과정에서 변호인 참여 등 피조사자에게 부여된 권리들이 있다

감리를 하게 되면 금융감독원은 회사 및 감사인에 대하여 회계장부와 서류, 감사조서 등의 열람 및 제출을 요구하고 필요시 현장감리를 실시하기도 한다. 또한 사실관계 확인 및 소명기회 제공을 위해 문답을 하거나 진술서 제출을 요구하고, 위반사항 발견시에는 질문서를 발송하여 답변서의 소명내용을 검토한다. 이 과정에서 감리를 받는 피조사자는 불공정거래 조사와 마찬가지로 조사과정에 변호사 등을 참여시켜 줄 것을 요구할 수 있다. 즉, 피조사자가 행정절차법 제12조 제1항[251]에 따른 대리인을 조사과정에 참여시켜 줄 것을 요구하는 경우 증거인멸 등 예외적인 경우를 제외하고는 감리집행기관(금융감독원)은 그 대리인을 조사과정에 참여시켜야 한다.[252] 또한 피조사

---

[251] 행정절차법 제12조(대리인) ① 당사자등은 다음 각 호의 어느 하나에 해당하는 자를 대리인으로 선임할 수 있다.
  1. 당사자등의 배우자, 직계 존속·비속 또는 형제자매
  2. 당사자등이 법인등인 경우 그 임원 또는 직원
  3. 변호사
  4. 행정청 또는 청문 주재자(청문의 경우만 해당한다)의 허가를 받은 자
  5. 법령등에 따라 해당 사안에 대하여 대리인이 될 수 있는 자
  ② 대리인에 관하여는 제11조제3항·제4항 및 제6항을 준용한다.

[252] 외부감사 및 회계 등에 관한 규정 제24조(감리등의 방법) ① ~ ③ (생략)
  ④ 피조사자가 「행정절차법」 제12조제1항에 따른 대리인(이하 "대리인"이라 한다)을 조사 과정에 참여시켜줄 것을 감리집행기관에 요구하는 경우에 감리집행기관은 그 대리인을 조사 과정에 참여시켜야 한다. 다만, 다음 각 호의 어느 하나에 해당하는 상황이 발생할 가능성이 있다고 판단되는 경우에는 그러하지 아니하다.
  1. 증거의 인멸·은닉·조작 또는 조작된 증거의 사용
  2. 공범의 도주 등 감리등에 현저한 지장을 초래

자는 확인서, 문답서 및 제출자료 등에 대한 열람권도 부여되어 있으므로 필요시 감리집행기관에 요청할 수 있다.[253]

3) 조치 단계

이와 같은 감리 조사절차를 거쳐 지적사항 및 조치내용이 정해지면 제재심의부서의 심사조정을 거쳐 감리결과 조치안이 작성되며, 이후 감리위

---

3. 피해자, 해당 사건에 대한 감리등에 필요한 사실을 알고 있다고 인정되는 자 또는 그 친족의 생명, 신체나 재산에 대한 침해

4. 피조사자가 진술 등 조사과정에 협조함으로 인해 소속 회사 또는 회계법인 등으로부터 받는 불이익

⑤ 감리집행기관은 대리인이 조사과정에 참여한 후에 제4항 각 호의 어느 하나에 해당하는 상황 또는 다음 각 호의 어느 하나에 해당하는 상황이 발생하거나 발생할 가능성이 있다고 판단되는 경우에는 대리인에게 퇴거를 요구하고 대리인 없이 조사를 개시 또는 진행할 수 있다.

1. 피조사자의 대리인 참여요청이 조사의 개시 및 진행을 지연시키거나 방해하는 것으로 판단되는 경우

2. 감리집행기관의 승인 없이 심문에 개입하거나 모욕적인 언동을 하는 경우

3. 피조사자에게 특정한 답변 또는 부당한 진술 번복을 유도하는 경우

4. 조사과정을 촬영, 녹음, 기록하는 경우

5. 그 밖에 제1호부터 제4호까지의 상황에 준하여 조사목적 달성을 현저하게 어렵게 하는 경우

⑥ 감리집행기관은 제4항 각 호 또는 제5항 각 호 중 어느 하나에 해당한다는 이유로 대리인의 참여를 제한하는 경우에 그 구체적 사유를 피조사자의 진술내용을 기록한 문답서(이하 "문답서"라 한다), 제29조에 따른 감리위원회(이하 "감리위원회"라 한다) 및 증권선물위원회에 상정하는 안건에 각각 기재하여야 한다.

⑦ (생략)

253 외부감사 및 회계 등에 관한 규정 제25조(피조사자의 자료열람 요구 등) ① 피조사자는 문답서, 감리집행기관의 요청에 따라 사건과 관련된 특정 사실관계 등에 관한 진술에 거짓이 없다는 내용을 본인이 작성하고 기명날인한 문서 및 사건과 관련하여 본인이 감리집행기관에 제출한 자료에 대한 열람을 신청할 수 있다. 다만, 감리등의 과정에서 작성된 문답서는 감리집행기관이 제31조제1항에 따른 통지를 한 이후에 신청할 수 있다.

② 감리집행기관은 제1항에 따른 신청이 있는 경우에 열람을 허용하여야 한다. 다만, 다음 각 호의 어느 하나에 해당하는 경우에는 그러하지 아니하다.

1. 제24조제4항 각 호의 어느 하나에 해당하는 경우

2. 조사결과 발견된 위법행위에 대하여 검찰총장에게 고발, 통보 또는 수사의뢰를 해야 한다고 판단한 경우(문답서에 대한 열람을 신청한 경우에 한정한다)

원회[254]의 심의를 거쳐 증권선물위원회에서 조치안이 의결된다. 다만, 외감법상 과징금을 부과하거나, 5억원을 초과하는 자본시장법상 과징금 부과의 경우에는 금융위원회 회의까지 올라가서 최종 결정된다. 이와 같은 과정에서 조치를 받는 자는 위원회에 출석하거나 서면으로 의견제출이 가능하다.

나. 심사·감리결과 제재의 종류

1) 고발·수사기관 통보

회사의 회계업무를 담당하는 자 등이 회계처리기준을 위반하여 거짓으로 재무제표를 작성·공시하거나 회계정보를 위조·변조·훼손 또는 파기한 경우, 주주총회 등에 출석하여 거짓으로 진술을 하거나 사실을 감춘 경우, 정당한 이유없이 감사인, 즉 회사의 재무제표에 대한 외부감사를 담당하는 회계법인의 회계관련자료의 열람, 복사, 자료제출 요구 또는 조사를 방해·기피하거나 거짓 자료를 제출한 경우 등은 모두 형사처벌대상[255]에 해당된다.

특히 고의적인 위법행위로 판단될 경우 금융감독원은 검찰에 고발하거나 통보[256]한다. 그리고 위법행위에 대한 직접적인 증거는 없으나 제반 정황으로 보아 벌칙부과 대상행위가 있다는 상당한 의심이 가고 사건의 성격상 수사기관의 강제조사가 필요하다고 판단되는 경우에는 검찰에 수사의뢰를 한다. 물론 법인인 회사 및 회계감사를 한 공인회계사도 위반행위에 관여하거

---

254 감리결과에 대한 조치 등을 효율적으로 심의하기 위하여 증권선물위원회 소속으로 설치된 위원회이다. 증권선물위원회 상임위원이 위원장이 되며, 위원장 1명을 포함한 9명의 위원으로 구성된다(외부감사 및 회계 등에 관한 규정 제29조).

255 외감법 제39조~44조.

256 벌칙이 부과되는 위법행위의 경우 원칙적으로 검찰 고발이지만, 동기·원인 또는 결과 등에 비추어 정상참작의 사유가 있는 경우 고발이 아닌 통보에 그칠 수 있다(외부감사 및 회계 등에 관한 규정 제26조 제7항 단서).

나 책임이 있다면 마찬가지이다.

2) 행정조치

분식회계에 따른 행정조치는 위반동기가 고의인지 (중)과실인지 여부와 위법행위의 중요도, 가중·감경사유 등에 따라 달라진다.[257] 임원으로서 위반행위에 책임이 있는 경우 임원해임(면직)을 권고하거나 6개월 이내의 직무정지 조치를 할 수 있다. 또한 위반회사에 대하여는 증권 발행제한(1년 이내) 조치와 함께 3개 사업연도 이내의 감사인 강제지정[258]이 내려질 수 있다. 아울러 회사가 고의 또는 중대한 과실로 회계처리기준을 위반하여 재무제표를 작성한 경우 금융위원회가 회사(위반금액의 20% 이내) 및 회사 관계자(회사부과 과징금의 10% 이내)에 대하여 과징금을 부과[259]할 수 있다. 한편, 조치예정일 10일 전까지 피조사자에게 회의 개최 일시 및 장소, 조치 등의 내용 등을 사전통지하게 되는데, 피조사자는 조치 등을 하기 전에 문서 및 구두로 감리 등의 결과에 대한 의견을 제출할 수 있다. 그리고 피조사자는 조치 등을 통지받은 날부터 30일 이내에 해당 조치기관에 이의신청을 할 수 있다.

---

257   자세한 내용은 외부감사 및 회계 등에 관한 규정 별표 7호 '조치 등의 기준'을 참조하면 된다 (국가법령정보센터 www.law.go.kr).

258   조치일 이후 최초로 개시되는 회계연도부터 지정하나, 투자자 등 이해관계자 보호를 위하여 긴급하다고 판단되거나 회사가 요청하는 경우 조치일이 포함된 회계연도부터 지정 가능하다.

259   외감법 제35조. 이와 별도로 고의 또는 중과실로 회계기준을 위반한 재무제표가 포함된 공시서류를 작성하여 공시한 경우에는 자본시장법상 과징금도 부과될 수 있다(자본시장법 제429조).

03 / 공정거래위원회

    과거 우리나라 경제 초창기에는 정부가 절대적으로 부족한 자원을 특정 산업에 집중하는 정책으로 단기간에 큰 경제성장을 이룩하기는 했지만, 시장 경쟁원리가 작동하지 않아 1963년 삼분(밀가루, 설탕, 시멘트) 사건과 같이 소수 대기업이 폭리를 얻는 독과점 문제가 발생하였다. 이후 오일쇼크로 인한 물가 불안과 정부의 가격·출고량 통제와 같은 과도한 시장 개입, 일부 기업들의 독과점 폐해로 인해 사회·경제적으로 문제가 점차 심화되었다. 정부는 이러한 문제들의 해결방안으로 1981. 4월 공정거래법을 제정·시행하고 집행기구로서 공정거래위원회를 설립하였다. 최초 출범시에는 경제기획원 소속기관으로 발족하였으나 1994년 차관급 독립행정기관이 되었고, 1996년에 장관급 기관으로 격상되어 우리나라 시장경제의 발전과 함께 그 조직과 기능이 전체적으로 확대일로를 걸어왔다.[260]

    공정거래위원회는 독과점 및 불공정거래에 관한 사안을 심의·의결하기 위하여 설립된 합의제행정기관이며, 의사결정기구인 공정거래위원회[261]와

---

260   공정거래위원회, 공정거래위원회 40년사, p. 2.

261   공정거래위원회와 그 소속기관 직제 제4조(위원회의 구성 등) ① 위원회는 위원장 1명과 부위원장 1명을 포함한 9명의 위원으로 구성하며, 그 중 4명은 비상임위원으로 한다.

실무기구인 사무처[262]로 구성되어 있다. 위원회는 위원장을 포함하여 총 9인으로 구성되며 위원장 및 부위원장은 국무총리의 제청으로, 그 밖의 위원은 위원장의 제청으로 대통령이 임명하거나 위촉한다.[263] 또 위원장은 국회의 인사청문회를 거친다. 공정거래위원회의 사무를 처리하기 위한 실무기구인 사무처는 경쟁정책을 입안하거나 공정거래 관련 사건을 조사하여 위원회에 상정하고, 위원회는 상정된 안건에 대하여 심리·의결한다.

공정거래위원회의 권한이 기업들에게 막강하게 보이는 이유 중의 하나는 전속고발권이 있기 때문이다. 전속고발권이란 가격 담합 등 공정거래법 위반행위에 대해 공정거래위원회의 고발이 있어야만 검찰 수사가 가능하도록 한 제도이다.[264] 다시 말해 공정거래법 위반행위가 있어도 공정거래위원회가 고발하지 않으면 검찰이 자체적으로 혐의를 포착했다 할지라도 기소를 하지 못한다는 것이다. 이는 입법 당시 고발 남용으로 자유로운 기업활동을 위축

---

② 위원장과 부위원장은 정무직으로 보하고, 위원장과 부위원장을 제외한 상임위원 3명은 고위공무원단에 속하는 임기제공무원으로 보한다.

③ 위원장은 위원회의 사무를 총괄하며, 소속 공무원을 지휘·감독한다.

262 공정거래위원회와 그 소속기관 직제 제5조(사무처) ① 위원회의 사무를 처리하기 위하여 위원회에 사무처를 둔다.

② 사무처에 사무처장 1명을 두되, 사무처장은 고위공무원단에 속하는 일반직공무원으로 보한다.

③ 사무처장은 위원장의 명을 받아 사무처의 사무를 처리하며, 소속 직원을 지휘·감독한다.

263 위원장과 부위원장은 정무직이며, 그 밖의 상임위원은 고위공무원단에 속하는 일반직공무원으로서 임기제공무원이 된다. 임기는 모두 3년이며, 한차례 연임할 수 있다.

264 공정거래법 제129조(고발) ① 제124조 및 제125조의 죄는 공정거래위원회의 고발이 있어야 공소를 제기할 수 있다.

② 공정거래위원회는 제124조 및 제125조의 죄 중 그 위반의 정도가 객관적으로 명백하고 중대하여 경쟁질서를 현저히 해친다고 인정하는 경우에는 검찰총장에게 고발하여야 한다.

③ 검찰총장은 제2항에 따른 고발요건에 해당하는 사실이 있음을 공정거래위원회에 통보하여 고발을 요청할 수 있다.

④ 공정거래위원회가 제2항에 따른 고발요건에 해당하지 아니한다고 결정하더라도 감사원장, 중소벤처기업부장관, 조달청장은 사회적 파급효과, 국가재정에 끼친 영향, 중소기업에 미친 피해 정도 등 다른 사정을 이유로 공정거래위원회에 고발을 요청할 수 있다.

⑤ 공정거래위원회는 제3항 또는 제4항에 따른 고발요청이 있을 때에는 검찰총장에게 고발하여야 한다.

⑥ 공정거래위원회는 공소가 제기된 후에는 고발을 취소할 수 없다.

시킬 수 있다는 우려에 따라 공정거래위원회에만 제한적으로 고발권을 부여
해 주었기 때문이다.[265]

공정거래위원회 전원회의와 소회의

공정거래위원회는 법 위반 사건에 대한 심의·의결을 위해 위원 전원(9명)
으로 구성되는 전원회의와 상임위원 1인을 포함한 위원 3인으로 구성되는
소회의를 운영하고 있다. 2020년의 경우 전원회의 48회, 소회의 86회 등 총
134회의 위원회를 개최하여 625건의 안건을 심의하였다.[266]

공정거래위원회 전원회의와 소회의

	전원회의	소회의
의장	위원장	상임위원
의결정족수	재적위원 과반수의 찬성	구성위원 전원의 출석과 출석위원 전원의 찬성
소관사항[267]	– 법규 제·개정 및 해석적용 – 이의신청의 재결 – 소회의에서 의결되지 않은 사건 – 경제적 파급효과가 큰 중요사건	– 일반사건 – 승인·인정·인가사항 – 집행정지의 결정 – 과태료 – 관계기관 협조의뢰 사항

(출처: 공정거래위원회 홈페이지/정책·제도/위원회심결제도)

265　2014년부터는 감사원, 중소기업청, 조달청에 고발요청권이 부여되었는데, 고발요청이 있으
　　　면 공정거래위원회는 의무적으로 고발하여야 한다.

266　공정거래위원회, 2021년판 공정거래 백서, p.77.

267　구체적인 전원회의와 소회의 소관사항은 공정거래위원회 회의 운영 및 사건절차 등에 관한
　　　규칙 제4조(전원회의 심의 및 결정·의결사항) 및 제5조(소회의의 심의 및 결정·의결사항)
　　　을 참조하면 된다.

가. 주요 업무

공정거래위원회의 업무[268]

❶ 경쟁 촉진

시장지배적 지위[269]를 남용하는 행위, 사업자[270]간 부당한 공동행위 등을 금지하고 경쟁을 제한하는 기업의 결합을 규제함으로써 공정한 경쟁환경을 조성한다.

❷ 소비자 주권 확립

소비자에게 불공정한 약관을 시정하여 소비자 피해를 방지하고 허위·과장광고를 시정하여 소비자가 합리적인 선택을 할 수 있도록 한다.

❸ 중소기업 경쟁기반 확보

하도급 대금 지급 등 하도급 거래에서 발생할 수 있는 대형업체들의 불공정행위와 대형 유통업체, 가맹사업본부 등이 우월적인 지위를 이용하여 중소 입점, 납품업체, 가맹점에게 하는 불공정 행위를 시정한다.

❹ 경제력 집중 억제

대기업집단 계열사간 상호출자, 채무보증 금지, 부당내부거래 억제 제도 등을 운영하여 선단식 경영의 문제점을 시정한다.

공정거래위원회의 소관법령은 몇 가지나 되나?

공정거래위원회는 기업의 활동과 관련하여 다양하고 광범위한 권한을 가

---

268   공정거래위원회 홈페이지(https://www.ftc.go.kr)/공정위소개/설립목적과기능/ 참조.

269   공정거래법은 사업자의 시장점유율이 50% 이상이거나 3개의 사업자의 시장점유율 합계가 75% 이상인 경우 시장지배적 사업자로 추정한다.

270   제조업, 서비스업 또는 그 밖의 사업을 하는 자를 말하며, 소속 임직원도 사업자단체(그 형태가 무엇이든 상관없이 둘 이상의 사업자가 공동의 이익을 증진할 목적으로 조직한 결합체)에 관한 규정을 적용할 때 사업자로 본다.

지고 있고, 주요 소관법령만 해도 아래와 같이 상당히 많으며 국민생활과 기업활동에 큰 영향을 미치는 중요한 법률들이 많다.

· 독점규제 및 공정거래에 관한 법률(공정거래법)
· 표시·광고의 공정화에 관한 법률(표시광고법)
· 하도급거래 공정화에 관한 법률(하도급법)
· 약관의 규제에 관한 법률(약관법)
· 방문판매 등에 관한 법률(방문판매법)
· 전자상거래 등에서의 소비자보호에 관한 법률(전자상거래법)
· 가맹사업거래의 공정화에 관한 법률(가맹사업법)
· 할부거래에 관한 법률(할부거래법)
· 대리점 거래의 거래 공정화에 관한 법률(대리점법)
· 대규모 유통업에서의 거래 공정화에 관한 법률(대규모유통업법)
· 소비자 기본법
· 소비자생활 협동조합법(생협법)
· 제조물책임법

공정거래위원회의 조사대상이 되는 기업이나 개인의 범위는?

공정거래위원회는 소관업무와 조사대상이 다른 법집행기관들에 비해 매우 광범위하다고 할 수 있다. 아무리 소규모 기업이라 할지라도 거래상대방보다 규모가 큰 업체는 하도급이나 납품업체에 대한 불공정행위가 있는 경우, 판매 중인 상품약관에 문제가 있는 경우, 과장광고를 하는 경우 등 공정거래나 소비자 보호에 문제가 있으면 공정거래위원회의 조사 대상이 될 수 있다. 공정거래위원회의 소관법령만 해도 이미 살펴본대로 공정거래법, 표시광고법, 하도급법, 약관법, 방문판매법, 전자상거래법, 가맹사업법, 할부거래법, 대리점법, 대규모유통법, 소비자기본법 등 매우 많은 편이니 한국기업은 물론이고 외국에서 설립되었다 할지라도 국내시장에 영향을 미치는 경우 어떤 기업이든 공정거래위원회의 조사 대상이 될 수 있다.

조치는 개인보다 법인에 집중이 된다

시장에서의 경쟁제한행위[271]나 부당한 하도급거래행위, 불공정약관 등 불공정거래행위의 적발 및 제재 위주인 공정거래위원회의 업무 특성상 개인에 대한 행정적인 제재 요구보다는 기업 및 기업을 대표하는 임원에 대한 조치가 주로 이루어지는데, 최근에는 개인의 책임을 묻는 경향도 많아지고 있다. 이 책에서는 조사절차 및 조치의 기본적인 사항과 조사대상 개인이 유의하여야 할 사항에 대해서만 언급한다.[272]

나. 조사절차

공정거래위원회의 조사절차도 사건 인지, 사전 심사, 조사 실시, 심사보고서 작성, 내부 심의, 위원회 상정, 조치 통보의 일반적인 조사기관의 절차와 유사하게 진행된다.

---

271 일정한 거래분야의 경쟁이 감소하여 특정 사업자의 의사에 따라 어느 정도 자유로이 가격, 수량, 품질, 그 밖의 거래조건 등의 결정에 영향을 미치거나 미칠 우려가 있는 상태를 초래하는 행위를 말한다.

272 공정거래위원회 소관법령의 위반 여부에 대한 구체적인 확인은 공정거래위원회가 국민신문고 답변, 전화상담 및 방문상담 내용중 국민이 체감할 수 있는 내용을 모아 2020년에 발간한 '공정거래위원회 민원상담사례'를 참조하면 도움이 된다(https://www.ftc.go.kr/DATA/download/www/cts304_file.pdf).

공정거래위원회의 조사절차

단계	주요 내용
인지 단계	– 직권 인지 – 신고
조사 단계	– 사건착수보고 – 조사권 발동 – 조사 후 사건처리 종결 또는 위원회 상정 결정
위원회 상정	– 사무처장 결재 후 위원회 상정 – 심의일 확정·통보
위원회 심의	– 피심인과 심사관을 출석시켜 사실관계 등 확인 – 양자간 주장, 위원들 질문이 끝나고 심사관 조치의견 발표 후 피심인 최후진술
합의 단계	– 위원들간 위법 여부, 조치 내용 등 논의·협의
의결	– 합의를 한 후 위원들이 자기의 견해에 따라 서명 날인
의결서 송달	– 의결서 정본을 피심인에게 송달 – 피심인의 의무발생 또는 권리행사 제한
불복절차	– 의결서 송달 받은 날로부터 30일 이내 이의신청 또는 행정소송 제기

(출처: 공정거래위원회(www.ftc.go.kr)/기타서비스/사건처리절차)

1) 인지 단계

공정거래법 제80조는 공정거래위원회가 법 위반 혐의가 있다고 인정할 때 직권으로 필요한 조사를 할 수 있으며, 누구든지 법 위반 사실을 공정거래위원회에 신고할 수 있다고 규정하고 있다. 신고의 법적 성격은 법 위반 사실에 대한 조사권의 발동을 촉구하는 단서제공행위에 불과하며, 신고 접수시에는 예비조사를 실시한 후 사건화 여부를 결정하게 된다.[273]

2) 조사 단계

직권인지나 신고가 있으면 이를 배당받은 조사공무원은 먼저 당해 사건이 소관 법령의 적용대상인지 사전심사한다. 만일 피조사인이 사업자 요건에 해당되지 않거나 처분 시효가 지나 조치가 불가능한 경우 등에는 '심사불개시' 결정을 한다. 법 적용대상에 해당되는 경우 사건착수보고를 하게 되며, 그 결과 사건번호와 사건명이 부여되어 정식 조사사건이 된다. 이후에 조사권을 발동하여 법 위반 여부를 확인하기 위한 현장조사[274] 등을 실시하게 되는데, 공정거래위원회의 조사는 자발적 동의를 전제로 하는 임의조사이다. 실제 조사는 사무처 소속 각 국과 지방사무소[275]에서 수행한다.

3) 위원회 상정

심사관[276]은 시정조치, 과징금 부과 등의 처분이나 고발 등 위원회의 의결

---

273 공정거래위원회 조사절차에 관한 규칙 제7조 및 제8조.

274 공정거래위원회 조사절차에 관한 규칙 제3장.

275 2022. 6월 현재 사무처 소속으로 경쟁정책국, 기업집단국, 소비자정책국, 시장감시국, 카르텔조사국, 기업거래정책국 등이 있으며, 사무소로는 서울사무소, 부산사무소, 광주사무소, 대전사무소 및 대구사무소가 있다.

276 심사관은 신고 또는 직권으로 인지된 내용에 대해 조사공무원이 조사를 한 후에 그 조사결과를 바탕으로 당해 인지된 내용이 법에 위반되는 것으로 볼 수 있는지 여부를 심사하는 공무원이다. 심사관은 공정거래위원회 직제에 따라 당해 사건이 속하는 업무를 관장하는 국장, 심판관리관, 시장구조개선정책관 또는 지방사무소장이 된다(공정거래위원회 조사절차에 관한 규칙 제7조 제6항).

이 필요하다고 판단하면 심사보고서를 작성하여 사무처장의 결재를 거쳐 위원회에 상정한다. 다만, 사건이 소회의 소관사항이고 피조사자가 심사보고서에 기재된 행위사실을 인정하고 심사관의 조치의견을 수락하면 '약식절차'에 따라 위원회의 심의 없이 위원들의 서면결의로 처분이 결정된다. 심사관 조치의견에 고발이나 과징금 납부명령이 포함되었거나 피심인이 수락하지 않을 것이 명백한 경우에는 약식절차 대상에서 제외된다.[277]

4) 위원회 심의

공정거래위원회의 조치를 위한 심의 및 의결은 심사관이 심사보고서와 그 첨부자료를 전원회의 또는 소회의에 제출하였을 때 절차가 시작된다. 조사사건이 위원회에 상정되면 심사관은 피심인[278]에게도 심사보고서를 송부[279]한다. 일반적으로 의견이 있는 경우 소회의는 2주, 전원회의는 4주 이내에 의견서를 제출하도록 요청하며, 심의전에 피심인의 신청에 따라 주심위원 또는 소회의 의장의 판단하에 별도의 의견청취절차를 진행할 수도 있다.

심의는 심사관과 피심인이 모두 출석하는 대심구조[280]하에 사실관계 등을 확인하는 과정으로 피심인 등에 대한 본인확인, 심사관의 심사보고서 요약보고, 피심인의 의견진술, 위원들 질문 및 사실관계 확인, 참고인[281] 등의

---

[277] 공정거래위원회 회의 운영 및 사건절차 등에 관한 규칙 제67조; 하지만 피심인이 수락할 것이 명백하거나 과징금 최대 예상액이 1억원 이하(공정거래법 제43조 제53조 제2항 과징금 제외)인 경우 소회의에 약식의결을 청구할 수 있다.

[278] 법을 위반한 혐의가 있는 사업자로서 당해 행위가 법에 위반되는지 여부에 대하여 공정거래위원회의 심의를 받아야 하는 사업자를 말한다.

[279] 조치의견을 제외한 위법행위 사실 및 위법성 판단, 적용법조, 첨부자료가 송부된다.

[280] 대심(對審) 제도는 원고 측과 피고 측을 대립시켜 진행하는 재판 제도를 말한다.

[281] 심의결과에 대한 이해관계인, 자문위원, 관계행정기관, 공공기관·단체, 전문적인 지식이나 경험이 있는 개인이나 단체, 감정인 등으로 당사자의 신청 또는 직권으로 선정된다.

심의 참가, 심사관의 조치의견 발표, 피심인의 최후진술 등의 순으로 진행된다. 참고로 피심인은 변호사, 피심인인 법인의 임원[282] 등을 대리인으로 선임할 수 있다.[283]

5) 합의 단계

위원회 위원들간 합의는 비공개로 이루어지는데, 먼저 '위법 여부'에 대한 합의가 이루어지고, 그 다음으로 '시정조치', '과징금 부과', '형사고발' 등 제재의 종류와 수준에 대하여 합의가 이루어진다.

6) 의결

전원회의는 재적위원 과반수 찬성으로, 소회의는 3인의 만장일치로 의결한다. 소회의의 경우 만장일치가 되지 않을 때에는 전원회의에 회부된다.

7) 의결서 송달

의결서(결정서)는 의결 또는 결정의 합의가 있은 날부터 35일(추가적인 사실확인이나 과징금 부과금액의 확정을 위하여 필요한 자료의 제출을 명하는 경우 70일) 이내에 작성하여야 하며,[284] 피심인에게는 의결 또는 결정이 있은 날 기준 40일(위 자료제출시 75일) 이내에 의결서 정본을 송부한다. 다만, 부득이한 사유가 있는 경우에는 주심위원 또는 소회의 의장의 허가를 얻어 기한

---

282 피심인이 법인이면 그 대표이사가 피심인으로 출석하여야 할 것이나, 다른 임원을 대리인으로 선임하는 것이다.
283 공정거래위원회 회의 운영 및 사건절차 등에 관한 규칙 제42조.
284 공정거래위원회 회의 운영 및 사건절차 등에 관한 규칙 제62조.

연장이 가능하다.

의결서에는 ① 의결 등 일자 및 의결 등 번호, ② 사건번호 및 사건명, ③ 피심인, ④ 심의종결일, ⑤ 주문(공표명령이 있는 경우에는 별지에 공표문안 기재), ⑥ 이유(다만, 경고의결서의 경우 간이하게 기재 가능) 등이 기재되며, 의결에 참여한 위원이 서명·날인한다.

8) 불복절차

공정거래위원회에 이의신청을 하거나 곧바로 법원에 행정소송을 제기할수 있다. 처분에 불복하여 이의신청을 하고자 하는 때는 처분통지를 받은 날로부터 30일 이내에 하여야 하는데[285] 공정거래위원회는 이에 대하여 원칙적으로 60일 이내에 재결(裁決)한다.[286] 만일 공정거래위원회에 이의신청을하게 되면 신청경위, 신청취지 및 이유, 신청에 대한 심사관의 의견 등이 기재된 이의신청 심사보고서가 작성되어 전원회의[287]에 제출되는데, 이의신청에 대한 재결(각하재결 제외)은 원칙적으로 서면이 아닌 구술심의로 진행[288]하게 된다.[289]

공정거래법에 따른 처분에 불복하여 행정소송을 제기하려면 처분의 통지를 받은 날 또는 이의신청에 대한 재결서의 정본을 송달받은 날부터 30일 이내에 제기하여야 한다.[290] 공정거래위원회의 처분에 대한 불복소송의 전속관

---

285 이의신청서는 이의신청의 대상, 내용 및 사유가 기재되며 이를 증명하는 서류를 첨부한다(공정거래법 시행령 제82조).

286 공정거래법 제96조.

287 집행정지신청에 대한 심사보고서는 소회의에 제출할 수 있다.

288 다만, 이의신청인이 원처분시와는 다른 새로운 주장이나 자료를 제출하지 아니한 경우 등 전원회의 의장이 필요하다고 인정하는 사유가 있을 때에는 서면심의로 할 수 있다. 또한 재결기간연장결정, 집행정지결정, 각하재결은 서면심의로 하는 것을 원칙으로 한다.

289 공정거래위원회 회의 운영 및 사건절차 등에 관한 규칙 제74조 내지 제80조.

290 공정거래법 제99조.

할은 서울고등법원이 된다.[291] 이는 공정거래위원회의 의결이 사실상 사법기관의 1심 판결에 해당하기 때문이다.

주심위원제도가 있다

심의·의결 안건으로 올라온 사건에 대하여 전원회의 의장(위원장)이 상임위원 1인을 주심위원으로 지정하는데, 주심위원은 사건의 부의 가능 여부를 사전에 검토하고 미비점을 발견하면 심사관에게 보완하도록 지시한다.

회의 부의 전에도 주심위원 등은 의견청취를 할 수 있다

주심위원이나 소회의 의장은 피심인이 의견청취절차를 요청한 안건으로 피심인의 방어권 보장, 심의의 효율적 진행을 위해 필요하다고 인정하는 경우, 또는 사실관계가 쟁점이 많거나 복잡한 경우나 피심인과 사실관계, 위법성 판단 등을 다투는 경우에는 정식 심의회의에 부의하기 전에 의견청취절차를 진행할 수 있다.

의견청취절차는 당해 사건의 주심위원(소회의 의장), 심사관, 피심인, 심의·의결을 보좌하는 공무원 등이 모두 참석하여 진행하는 것이 원칙이다.[292] 이는 공정한 심결을 위해 공정거래위원회가 운영하고 있는 제도인데 이외에도 심의속개제,[293] 심의분리제[294] 등도 도입하고 있다.

---

291 공정거래법 제100조; 따라서 일반행정사건 행정소송이 3심제인 것과 달리 공정거래위원회 사건은 고등법원과 대법원의 2심제로 운영된다.

292 공정거래위원회 회의 운영 및 사건절차 등에 관한 규칙 제29조 내지 제32조.

293 심의를 신중하게 하고 충분한 의견진술 기회를 보장하기 위하여 심의를 한번에 끝내지 않고 다음 기일에 심의를 속행할 수 있도록 하는 제도.

294 공동행위와 같은 위반행위 건에 대한 심의시 특정 피심인이 다른 피심인과 별도로 심의를 받고자 신청하는 경우, 또는 공정거래위원회가 기업의 영업상 비밀이 경쟁사에 공개될 우려가 있거나 공정거래위원회 조사에 협조한 자의 신원이 노출되지 않도록 할 필요가 있는 경우에 심의를 분리하여 진행하는 제도.

피심인의 심의·의결 회의 출석

소재불명 등 예외적인 사유가 아니면 피심인에게 심의기일 10일(소회의는 5일) 전까지 각 회의 심의개최의 일시, 장소 및 사건명, 심리공개 여부 등을 서면으로 통지하고 피심인도 심의기일에 출석한다. 피심인은 심의에서 위원장의 허락하에 진술을 할 수 있으며, 회의 진행은 사법재판절차와 유사하게 위법혐의사항에 대하여 증거 제시, 참고인 신문 등이 심사관과 피심인 사이에 이루어지며 위원들의 질문에도 답변하는 방식으로 진행된다.[295] 이때 심사관 또는 피심인도 상대방의 진술의 취지가 명백하지 아니할 때에는 의장의 허락을 받아 직접 상대방에게 질문할 수도 있다.

일반적으로 피심인은 변호사 등을 대리인으로 지정하여 출석하도록 하는 것이 허용된다. 즉, 형사재판에서는 피고인이 직접 출석해야 하지만 공정거래위원회 심의회의에는 대표자, 임원 등 피심인 대신 대리인으로 지정된 변호사가 출석할 수 있다. 그러나 의장이 피심인의 책임 있는 답변이나 법위반 재발방지 등을 위한 의견청취가 필요하다고 인정한 때에는 피심인 본인(피심인이 법인인 경우에는 그 대표자)에게 심의에 출석할 것을 명할 수 있다.

사건의 처리기간은 얼마나 소요되나?

공정거래위원회 회의 운영 및 사건절차 등에 관한 규칙 제13조에 따르면 심사관은 조사개시일로부터 6개월(시장지배적 지위 남용행위와 부당한 지원행위 사건의 경우 9개월, 부당한 공동행위 사건의 경우 13개월) 이내에 당해 사건에 대하여 심사보고서를 작성하여 각 회의에 제출하거나 전결처리를 하여야 한다. 다만, 부득이한 경우 사무처장의 허가를 받아 처리기간을 연장할 수 있고, 자료제출에 소요되는 기간은 계산에서 제외된다. 이와 같은 이유로 실제

조사에 소요되는 기간은 규정상 기한보다 늘어날 수 있으며, 또한 심사보고서 제출 이후 위원회 심의 및 의결, 의결서 작성 등에 걸리는 기간까지 감안한다면 공정거래위원회가 조사에 착수하여 피심인이 조치결과를 받기까지는 기간이 훨씬 더 소요될 수 있을 것이다.[296]

현장조사시 조사공문 교부와 설명의무(일명 '미란다 원칙')

공정거래위원회 조사공무원이 현장조사를 실시할 때는 신분증 제시와 함께 조사공문을 교부한다. 교부하는 조사공문에는 조사기간, 조사목적, 조사대상, 조사방법과 함께 공문에 기재된 범위를 벗어난 조사에 대하여는 조사를 거부할 수 있다는 내용과 조사과정 중 의견제시·진술을 할 수 있다는 내용도 기재되어야 하고, 또한 조사공무원은 조사공문 내용과 조사를 받는 업체의 권리에 대하여도 상세히 설명하여야 할 의무[297]가 있으므로 공정거래위원회의 현장조사시 이를 확인할 필요가 있다.

이렇게 현장조사를 실시할 때 조사공무원으로 하여금 조사공문를 교부하고 설명을 하도록 의무화한 것은 조사기관이 임의적이고 부당하게 증거를 수집하여 법 위반 혐의 입증에 이용하는 것을 방지함으로써 피조사자를 보호하기 위한 제도적인 안전장치라 할 수 있다. 참고로 조사공무원이 신분증 제시와 함께 조사공문을 교부하였는데도 사전약속을 하지 않은 경우 회사 책임자가 나와야 출입을 허용할 수 있다고 출입을 거부한 행위에 대하여 조사방해로 제재받은 사례가 있으니 이 점은 유의하여야 한다.

---

[296] 언론사가 국회로부터 입수한 자료를 근거로 보도한 내용을 보면 공정거래위원회가 2020년 기준 사건처리 소요기간은 평균 496.7일(조사 315일, 심의 181.7일)에 달한다고 한다(출처: 이데일리, '1000일 넘는 조사 수두룩... "공정위 권한이양·자체종결기구 신설" 요구', 2021. 12. 7.).

[297] 공정거래법 제81조 제9항, 공정거래위원회 조사절차에 관한 규칙 제10조.

현장조사시 피조사자에게 보장되는 권리를 확인하라[298]

조사공무원은 법 집행을 위해 필요한 최소한의 범위 내에서 조사를 하여
야 하고 다른 목적 등을 위하여 조사권을 남용해서는 안 된다.[299] 그리고 조사

---

298 공정거래위원회는 2021. 12. 30.부터 시행된 공정거래법(2020. 12. 29. 전부개정)을 통해 적
법절차를 강화하고 심의시 방어권을 확대하였다.

강화된 피조사자 권리 내용

	현행	개선
공정위 조사 적법절차 강화 및 방어권 확대	① 현장조사시 권한을 표시한 증표 제시	① 증표와 조사공문(조사목적·기간 등 기재) 교부 의무화
	② 조사시간·조사기간 규정 無	② 사건 조사는 정규 근무시간 內 진행, 조사공문에 기재된 기간 內 종료
	③ 조사에 필요한 자료·물건 일시 보관 가능	③ 일시보관시 보관조서 교부 의무화 및 불필요시 즉시 반환
	④ 심의단계에서 피조사인 진술권만 규정	④ 사건처리 모든 단계에서 의견제출·진술권 보장
공정위 심의 적법절차 강화 및 방어권 확대	① 조사결과의 서면통지 의무만 규정	① 처분하거나 하지 않더라도 그 근거, 내용, 사유 등을 서면으로 통지
	② 심의개시 후 현장조사 제한 無	② 심의단계에서 현장조사 및 당사자 진술청취 원칙 금지
	③ 심의개시 후 증거조사 규정 無	③ 직권 또는 신청에 따라 전원회의·소회의가 증거조사 개시 가능
	④ 처분시효 최장 12년 적용 가능	④ 처분시효가 위반행위 종료일부터 7년으로 한정(담합행위 제외)
	⑤ 동의의결 이행관리 제도 無	⑤ 동의의결 이행관리 제도를 도입하고, 조정원·소비자원에 위탁
	⑥ 자료열람복사 요청시 자료 제출자의 동의 혹은 공익상 필요한 경우만 허용	⑥ 영업비밀, 자진신고자료, 기타 법률상 비공개 자료 외 원칙적으로 허용
	⑦ 영업비밀자료 열람 불가	⑦ 방어권을 보장하면서 비밀성을 보호하는 제한적 열람제도 도입

(출처: 공정거래위원회, 2021년부터 달라지는 공정위 주요 제도. 2021. 1. 4.)

299 공정거래법 제84조.

는 조사공문에 기재된 사무소 또는 사업장의 소재지에 한정하여 실시하여야 한다.[300] 또 조사공문에 명시된 조사기간 내에 조사를 종료하여야 하며, 조사시간도 조사를 받는 업체의 근무시간 내에 조사를 진행하여야 한다. 증거인멸 등 우려로 근무시간 외의 시간까지 조사를 진행하여야 할 불가피한 경우에도 피조사업체와 협의를 거치도록 의무화하고 있다.[301]

조사 및 심의 모든 단계에서 의견진술을 할 수 있는 권리,[302] 자료열람요구권[303] 등이 보장되고, 피조사업체의 사업장이나 사무소 이외의 장소, 예를 들어 공정거래위원회를 방문하여 진술할 것을 요구하는 경우에는 반드시 당사자에게 출석요구서를 발부하여야 한다.[304]

피조사업체의 책상, 서랍, 캐비닛, 업무수첩이나 정보처리시스템의 자료를 조사하는 경우에도 피조사업체의 자발적인 협조를 전제조건으로 하며, 조사과정에서 수집하거나 제출받은 자료에 대하여 수집·제출자료 목록을 작성하여 교부하여야 하고, 피조사업체가 수집한 자료의 복사를 요청하는 경우 이에 응해야 한다. 아울러 조사과정 중 진술조서·확인서를 작성하였다면 피조사자가 이의 복사를 요청할 수 있고, 증거인멸·조사비밀 누설 등 조사방해 우려가 상당할 경우를 제외하고는 이를 허용하여야 한다.

조사방해만으로도 형사처벌을 받을 수 있다

공정거래위원회는 행정기관으로 조사도 임의조사적인 성격을 갖는다. 임의조사인 경우 일반적으로 피조사자의 자발적인 협조를 전제로 하므로 강제

---

300 만일 조사공문에 기재된 사무소 또는 사업장 이외의 곳에서 조사목적에 부합하는 법 위반 혐의가 발견되는 경우에도 해당 사무소 또는 사업장을 특정하는 별도의 조사공문을 교부한 후 조사를 실시할 수 있다.

301 공정거래법 제82조.

302 공정거래법 제93조.

303 공정거래법 제95조.

304 공정거래위원회 조사절차에 관한 규칙 제19조.

할 수 없다. 그렇지만 공정거래위원회 조사의 경우 조사를 방해하거나 자료 제출을 거부하는 경우 형사고발될 수 있으며,[305] 2017년 법 개정으로 형사처 벌까지 받을 수 있으므로 유의해야 한다.

즉, 공정거래법은 공정거래위원회 조사시 폭언·폭행, 고의적인 현장진입 저지·지연 등을 통하여 조사를 거부·방해 또는 기피한 자는 3년 이하의 징 역 또는 2억원 이하의 벌금을 부과할 수 있고,[306] 또 공정거래위원회는 사업 자나 소속 임직원에 대하여 필요한 자료나 물건의 제출을 명할 수 있는데 이 를 제출하지 않거나 허위의 자료를 제출한 경우, 현장조사시 자료의 은익·폐 기, 접근 거부 또는 위조·변조를 통하여 조사를 거부·방해한 자는 2년 이 하의 징역 또는 1억5천만원 이하의 벌금을 부과할 수 있도록 하고 있다.[307]

피조사업체의 임직원 개인으로서 조사 대응시 유의할 점은?

개인이 공정거래 관련 규정을 직접 위반하지 않았다 할지라도 회사, 경영 진이나 대주주 등을 보호한다고 이들의 불법사실을 숨기기 위해 자료의 은 폐나 조사방해에 가담할 경우 공정거래관련 법령 위반과 형법상 증거인멸 에 해당되어 개인적으로 형사처벌까지 이어질 수 있다는 점을 조심할 필요 가 있다.

과거에 관행적으로 이루어졌던 조사당국의 현장조사전 컴퓨터 자료 삭 제, 하드디스크 포맷 등 행위들도 포렌식 조사기법의 적극적 활용으로 적발이 용이해지고 증거인멸 및 조사방해행위에 대한 처벌도 강화되는 추세인 가운 데, 공정거래위원회도 법 위반행위 조사에서 포렌식이 필수적인 조사 방식으 로 자리잡고 있다. 위반행위 증거 확보가 상당 부분 포렌식을 통해 수집되면

---

305 독점규제 및 공정거래에 관한 법률 등의 위반행위의 고발에 관한 공정거래위원회의 지침 제 2조 제1항 제3호 및 제4호.

306 공정거래법 제124조.

307 공정거래법 제125조.

서 공정거래위원회는 증거력 유지에 필요한 엄격한 절차와 기준을 갖추기 위해 '디지털 증거의 수집·분석 및 관리 등에 관한 규칙'을 마련하여 시행한다.

조사방해로 처벌받은 사례들

2021. 12. 31. 서울중앙지검이 국내 모 상장회사 임직원 3명을 공정거래위원회 조사방해 혐의 등으로 불구속기소한 것이 한 예이다. 검찰에 따르면 이 상장회사는 하도급 업체 200여 곳에 작업을 위탁하는 과정에서 불공정거래 행위를 한 혐의로 2018. 10월부터 2019. 5월까지 공정거래위원회에서 세 차례의 조사를 받았다. 조사과정에서 회사 임직원들이 사용하는 PC 102 대와 하드디스크 273대를 교체하는 등 조직적인 자료 은익 및 파기 행위가 발견되어 조사방해 등의 사유로 임직원에게 과태료가 부과되었으며 당시 검찰 고발 조치는 하지 않았다. 하지만 2020. 6월 민주사회를 위한 변호사모임, 참여연대 등이 기자회견을 통해 임직원의 조직적 증거 은익·파기 등 조사방해 행위에도 불구하고 과태료 처분에 그쳤다며 임직원 4명을 검찰에 고발하였다. 이후 2021. 12월 서울중앙지검은 하도급법 위반 관련 직권조사 및 고용노동부의 파견법 위반 관련 수사에 대비한 증거인멸교사 등 혐의로 임직원 3명을 불구속기소하였다.

또 다른 사례로 한 상장회사의 A부장에 대하여 2020. 5. 14. 철스크랩(고철) 구매 담합 의혹 조사를 위한 공정거래위원회의 현장 방문 과정에서 업무수첩과 다이어리를 파쇄한 혐의로 2022. 1. 10. 법원 1심에서 벌금 1,000만원이 선고된 경우도 있다. 재판부는 공정거래위원회 조사 당시 상당한 혐의가 있었다면 관련자료 은닉·폐기는 조사방해 행위에 해당한다고 판결하였다. 한편, 이 사례에서 양벌규정으로 함께 기소된 상장회사에도 벌금 3,000만원이 선고되었다.

자료제출명령을 이행하지 않으면 이행강제금이 부과된다

사업자 등이 자료나 물건의 제출명령을 이행하지 않는 경우 공정거래위원회는 소회의 결정으로 이행기간을 정하여 제출을 다시 명령할 수 있는데, 이를 이행하지 않으면 이행기한이 지난 날부터 1일당 1일 평균매출액의 0.3% 범위(매출액이 없거나 산정이 불가능한 경우 1일당 200만원의 범위 내)에서 이행강제금을 부과할 수 있다.[308]

조사 전과정 및 심의시에 변호인의 참여가 가능하다

공정거래위원회의 조사 및 심의절차 진행시에도 변호인의 조력권이 인정된다. 공정거래법은 공정거래위원회로부터 조사나 심의를 받는 사업자, 사업자단체 또는 소속 임직원에 대하여 변호사 등 변호인으로 하여금 조사 및 심의에 참여하게 하거나 의견을 진술하게 할 수 있는 권리를 보장하고 있다.[309] 이에 근거하여 공정거래위원회 조사절차 규칙에서는 조사를 받는 피조사업체가 신청하는 경우 진술조서나 확인서를 작성할 때를 포함하여 조사의 전과정에 피조사업체가 선임(피조사업체 소속 변호사 포함)한 변호사 등 변호인을 참여하게 하여야 한다고 규정하고 있다. 다만, 조사의 진행을 지연시키거나 방해하는 것으로 판단되는 경우 등 예외적인 사유에 해당될 경우에는 변호인의 참여가 제한되므로 유의할 필요가 있다.[310] 아울러 공정거래위원회 회

---

308 공정거래법 제86조.

309 공정거래법 제83조.

310 공정거래위원회 조사절차에 관한 규칙 제4조(변호인의 조사과정 참여) ① 조사공무원은 피조사업체의 신청이 있는 경우 원칙적으로 피조사업체가 선임(피조사업체 소속변호사 포함)한 변호사 등 변호인을 조사 전 과정(진술조서나 확인서 작성 포함)에 참여하게 하여야 한다. 다만, 다음 각 호의 어느 하나에 해당하는 경우에는 그러하지 아니하다.
  1. 피조사업체의 변호인 참여요청이 조사의 개시 및 진행을 지연시키거나 방해하는 것으로 판단되는 경우
  2. 조사공무원의 승인 없이 신문에 개입하거나 모욕적인 언동 등을 행하는 경우
  3. 피조사업체를 대신하여 답변하거나 특정한 답변 또는 진술 번복을 유도하는 경우

의 운영 및 사건절차 등에 관한 규칙에서는 변호사 등을 심의과정에서 피심
인의 대리인으로 선임할 수 있도록 허용한다.[311]

초기대응이 중요하다

전속고발권을 보유하여 사법기관의 성격까지 가진 공정거래위원회의 조
사는 검찰로 넘어가 형사재판까지 연결될 수 있으므로 공정거래위원회 조사
가 진행되는 초기단계에 조사의 목적, 범위, 대상자 등을 잘 파악한 후 심각
한 사안이라고 판단되면 처음부터 조사에 적극적으로 대처하는 것이 효과적
으로 법적 리스크를 줄일 수 있는 방법이다.

특히 조사과정에서 작성된 진술조서는 향후 조치를 위한 심사보고서나
위원회의 심의 과정에서 법 위반혐의를 입증하는 중요한 근거가 되기 때문
에 조사원의 질문내용에 정확하고 구체적으로 답변하는 것은 물론이고, 힘
들더라도 과하다 싶을 정도의 충분한 준비와 적극적인 해명을 하는 것이 좋
다. 특히 공정거래법 위반은 은밀하게 이루어지고 직접적인 증거가 부족하
여 상당부분 피조사자와 참고인의 의견진술에 의존하게 되는 경우가 많다
는 점에서 더욱 그렇다.

---

4. 신문내용을 촬영, 녹음, 기록하는 경우. 다만, 기록의 경우 피조사업체에 대한 법적 조언을 위
해 변호인이 기억환기용으로 간략히 메모를 하는 것은 제외한다.

5. 기타 제1호 내지 제4호 이외의 경우로서 조사목적 달성을 현저하게 어렵게 하는 경우

② 제1항의 규정에도 불구하고, 증거인멸 우려 등의 사유로 조사의 시급을 요하는 부당한 공동행
위 조사와 관련하여서는 피조사업체의 변호인 참여요청과 관계없이 조사의 개시 및 진행을 할
수 있다.

③ 제1항에 따라 피조사업체가 조사과정에 외부 변호인의 참여를 신청하는 경우, 조사공무원은 피조
사업체 또는 해당 변호인으로부터 위임하는 대리권의 범위와 대리인이 명백히 표시된 위임장을
수령하여 해당 변호인이 피조사업체의 법률대리인으로 선임되었는지 여부를 확인하여야 한다.

311 공정거래위원회 회의 운영 및 사건절차 등에 관한 규칙 제42조.

공정거래법 위반에도 시효가 있는가?

공정거래법 위반의 경우 위반행위가 종료된 날로부터 7년이 지나면 공정거래위원회가 시정조치를 명하거나 과징금을 부과할 수 없도록 하고 있다. 또 부당한 공동행위의 경우 공정거래위원회의 조사 개시일부터 5년 또는 조사를 개시하지 아니한 경우 위반행위 종료일로부터 7년이 지난 경우에는 역시 시정조치를 명하거나 과징금을 부과할 수 없다.[312]

다. 조사결과 조치

공정거래위원회 전원회의 또는 소회의 심의를 거쳐 조치할 수 있는 유형으로는 재심사명령, 심의절차 종료, 무혐의, 종결처리, 조사 등 중지, 경고, 시정권고, 시정명령, 고발 등이 있다. 한편, 전원회의 또는 소회의 심의 및 의결 절차까지 가지 않고 심사관이나 사무처장의 전결로도 조치를 할 수도 있는데, 심사절차 종료, 무혐의, 종결처리, 조사 등 중지, 경고, 시정권고, 과태료 부과 중 이견이 없는 단순·경미한 조치들이 해당한다.[313]

1) 재심사명령

사실의 오인이 있거나 법령의 해석이나 적용에 착오가 있는 경우, 또는 심사종결 이후 새로운 사실·증거가 발견된 경우, 기타 이에 준하는 사유가 있다고 판단되는 경우 당해 사건에 대하여 재심사를 명령할 수 있다.

---

312   공정거래법 제80조 제4항 내지 제7항.

313   공정거래위원회 회의 운영 및 사건절차 등에 관한 규칙 제61조.

2) 심의절차 종료

사업자 요건을 충족하지 않거나 시효가 이미 경과한 사건, 공정거래위원회 소관사항이 아닌 경우 등 조사를 위한 요건이 충족되지 않거나[314] 피심인이 약관법 위반행위를 스스로 시정하여 시정조치 실익이 없는 경우, 사실관계에 대한 확인이 곤란하여 법 위반 여부의 판단이 불가능한 경우, 새로운 시장에서 시장상황의 향방을 가늠하기가 매우 어렵거나 다른 정부기관에서 처리함이 바람직하여 위원회 판단을 유보할 필요가 있는 등의 사유가 있으면 조치를 하지 않고 심의절차를 종료할 수 있다.[315]

3) 무혐의

공정거래위원회 소관법령의 위반행위로 인정되지 않거나 증거가 없는 경우에 무혐의를 의결할 수 있다. 다만, 법 위반이 아니더라도 장래의 법위반 예방 등 필요한 경우에는 주의촉구 조치를 할 수 있다.

4) 종결처리

특별한 조치 없이 사건을 마무리하는 것으로 조치할 대상이 없어졌거나 재산이 없는 경우이다. 즉, 피심인이 해산·파산·폐업·사망하여 조치의 이행이 사실상 불가능하거나, 피심인이 채무자 회생 및 파산에 관한 법률에 의하여 보전처분 또는 회생절차개시 결정을 받았고 법 위반 혐의가 재산상의 청구권과 관련된 경우에[316] 내려지는 처분이다.

---

314   공정거래위원회 회의 운영 및 사건절차 등에 관한 규칙 제20조.
315   공정거래위원회 회의 운영 및 사건절차 등에 관한 규칙 제53조.
316   단, 피심인이 다시 정상적인 사업활동을 영위하는 경우에는 사건절차를 재개할 수 있다.

5) 심의중지

사업자의 영업중단, 일시적 폐업, 도피 등으로 인한 소재불명 등의 사유가 발생하여 심의를 계속하기가 어려운 경우 사유가 해소될 때까지 심의중지를 의결할 수 있다. 이 경우 의결된 날부터 6개월이 경과하면 종결처리할 수 있다.

6) 경고

공정거래위원회의 소관법령[317]을 위반하였지만 그 정도가 경미한 경우이거나, 사건의 처리과정중에 위반행위를 스스로 시정하여 시정조치의 실익이 없는 경우에는 경고를 의결한다.

7) 시정권고

위반사실을 인정하고 즉시 시정할 것을 밝혔거나, 위반내용이 경미하고 경쟁을 제한하는 효과가 크지 않은 경우, 즉시 시정하지 않으면 위반행위로 인한 피해가 크게 될 우려가 있는 경우 등에 해당하면 시정을 권고할 수 있다.

8) 시정명령, 과징금 또는 과태료 부과

공정거래 관련 법령의 기본 취지는 시장경쟁기능이 원활히 작동하도록 하기 위한 것이고 따라서 공정거래 규제의 목적도 제재 그 자체가 아니라 이를 통한 시장기능 정상화에 더 중점을 두고 있다. 따라서 법을 위반하는 경우

---

317 공정거래법, 표시·광고법, 하도급법, 약관법, 방문판매법, 전자상거래소비자보호법, 가맹사업법, 할부거래법, 대규모유통업법, 대리점법 등.

시정명령으로 회복시키고 부당이득이 있는 경우 과징금 등 금전제재로 환수하는 것이 기본적인 조치의 모습이라 보면 된다.

(가) 시정명령

먼저 시정명령은 공정거래위원회 조치의 가장 본질적인 것으로 법 위반행위의 시정을 위한 필요한 조치[318]를 명하는 것이다. 법 위반의 내용이 중요한 경우 바로 시정명령을 하기도 하며, 먼저 시정권고를 하고 사업자가 정당한 사유없이 이를 따르지 않는 경우 시정명령을 하는 경우도 있으며, 시정명령도 이행하지 않는 경우 검찰에 고발하기도 한다. 일반적으로 시정명령은 공정거래위원회 소관 각각의 법령에서 사안별로 '시정을 위한 필요한 조치를 명할 수 있다'라는 조문을 두는 형식인데, 시정명령은 위법행위 중지뿐만 아니라 가격의 인하, 약관의 변경, 영업방식 또는 영업범위의 제한, 임원의 사임, 시정명령을 받은 사실의 공표, 재발방지를 위한 조치 등 다양하다.

시정명령은 외견상 심각한 조치가 아닌 것처럼 보이나 통상 과징금, 과태료, 고발 등과 병행하여 부과될 뿐 아니라, 시정명령 자체가 공정거래위원회의 법리판단을 받은 것이기 때문에 피해업체가 이를 바탕으로 법원에 손해배상 청구를 하거나 형사상 사기죄로 고소할 수도 있다는 점에서 중요한 조치라 할 수 있다. 참고로 공정거래법은 사업자가 공정거래법을 위반하여 피해를 입은 자가 있는 경우 손해배상책임이 있음을 명시하고 있다.[319]

(나) 과징금

금전적 제재인 과징금도 공정거래 관련 법규에서 행위 유형별로 각각 구

318　시정조치의 의의 및 유형별 기준·예시 등 구체적인 내용은 '공정거래위원회의 시정조치 운영지침'을 참조.

319　공정거래법 제109조 제1항; 다만, 사업자가 고의 또는 과실이 없음을 입증하는 경우는 그러하지 아니하다.

체적인 내용을 규정하고 있다. 공정거래위원회가 과징금을 부과할 때는 위반행위의 내용 및 정도, 위반행위의 기간 및 횟수, 위반행위로 인해 취득한 이익의 규모 등을 고려하여 결정한다.[320]

(다) 과태료

과태료의 경우는 공정거래위원회 조사를 위한 출석요구에 정당한 사유 없이 출석하지 아니한 경우, 조사자료 제출 요구시 미제출하는 경우 등 조사를 방해하거나, 또는 허위 자료 제출 또는 허위 공시를 하는 경우 등에 부과된다.[321] 과태료가 과징금과 다른 점은 과징금이 의무를 불이행하였거나 위반한 자에게 가하는 금전상의 제재의 성격인 반면, 과태료는 행정질서벌적인 성격이 강하다는 것이다.

9) 고발

공정거래위원회는 조사결과 형벌부과 위반행위가 발견된 경우 고발을 하게 된다. 소관법령 중의 하나인 공정거래법을 기준으로 보면 제124조부터 제128조까지에서 형벌 부과가 가능한 위법행위들과 형량을 열거하고 있는데, 2020년 전면 개정(2021. 12. 30. 시행)시 기업결합과 재판매가격유지행위에 대해 형벌규정을 제외[322]한 것을 빼면 사실상 공정거래법에서 규정하고

---

320 **공정거래법** 제11장.

321 **공정거래법** 제130조.

322 공정거래법은 대부분의 위반행위에 형벌이 규정되어 있으나, 경쟁제한성 등에 대한 경제분석을 통해 그 위반여부가 결정되는 행위유형의 경우에는 명확성이 요구되는 형벌의 부과 대상으로는 적합하지 아니한 측면이 있고, 경쟁제한효과가 상대적으로 작은 행위유형의 경우에는 시정조치·과징금 등으로도 규제효과를 거둘 수 있어 형벌의 보충성 원칙에도 반할 우려가 있다. 이에 따라 그 동안 형벌을 부과한 사례가 거의 없고, 앞으로도 부과할 가능성이 크지 아니한 기업결합행위, 일부 불공정거래행위, 일부 사업자단체금지행위, 재판매가격유지행위에 대해서는 형벌 규정을 삭제하였다(국가법령정보센터 공정거래법 제개정 이유[법률 제17799호, 2020. 12. 29., 전부개정] 참조).

있는 거의 대부분의 금지·제한행위들이 형벌부과와 연결이 된다. 또한 조사
거부나 방해와 같은 절차 위반행위도 형벌 부과의 대상이다.

그리고 전술한 것처럼 우리나라는 공정거래법 위반에 대해 전속고발제
도를 채택하고 있어서 원칙적으로 공정거래위원회의 고발이 있어야 검찰이
기소를 할 수 있다.[323] 공정거래위원회 고발은 검찰의 수사결과에 따라 형사
처벌로 이어지게 되는데, 공정거래법 위반으로 받을 수 있는 형사처벌의 최
고 형량은 3년 이하의 징역 또는 2억원 이하의 벌금이며, 징역형과 벌금형
의 병과가 가능하다.

실형 수준이나 벌금 금액이 다소 적다고 생각할 수 있지만, 행정조치인 과
징금이 병행하여 부과될 수 있으므로 기업의 입장에서는 특히 금전적 제재로
인한 타격이 결코 작지 않다. 과거 막대한 과징금이 부과된 대표적인 사례를
살펴보면 2009년 미국 휴대전화 부품업체인 퀄컴이 휴대폰 제조사에 대하
여 차별적인 로열티를 부과하고 조건부 리베이트를 제공하였으며 특허권 소
멸 이후에도 로열티를 부과하는 행위들을 한 것에 대하여 2,731억원의 과징
금이 부과된 적이 있다. 또 2010년에는 2003년부터 2008년 기간동안 LPG
판매가격을 담합한 혐의로 6개 LPG 공급회사의 부당공동행위에 대하여 총
6,689억원의 과징금이 부과된 사례도 있다.

손해액 3배를 보상해야 하는 징벌적 손해배상제도

공정거래법을 위반한 사업자나 사업자단체는 과징금뿐만 아니라 법 위반
행위로 피해를 입은 재산상 손해에 대하여 손해배상책임을 질 수도 있다. 특
히 공정거래법은 손해액의 3배까지 보상하도록 하는 막강한 징벌적 손해배
상제도까지 도입하고 있다. 즉, 사업자 또는 사업자단체가 공정거래법을 위

---

[323] 공정거래법 제129조 제1항: '제124조(벌칙) 및 제125조(벌칙)의 죄는 공정거래위원회의 고발
이 있어야 공소를 제기할 수 있다.'

반하여 피해를 입은 자가 있으면 고의 또는 과실이 없음을 입증하지 않는 한 해당 피해자에 대하여 손해배상의 책임을 지며, 특히 부당한 공동행위의 금지,[324] 불공정거래행위 관련 보복조치의 금지,[325] 사업자단체의 부당한 공동행위 금지[326]에 대하여는 손해배상책임을 발생손해액의 3배까지 가중할 수 있도록 간접적 처벌 효과를 강화하였다.[327]

공정거래위원회의 실제 조치 실적은?

2021년 중 공정거래위원회는 총 2,733건의 사건을 처리하였는데, 이중 39건(1.4%)에 대하여 고발이 이루어졌다. 부문별로 고발 현황을 보면 공정거래법 위반 22건, 소비자보호관련법 위반 5건, 하도급법·가맹사업법 위반 10건, 기타 2건이 있었다. 여기서 기타 2건은 공정거래위원회 조사시 자료 미제출, 조사방해 등으로 고발한 것이다. 앞에서 설명한 바와 같이 피조사업체 임직원이라면 조사 대응시 유의하여야 할 이유이다.

한편 위반행위에 대한 과징금[328]은 총 128건이 부과되었다. 또 시정명령 192건(7.0%), 시정권고 28건(1.0%), 과태료 209건(7.6%), 경고 74건(2.7%), 자진시정(경고) 1,200건(43.9%) 등 2021년도 중 처리된 사건 2,733건 중 절반 이상인 총 1,742건(63.7%)에 대하여 경고 이상 조치가 이루어졌다.[329] 이를 1981년~2021년 누적으로 보면 전체 사건처리 건수 기준 고발은 1.2%, 시정명령 13.1%, 시정권고 3.0%, 시정요청 0.1%, 과태료 3.0%, 경고 27.9%,

---

324 공정거래법 제40조.

325 공정거래법 제48조; 불공정거래행위 신고나 공정거래위원회 조사에 대한 협조, 분쟁조정 신청 등을 이유로 거래의 정지 또는 물량의 축소, 그 밖의 불이익을 주는 행위를 하거나 계열회사·다른 사업자로 하여금 이를 하도록 하는 행위는 금지된다.

326 공정거래법 제51조 제1항.

327 공정거래법 제109조.

328 과징금 부과 건수는 다른 조치와 병과되므로 합계에서 제외하였다.

329 공정거래위원회, 2021년도 통계연보, 2022. p. 3. 2021년도 사건접수 및 처리 현황(종합) 참조.

자진시정(경고) 13.4% 등의 조치 비율을 보이고 있다. 최근 5년간 조치유형별 사건처리 실적을 살펴보면 아래 표와 같다.

조치유형별 사건처리 실적

	2017년	2018년	2019년	2020년	2021년
고발 (과징금)	67 (40)	84 (60)	82 (57)	37 (15)	39 (21)
시정명령 (과징금)	287 (109)	277 (121)	232 (94)	225 (95)	192 (107)
시정권고	12	19	10	2	28
시정요청	0	0	0	0	0
과태료	259	159	384	212	209
경고	624	303	125	110	74
자진시정	580	978	895	712	1,200
조정	11	0	0	0	0
기타	1,191	1,697	1,335	1,274	991
합계 (과징금)	3,031 (149)	3,517 (181)	3,063 (151)	2,572 (110)	2,733 (128)

주 1) 공정거래위원회가 집행하고 있는 모든 법률에 대한 사건처리실적을 의미

2) 자진시정은 자진시정에 따른 경고조치를 의미하며, 단 약관법 자진시정은 심의절차종료

구체적인 공정거래위원회의 조치사례를 확인하고 싶다면?

공정거래위원회는 홈페이지(www.ftc.go.kr)를 통해 온라인사건처리시스템을 운영하고 있다. 해당 홈페이지를 통해 의결서, 심사관전결경고서, 심의속기록 등의 조회가 가능하고 기업에 대한 법위반사실 조회도 가능하다. 본인

이나 회사가 조사받고 있는 유사한 유형의 불공정 조치사례를 검색하여 보면
조치의 정도나 향방을 가늠해 보는 데 도움이 될 수 있을 것이다.

공정거래위원회 온라인사건처리시스템(https://case.ftc.go.kr/)

04 / 감사원

　　우리나라에서 감사제도가 문헌상 처음 나타나는 것은 1300년 전 신라 시대이며, 당시 중앙관부의 하나로 설치된 사정부가 백관의 기강 등을 규찰하는 임무를 담당하였다. 이후 고려시대와 조선시대에도 사헌부, 사간원에서 감사활동을 하였으며, 조선시대의 감사제도 중 특이한 것은 16세기 초에 생긴 암행어사 제도이다. 대한민국 정부가 수립된 1948년에는 헌법에 근거하여 국가의 수입지출 결산감사를 담당하는 심계원이 설치되고 정부조직법에 의하여 공무원에 대한 감찰을 담당하는 감찰위원회가 설치되었는데, 이후 1963. 3. 5. 제정된 감사원법에 의하여 심계원과 감찰위원회를 통합하여 감사원이 출범하였다.[330]

　　우리 헌법 제97조는 '국가의 세입·세출의 결산, 국가 및 법률이 정한 단체의 회계검사와 행정기관 및 공무원의 직무에 관한 감찰을 하기 위하여 대통령 소속하에 감사원을 둔다'라고 규정하고 행정 각부와는 달리 국무총리의 통할을 받지 않는 독립된 기관으로 감사원을 규율하고 있다. 감사원은 감사원장을 포함한 7명의 감사위원으로 구성되는데, 감사원장은 국회의 동의

330　감사원 홈페이지(www.bai.go.kr)/감사원 연혁/걸어온 길/감사원 이전의 역사/

를 받아 대통령이 임명한다. 한편, 감사원장의 지휘·감독하에 회계감사, 감찰, 심사결정 및 감사원에 대한 행정사무를 처리하기 위하여 감사원에 사무처[331]를 두고 있는데 이 사무처가 우리가 생각하는 감사원 조직이며, 2022. 1. 1. 현재 1,072명이 근무하고 있다.

감사원의 감사 대상기관은 생각 외로 많다

일반적으로 감사원의 감사를 걱정하는 곳은 정부나 지방자치단체 행정기관과 소속 공무원 정도일 것이라고 생각하지만, 직접적으로 감사원의 감사 대상이 되는 기관은 2020년 말 현재 총 1,601개이며, 대상기관의 인원은 약 160만명에 달한다. 여기에 국가기관 소속 하부기관은 10,100개, 지방자치단체(교육 제외) 소속 하부기관은 5,065개이며, 그 외 감사 대상기관으로 현금수불단체, 보조단체, 공적단체, 일부출자단체 등도 있으니 감사원의 감사 대상이 되는 인원은 일반인의 생각보다 훨씬 많다.[332]

감사원 감사 대상기관과 인원 현황

(단위: 개, 명)

구분	합계	국가기관	지방자치단체	공공기관	지방공기업등 (공사·공단, 출자·출연기관)
대상기관 수	1,601	57	260	340	944
대상기관 인원	1,619,024	688,298	416,210	422,455	92,061

(출처: 감사원, 2020년 감사연보)

---

331 감사원법 제16조 제1항; 부서별 사무·피감기관 분장은 감사원 홈페이지/간행물/감사연보/에서 최신의 감사연보를 보면 책의 뒷부분 부록 3번에 국별, 과별 사무분장 내용이 나온다. 또는 홈페이지 기관소개/조직·인원·예산/ 참조)

332 감사원, '2020년 감사연보', 2021. 5, p.13

감사원법상 감사원의 감사대상을 보더라도 공무원뿐만 아니라 공공기관, 국가 또는 지방자치단체, 그리고 이들로부터 보조금·출연금 등을 교부받은 단체, 이들과 계약을 체결한 계약상대방 등이 포함되므로 일반인도 감사원의 감사대상이 될 수 있으며(감사원법 제22조, 제23조), 감사원이 필요하다고 인정하는 경우 감사원법에 따른 감사대상 기관 외의 자에 대하여도 자료를 제출하거나 출석하여 답변할 것을 요구할 수 있고(제50조), 감사대상 기관 외의 자가 자료제출 요구 또는 출석·답변 요구에 대하여 정당한 사유없이 따르지 아니하는 경우 1년 이하의 징역 또는 1천만원 이하의 벌금에 처하도록 규정하고 있다(제51조).

가. 주요 업무

감사원 감사는 결산검사, 회계검사, 직무감찰로 크게 구분된다

1) 결산검사[333]

감사원은 국가의 세입·세출의 결산을 매년 확인하고 대통령과 국회에 그 결과를 보고한다.

2) 회계검사[334]

회계검사는 국가 및 법률이 정한 단체들의 회계를 검사하고 감독하여 예산의 적법한 집행 여부를 판단하는 것으로 재정운용의 효율성과 건전성을 확보하기 위한 핵심적인 기능이라 할 수 있다. 이는 필요적 검사사항과 선택

---

333 헌법 제99조 및 감사원법 제21조.
334 감사원법 제22조 및 제23조.

적 검사사항으로 나뉘는데, 필요적 검사는 국가·지방자치단체·한국은행의 회계, 국가 또는 지방자치단체가 자본금의 2분의 1 이상을 출자한 법인의 회계, 다른 법률에 따라 감사원의 회계검사를 받도록 규정된 단체 등의 회계가 해당된다. 이외에도 선택적 검사로서 감사원은 필요하다고 인정하거나 국무총리의 요구가 있는 경우에는 국가 등의 업무 위탁을 받거나 출연·보조 등을 받는 단체, 공공기관 등 그 외 법에서 정하는 기관·단체에 대하여도 감사를 할 수 있다.[335]

3) 직무감찰[336]

직무감찰은 행정기관 등의 사무와 그 소속 공무원 등의 직무 및 이와 관련된 행위에 대하여 조사, 평가 등의 방법으로 법령상, 제도상 또는 행정상의 모순이나 문제점을 적출하여 이를 시정, 개선하기 위한 행정사무감찰이 있고, 공무원 등의 위법·부당행위를 적발하여 이를 바로잡기 위한 대인감찰이 있다.[337] 감사원의 직무감찰의 대상에서 국회·법원 및 헌법재판소에 소

---

335 감사원법 제23조.
336 감사원법 제24조(감찰 사항) ① 감사원은 다음 각 호의 사항을 감찰한다.
    1. 「정부조직법」 및 그 밖의 법률에 따라 설치된 행정기관의 사무와 그에 소속한 공무원의 직무
    2. 지방자치단체의 사무와 그에 소속한 지방공무원의 직무
    3. 제22조제1항제3호 및 제23조제7호에 규정된 자의 사무와 그에 소속한 임원 및 감사원의 검사 대상이 되는 회계사무와 직접 또는 간접으로 관련이 있는 직원의 직무
    4. 법령에 따라 국가 또는 지방자치단체가 위탁하거나 대행하게 한 사무와 그 밖의 법령에 따라 공무원의 신분을 가지거나 공무원에 준하는 자의 직무
    ② 제1항제1호의 행정기관에는 군기관과 교육기관을 포함한다. 다만, 군기관에는 소장급 이하의 장교가 지휘하는 전투를 주된 임무로 하는 부대 및 중령급 이하의 장교가 지휘하는 부대는 제외한다.
    ③ 제1항의 공무원에는 국회·법원 및 헌법재판소에 소속한 공무원은 제외한다.
    ④ 제1항에 따라 감찰을 하려는 경우 다음 각 호의 어느 하나에 해당하는 사항은 감찰할 수 없다.
    1. 국무총리로부터 국가기밀에 속한다는 소명이 있는 사항
    2. 국방부장관으로부터 군기밀이거나 작전상 지장이 있다는 소명이 있는 사항
337 감사원법 제20조 및 감사원 감사사무 처리규칙 제5조.

속된 공무원은 제외된다.[338] 즉, 감사원의 직무감찰 대상은 행정기관 및 지방자치단체의 사무와 소속 공무원의 직무, 행정기관·지방자치단체의 위탁·대행업무를 수행하는 기관 사무 및 소속직원의 직무, 보조금·출연금 등을 받거나 임원의 일부를 국가·지방자치단체가 임명 또는 임명승인하는 단체의 사무 및 소속직원의 직무 등이 해당된다.

나. 감사 절차

감사원의 감사 절차도 일반적인 조사기관의 절차와 유사하게 감사 실시, 감사보고서 작성, 내부 심의, 위원회 상정 및 의결, 조치 통보의 순서로 진행된다. 감사원은 연간감사계획에 따른 감사의 경우 감사 착수 15일 전까지 감사대상기관에 감사실시 예정일자, 감사단장 등을 기재한 감사실시 예고통지서를 송부한다. 하지만 감사청구사항에 대하여 감사를 실시하거나 긴급한 사유 또는 기밀성이 요구되는 등의 예외적인 사유가 있는 경우 예고통지를 하지 않는다. 구체적으로 감사원의 감사 절차는 아래 표와 같이 6단계를 거치며 진행된다.

감사원의 감사 진행절차

단계	주요 내용
실지감사	– 대상기관 및 현장을 방문하여 감사를 실시하는 단계
의견수렴	– 실지감사 종료 이후 서면 등으로 대상기관의 의견을 수렴하는 단계
감사보고서 작성	– 대상기관의 의견 및 증거자료를 바탕으로 감사보고서를 작성·보완하고 별도의 심의부서에서 감사보고서를 검토하는 단계

---

338 감사원법 제24조 제3항, 즉, 감사원의 직무감찰은 국회(입법)와 법원·헌법재판소(사법)이 제외된 행정부 내부를 통제하기 위한 권한의 일종으로 볼 수 있다.

감사보고서 검토 및 심의	– 감사보고서의 요건 검토, 관계인의 의견진술 및 소명자료 제출, 대심 및 소위원회 개최 등을 통해 적정성을 최종 검토하고 감사위 원회의에서 결과를 의결하는 단계
감사보고서 시행 및 공개 준비	– 의결내용을 반영하여 대상기관에 감사결과를 시행하고, 개인정보 보호 조치 등 감사보고서 공개를 위한 실무 작업 단계
감사보고서 공개	– 감사보고서를 대외에 공개하는 단계 (안보사항 등 비공개 대상 제외)

(출처: 감사원 지침 제53호, '감사계획 및 감사 처리단계 등 공개요령'
(www.bai.go.kr, 감사원/자료실/감사원 법령 및 규정자료)

예비조사와 감사계획·감사단계 공개

감사원은 본감사 실시전 예비조사를 하기도 한다. 즉, 감사 실시에 앞서 감사대상 선정, 감사 자료와 정보 수집, 수집된 자료와 정보의 확인 등을 위해 현지에 출장하여 감사자료 수집 또는 예비조사를 실시하는 것이다. 예비조사라고 마음을 놓을 수 없는 것이 예비조사 때에도 필요한 경우 출석답변이나 증명서 등의 제출 요구를 할 수 있기 때문이다.

그리고 감사원은 연간 감사계획을 수립하여 홈페이지에 공개하는데 이를 확인하면 해당 연도의 감사실시 예정 기관들과 성과·특정사안감사 내용 등 감사계획을 알 수 있다. 또한 감사계획이 공개된 감사사항에 대하여는 기관별로 감사착수 사실과 처리단계를 공개하고 있다.[339] 혹시 본인 소속기관이 감사를 받았다면 감사원 홈페이지를 통해 6단계로 구분된 진행상황을 확인할 수 있다.[340]

---

339   감사원, 감사계획 및 감사 처리단계 등 공개요령(지침 제53호) 참조.
340   감사원 홈페이지/알림/연간감사운영방향/감사착수 및 처리단계/.

149

감사 진행과 감사원의 권한

감사원의 감사도 서면감사뿐만 아니라 필요한 경우 감사대상 기관 현장에 방문하여 하는 실지감사를 할 수 있고, 감사과정 중에 감사대상 업무 관련자의 출석과 답변을 요구하거나 장부나 물품, 관계문서 등의 제출을 요구하고 창고, 금고, 장부 등을 봉인할 수도 있다.[341] 아울러 거래금융회사에 금융정보 제공을 요구할 수 있는 등 감사에 필요한 다양한 권한들이 감사원법과 관련 규정에 의하여 보장되고 있다. 이때도 임의적인 요구로 감사를 받는 기관('피감기관') 및 관련자들에 부담을 주지 않기 위하여 출석답변을 요구하는 경우 출석답변요구서를 발부하고 영상녹화 또는 녹음시에도 미리 고지한다.

자료제출 요구 등 감사를 진행할 때 제한되는 사항들

감사원이 자료제출을 요구하거나 금융거래 내용에 관한 정보를 요청할 때 감사에 필요한 최소한도에 그쳐야 한다. 또한 감사를 위하여 제출받은 개인의 신상이나 사생활에 관한 정보 또는 자료를 본인이나 제출기관장의 동의 없이 해당 감사 목적 외의 용도로 이용해서는 안 되며, 금융거래 내용에 관한 정보를 누설하거나 해당 목적 외의 용도로 이용할 수 없다.[342] 아울러 문답서 작성을 위하여 출석답변을 요구하는 경우에도 감사목적을 위하여 필요한 최소한도에 그쳐야 한다.[343]

감사원은 공직자 등록재산에 대한 조회도 가능하다

공직자윤리법은 국가·지방자치단체의 정무직 공무원, 4급 이상 공무원(일부 특정 분야는 7급 이상 등), 공기업의 장, 공직유관단체 임원, 법관·검사,

---

341   감사원법 제26조 및 제27조.
342   감사원법 제27조 제3항 내지 제5항.
343   감사원 감사사무 처리규칙 제17조.

대령 이상 장교 등으로 하여금 재산을 등록하도록 의무화하고 있다. 한편, 공직자윤리위원회 또는 등록기관의 장의 허가를 받지 아니하고는 등록의무자의 재산에 관한 등록사항을 열람·복사하는 것은 금지되어 있다. 하지만 감사원은 공직자 등록재산의 조회도 가능하다. 감사원은 등록재산을 조회하여 감사를 받는 자가 부정한 방법으로 재산을 조성하였거나 등록하여야 할 재산을 고의로 누락 또는 타인 명의로 은익한 혐의가 있는 경우 그 경위를 소명하도록 요구할 수 있다.

문답을 받을 때 변호인의 참여가 가능하다

감사원은 감사에 필요하면 출석답변요구서를 발부[344]하고 관계자 또는 감사사항과 관련이 있다고 인정된 자의 출석답변을 요구할 수 있다. 이에 따라 관계자 등이 출석하여 사실관계에 대한 문답서를 작성할 때 관계자 등의 신청에 의하여 변호사를 변호인으로 참석하게 할 수 있다. 다만, 감사내용 공개 등으로 감사 목적 달성에 현저한 지장을 초래할 것으로 예상되는 경우 등 몇 가지 예외적인 사유에 해당되면 변호인의 참여를 제한할 수 있으며, 문답서 작성 중이라도 감사자의 승인없이 변호인이 문답 과정에 개입하는 등의 사유 발생시 변호인의 참여를 중단시킬 수 있다.[345] 이 제도는 그간 법조계를 중심

---

344   감사원 감사사무 처리규칙 제 16조; 하지만 출석답변요구서 없이 출석을 요청하는 것도 가능하다(동 규칙 제6항은 '출석답변요구서를 보내기 전에 감사원법 제27조 제1항 제1호에 규정된 관계자 등에게 임의로 출석하여 답변하여 줄 것을 요청할 수 있고, 관계자 등은 임의로 출석하여 답변할 수 있다'고 규정).

345   감사원 감사사무 처리규칙 제18조(변호인의 참여) ① 감사원은 제16조 및 제31조에 따라 출석답변하는 관계자 등을 대상으로 문답서를 작성할 때에는 관계자 등이 신청하는 경우 변호사를 변호인으로 참여하게 할 수 있다.

② 관계자 등은 변호인의 참여를 원하는 경우 문답 시작 전까지 변호인 참여 신청서(별지 제1호서식)와 「변호사법」 제29조에 따라 변호인 소속 지방변호사회를 경유한 변호인선임서 등을 제출하여야 한다.

③ 2항에 따라 관계자 등이 변호인의 참여를 신청하는 경우에도 다음 각 호의 어느 하나에 해당하는 경우에는 변호인의 참여 없이 문답서를 작성할 수 있다.

1. 문답서를 작성할 내용에 「공공기관의 정보공개에 관한 법률」 제9조제1항에서 정한 국가안전

으로 변호인 입회 필요성을 꾸준히 제기해온 것에 부응하여 감사원이 피감기관과 피조사자의 방어권 보장을 위하여 2021년에 도입하였다.

문답 받을 때 영상녹화나 녹음을 해줄 것을 요구할 수 있다

감사원은 출석답변하는 사람에게 영상녹화 또는 녹음 실시 여부를 미리 알리고 동의를 받아 영상녹화 또는 녹음을 할 수 있는데, 출석답변하는 사람도 감사원에 영상녹화 또는 녹음을 해 주도록 요청할 수 있다.[346]

감사위원회의

감사위원회의는 감사정책, 주요감사계획과 감사결과에 대해 최종 결론을 내리는 감사원의 최고의사결정기구이며, 국회의 동의를 받아 대통령이 임명하는 원장과 원장의 제청으로 대통령이 임명하는 6인의 감사위원으로 구성된다. 회의는 정례회의와 의장이 필요하다고 인정할 때 개최하는 임시회의가 있으며, 정례회의는 매주 1회 개최하는 것을 원칙으로 한다. 회의는 공개되지 않으며, 의

보장·국방·통일·외교관계 등에 관한 사항 등 비공개대상 정보가 포함되어 있어 외부에 알려질 경우 국가의 중대한 이익, 사생활의 비밀 또는 자유를 침해하거나 특정한 사람, 단체 등에 이익 또는 불이익을 줄 우려 등이 있는 경우
2. 변호인의 참여 신청이 문답의 개시 및 진행을 지연하거나 방해하기 위한 것으로 판단되는 경우
3. 관계자 등의 증거인멸이나 도주 우려 등으로 문답서 작성에 시급을 요하거나 감사내용 공개 등으로 감사목적 달성에 현저한 지장을 초래할 것으로 예상되는 경우
④ 다음 각 호의 어느 하나에 해당하는 경우에는 문답서 작성 중이라도 변호인의 참여를 중단하게 하고 변호인 없이 문답서를 작성할 수 있다.
  1. 변호인이 감사자의 승인 없이 관계자 등을 대신하여 진술하는 등 문답 과정에 개입하거나 답변에 영향을 줄 수 있는 말이나 행동 등을 하는 경우
  2. 변호인이 부당하게 특정 답변이나 진술 번복을 유도하는 경우
  3. 변호인이 문답 과정을 촬영, 녹음, 기록하는 경우(다만, 기록의 경우 법적 조언을 위해 기억 환기용으로 간단한 메모를 하는 것은 제외한다)
  4. 그 밖에 문답서 작성의 정당한 진행을 어렵게 하는 경우
346   감사원 감사사무 처리규칙 제19조.

결 결과만 공개된다.[347] 2021년 중 감사위원회의는 총 37회가 개최되었으며, 부의된 안건은 총 1,014건으로 감사 결과 처리에 관한 사항이 855건, 심사청구가 113건, 재심의청구가 39건, 그 밖에 업무계획 등에 관한 사항이 7건이었다.[348]

의안 심의절차

감사위원회의 진행은 사무총장의 의안 설명[349]과 주심위원의 의견진술이 있은 후 질문과 토론을 하며, 이때 각 감사위원이 수정안을 제출할 수도 있다. 의장은 질문과 토론이 충분히 되었다고 인정할 때에는 의안을 표결에 부치는데 재적 감사위원 과반수의 찬성으로 의결한다.[350]

소위원회제도

감사원은 감사위원회의에서 최종 의결하기 전 사전심의를 위한 소위원회 제도를 운영하고 있다. 즉, 감사위원회의는 사전심의를 담당하는 2개의 소위원회를 두며, 원장이 지정하는 감사위원 3명으로 구성한다. 소위원회의 사전심의사항은 변상책임의 판정, 재심의에 관한 사항, 파면·해임·강등·정직에 해당하는 징계 및 문책 처분, 심사청구 결정 등이 해당된다.[351]

---

347 감사위원회의 의결결과는 감사원 홈페이지(www.bai.go.kr)/알림/감사위원회의 의결결과/에서 확인할 수 있다. 의결결과중 국가의 중대한 이익을 현저히 해치거나 개인 사생활의 비밀 또는 자유를 침해할 우려가 있는 경우, 기타 감사원의 업무수행에 현저한 지장을 초래할 우려가 있는 경우 등은 공개하지 않을 수 있다.

348 감사원, 2021년 감사연보, p. 29.

349 다만, 사무차장(공직감찰본부장과 기획조정실장을 포함한다), 국·실·단장 또는 과장이 사무총장을 대리하여 감사위원회의에 출석하여 의안을 설명하고 의견을 진술할 수 있다.

350 감사위원회의 운영 등에 관한 규칙 제7조. 이때 감사위원들의 질문과 토론의 발언 및 표결은 임명일자가 늦은 감사위원부터 순차적으로 한다.

351 감사위원회의 운영 등에 관한 규칙 제22조.

주심위원제도란?

일반적으로 감사결과 감사보고서가 작성되고 감사위원회의에 부의된 안건의 사전 검토를 위해 안건 담당 주심 감사위원('주심위원')이 지정[352]되므로, 주심위원이 누구인지, 경력은 어떤지 등을 살펴 처리의 방향을 예상해 보는 것도 조금은 도움이 될 수 있다. 주심위원은 안건 순서에 따라 순차적으로 지정된다.

소위원회에서 소명할 기회가 있다

소위원회는 심의에 필요하다고 인정할 때에는 관계인에게 의견을 진술할 기회를 줄 수 있는데, 징계(파면, 해임, 강등, 정직에 한정), 변상책임 판정, 재심의 건의 경우에는 반드시 의견진술 기회를 주도록 명시하고 있다.[353]

감사위원회의에서도 억울함을 진술할 수 있다

감사원법은 변상책임의 판정과 재심의 사항을 심의하는 경우에만 관계인에게 서면, 전자문서 또는 구술로 의견을 진술할 기회를 주도록 의무화하고 있지만,[354] 징계 또는 문책 등 그 밖의 사항에 대하여도 의장(원장) 또는 주심위원이 의견진술 기회를 줄 필요가 있다고 인정하면 감사위원회의 의결 전까지 의견을 진술할 기회를 줄 수 있다.[355] 아울러 주심위원이 감사위원회의 전 소위원회에서 관계인으로부터 의견 진술을 들은 결과 감사위원회의에서 관계인에게 의견 진술 기회를 부여할 필요가 있는 경우에는 감사위원회 의장에게 감사위원회의에서 관계인에게 의견 진술 기회를 부여할 것을 건의

---

352 감사위원회의 운영 등에 관한 규칙 제3조.
353 감사원 감사사무 처리규칙 제48조.
354 감사원법 제13조의2.
355 감사원 감사사무 처리규칙 제49조 제1항.

할 수도 있다.[356]

다. 감사결과 조치[357]

감사결과 처리는 경미한 조치, 즉 시정·주의 요구사항 및 권고·통보사항 중 관계자의 다툼이 없는 것으로 중요하지 않은 사항은 원장이 결정할 수 있지만[358] 기본적으로는 감사위원회의 의결을 거치게 된다. 감사원의 감사 결과 감사위원회의 의결이나 원장의 결정을 거쳐 감사원이 할 수 있는 조치들은 다음과 같다.

1) 변상 판정

회계관계직원은 고의나 중대한 과실로 법규 등을 위반하여 국가, 지방자치단체 또는 그 밖의 감사원 감사를 받는 단체 등의 재산에 손해를 끼친 경우에는 변상할 책임이 있는데,[359] 감사원은 회계관계직원 등에 대한 변상책임의 유무를 심리하고 판정한다. 만일 감사원이 변상책임이 있다고 판정하면 변상책임자, 변상액 및 변상의 이유를 밝힌 변상판정서를 피감기관의 장에게 송부하고 변상하게 한다. 만일 감사원이 정하는 날까지 변상이 이루어지지 아니하면 '국세징수법' 또는 '지방세징수법'상 체납처분을 준용하여 이를 강제 집행할 수도 있다.

---

356   감사원 감사사무 처리규칙 제48조 제7항.

357   감사원법 제6절.

358   감사원 운영 규칙 제9조.

359   회계관계직원 등의 책임에 관한 법률 제4조.

2) 징계·문책[360] 등의 요구[361]

감사원의 감사결과 법령이나 규정, 기관 자체의 내부 규칙 등을 위반하는 등 징계나 문책의 사유가 있는 경우 해당 피감기관에 징계나 문책을 요구할 수 있다. 여기서 일반인들이 생각하는 것과 다른 부분은 감사원이 위규사항을 적발하기는 하지만 감사원은 직접 위반직원에 대해 징계·문책을 하는 것은 아니며, 해당 직원의 징계·문책 권한을 가지고 있는 자(통상 해당기관의 장)에게 징계·문책할 것을 요구하는 것이라는 사실이다. 즉, 감사원은 징계나 문책 요구만 하는 것이고 실제 징계나 문책이 이루어지기 위해서는 피감기관이 별도로 인사위원회 등을 열어 징계·문책을 결정해야 한다. 한편, 감사원이 징계 요구 또는 문책 요구를 할 때는 그 종류를 지정할 수 있는데, 이를 기초로 피감기관은 가중·감경 사유를 감안하여 징계·문책의 수준을 결정하게 된다.

3) 시정·주의 요구

감사결과 법을 위반하거나 부당한 사항이 발견된 경우 감사원은 이를 시

---

360   감사원법에서 징계와 문책의 차이점은 징계의 경우 국가공무원법과 그 밖의 법령에 규정된 징계사유에 해당하는 공무원에 대하여 그 소속 장관 또는 임용권자에게 요구하는 것을 말하며, 문책은 법령에서 정하는 징계 규정의 적용을 받지 아니하는 사람으로서 법령 또는 소속 단체 등이 정한 문책 사유에 해당한 사람에 대하여 그 감독기관의 장 또는 해당 기관의 장에게 요구하는 것을 말한다(감사원법 제32조).

361   감사원법 제32조(징계 요구 등) ① 감사원은 「국가공무원법」과 그 밖의 법령에 규정된 징계 사유에 해당하거나 정당한 사유 없이 이 법에 따른 감사를 거부하거나 자료의 제출을 게을리한 공무원에 대하여 그 소속 장관 또는 임용권자에게 징계를 요구할 수 있다.
②제1항에 따른 징계 요구 중 파면 요구를 받은 소속 장관 또는 임용권자는 그 요구를 받은 날부터 10일 이내에 해당 징계위원회 또는 인사위원회 등(이하 "징계위원회등"이라 한다)에 그 의결을 요구하여야 하며, 중앙징계위원회의 의결 결과에 관하여는 인사혁신처장이, 그 밖의 징계위원회 등의 의결 결과에 관하여는 해당 징계위원회등이 설치된 기관의 장이 그 의결이 있은 날부터 15일 이내에 감사원에 통보하여야 한다.

정하거나 주의할 것을 요구할 수 있다.

4) 개선 등의 요구

감사 결과 법령·제도·행정절차상 모순이 있거나, 그 밖의 개선할 사항이
있을 때는 적절한 조치를 할 것을 요구할 수 있다.

5) 권고·통보

피감기관에 징계나 시정, 개선 등을 요구하는 것이 부적절하거나 피감기

---

③ 감사원은 제1항에 따라 파면 요구를 한 사항이 파면 의결이 되지 아니한 경우에는 제2항의 통보
　를 받은 날부터 1개월 이내에 해당 징계위원회등이 설치된 기관의 바로 위 상급기관에 설치된 징
　계위원회등(바로 위 상급기관에 설치된 징계위원회등이 없는 경우에는 해당 징계위원회등)에 직
　접 그 심의 또는 재심의를 요구할 수 있다.
④ 제3항의 심의 또는 재심의 요구를 받은 해당 징계위원회등은 그 요구를 받은 날부터 1개월 이
　내에 심의 또는 재심의 의결을 하고 그 결과를 지체 없이 해당 징계위원회등의 위원장이 감사
　원에 통보하여야 한다.
⑤ 감사원으로부터 제1항에 따른 파면 요구를 받아 집행한 파면에 대한 소청(訴請) 제기로 소청심사
　위원회 등에서 심사 결정을 한 경우에는 해당 소청심사위원회의 위원장 등은 그 결정 결과를 그
　결정이 있은 날부터 15일 이내에 감사원에 통보하여야 한다.
⑥ 감사원은 제5항의 통보를 받은 날부터 1개월 이내에 그 소청심사위원회 등이 설치된 기관의 장을
　거쳐 소청심사위원회 등에 그 재심을 요구할 수 있다.
⑦ 제2항부터 제6항까지의 규정에 따른 기간에는 그 징계 의결이나 소청 결정은 집행이 정지된다.
⑧ 감사원은 법령에서 정하는 징계 규정의 적용을 받지 아니하는 사람으로서 법령 또는 소속 단체
　등이 정한 문책 사유에 해당한 사람 또는 정당한 사유 없이 이 법에 따른 감사를 거부하거나 자
　료의 제출을 게을리한 사람에 대하여 그 감독기관의 장 또는 해당 기관의 장에게 문책을 요구
　할 수 있다.
⑨ 제8항의 경우에 감사원은 법령 또는 소속 단체 등이 정한 문책에 관한 규정의 적용을 받지 아니
　하는 단체 등의 임원이나 직원의 비위(非違)가 뚜렷하다고 인정하면 그 임용권자 또는 임용제청
　권자에게 해임을 요구할 수 있다.
⑩ 제1항 또는 제8항에 따라 징계 요구 또는 문책 요구를 할 때에는 그 종류를 지정할 수 있다. 문책
　의 종류는 징계의 종류에 준한다.
⑪ 제1항·제8항 또는 제9항에 따라 징계 요구 또는 문책 요구나 해임 요구를 받은 기관의 장은 감
　사원이 정한 날까지 해당 절차에 따라 처분을 하여야 한다.

관이 자율적으로 처리하는 것이 낫다고 판단하는 경우에는 개선 등에 관한 사항을 권고하거나 통보한다.

6) 고발 또는 수사 요청

감사 결과 범죄 혐의가 있다고 인정할 때에는 감사원으로 하여금 수사기관에 고발하도록 의무화하고 있다.[362] 이 경우 감사위원회의 의결을 거치도록 하고 있는데, 증거인멸 또는 도피의 우려가 있을 때에는 감사위원회의 의결을 거치지 않고 수사기관에 수사를 요청할 수도 있다.[363]

감사 거부·방해나 자료제출 거절시 형사처벌도 가능하다

만일 감사원의 감사를 거부하거나 방해하였을 때 또는 감사 중 자료제출 요구에 따르지 않았을 경우, 출석하여 답변할 것을 요구받고도 정당한 사유 없이 출석하지 않을 경우에는 1년 이하의 징역 또는 1천만원 이하의 벌금을 받을 수 있다.[364] 이와 별도로 감사를 거부하거나 자료의 제출을 게을리한 공무원에 대하여 그 소속 장관 또는 임용권자에게 징계를 요구할 수 있으며,[365] 공무원이 아니더라도 감사를 거부하거나 자료제출을 게을리한 사람에 대하

---

362   감사원법 제35조.
363   감사원 감사사무 처리규칙 제65조.
364   감사원법 제51조(벌칙) ① 다음 각 호의 어느 하나에 해당하는 자는 1년 이하의 징역 또는 1천만원 이하의 벌금에 처한다.
            1. 이 법에 따른 감사를 받는 자로서 감사를 거부하거나 자료제출 요구에 따르지 아니한 자
            2. 이 법에 따른 감사를 방해한 자
            3. 제27조제2항 및 제50조에 따른 정보 또는 자료의 제출이나 출석하여 답변할 것을 요구받고도 정당한 사유 없이 이에 따르지 아니한 자
        ② 제27조제4항을 위반한 자는 3년 이하의 징역 또는 2천만원 이하의 벌금에 처한다.
        ③ 제2항의 징역과 벌금은 병과(倂科)할 수 있다.
365   감사원법 제32조 제1항.

여도 그 감독기관의 장 또는 해당 기관의 장에게 문책을 요구할 수 있다.[366]

감사원의 조사 중에 자체적인 징계·문책을 할 수 없다

감사원이 조사 중인 특정 사건이 있을 경우 감사를 받고 있는 기관은 미리 이와 관련한 징계나 문책을 하지 못한다. 정확한 사실관계 파악 없이 피감기관이 사건을 마무리하는 것을 막기 위함이다. 또한 조사 중에는 징계·문책시효가 중단되므로 감사원 조사 중에 징계·문책시효가 끝났다고 주장할 수도 없다.[367]

감사원의 징계·문책 요구는 행정소송의 대상이 아니다

감사원의 징계 요구에 대하여 감사원을 상대로 행정소송을 제기하는 것은 가능하지 않다.[368] 이는 앞에서 살펴본 대로 감사원은 감사결과 위법사항이 있으면 이를 근거로 소속기관의 장에게 징계·문책할 것을 단순히 '요구'하는 것이고, 실제 징계·문책처분은 징계·문책권한을 보유한 해당 피감사기관의 장이 결정하기 때문이다. 따라서 징계·문책 내용이 억울하여 행정소송을 제기하더라도 그 대상은 감사원이 아니라 징계·문책조치를 내린, 본인이 소속된 피감사기관의 장이 된다. 대법원 판례도 감사원의 징계 요구에 대한 결정취소의 소에서 행정소송의 대상은 구체적인 권리·의무에 직접적인 변동

---

366 감사원법 제32조 제8항.

367 감사원법 제32조의2(징계·문책 사유의 시효 정지 등) ① 감사원이 조사 중인 특정 사건에 대하여는 제2항에 따른 조사 개시의 통보를 받은 날부터 징계 또는 문책 절차를 진행하지 못한다.
② 감사원은 특정 사건의 조사를 시작한 때와 마친 때에는 10일 이내에 소속 기관의 장에게 해당 사실을 통보하여야 한다.
③ 제1항 및 제2항에 따라 징계 또는 문책 절차를 진행하지 못하여 법령 또는 소속 단체 등이 정한 징계 또는 문책 사유의 시효기간이 끝나거나 그 남은 기간이 1개월 미만인 경우에는 그 시효기간은 제2항에 따른 조사 종료의 통보를 받은 날 또는 제32조제1항 또는 제8항에 따라 징계 또는 문책 요구를 받은 날(제36조제2항에 따라 재심의를 청구하는 경우에는 재심의 결정을 통보받은 날)부터 1개월이 지난 날에 끝나는 것으로 본다.

368 다만, 감사원의 처분 중 변상판정의 경우에는 직접 행정소송을 제기하는 것이 가능하다.

을 초래하는 행위이지 법률상 지위에 직접적인 법률적 변동을 일으키지 아니하는 행위(징계 요구)는 소송의 대상이 될 수 없다고 하였다.[369] 다만, 뒤에서 설명하는 것처럼 감사원의 재심의 판결에 대한 행정소송은 허용되어 있다.

감사원에 징계·문책 요구에 대한 재심의 신청[370]은 가능하다

감사원의 징계·문책 요구에 대하여 직접 행정소송은 할 수 없다고 하더라도 재심의 신청을 통해 억울함을 다시 다퉈볼 수 있다. 재심의 청구가 가능한 대상은 감사원이 행한 변상판정이나 징계·문책 요구, 시정 요구, 주의 요구, 개선 요구 등의 처분요구와 권고·통보이다. 만일 감사원의 처분 요구나 권고·통보가 위법 또는 부당하다고 인정될 때에는 처분 요구나 권고·통보를 받은 날부터 1개월 이내에 감사원에 재심의를 신청할 수 있으며,[371] 재심의 청구를 수리한 감사원은 특별한 사유가 없으면 수리한 날부터 2개월 이내에 처리하여야 한다. 참고로 변상판정에 대한 재심의 청구를 한다 하더라도 집행정지의 효력은 생기지 않는다.

재심의를 신청해도 원래보다 징계·문책이 더 높아지지 않는다

감사원은 재심의 청구 사건에 대하여 청구인에게 원 판정 또는 원 처분 요구, 권고·통보보다 불이익한 판정 또는 결정을 할 수 없으며, 또한 원칙

---

369 대법원 2016. 12. 27. 선고 2014두5637 판결; '결국 이 사건 징계 요구는, 징계 요구를 받은 기관의 장이 요구받은 내용대로 처분하지 않더라도 불이익을 받는 규정도 없고, 징계 요구 내용대로 효과가 발생하는 것도 아니며, 징계 요구에 의하여 행정청이 일정한 행정처분을 하였을 때 비로소 이해관계인의 권리관계에 영향을 미칠 뿐, 징계 요구 그 자체만으로는 징계 요구 대상 공무원의 권리·의무에 직접적인 변동을 초래하지도 아니하므로, 행정청 사이의 내부적인 의사결정의 경로로서(대법원 1978. 11. 14. 선고 78누320 판결 참조), '징계 요구, 징계절차 회부, 징계'로 이어지는 과정에서의 중간처분에 불과하여, 항고소송의 대상이 되는 행정처분이라고 할 수 없고, 징계 요구 자체의 취소를 구할 실익도 없다.'

370 감사원법 제7절 및 감사원 감사사무 처리규칙 제6장 참조.

371 변상판정의 재심의는 변상판정서가 도달한 날부터 3개월 이내에 청구할 수 있다.

적으로는[372] 재심의 청구인이 주장하는 사항에 대해서만 심리한다.[373] 그리고 앞에서 설명한 것처럼 재심의시에는 관계인에게 서면, 전자문서 또는 구술로 의견을 진술할 기회를 주도록 감사원법이 그 권리를 보장하고 있다.[374]

징계·문책을 받는 본인이 재심의를 신청할 수 있나?

징계·문책의 경우 재심의를 청구할 수 있는 자는 징계·문책 대상자(실제 징계·문책을 받는 자)가 아니라 그 처분 요구를 받은 소속장관, 임용권자, 임용제청권자, 감독기관의 장 또는 당해기관의 장이 된다.[375] 다시 말해 본인이 소속된 기관이 감사원의 감사를 받는 중에 본인에 대하여 감사원이 징계·문책 요구를 하였더라도 본인은 감사원에 재심의를 신청할 수 없고 본인소속 기관장의 명의로 재심의를 신청하여야 한다는 것이다. 이는 감사원이 징계·문책권자인 본인소속 기관장에게 징계·문책을 '요구'하는 것이기 때문에 '요구' 받는 당해 기관장이 재심의 신청도 하여야 한다는 취지이다.

감사원의 재심의 판결에 대하여 행정소송의 제기는 가능하다

위에서 살펴본 것처럼 감사원의 징계·문책 요구에 대하여 감사원을 대상으로 한 행정소송은 가능하지 않다. 하지만 감사원법은 감사원의 재심의 판결에 대하여는 감사원을 당사자로 하여 행정소송을 제기할 수 있도록 하고 있다.[376] 이 경우에도 무조건 행정소송을 제기할 수 있는 것은 아니며, 소

---

372 필요하다고 인정할 때에는 청구인이 주장하지 아니한 사실에 대하여도 심리할 수 있다.

373 감사원 감사사무 처리규칙 제59조.

374 감사원법 제13조의2.

375 이는 시정요구 등 기타의 처분요구와 통보 등의 경우에도 마찬가지이다. 다만, 변상판정의 경우 변상판정을 받은 본인도 재심의를 신청할 수 있다.

376 감사원법 제40조(재심의의 효력) ① 청구에 따라 재심의한 사건에 대하여는 또다시 재심의를 청구할 수 없다. 다만, 감사원이 직권으로 재심의한 것에 대하여는 재심의를 청구할 수 있다. ② 감사원의 재심의 판결에 대하여는 감사원을 당사자로 하여 행정소송을 제기할 수 있다. 다만, 그

송 제기를 위한 당사자 능력, 소의 이익, 대상 적격 등 일반적인 소송요건들을 갖추어야 한다.[377]

감사원의 실제 조치 현황

2021년도 감사 결과 지적된 위법·부당사항 등에 대하여 총 1,542건이 처리되었는데, 변상판정하거나 추징·회수·보전 등 시정요구한 금액은 570억원에 달한다. 건수 기준으로 살펴보면 변상판정 2건, 징계·문책 89건, 시정 21건, 주의 637건, 권고 44건, 통보 718건, 고발·수사요청 31건이다.

한편, 2021년도 감사 결과 업무를 잘못 처리한 관련자를 조치하도록 한 인원은 269명이다. 조치 인원 269명 중 징계·문책 요구가 180명, 인사자료·비위 통보 18명, 고발·수사요청이 71명이며, 이를 기관별로 보면 국가기관 40명, 지방자치단체 135명, 공공기관 30명, 기타 단체 64명이다.[378]

구체적인 감사원의 조치사례를 확인하고 싶다면?

감사원은 홈페이지(www.bai.go.kr)에 감사결과를 공개하고 있다. 분야별, 감사대상 기관별로 분류되어 있으므로 본인이 감사받고 있는 유형과 비슷한

효력을 정지하는 가처분결정은 할 수 없다.

[377] 대법원 2016. 12. 27. 선고 2014두5637 판결; '한편 감사원법상 해당 기관의 장 등은 제31조에 따른 변상판정, 제32조, 제33조 및 제34조에 따른 처분요구에 대하여 감사원에 재심의를 청구할 수 있는데(제36조 제1항, 제2항), 제40조 제2항에, "감사원의 재심의 판결에 대하여는 감사원을 당사자로 하여 행정소송을 제기할 수 있다"라고 규정되어 있다. 그런데 감사원법 제40조 제2항 규정은, 감사원법 제31조에 따른 변상판정, 제32조, 제33조, 제34조에 따른 처분요구에 대한 재심의 결과에 대하여, 일반적인 소송요건이 갖추어지는 것을 전제로 재심의의 대상이 되었던 변상판정 등에 대하여는 변상판정 등을 대상으로 하는 것이 아니라 그에 대한 '재심의 판결'에 대하여 '감사원'을 당사자로 하여 행정소송을 제기할 수 있다는 규정이라고 볼 것이지, 위 규정만으로 당사자능력, 소의 이익, 항고소송에서의 대상적격 등 일반적인 소송요건과 무관하게 무조건 행정소송을 제기할 수 있다는 규정으로 해석할 것은 아니다.'

[378] 감사원, 2021년 감사연보, p. 38.

사례를 찾아 지적사항의 내용 및 조치수준을 찾아보면 도움이 될 수 있다. 아울러 감사원은 매년 감사원결정례집을 발간하고 있으므로 기사 검색 등을 통해 감사원이 조치한 유사한 사례를 발견하였다면 해당연도의 감사원결정 례집을 찾아 구체적인 내용을 확인할 수도 있다.

제 2 편

피조사자로서 유의할 점과 권리

　　일반인들이 행정기관이나 사법당국으로부터 처벌을 받게 되는 법적 리스크가 지금처럼 큰 적이 있었을까 싶다. 삶이 단순했던 시절에는 경찰 등 사법당국이 대부분 법위반 조사와 처벌을 담당했었다. 하지만 경제·사회구조가 복잡해지면서 이제는 사법당국뿐만 아니라 많은 행정기관들도 조사와 처벌권한을 부여받고 있는 실정이다. 한 연구에 따르면 행정기관의 직접적인 법 위반행위 확인을 위한 조사권한을 규정하고 있는 법률만 해도 30여개에 가깝다고 한다.[1]

　　이처럼 법규 위반을 감시하는 기관들이 확대되는 추세 자체도 일반인들에게는 부담이지만, 국민들의 권리의식이 높아지고 디지털시대로 정보 획득 및 비교가 용이해지면서 이제는 평범한 개인이나 단체들조차 불평등이나 부당함을 참지 않고 직접 법집행기관에 조사나 처벌을 요구하고 있는 점도 일반인의 법적 리스크를 증대시키고 있다. 우연찮게 SNS나 언론에 이슈만 되어도 그 누군가가 문제를 제기하고 조사기관에 신고하거나 심지어 고발하는 시대에 우리는 살고 있다.

　　경찰청 통계를 봐도 이러한 불편한 세태는 여실히 드러난다. 2018년 ~ 2020년간 총 범죄[2] 발생 건수는 매년 유사(2018년 158만건 → 2019년 161만건 → 2020년 158만건)하지만 고소, 고발, 진정·투서는 지속적으로 증가(2018년 46만건 → 2019년 49만건 → 2020년 52만건)하는 추세를 보이고 있다. 특히 화이트칼라 범죄가 많은 지능범죄는 고소, 고발, 진정·투서뿐만 아니라 전체 발생건수도 계속 증가하고 있다.

1　이천현 등, '행정기관의 범죄조사권 현황 분석 및 개선방안 연구', 한국형사정책연구원 연구총서 20-A-07, 2020. p. 53.

2　총 범죄는 강력범죄, 절도범죄, 폭력범죄, 지능범죄, 풍속범죄, 특별경제범죄, 마약범죄, 보건범죄, 환경범죄, 노동범죄, 안보범죄, 선거범죄, 병역범죄, 기타범죄로 구분된다.

범죄의 수사 단서별 현황

(단위: 건)

		총계	소계	고소	고발	진정·투서
총 범죄 발생건수	2020년	1,587,860	527,340	267,531	46,038	213,771
	2019년	1,611,906	491,994	257,840	56,180	177,974
	2018년	1,580,751	461,445	251,782	57,326	152,337
지능범죄* 발생건수	2020년	424,642	320,028	140,531	4,987	174,510
	2019년	381,533	283,803	133,446	4,641	145,716
	2018년	344,698	255,493	128,904	4,013	122,576

* 지능범죄는 직권남용, 직무유기, 횡령, 배임, 사기, 뇌물수수 등

(출처: 경찰청 경찰통계연보)

이 책 2편에서는 평범한 일반인이 검찰, 경찰, 금융감독원, 공정거래위원회, 감사원 등 조사기관의 조사를 받게 될 때 조사 진행 단계별로 피조사자로서의 기본권리들과 그 밖에 알아두면 좋을 내용들을 설명하고자 한다.

사전에 일러둘 것은 이 책이 여러 조사기관들의 법규 위반을 조사하는 일반적이고 공통적인 부분을 중심으로 일반인이 유의할 점과 기본권리 등을 다루고 있으므로 개별 조사기관의 특성이나 절차와는 일부 다를 수 있다는 것이다. 또한 이 책에서는 법을 위반했는데도 이를 피해가거나 무마시킬 수 있는 방법, 불리한 증거를 숨기는 좋은 방법 또는 조사기관의 구체적인 조사기법들에는 어떤 것이 있는지, 무죄를 받기 위한 진술방법은 어떤 것인지 등을 설명하는 것은 아님을 밝혀 둔다.

오직 피조사자의 기본적인 권리가 무엇이고, 억울한 결과를 피하기 위해서 조사과정에서 어느 때 어떤 부분을 성실하고 적극적으로 대응하여야 하는지를 조사기관들이 공개하고 있는 규정과 조사절차, 판례, 필자의 경험 등에 근거하여 설명하고자 한다. 참고로 검찰, 경찰, 금융감독원, 공정거래위원

회, 감사원 등 조사기관에서 실제 조사를 하고 혐의자 문답 등을 담당하는 직원들의 호칭은 수사관, 조사관, 검사역, 조사원, 감사관 등 조사기관에 따라 다르고 또 직급과 지위에 따라 더욱 다양한 호칭이 존재하지만, 여기에서는 모두 '조사원'으로 통일하여 기술한다.

01 / 평상시 업무처리 단계

혹시 문제가 되지 않을까?

오랜 경험상 아무래도 꺼림칙했던 일들은 결국 나중에 문제가 되어 돌아오는 경우가 많다. 그렇지 않더라도 항상 마음속에 걱정의 찌꺼기로 남아 상당기간 본인을 괴롭힌다. 명심하라. 본인을 번민과 고통속에 빠트리는 것은 결국 본인 자신이다. 자유롭게 살고 싶으면 의사결정에 신중해야 한다. 일상의 사소한 일까지 그럴 필요는 없지만 잠깐이라도 '최악의 경우'를 생각하는 습관을 길러라. '문제가 되지 않을까?'라고 생각하는 당신의 생각이 맞다. 특히 새로운 일을 처리할 때, 문제가 발생할 수 있거나 업무처리로 불이익을 받는 사람들이 생길 때, 특정인에게 예외를 인정해 줄 때 마음에 부담을 느낀다면 더 신경을 쓰는 것이 바람직하다.

법령은 '건전한 상식'만으로 판단하면 안 된다

대부분의 법령은 일반인들이 이해하기 어렵다. 어떤 행위들이 위법사항인지, 또 법령 위반을 했을 때 어떤 처벌을 얼마나 중하게 받는지 일반인의 상식으로는 가늠을 할 수가 없다. 이 책 후반부에서 설명하는 금융관련법령들도 복잡하고 어려울 뿐 아니라 규제가 강한 경향[3]이 있고 상식으로는 잘 납득이 되지 않은 금지사항도 많다. 예를 들어 보자. 상장회사의 임원과 일부 직원들은 6개월 이내에 본인이 근무하는 회사의 주식 등을 사고 팔았다면 단기매매차익 규제법규를 적용받는다. 비밀정보를 이용하지도 않고 정당하게 본인의 판단만으로 거래를 했는데 헌법으로 보장된 개인의 재산권 행사를 지나치게 침해하는 것이 아닌가 하는 의문이 있을 수 있다.

그렇지만 헌법재판소는 이 규제가 합헌이라고 결정했다.[4] 투자자의 이익 보호와 증권시장의 신뢰성을 확보하는 공익이 회사 내부자의 재산권 제한보다 더 중요하므로 문제가 없다는 취지이다. 금융법규뿐만 아니라 일반법규들도 상식선에서 맞지 않지만 사회적 안정과 신뢰라는 공익을 위해서 다소간 개인의 사적 자치의 원칙을 배제하기도 한다. 이러한 이유로 본인이 결정해야 할 일들이 특정 법령이나 행정기관 규정들에서 정하고 있는 사항이라면 반드시 관련 규정 조문을 확인하여 숙지하는 습관을 들이는 것이 법령 위반으로 인한 처벌 위험을 줄일 수 있는 가장 좋은 방법이다.

처벌에 있어 형법, 금융관련법, 형사소송법, 행정절차법 등의 관계

형법은 범죄와 형벌을 규정한 공법이다. 민법이 개인과 개인 사이의 관계를 규율한다면, 형법은 국가와 개인간의 관계를 규율한다. 참고로 민법은 개인과 개인 사이의 분쟁을 해결할 목적의 법으로서 사인간의 거래를 존중하는 사적자치의 원칙을 최우선으로 하고 사회미풍양속에 반하지 않는 이상 이를 보호하지만, 형법은 사회질서와 평화를 보호하기 위하여 범죄가 되는 특정 행위에 대하여 개인에게 강제력을 부과하는 권력관계의 법이라 할 수 있다.

---

3   실체가 없는 금융의 본질상 신뢰가 중요한 특성과 허가산업(허가를 받지 않은 자는 금융업 영위를 금지)인 특성이 반영된 결과이다.

4   헌법재판소 2002. 12. 18. 선고 99헌바105 결정.

하지만 형사처벌을 받는 범죄로 간주되는 행위들은 형법에만 규정되어 있는 것이 아니라 금융관련법을 포함한 다양한 일반법령에도 존재한다. 즉, 사회질서 유지, 각종 공적 기능의 원활한 작동, 금융시장 보호, 법집행기관의 집행수단 확보 등을 위해 형법이 아닌 일반법령도 형사처벌규정을 두고 있는 것이다. 주가조작 범죄는 자본시장법, 불법목적 차명거래 범죄는 금융실명법, 보험사기 범죄는 보험사기방지특별법에 형사처벌규정을 두고 있다. 아울러 금융관련법 등 일반법령은 형사처벌규정뿐만 아니라 행정기관의 행정제재 사항도 규정하고 있다.

한편, 처벌 절차와 관련하여 형사처벌의 절차는 형사소송법, 행정제재의 절차는 행정절차법을 기본적으로 따른다. 즉, 형법과 일반법령이 규율하는 형사범죄 처벌의 절차는 기본적으로 형사소송법을 따르게 되는데, 동 법은 형사소송의 절차를 규정하는 일반법률로서 범죄가 발생하면 이를 조사하고 재판에 회부하여 판결을 하며, 선고된 형을 집행하는 모든 과정을 규정하는 법률이다. 한편, 행정제재의 일반적인 절차는 행정절차법을 따른다. 하지만, 법집행기관들은 소관법령에 따른 행정제재 절차를 진행하기 위하여 별도의 규정으로 구체적인 제재절차 등을 정하고 있는데, 이에 대하여는 1편에서 이미 살펴 보았다.

문제가 되는 일들은 근거자료와 사실관계를 명확히 해둘 필요가 있다

가끔 사회적으로 이슈가 된 사건의 조사진행 과정 중에 '꼬리 자르기' 논란이 제기되는 경우가 있다. 비판하는 사람들은 조사기관에서 실제 지시를 했을 것 같은 사람들을 처벌하지 않고 애꿎은 실무자만 처벌한다는 주장을 하기도 한다. 왜 정작 지시를 내리거나 압력을 행사한 것으로 추정되는 사람들이 처벌되지 않는 것일까? 앞에서 설명한 것처럼 우리나라 형사재판은 합리적인 관점에서 무죄의 가능성을 생각하기 어려울 정도의 엄격한 증명이 있어야 한다는 증거재판주의 원칙을 채택하고 있다.[5] 현실적으로 상사의 지시가 구두로 이루어지는 경우도 많으며, 또한 영향력 있는 거래업체나 기관, 그룹 경영자, 대주주 등 외부에서 압력이나 우회적 지시 등도 발생할 수 있을 것이다. 아쉽게도 설혹 이러한 구두지시나 우회적인 압력이 있었다 할지라도 당연히 본인은 부인하거나 단순한 의견제시 또는 확인차원이었다고 변명을 할 것이며, 당시 상황이 명확하게 기록되어 있고 증인들이 있지 않는 이상 이들에게 형사처벌의 책임을 묻는 것은 사실상 쉽지 않다. 그럼에도 불구하고 현실적으로 위법행위는 엄연히 발생하였으므로 책임을 져야 하고, 결국 조직체계상 명확한 권한과 책임이 존재하는 실무자들은 실질적인 지시를 했던 자의 처벌 여부와는 상관없이 처벌을 피하기가 쉽지 않다. 이러한 억울함을 당하지 않기 위해서 만일 당신이 실무자라면 혹시 문제가 되지 않을까 생각되는 일들은 당시 상황, 근거자료 등을 정리하여 보관하거나 기록해 두는 습관을 들이는 것이 좋을 것이다.

스스로 공부하고, 모르면 조언을 구하는 것이 곤경에 빠지지 않는 길이다

상장회사 또는 금융회사의 임직원이 아니더라도 회사업무를 처리하거나 사적인 거래를 하면서 혹시 문제가 되지 않을까 생각이 들면 그 거래나 결정은 미루어 두고 알아보자. 인터넷 검색을 하고 배경지식에 대하여 공부하거나 필요하다면 같은 업종에 있는 친구이든, 아는 변호사이든, 혹은 감독기관이나 사법기관에 있는 사람이든 조언을 구하라. 앞서 이야기한 것처럼 모든 법규들이 '일반인의 건전한 상식'만으로 전부 해결될 수 있는 것은 아니다. 민감한 사안이거나 판단이 어려울 경우에는 해당기관에 유권해석을 요청하거나 민원을 제출하는 것도 좋다.

---

5   형사소송법 제307조(증거재판주의) ① 사실의 인정은 증거에 의하여야 한다.
    ② 범죄사실의 인정은 합리적인 의심이 없는 정도의 증명에 이르러야 한다.

갑자기 내가 혐의자라니 이것이 무슨 날벼락인가? 고통스럽겠지만 주위 사람에게 하소연하거나 술로 시간을 낭비할 겨를이 없다. 살다보면 당황스러운 수렁에 빠질 때가 한두번인가? 모래늪에 빠졌다면 이것저것 생각할 것이 없이 현실을 받아들이고 버릴 수 있는 것은 다 버리고 잡을 수 있는 것은 무엇이든 다 잡아야 하는 것 아닌가?

현실을 받아들이고 사건 무마에 시간을 낭비하지 마라

이때는 정말 중요한 시기이다. 처음 대응이 올바르지 못할 경우 낭패를 보기 십상이다. 찜찜했던 일이 결국 조사기관에서 조사한다고 알게 된 경우 즉시 본인의 입장이나 무혐의를 주장할 수 있는 입증자료를 수집하거나 증인을 확보하는 노력이 필요하다. 이때 중요한 것은 사실을 은폐하기 위하여 동분서주하는 경우 더 치명적인 결과를 가져올 수도 있다는 점이다. 통상 검찰이나 경찰이 형사사건을 처리하면서 신변을 구속하는 경우 상당 수가 증거인멸 우려이다. 국내 굴지 재벌계열 바이오기업의 분식회계 혐의와 관련한 자료를 회사 임원이 숨겨서 구속되었거나, 공무원이 원자력발전 자료를 삭제하여 구속된 경우 등 우리가 알고 있는 사례는 너무 많다.

행정조사기관의 조사시 '증거인멸'도 형사처벌까지 가능하다

검찰이나 경찰이 조사하는 형사사건의 증거인멸은 형법상 범죄에 해당하여 엄중한 처벌[6]을 받지만, 행정조사기관의 조사시 증거인멸도 행정처벌은 물론이고 공정거래법[7] 등 관련 법령에 의하여 형사처벌까지 받을 수 있다. 최근의 사례를 들면 공정거래위원회의 고철 구매 담합 의혹 조사를 방해한 혐의로 상장회사 직원 L씨에 대해 2022. 2. 10. 1심에서 1천만원의 벌금형이 선고되었다. 법원은 공정거래위원회가 '전산 및 비전산 자료 보존 요청서'를 보냈음에도 L씨가 업무수첩과 다이어리를 파쇄한 행위를 유죄로 인정하였다. 개인의 업무수첩과 다이어리도 고철 구매 담합 사건과 관련한 자료라고 볼 수 있는가 의아해할 독자들도 있을 수 있으나 법원은 '사생활 관련 내용이 적혀 있었더라도, 회사에서 제공한 수첩은 업무 관련 내용이 기재됐을 것으로 짐작하는 게 경험칙상 맞다'며 '담합행위 조사시점에 폐기하는 건 방해행위'라고 판시하였다.[8]

한편, 동일 사건에서 또 다른 K씨와 G씨가 PC 카카오톡 대화 내용 등을 삭제한 행위는 담합 의혹과의 관련성이 증명되지 않았다는 이유로 무죄 판단을 받았다. 법원은 '조사 대상 관련 내용을 삭제했을 가능성이 있다는 의심은 들지만, 관련성이 있을 것이란 막연한 추측만으로는 처벌할 수 없다'고 판단하였다. 그렇다고 조사를 앞두고 SNS 대화, 사적 이메일 등 디지털자료를 삭제하는 것도 현명하지 않다. 뒤에서 다시 설명하겠지만 디지털 포렌식 등

---

6 증거인멸죄(證據湮滅罪)는 타인의 형사사건 또는 징계사건에 관한 증거를 인멸·은닉·위조 또는 변조하거나 위조 또는 변조한 증거를 사용하는 죄 및 타인의 형사사건 또는 징계사건에 관한 증인을 은닉 또는 도피하게 하는 죄. 5년 이하의 징역 또는 700만원 이하의 벌금에 처한다(형법 제155조).

7 공정거래법 제125조 제7호; 조사 시 자료의 은닉·폐기, 접근 거부 또는 위조·변조 등을 통하여 조사를 거부·방해 또는 기피한 자는 2년 이하의 징역 또는 1억5천만원 이하의 벌금에 처한다.

8 한국일보 2022. 2. 10. '업무수첩 파쇄는 유죄, PC 카톡 삭제는 무죄... 공정위 조사방해 사건 판결 보니'.

을 통해 내용 복원이 얼마든지 가능하므로 실제 복원된 내용에서 업무와 관련된 내용이 나올 경우 증거인멸 시도로 처벌을 받을 수 있기 때문이다. 최근 들어 조사과정에서 적법 절차가 강조되면서 그만큼 증거인멸에 대한 처벌도 강화되는 추세이므로 조사에 임박하여 자료를 폐기하는 행위는 절대 자제하여야 한다.

'말 맞추기'도 상황을 악화시킬 뿐이다

조사를 앞두고 사건 관련인들간에 말을 맞추는 사례도 많은데 조사가 진행되면서 당사자들도 역시 혐의자 중 한사람이 되었다는 사실을 알면 십중팔구 이러한 약속은 깨지게 된다. 본인이 주도적으로 관련인들 사이에서 말을 맞추는 것을 유도했다면 조사기관이 검찰이든 금융감독원 등 공적기관이든 본인은 심각한 위법행위를 저지른 것이며, 별도의 추가처벌도 받을 수 있다. 검찰이 발표한 범죄사례 중에는 피고인의 휴대전화를 포렌식 분석한 결과 피고인들이 증인신문사항에 답변을 기재한 파일 전송 내역, 위증을 모의하는 통화녹음파일 등 객관적 증거가 발견되어 이를 토대로 범행을 자백받고 위증 및 위증교사로 기소한 사례도 있다.

형사처벌 대상인 본인의 위법행위를 감추기 위해 무고한 사람에게 허위사실을 덮어씌우거나 날조하는 경우에도 별도의 처벌을 받는다. 또 조사기관이 조사에 착수하였는데 사건을 은폐, 증거인멸 시도나 거짓 조작을 한 사실이 드러날 경우 본인의 다른 진실된 해명까지도 의심 받게 된다는 사실을 명심하여야 한다. 최선의 방책은 이미 일어난 일임을 빠른 시간내에 스스로 받아 들이고 조사에 차분히 대응하는 것이다.

법규위반의 책임은 당신이 정하는 것이 아니다

한국사회에서는 문제가 생겼는데도 '내가 모든 것을 책임진다'라는 말로부하직원에게 부당하게 문제를 은폐하도록 강요하거나, '내가 모든 것을 안고 간다'라며 헌신적인(?) 자세를 보이는 분들도 있다. 부당한 지시를 따른 것은 아무리 상사가 책임진다고 면할 수 있는 것이 아니다. 처벌은 명백하게 법률 요건에 의하여 정해지며 본인은 문제를 은폐한 행위자로서의 책임을 질 수밖에 없다. 아울러 '내가 모든 것을 안고 간다'라는 자세도 옳지 않다. 기본적으로 사건을 은폐하려는 시도로 보일 뿐 아니라 본인의 가족들은 무슨 죄인가? 또한 요즈음 조사는 관계자의 진술 및 전통적인 증거들외에도 스마트폰·업무PC의 포렌식(Forensic) 조사기법[9], CCTV, SNS 등 인터넷기록, 생체흔적[10] 등을 이용하여 광범위하고 과학적으로 조사가 이루어지므로 '내가 책임질게 다른 사람은 봐 줘'식의 태도를 보이더라도 본인뿐만 아니라 관련자들도 많은 증거 및 드러난 사실관계로 인해 처벌을 피할 수 없다.

주위의 도움을 찾아보고 미리 사실관계를 명확히 해두자

결국 가장 최선은 부끄럽다고, '설마 별일 있겠어' 생각하며 숨기지 말고 과감하게 주위의 도움을 받는 것이다. 또한 형사처벌까지 가능한지 등의 받을 조치의 심각성을 고려하여 최선을 다해 본인의 입장을 설명할 수 있는 증거와 증인들을 확보하고 사건 초기부터 사실관계를 명확하게 정리해 놓아야 한다. 참고로 증인은 최대한 본인과 관계가 없을수록 좋다. 필요시 조사기관이 요청하지 않더라도 직접 자료 등을 적극적으로 제출하는 것도 좋을 것이

---

9 휴대폰이나 PC 등 디지털 기록매체에 복원 프로그램을 사용하거나 암호 등 보안을 해제하여 정보를 찾는 첨단 과학수사기술을 말하며, 기록매체의 기록을 삭제하거나 변경하였다 할지라도 기록디스크 내부에 삭제로그를 저장하는 파일을 통해 삭제로그를 복원해 디지털 기기의 사용자의 정보를 끝까지 추적, 조사하게 된다. 2014년 세월호 승객이 가족과 나눈 카카오톡 내용 복구(재판 증거 채택)를 시작으로 2015년 성완종 리스트 의혹, 2016년 국정 농단 최순실 게이트 태블릿 PC 복원, 숙명여자고등학교 쌍둥이 시험지 유출사건, 청와대 민간인 사찰의혹, 2019년 버닝썬 게이트 등 수많은 사건들에서 디지털 포렌식 증거가 수사자료로 채택되었다.

10 혈흔, DNA샘플, 지문 등.

며, 또한 본인의 무혐의나 입장을 확인해 줄 수 있는 사람이 있다면 문제가 커지기 전에 정중히 부탁하여 사실확인서를 받아 놓는 것도 현명한 방법이다.[11] 이 사람도 위법행위에 가담하였다면 이후 조사과정 중에 본인의 보호를 위하여 입장이 바뀔 수가 있기 때문이다. 업무와 관련된 일이라면 사내변호사의 도움을 받는 것도 추천한다.

디지털자료들을 강력한 증거로 준비해 두라

필자가 추천하는 것은 본인의 알리바이나 입장을 증명하는 수단으로 주위의 IT기술로 일상화된 것들을 최대한 이용하라는 것이다. 사건이 일어난 시기 전후를 기억하여 당시 관계자와의 전화통화 및 SNS대화, 근처 CCTV, 컴퓨터 로그인 기록, 전철 등 대중교통기관 이용내역, 카드 사용내역, 심지어 구글 타임라인 등 스마트폰 내의 현재위치 기록 서비스 등을 찾아보라. 본인정보 조회에는 시간이 걸리므로 사건이 문제가 되는 초기에 미리 서비스를 제공하는 기관에 조회를 신청해 놓자. 필자가 아는 선배의 경우 뇌물수수 혐의로 고초를 겪고 있었는데 뇌물[12]을 주었다고 주장하는 시간에 뇌물수수 장

---

11 혹시 공증을 받아 놓을 수 있다면 더욱 좋을 것이고, 조사가 본격적으로 진행될 때는 단순히 사실확인서를 제출하는 것보다 사실 확인을 해 준 당사자가 직접 출석하여 진술해 준다면 더욱 신빙성은 높아질 것이다.

12 일반적으로 뇌물죄의 범위는 일반인이 생각하는 것과 다소 다르다. 예를 들자면 꼭 청탁이 있거나 대가관계가 있어야 뇌물죄가 성립하는 것은 아니다는 것이다. 뇌물죄의 범위 및 직무관련성 등에 대해 법적인 판단을 잘 정리한 법원의 한 판례의 일부 내용을 참고로 소개한다. [대법원 2018. 5. 15. 선고 2017도19499 판결]: "뇌물죄는 직무집행의 공정과 이에 대한 사회의 신뢰 및 직무행위의 불가매수성을 그 보호법익으로 하고 있고, 직무에 관한 청탁이나 부정한 행위를 필요로 하는 것은 아니므로, 수수한 금품의 뇌물성을 인정하는 데 특별한 청탁이 있어야만 하는 것은 아니다. 또한 금품이 직무에 관하여 수수된 것으로 족하고 개개 직무행위와 대가관계에 있을 필요는 없으며, 그 직무행위가 특정된 것일 필요도 없다(대법원 2000. 1. 21. 선고 99도4940 판결 등 참조). 공무원이 그 직무의 대상이 되는 사람으로부터 금품 기타 이익을 받은 때에는 그것이 그 사람이 종전에 공무원으로부터 접대 또는 수수한 것을 갚는 것으로서 사회상규에 비추어 볼 때 의례상 대가에 불과한 것이라고 여겨지거나, 개인적인 친분관계가 있어서 교분상 필요에 의한 것이라고 명백하게 인정할 수 있는 경우 등

소와 다른 방향의 전철을 탑승한 것이 지하철운행업체로부터 확인되어 무죄 판결을 받은 경우도 있다.

본인의 개인정보는 열람을 요구할 수 있는 법적 권리가 있다

앞에서 언급한 본인의 전화통화 및 SNS대화, 근처 CCTV, 컴퓨터 로그인 기록, 전철 등 대중교통기관 이용내역, 카드 사용내역 등은 본인개인정보로서 개인정보보호법상 개인정보의 열람권리가 보장된다.[13] 따라서 CCTV 운영자, 각종 SNS 운영회사, 카드회사 등 본인의 개인정보를 보유하고 있는 회사나 기관은 원칙적으로 본인의 개인정보 열람을 거절할 수 없다.[14] 예를 들자면 특정 식당을 방문하였던 사실의 입증이 필요한 경우 해당 식당 또는 주차장에 CCTV가 설치되어 있는지 먼저 확인하고 CCTV 운영자에게 본인이 식당을 방문하였던 시간을 특정하여 개인정보보호법상 열람권리를 설명하고 본인 또는 본인차량이 찍힌 영상정보의 열람을 요청하면 될 것이다.

디지털자료는 절대 파기·삭제하지 마라

조사기관의 조사착수 사실을 알게 되면 개인이든 조직이든 당황하기 마

특별한 사정이 없는 한 직무와 관련성이 있다고 볼 수 있다. 그리고 공무원의 직무와 관련하여 금품을 주고받았다면 비록 사교적 의례의 형식을 빌려 금품을 주고받았다고 하더라도 그 수수한 금품은 뇌물이 된다. 공무원이 얻는 어떤 이익이 직무와 대가관계가 있는 부당한 이익으로서 뇌물에 해당하는지 또는 사회상규에 따른 의례상 대가 혹은 개인적 친분관계에 따른 교분상 필요에 의한 것으로서 직무와 관련성이 없는 것인지는 당해 공무원의 직무 내용, 직무와 이익 제공자의 관계, 이익 수수 경위와 시기 등 사정과 아울러 제공된 이익의 종류와 가액도 함께 참작하여 이를 판단하여야 한다(대법원 2017. 1. 12. 선고 2016도15470 판결 등 참조)."

13 개인정보보호법 제35조(개인정보의 열람) ① 정보주체는 개인정보처리자가 처리하는 자신의 개인정보에 대한 열람을 해당 개인정보처리자에게 요구할 수 있다. ②~⑤(생략)

14 다만, 법률에 의한 경우나 공공이익을 침해할 수 있는 경우등에는 제한될 수 있다(개인정보보호법 제35조 제4항).

련이고 부랴부랴 조직차원에서 상사의 지시하에 컴퓨터 파일들을 삭제하고 직원들의 입단속을 하는 경우도 발생하고, 개인적으로도 개인소유 컴퓨터나 스마트폰의 대화기록, 이메일, 송수신 문서 등 불리한 자료들을 삭제하거나 심지어 디지털기기 자체를 파기하기도 한다. 이는 절대로 해서는 안 되는, 정말 위험하고 특별히 유리할 것이 없는 행동이다. 이로 인해 증거인멸죄까지는 논하지 않더라도 자료 삭제나 파기 사실이 확인되면 조사방해혐의로 처벌이 가중될 뿐 아니라 선의의 행동들까지 의심을 받기 때문이다. 본인의 디지털 기기를 처리한다 할지라도 SNS대화나 이메일 송수신을 한 디지털 기기, 서비스 제공회사의 서버에 자료가 남아 있을 뿐 아니라, 최근 포렌식기술의 발달로 디지털기기는 얼마든지 복원이 가능하다. 특히 조사원들은 최근에 삭제·변경된 파일들에 혐의점을 두고 집중적으로 조사하는 경향이 있어 혐의를 두지 않았던 사안들까지 자진 상납하는 결과가 된다.

디지털시대에서 자료의 완전무결한 삭제는 거의 불가능하다

요즈음은 서면서류라 하더라도 컴퓨터로 모든 서류를 작성하여 수정기록을 포함한 모든 파일이 컴퓨터에 남아 있으니 결재나 검토 서류를 파기한다 하더라도 사실상 은폐가 안 되며, 오히려 서류보관 불철저 등으로 처벌사유만 늘어날 뿐이다. 더더욱 전자결재라면 회사서버에 내용이 고스란히 저장되어 있을 것이고, 이메일이나 메신저 대화를 주고받은 경우 본인의 컴퓨터 파일이나 기록을 삭제한다 할지라도 상대방의 컴퓨터·스마트폰, 통신사 서버 등에 기록들이 남아 있기 때문에 사실상 소용이 없다.

은폐보다 해명·반박자료 준비에 집중하라

개인간 급한 말맞추기도 논리의 일관성이 없어 신빙성을 금방 공격당하고, 특히 서로간의 합의는 조사가 진행되면서 처벌의 두려움에 쉽사리 깨지게 된다. 결론은 조사에 착수했다고 확인한 순간 고의적인 자료 삭제나 은폐는 포기하고 적극적으로 해명자료나 반박증거 수집에 집중하는 것이 훨씬 더 나은 대처방법이다. 특히 이 책을 읽는 독자가 CEO나 임원 등 책임자의 위치에 있는 분이라면 법집행기관의 조사 착수 확인시 관련 직원들에게 서류 및 이메일 등을 파기 또는 삭제하지 않도록 적절한 통로로 지시를 내리는 것이 우선적으로 할 일이다.

사회적 파장이 크고 언론 관심이 많은 사안이라면 더 심각하게 생각하라

본인이 관련된 사건이 사회적인 관심사항으로 여론이 들끓거나 언론의 집중조명을 받는 경우 더욱 심각하게 생각하는 것이 좋다. 조사기관이나 조사원도 외부의 시선을 의식하지 않을 수 없어 조사에 더욱 심혈을 기울이고 철저하게 처리할 가능성이 많다. 또한 처벌의 수준도 높아질 가능성이 있으므로 과거의 사례나 판례를 비교하여 이런 건은 크게 문제되지 않을 것이라고 지레짐작하고 안이하게 대처하다가는 곤경에 처하게 된다. 아울러 사회적 척도나 평가기준이 달라지면서 과거에는 큰 문제가 되지 않았던 일들이 형사처벌까지 받는 사례도 많아지고 있다. '사회적 가치'가 변하면 과거의 사례, 판례들도 따라서 바뀌게 되므로 십수년 전의 유사한 사례나 판례를 너무 맹신하지 말고 현재의 상황이나 사회적 분위기를 냉정히 분석하여 대응하는 것이 좋다.

당신의 피나는 노력 없이는 결백함이 입증되지 않는다(은수자의 우화)

당신이 한치의 잘못도 없이 결백하다고 해서 진실은 결국 승리한다는 믿음으로 묵묵히 가만히 있으면 모든 것이 해결될까? 여기 한 은수자의 우화[15]를 소개한다.

사람들이 산속에 은거하는 고명한 은수자를 찾아가 물었다. '믿음이란 무엇인지요?' 은수자가 말했다. '일주일 뒤에 저기 보이는 산으로 오시오. 내가 산을 움직여 믿음이 무엇인지 보여주겠소.' 그 날이 되자 많은 사람들이 모여들어 은수자가 산을 움직이기 기다렸다. 은수자가 이윽고 산을 향해 소리쳤다. '산아 움직여라!' 산은 꿈쩍하지 않았다. 다시 은수자가 외쳤다. '산아 움직여라!' 산은 여전히 꿈쩍도 하지 않았다. 사람들이 웅성거리기 시작했다. 은수자가 다시 산을 향해 크게 소리쳤다. '산아, 내게로 오라!' 산은 여전히 조금도 움직이지 않았다. 그러자 은수자가 한참동안 산을 바라보다가 이렇게 말했다. '산아, 네가 움직이지 않으면 내가 가면 되지!' 웅성대는 사람들을 헤치고 은수자는 산을 향해 떠났다.

은수자가 믿음이 무엇인지 묻는 사람들에게 던지는 메시지는 무엇일까? 무엇이든 간절히 원하는 것이 있으면 그것이 찾아올 때까지 기다리지 말고 그것을 향해 지금 당장 떠나라는 의미가 아니었을까 필자는 생각한다. 현실 세상에서는 아쉽게도 아무런 노력 없이 저절로 진실이 밝혀지고 승리할 수 있는 경우는 거의 없다. 진실과 정의를 수호하기 위해 피 흘린 수많은 역사의 현장을 되돌아 보라. 진실과 정의 수호에는 본질적으로 투쟁과 대결이 따른다. 불의와 맞서 싸워서 이겨야 진실과 정의가 사는 것이다.

조금 냉정하게 말한다면 조사과정에서 조사원들은 위법 여부를 확인하기 위해 조사를 하는 것이지 어떻게든 혐의자의 무죄를 입증하기 위해 조사

---

15   은수자(隱修者)란 외딴 곳에 은거하며 수도생활을 하는 사람을 말하는데, 이 우화는 '내 인생에 용기가 되어준 한마디'(정호승)의 내용을 한 블로그(naver 블로그 bwkw0712)가 옮긴 것을 필자가 다시 소개한 것이다.

를 하는 것이 아니다. 물론 조사과정 중에 알리바이나 우호적인 증인들이 자연스럽게 나타날 수 있겠지만 자기 죄를 모면하거나 덮어씌우기 위해 갖은 거짓 진술을 해대는 또 다른 혐의자들이 존재하고 있는 현실에서 과연 조사원들이 같은 혐의를 받는 자신만큼은 결백함을 믿어 주리라 생각한다면 아주 큰 착각이다.

무죄는 '유죄'임을 충분히 증명하지 못한 결과이다

형사소송에서 유죄 입증의 책임은 전적으로 검사에게 있고, 피고인은 무죄라고 방어할 권리가 있다. 또한 우리나라는 증거재판주의[16]를 채택하고 있는데 사실의 인정은 오로지 증거에 의하여야 하며, 또한 범죄사실의 인정은 합리적인 의심이 없는 정도의 증명에 이르러야 한다는 것이다. 그러므로 당신이 결백하더라도 동분서주 준비한 입증자료를 내밀고 증인을 내세우라. 법률전문가의 도움을 받으라. 수사관이나 검사가 당신이 유죄라고 주장하는 증거와 증인에 맞서 당신의 결백함을 설명해줄 증거와 증인을 찾으라. 이것이 당신의 억울함을 알리고, 사실을 왜곡하고 당신을 모략하는 사람들로부터 자신을 지킬 수 있는 길이다. 아울러 법률적으로 '무죄'는 우리가 일반적으로 '무죄'라고 하는 뜻인 아무 잘못이 없음이 확실한 것뿐만 아니라 조사원이 '유죄'임을 충분히 증명하지 못한 것도 포함된다는 것을 명심할 필요가 있다.

정신과 신체의 건강이 가장 큰 조력자이다

어떠한 경우에도 정신과 신체의 건강을 잘 지켜 나가야 한다. 조사기관에서의 조사는 관계인 조사만 최소 수개월이 걸리는 경우가 많다. 주로 사건과

---

16   형사소송법 제307조.

관련된 주변 사람부터 참고인 조사를 하고 조사가 어느 정도 진행되어 혐의가 정리되면 주혐의자를 불러 문답하는 경우가 많은데 이때 자연스럽게 주위 사람으로부터 사건으로 불려가서 문답받았다는 소식이 들려오면 조사기관에서 과연 본인도 부를 것인지, 또 언제 부를 것인지, 본인이 참고인 신분인지 아니면 피의자 신분인지 날마다 불안에 시달리게 된다. 뒤에서 건강관리에 대하여 다시 한 번 이야기하겠지만 이때 평소의 생활 리듬을 잘 유지하면서 스트레스를 잘 관리해야 한다.

03 / 조사기관의 조사진행 단계

3-1. 출석요구시 대처방법

출석요구는 전화로 올까 등기우편일까?

전화벨 소리만 들어도 혹시 조사기관에서 출석하라고 연락 온 것이 아닐까 깜짝 깜짝 놀라고 하루에도 몇 번씩 조사 받으면 어떤 이야기를 할 것인지, 어디까지 이야기할 것인지 생각하고 멍해지는 상태가 많아지더니 드디어 조사원에게서 연락이 왔다. 조사기관의 출석요구는 서면으로 출석요구서를 보내거나 전화를 하여 출석을 요구하게 된다.[17] 출석요구서에는 출석하여야 할 사유, 피출석요구자 정보, 방문할 시간 및 장소 등이 기재되어 있다. 일반적으로는 처음부터 출석요구서를 보내지 않고 전화를 통해 출석을 요청하는 경우가 많으며, 전화를 받지 않거나 출석을 거부하는 경우 출석요구서를 등기우편으로 발송한다. 그렇다고 출석요구서를 받기 이전까지는 출석하지 않아도 되겠지라는 생각은 위험하다. 전화를 통한 출석 요구도 합법적인 출

---

17 일반적으로 출석요구서 발부가 원칙이지만 신속한 출석요구 등을 위하여 필요한 경우 전화, 팩스, 그 밖의 상당한 방법으로 출석을 요구할 수 있도록 허용하고 있다.

석요구이기 때문이다.

금융감독원의 금융회사 임점검사나 공정거래위원회의 현장조사, 감사원의 실지감사 등의 경우 본인이 재직하고 있는 직장 회의실 등에 임시사무실을 마련하고 조사원들이 일정기간 상주하면서 관련직원들을 불러[18] 사실관계를 확인하는 경우도 있지만 큰 틀에서는 유의할 점이 대동소이하므로 이하에서는 조사기관 출석을 기준으로 설명하고 필요한 경우 추가설명하는 형식으로 기술한다.

출석요구를 하는 구체적인 이유를 추측할 수 있는 방법

갑자기 조사기관에서 출석요구서가 날아오거나 전화연락이 오게 되면 대부분의 사람들이 당황하게 된다. 조사원이 친절하게 무슨 이유 때문인지, 무엇을 확인하고자 하는지 설명하는 경우도 있지만 대부분 혐의내용은 조사비밀로 알려주지 않기 때문이다. 특히 금융범죄는 조사기관이 직접 사건을 인지하여 혐의자들을 선정하는 경우가 많기 때문에 누가 혐의자인지, 혐의내용이 무엇인지는 조사비밀로 파악하기가 쉽지 않다. 이는 출석요구서를 서면으로 받는 경우에도 마찬가지인데, 출석요구서에도 출석사유가 자세히 기재되어 있지는 않기 때문이다. 반면에 고소·고발을 원인으로 하는 사건, 범행자가 명확한 형사피고사건의 경우에는 혐의사실이 명확하다.

따라서 이때는 출석요구서의 발신부서, 담당자를 확인하거나 전화를 한 조사원이 소속과 성명을 밝히기 때문에 소속부서를 확인하는 것이 중요하다. 예를 들어 금융감독원 자본시장조사부서라 하면 이 부서가 불공정거래 조사를 담당하므로 불공정거래 관련임을 짐작할 수가 있다. 검찰 수사관이 연락하는 경우 요즈음 금융범죄는 서울남부지검에서 주로 조사하기 때문에 동 지

---

18 이 경우 출석요구서를 발부하는 것은 아니며 통상 직원전화번호부를 보고 직접 연락해서 출석을 요청하거나 해당 조직의 감사실을 통해 관련자에게 출석요청을 한다.

검 소속이라면 금융범죄 때문일 수도 있음을 추정할 수 있다.[19] 또한 행정조
사기관의 조사이고 특별한 이슈가 아닌 정기적 조사의 성격을 가진 경우 연
락이 온 조사원의 담당 업무가 무엇인지, 어느 부분에 관심을 가지고 있는지
감사실이나 이미 조사를 받은 직원을 통해 확인하는 것도 도움이 된다. 전화
온 담당자의 조사업무 분장내용이 만일 주식거래 위법성 여부 조사라면 본
인이 담당한 주식거래 부분을 집중적으로 확인할 가능성이 크기 때문이다.

출석일정을 여유있게 잡아라

출석요구를 받으면 제일 먼저 고려할 사항은 출석일정이다. 조사기관의
입장에서는 가급적 빨리 원하는 시간, 원하는 날에 출석하는 것이 좋을 것이
다. 이는 조사일정에 차질이 없어야 하는 점도 있지만 시간을 많이 줄 경우
관련자들끼리 말을 맞추거나 증거를 인멸할 가능성도 있기 때문이다. 반면,
출석을 하는 피조사자 입장에서는 예상되는 질문들에 대하여 미리 준비하고
자료와 증인을 찾기 위해, 필요하다면 변호사 선임과 상의를 위해 시간적인
여유가 있는 편이 훨씬 좋을 것이다.

출석일정은 대부분 담당 조사원과 조율이 가능한 경우가 많으므로 제시
한 일정이 촉박한 경우 업무나 개인 사정을 이야기하고 조금 여유있게 잡는
것이 좋다. '나는 아무 관련이 없는데 시간을 끌어봤자 오해만 생길 거야'라
고 생각할 수 있지만 아무 상황파악도 못하고 출석하는 것보다는 나을 것이
다. 급작스럽게 출석한 경우 당황하게 되는 데다 과거 기억을 꼼꼼히 생각해
볼 시간도 없어 무엇이 문제인지, 본인에게 유리한 것이 무엇인지 모르고 과
장되게 답변할 가능성이 커진다. 출석 전에 시간을 가지고 사실관계, 증거 등
을 찾아보고 정리하며, 업무적 이슈인 경우 업무담당자, 감사실의 의견 등을
확인하면서 어떻게 나의 입장과 억울함을 잘 설명할 것인가를 메모하고 생각

---

19 서울남부지검은 검찰에서 금융중점청으로 지정되어 금융조사부가 설치되어 있다.

한 후 출석하게 되면 조사원의 질문에 당황하지 않고 답변을 잘 할 수 있다.

그렇다고 조사일정을 너무 차일피일 미루면서 회피하는 것은 본인의 소명기회를 스스로 날려버릴 수 있고 형사사건의 경우 형사소송법 규정[20]에 의해 체포영장이 발부될 수도 있으므로 바람직하지 않다. 아주 드문 경우이긴 하지만 조사기관에서 서면진술을 허용하는 경우도 있으니 사정이 있는 경우 이를 설명하고 서면진술은 가능한지도 물어본다. 예를 들어 조사가 진행되는 동안 외국에 체류하고 있거나 혐의자가 아닌 참고인인 경우 서면진술 요청이 받아들여질 가능성이 높다.

출석시 문답을 받을 수 있는 가능성을 염두에 두라

조사기관에서 출석을 요청하는 경우는 단순히 업무를 설명 받거나 입장을 듣고자 하는 경우도 있지만 증거능력 확보 등을 위하여 문답을 실시[21]하는 경우도 많다. 그리고 그 결과물인 문답조서는 향후 조치 수준 결정에 매우 중요한 자료 중의 하나가 된다. 문답을 받을 때 유의할 사항 등에 관하여는 다시 설명하겠지만 이러한 출석요구, 문답 실시[22] 등은 당사자들에게 엄청난 심적 부담을 느끼게 한다. 더구나 조사는 한번에 그치지 않고 수차례 수개월의 기간을 두고 계속되게 된다. 오죽하면 조사기관 출석을 앞두고 극단적인 선택을 하는 경우까지 생기겠는가? 물론 혐의대상자가 아니라 단순히 참고인 신분일 수도 있으나 상황에 따라서는 혐의자로 전환될 수도 있으므로 조사기관이 출석을 요구할 때는 무엇 때문에 본인에게 출석을 요구하는지 확인하고 그 부분에 대하여 사전에 사실관계를 명확히 파악할 필요가 있다.

---

20   형사소송법 제200조의2 제1항.

21   이 책에서 문답은 다른 설명이 없는 한 조사원이 관계자로부터 직접 진술을 청취하여 문답서류를 작성하는 것을 의미한다.

22   통상 문답은 CCTV가 설치된 문답실에서 조사원이 인적사항, 사건과 관련한 질문들을 하고 피조사자가 대답하는 것을 기재·정리하는데 피의자인 경우 피의자(혐의자)신문조서, 참고인인 경우 참고인진술서 등으로 구분할 수 있다.

출석 요구시점은 이미 조사가 충분히 진행되었을 가능성이 많다

만일 본인이 혐의자 중의 한 사람이라면 조사를 하는 조사원과 혐의자로 출석하여 조사를 받는 본인 중에 누가 우위에 있을 것이라고 생각하는가? 진실을 밝혀내야 하는 조사원이 답답하고 아쉬운 입장에 있다고 생각할 수 있다. 그렇지만 본인이 혐의자로 출석한 시점에 조사원은 이미 수개월동안 그 사안에 대하여 파악하고 분석하여 나름대로 잠정결론을 낸 상황이다. 더욱이 조사기관의 법적 권한을 사용하여 이미 관련서류나 매매기록들을 관련회사로부터 제출받아 분석했을 가능성이 높다. 그리고 복수의 참고인 조사를 끝내서 전체적인 상황이나 당신의 역할에 대하여 명확히 알고 있는 경우가 많다. 심지어 당신의 출신이나 경력에 대하여도 이미 파악을 하고 있을 것이다.

조사에 있어 조사원은 프로이고, 당신은 아마추어이다

다시 말해 조사기법상 무턱대고 혐의자에게 출석을 통보하지 않는다. 으레 부인하거나 변명할 것을 알고 나름 대응전략과 증거, 참고인 진술을 가지고 혐의자에게 전략적으로 질문을 한다. 자칫 질문 하나 하나에 단편적으로 대응했다가는 스스로 논리적 모순에 빠지거나 작은 것을 피하려다 큰 것을 스스로 인정하는 꼴이 되게 된다. 조사원이 당신을 조사하는 목적을 잘 생각해 보라. 조사원은 혐의자로부터 사건의 조사에 중요한 단서가 될 수 있는 진술을 이끌어 내려 할 뿐, 정작 혐의자 진술의 취지나 주장하는 바에는 큰 관심을 가지지도 않는다. 결국, 조사란 혐의자의 주장은 반영되기는 어려운 반면, 숙련된 조사원이 사실상 문외한인 혐의자에게서 원하는 진술을 얻어낼 가능성은 높은 구조이다. [23]

23　김동률·이훈, '피의자신문과정에서 실체적 진실의 왜곡가능성', 한국공안행정학회보 제65호, 2016. p. 7.

3-2. 변호인의 조력권과 선임시 고려사항

출석시 변호사 등의 도움이 허용되는지 확인하라

조사기관에서 조사를 받게 될 때 고민해야 할 부분이 변호인[24]을 선임하여 조력을 받을 수 있는 상황인지를 파악하여 가능하다고 할 경우 어느 단계에서 선임해야 할 것인지 여부이다.[25] 관련 규정이나 조사기관의 내부정책상 변호인의 조력을 받을 수 있는 길이 있다면 당연히 변호인을 선임하여 법적인 조력을 받는 것이 좋지만 경제적인 부담도 무시할 수 없기 때문이다.[26] 여기서 말하는 변호인의 조력권은 헌법에서 명시된 변호인의 조력을 받을 권리로 형사사건의 경우 피의자신문 등 문답시 변호인의 참여뿐만 아니라 변호인과의 상담(접견·교통), 변호인으로 하여금 수사기록(공소장과 피의자신문조서, 증거, 판결문 등) 정보를 열람·복사할 권리 등 관련 법과 규정들에 명시된 것을 말하며, 개인적으로 변호사의 법률자문을 받아 보는 것을 의미하는 것은 아니다.

결론부터 말하면 경찰이나 검찰의 조사는 대부분 변호인의 조력권이 인정되며, 행정조사기관중 금융감독원, 공정거래위원회, 감사원은 변호인의 조력권을 배제할 수 있음에도 실제 자체운영규정 등을 통해 제한적이지만 조력권을 허용하고 있다. 아래에서는 먼저 금융감독원, 공정거래위원회, 감사

---

24   형사소송법은 '변호인'(동법 제30조 제1항; 피고인 또는 피의자는 변호인을 선임할 수 있다), 행정절차법·자본시장업무규정·외부감사 및 회계 등에 관한 규정 등은 '대리인'이라 다르게 칭하지만, 어떤 경우든 변호사가 일반적으로 자격을 가지며, 이 책에서는 혼란을 줄이기 위해 가급적 '변호인'의 용어를 사용한다.

25   변호사를 개인적으로 선임했다고 해서 또는 친구가 변호사라 해서 무작정 조사기관에 동행할 수 있는 것은 아니며 변호사측에서 조사기관에 '변호인 선임서'라는 사건수임 증빙서류를 제출하여야 한다. 다만, 최근에는 변호인의 조력권이 점차 확대 해석되어 아직 공식으로 선임되지 않았으나 될 예정인 변호사의 조력권도 인정된다는 판례도 있다(헌법재판소 2019. 2. 28 선고 2015헌마1204 결정).

26   형사피고인으로 구속되거나 미성년자·70세 이상·심신장애자 등은 법원의 직권으로, 피고인이 빈곤 그 밖의 사유로 변호인을 선임할 수 없는 경우에 피고인의 청구가 있는 때에는 국선변호인을 선임하여 준다(형사소송법 제33조).

원 등 행정기관의 조사를 받을 때 변호인의 조력을 받을 수 있는 권리가 있
는 경우와 없는 경우에 대하여 살펴보고, 다음으로 경찰이나 검찰의 조사시
변호인 조력권에 대하여 설명한다.[27]

행정조사(금융감독원·공정거래위원회·감사원)시 변호인의 조력 가능 여부

행정조사란 '행정기관이 정책을 결정하거나 직무를 수행하는 데 필요한
정보나 자료를 수집하기 위하여 현장조사·문서열람·시료 채취 등을 하거
나 조사대상자에게 보고 요구·자료제출 요구 및 출석·진술 요구를 행하
는 활동을 말한다.'[28] 행정조사시 변호인의 조력 가능 여부는 간단히 요약하
면 이렇다.

① 행정조사기본법 및 행정절차법상 일반적으로 변호인의 조력은 허용
되지만, 금융감독원, 공정거래위원회, 감사원 조사의 경우 예외적용규정이
존재한다.

② 다만, 이 경우에도 해당 기관이 정책적으로 일부 사안에 대하여 변호
인의 조력권을 인정한다.

구체적으로 살펴보면, 행정조사기본법 제23조 제2항(법률·회계 등 전문
지식이 있는 관계 전문가) 및 행정절차법 제12조 제1항 제3호(변호사)는 행정
조사시 피조사자가 변호인의 조력을 받을 수 있음을 명시하면서 예외적으

---

27 이 책에서는 직장 내 소속 직원에 대한 조사절차에서 변호인의 조력권 여부를 다루고 있지
    않다. 즉, 이 책에서 논의의 대상은 금융감독원, 공정거래위원회, 감사원 등 행정조사기관의
    법상 조사권한에 포함된 외부 피조사인(피조사기관), 즉 외부인사에 대한 조사와 관련한 변
    호인의 조력권 가능 여부이다. 참고로 조직내 소속 직원에 대한 조사시 변호인의 조력권은
    법률에서 보장하고 있지 않고 일반적으로도 인정되지 않는다. 예를 들어 만일 본인이 업무상
    실수를 이유로 인하여 다니는 조직의 감사실의 조사를 받게 되었다 할지라도 변호사를 선임
    하여 감사실 직원의 조사를 받을 때 동석하기는 어렵다. 이것은 직장내 조사절차가 조사 대
    상 임직원의 자발적인 출석에 의하여 진행되는 임의적 성격이 있다는 점에서도 그렇다.
28 행정조사기본법 제2조 제1호, 행정조사는 조사 주체가 행정기관이라는 점에서 국정감사, 국
    정조사 등 입법기관에 의한 입법조사나, 증거조사 및 증인조사 등 사법조사와 다르다.

로 변호인의 조력을 배제할 수 있는 경우를 나열하고 있다. 감사원, 금융감독원, 공정거래위원회의 조사도 이러한 변호인 조력을 배제할 수 있는 예외가 적용된다.

즉, '감사원이 감사위원회의의 결정을 거쳐 행하는 사항(행정절차법 제3조 제2항 제5호)', '금융감독기관의 감독·검사·조사 및 감리에 관한 사항(행정조사기본법 제3조 제2항 제6호)' 및 '공정거래위원회의 법률위반행위 조사에 관한 사항(행정조사기본법 제3조 제2항 제7호)'에 대하여는 행정조사이지만 관계 전문가 또는 변호사 등의 조력권을 받을 수 있는 적용대상에서 제외된다.

그렇지만 위 변호인 조력의 배제조항에도 불구하고 금융감독원의 금융회사 현장검사시 문답서·확인서 작성과정 및 자본시장 불공정거래조사시 조사과정과 외부감사대상법인의 회계분석 등에 대한 감리시 조사과정, 공정거래위원회의 조사과정, 감사원의 문답서 작성과정은 변호인의 조력을 받을 수 있도록 기관 자체의 규정에서 허용하고 있다.

금융감독원·공정거래위원회·감사원 조사시 변호인 조력 근거는?

금융감독원 자본시장 불공정거래에 대한 조사의 경우 2019. 5. 3. '자본시장조사 업무규정'을 개정하여 변호인의 조사과정 참여를 허용한 바 있다.[29]

---

29   자본시장조사 업무규정 제17조의4(대리인의 조사과정 참여) ① 조사원은 혐의자의 신청이 있는 경우 변호사로서 혐의자의 대리인(이하 대리인이라 한다)을 제10조 및 제17조에 의한 조사절차를 포함한 조사과정에 참여하게 할 수 있다. 다만 다음 각 호의 어느 하나에 해당하는 경우에는 그러하지 아니하다.
　　　1. 대리인 참여 신청이 조사의 개시 및 진행을 지연시키거나 방해하기 위한 것으로 판단되는 경우
　　　2. 대리인이 조사원의 승인 없이 혐의자를 대신하여 진술하는 등 조사과정에 개입하거나 모욕적인 언동 등을 하는 경우
　　　3. 혐의자에게 특정한 답변 또는 부당한 진술 번복을 유도하는 경우
　　　4. 조사과정을 촬영, 녹음, 기록하는 경우. 다만 기록의 경우 조사대상자에 대한 법적 조언을 위해 혐의자와 대리인이 기억 환기용으로 간단한 메모를 하는 것은 제외한다.
　　　5. 기타 제1호 내지 제4호 이외의 경우로서 조사목적 달성을 현저하게 어렵게 하는 경우
　　② 증거 인멸·조작, 공범의 도주, 참고인 신체나 재산에 대한 침해 우려가 존재하는 등 후속 조사나

그리고 '외부감사 및 회계 등에 관한 규정'에서 회계분식 확인 등을 위한 조사 시 변호인의 조사과정 참여를 허용하고 있으며,[30] 또한 금융회사 현장검사 과 정에서 검사를 받는 금융회사 임직원은 문답서 및 확인서를 작성할 때 변호사 등의 조력을 받을 수 있음을 '금융기관 검사 및 제재 규정'이 명시하고 있다.[31]

검찰 수사에 현저한 지장을 초래할 것으로 예상되는 경우에는 제1항의 규정에도 불구하고 조사 원은 대리인의 참여 없이 조사의 개시 및 진행을 할 수 있다.

③ 제1항 각 호 어느 하나 또는 제2항에 해당하는 사유를 이유로 대리인의 참여를 제한한 경우 조사 원은 그 구체적 사유를 문답서 또는 별도 서류에 기재하고, 자본시장조사심의회 및 증선위에 안 건을 상정할 때 안건의 보조자료에 그 사유를 기재하여야 한다.

30 외부감사 및 회계 등에 관한 규정 제24조(감리등의 방법) ① ~ ③ (생략)

④ 피조사자가 「행정절차법」 제12조제1항에 따른 대리인(이하 "대리인"이라 한다)을 조사 과정에 참 여시켜줄 것을 감리집행기관에 요구하는 경우에 감리집행기관은 그 대리인을 조사 과정에 참여 시켜야 한다. 다만, 다음 각 호의 어느 하나에 해당하는 상황이 발생할 가능성이 있다고 판단되 는 경우에는 그러하지 아니하다.

   1. 증거의 인멸·은닉·조작 또는 조작된 증거의 사용
   2. 공범의 도주 등 감리등에 현저한 지장을 초래
   3. 피해자, 해당 사건에 대한 감리등에 필요한 사실을 알고 있다고 인정되는 자 또는 그 친족의 생명, 신체나 재산에 대한 침해
   4. 피조사자가 진술 등 조사과정에 협조함으로 인해 소속 회사 또는 회계법인 등으로부터 받는 불이익

⑤ 감리집행기관은 대리인이 조사과정에 참여한 후에 제4항 각 호의 어느 하나에 해당하는 상황 또 는 다음 각 호의 어느 하나에 해당하는 상황이 발생하거나 발생할 가능성이 있다고 판단되는 경 우에는 대리인에게 퇴거를 요구하고 대리인 없이 조사를 개시 또는 진행할 수 있다.

   1. 피조사자의 대리인 참여요청이 조사의 개시 및 진행을 지연시키거나 방해하는 것으로 판단 되는 경우
   2. 감리집행기관의 승인 없이 심문에 개입하거나 모욕적인 언동을 하는 경우
   3. 피조사자에게 특정한 답변 또는 부당한 진술 번복을 유도하는 경우
   4. 조사과정을 촬영, 녹음, 기록하는 경우
   5. 그 밖에 제1호부터 제4호까지의 상황에 준하여 조사목적 달성을 현저하게 어렵게 하는 경우

⑥ 감리집행기관은 제4항 각 호 또는 제5항 각 호 중 어느 하나에 해당한다는 이유로 대리인의 참여 를 제한하는 경우에 그 구체적 사유를 피조사자의 진술내용을 기록한 문답서(이하 "문답서"라 한 다), 제29조에 따른 감리위원회(이하 "감리위원회"라 한다) 및 증권선물위원회에 상정하는 안건 에 각각 기재하여야 한다.

31 금융기관 검사 및 제재 규정 제8조의3(금융기관 임직원의 조력을 받을 권리) ① 현장검사 과정 에서 검사를 받는 금융기관 임직원은 문답서와 확인서 작성시 변호사 또는 기타 전문지식을 갖 춘 사람으로서 감독원장이 정하는 사람(이하 이 조에서 "조력자"라 한다)의 조력을 받을 수 있다.

② 검사원은 문답서 및 확인서 작성시 검사를 받는 금융기관 임직원과 조력자의 주요 진술내용을 충

행정조사기본법상 변호인의 조력권 배제조항에도 불구하고 사실상 금융감독원의 조사시 변호인의 조력권을 인정하고 있는 것이다.

한편, 공정거래위원회는 2016. 2. 4. '공정거래위원회 조사절차에 관한 규칙'을 제정하여 피조사업체의 신청이 있는 경우 변호인을 조사의 전 과정에 참여하도록 하고 있다.[32]

또한 감사원은 2021. 7. 1.부터 출석답변하는 관계자 등을 대상으로 문답서를 작성할 때 관계자 등이 신청하는 경우 변호사를 변호인으로 참여하게 할 수 있게 하였다. 다만, 비공개대상 정보가 포함되어 있는 경우 등 변호인 입회가 제한되는 예외규정과 변호인 참여를 허용했더라도 중간에 이를 중단시킬 수 있는 예외도 두었다.[33]

분히 반영하여 작성하고, 검사 기록으로 관리하여야 한다.

③ 제1항에 의한 조력의 절차·방법·범위는 감독원장이 정하는 바에 따른다.

[32] 공정거래위원회 조사절차에 관한 규칙 제4조(변호인의 조사과정 참여) ① 조사공무원은 피조사업체의 신청이 있는 경우 원칙적으로 피조사업체가 선임(피조사업체 소속변호사 포함)한 변호사 등 변호인을 조사 전 과정(진술조서나 확인서 작성 포함)에 참여하게 하여야 한다. 다만, 다음 각 호의 어느 하나에 해당하는 경우에는 그러하지 아니하다.

  1. 피조사업체의 변호인 참여요청이 조사의 개시 및 진행을 지연시키거나 방해하는 것으로 판단되는 경우
  2. 조사공무원의 승인 없이 신문에 개입하거나 모욕적인 언동 등을 행하는 경우
  3. 피조사업체를 대신하여 답변하거나 특정한 답변 또는 진술 번복을 유도하는 경우
  4. 신문내용을 촬영, 녹음, 기록하는 경우. 다만, 기록의 경우 피조사업체에 대한 법적 조언을 위해 변호인이 기억환기용으로 간략히 메모를 하는 것은 제외한다.
  5. 기타 제1호 내지 제4호 이외의 경우로서 조사목적 달성을 현저하게 어렵게 하는 경우

② 제1항의 규정에도 불구하고, 증거인멸 우려 등의 사유로 조사의 시급을 요하는 부당한 공동행위 조사와 관련하여서는 피조사업체의 변호인 참여요청과 관계없이 조사의 개시 및 진행을 할 수 있다.

③ 제1항에 따라 피조사업체가 조사과정에 외부 변호인의 참여를 신청하는 경우, 조사공무원은 피조사업체 또는 해당 변호인으로부터 위임하는 대리권의 범위와 대리인이 명백히 표시된 위임장을 수령하여 해당 변호인이 피조사업체의 법률대리인으로 선임되었는지 여부를 확인하여야 한다.

[33] 감사원 감사사무 처리규칙 제18조(변호인의 참여) ① 감사원은 제16조 및 제31조에 따라 출석답변하는 관계자 등을 대상으로 문답서를 작성할 때에는 관계자 등이 신청하는 경우 변호사를 변호인으로 참여하게 할 수 있다.

② 관계자 등은 변호인의 참여를 원하는 경우 문답 시작 전까지 변호인 참여 신청서(별지 제1호서식)와 「변호사법」 제29조에 따라 변호인 소속 지방변호사회를 경유한 변호인선임서 등을 제출

검찰·경찰 조사시 변호인의 조력권은?

검찰이나 경찰의 조사를 받는 경우에는 변호인의 조력권이 강력하게 보장된다. 헌법에서 기본권으로 명시[34]하고 있을 뿐 아니라 형사소송법 등 각종 법률 및 규정에도 피조사자의 권리 중 하나로 밝히고 있기 때문이다. 참고로 헌법 제12조 제4항이 '누구든지 체포 또는 구속을 당한 때에는 즉시 변호인의 조력을 받을 권리를 가진다'라고 하여 체포 또는 구속을 당하지 않은 불구속 상태 피의자의 경우에는 변호인의 조력권이 인정되지 않는 것처럼 생

하여야 한다.

③ 제2항에 따라 관계자 등이 변호인의 참여를 신청하는 경우에도 다음 각 호의 어느 하나에 해당하는 경우에는 변호인의 참여 없이 문답서를 작성할 수 있다.

  1. 문답서를 작성할 내용에 「공공기관의 정보공개에 관한 법률」 제9조제1항에서 정한 국가안전보장·국방·통일·외교관계 등에 관한 사항 등 비공개대상 정보가 포함되어 있어 외부에 알려질 경우 국가의 중대한 이익, 사생활의 비밀 또는 자유를 침해하거나 특정한 사람, 단체 등에 이익 또는 불이익을 줄 우려 등이 있는 경우

  2. 변호인의 참여 신청이 문답의 개시 및 진행을 지연하거나 방해하기 위한 것으로 판단되는 경우

  3. 관계자 등의 증거인멸이나 도주 우려 등으로 문답서 작성에 시급을 요하거나 감사내용 공개 등으로 감사목적 달성에 현저한 지장을 초래할 것으로 예상되는 경우

④ 다음 각 호의 어느 하나에 해당하는 경우에는 문답서 작성 중이라도 변호인의 참여를 중단하게 하고 변호인 없이 문답서를 작성할 수 있다.

  1. 변호인이 감사자의 승인 없이 관계자 등을 대신하여 진술하는 등 문답 과정에 개입하거나 답변에 영향을 줄 수 있는 말이나 행동 등을 하는 경우

  2. 변호인이 부당하게 특정 답변이나 진술 번복을 유도하는 경우

  3. 변호인이 문답 과정을 촬영, 녹음, 기록하는 경우(다만, 기록의 경우 법적 조언을 위해 기억 환기용으로 간단한 메모를 하는 것은 제외한다)

  4. 그 밖에 문답서 작성의 정당한 진행을 어렵게 하는 경우

34 대한민국 헌법 제12조 ④ 누구든지 체포 또는 구속을 당한 때에는 즉시 변호인의 조력을 받을 권리를 가진다. 다만, 형사피고인이 스스로 변호인을 구할 수 없을 때에는 법률이 정하는 바에 의하여 국가가 변호인을 붙인다. ⑤ 누구든지 체포 또는 구속의 이유와 변호인의 조력을 받을 권리가 있음을 고지받지 아니하고는 체포 또는 구속을 당하지 아니한다. 체포 또는 구속을 당한 자의 가족등 법률이 정하는 자에게는 그 이유와 일시·장소가 지체없이 통지되어야 한다.

참고로 형사절차 이외에 민사나 가사소송 등에서는 헌법 제12조 제4항의 변호인의 조력을 받을 권리가 적용되지 않고, 민사, 형사, 행정재판 또는 헌법재판을 받을 때 변호사의 조력을 받을 권리는 헌법 제27조 제1항의 재판청구권(법률에 의한 공정한 재판을 받을 권리)에 의하여 보호된다.

각될 수 있으나, 헌법재판소는 변호인의 조력권이 형사절차에서 국가권력의 수사나 공소제기에 대항하여 피의자나 피고인의 방어권 및 대등한 당사자의 지위를 보장하는 데 의의가 있으므로 불구속 피의자나 피고인의 경우에도 변호인을 옆에 두고 조언과 상담을 구하는 것은 수사절차의 개시에서부터 재판절차의 종료에 이르기까지 언제나 가능하다고 판시하였다.[35]

검찰·경찰의 피의자 신문과정에 변호인의 참여를 허용하는 구체적인 기준과 절차는 '검사와 사법경찰관의 상호협력과 일반적 수사준칙에 관한 규정', '경찰수사규칙', '검찰사건사무규칙', '변호인 등의 신문·조사 참여 운영지침', '변호인의 피의자 등 접견·교통에 관한 지침' 등에서 자세히 정하고 있다.[36]

한편, 형사소송법에 따르면 배우자, 직계친족, 형제자매 신청에 의해서도 변호인이 피의자와 접견하게 하거나 피의자에 대한 조사에 참여하게 할 수 있으며, 조사에 참여한 변호인은 조사 후 의견을 진술할 수 있고, 조사 중이라도 부당한 조사방법에 대하여 이의를 제기하거나 조사원의 허락을 얻어서 의견을 진술할 수도 있다.[37]

---

[35] 헌법재판소 2004. 9. 23. 선고 2000헌마138 결정. 헌법이 체포·구속을 당한 때에 관하여만 명시하고 있는 것에 대하여 동 헌법재판소의 결정은 '불구속 피의자의 경우에도 변호인의 조력을 받을 권리는 우리 헌법에 나타난 법치국가원리, 적법절차원칙에서 인정되는 당연한 내용이고, 헌법 제12조 제4항도 이를 전제로 특히 신체구속을 당한 사람에 대하여 변호인의 조력을 받을 권리의 중요성을 강조하기 위하여 별도로 명시하고 있다'고 설명한다.

[36] 각 규정의 세부내용은 국가법령정보센터(www.law.go.kr)에서 바로 찾아볼 수 있다.

[37] 형사소송법 제243조의2(변호인의 참여 등) ① 검사 또는 사법경찰관은 피의자 또는 그 변호인·법정대리인·배우자·직계친족·형제자매의 신청에 따라 변호인을 피의자와 접견하게 하거나 정당한 사유가 없는 한 피의자에 대한 신문에 참여하게 하여야 한다.
② 신문에 참여하고자 하는 변호인이 2인 이상인 때에는 피의자가 신문에 참여할 변호인 1인을 지정한다. 지정이 없는 경우에는 검사 또는 사법경찰관이 이를 지정할 수 있다.
③ 신문에 참여한 변호인은 신문 후 의견을 진술할 수 있다. 다만, 신문 중이라도 부당한 신문방법에 대하여 이의를 제기할 수 있고, 검사 또는 사법경찰관의 승인을 얻어 의견을 진술할 수 있다.
④ 제3항에 따른 변호인의 의견이 기재된 피의자신문조서는 변호인에게 열람하게 한 후 변호인으로 하여금 그 조서에 기명날인 또는 서명하게 하여야 한다.
⑤ 검사 또는 사법경찰관은 변호인의 신문참여 및 그 제한에 관한 사항을 피의자신문조서에 기재하여야 한다.

변호인 선임 비율이 높지 않은 안타까운 현실

관련 법령 등에 변호인을 선임하여 조력을 받는 것이 보장되어 있고 경제적인 능력이 됨에도 불구하고 변호인을 선임하면 정말 내가 문제가 있는 것으로 비춰지는 것을 두려워하여 주저하기도 한다. 그렇지만 변호인의 조력을 받을 권리가 있는데 이를 고려하지 않는 것은 현명하지 못하다. 행정기관 조사라 할지라도 위반내용이 심각하다면 변호인의 조력을 받는 것을 고민할 필요가 있고, 형사사건으로 경찰이나 검찰의 수사를 받는 경우에는 경제적인 능력이 없다면 국선변호인이라도 반드시 선임을 해야 한다. 형사통계를 보면 의외로 변호인의 도움을 받는 경우가 많지 않다. 사법연감 통계에 따르면[38] 2020년 중 형사공판사건에서 1심, 항소심, 상고심을 합한 변호사 선임 현황을 볼 때 전체 형사피고인 334,804명 중 국선변호인을 포함하여 변호인을 선임한 경우가 약 62%(208,559명) 정도 되지만, 국선변호인을 제외하고 본인이 비용을 지불한 사선변호인만을 보면 약 25%(82,765명)로 4명중 1명에 불과한 상황이다. 하물며 행정기관의 조사인 경우는 더욱 낮을 것으로 추측된다.

변호인은 언제 선임하는 것이 좋을까?

만일 조사기관이 조사를 착수하였다고 알게 되거나 또는 출석요구를 받았다면 어느 단계에서 변호인을 선임하는 것이 좋을까? 사안이 중대하고 본인이 직접 관련이 되었을 뿐 아니라 행정기관의 조사단계라 할지라도 형사처벌까지 연결될 여지가 있고 위반내용이 심각하다면 가급적 일찍 행정기관 조사단계부터 변호인을 선임하는 것이 좋다. 필자의 경험으로 보면 행정기관의 조사 종료 후 검찰로 위반내용을 통보하거나 고발한 후 부랴부랴 변호

---

38   법원행정처, 2021 사법연감(2020.1.~2020.12.), 2021. 9. p. 652.

인을 선임하는 경우가 많은데 이미 변호인 조력없이 조사받은 문답서 등 행정기관 조사자료도 검찰로 전부 넘어가기 때문에 검찰 조사시 변호인의 조력이 큰 효과를 발휘하기 어렵다.

변호인 선임까지 필요 없는 경미한 사항이라고 생각되는 경우

단순한 업무적인 절차를 질문받을 예정이거나 경미한 사건, 명백하게 본인과 관련이 없는 사건인 경우에는 변호인을 선임할 필요까지는 없다. 변호인을 선임하지 않는다고 할지라도 사내변호사 또는 지인 변호사 등과 가볍게라도 상담해보고 가면 큰 도움이 되거나 최소한 마음의 안정에 도움이 된다. 사건의 심각성을 판단할 때는 상대 조사원의 태도나 말을 기준으로 하는 것보다 혐의를 받고 있는 법규 위반의 중대성, 본인 스스로 생각하는 심각성과 본인의 관련성 등이 중요하다. 예를 들어 조사원이 출석요구를 하면서 '별일은 아니구요, 몇 가지 간단한 것을 여쭤보려고 합니다.'라는 말만 믿고 본인이 사건에 직접적으로 연관되어 있음에도 '아직 이 조사원이 세부적인 내용까지는 모르나 보다'라고 지레짐작하고 안이하게 대처하는 경우 곤란에 빠지게 된다.

변호인이 도움이 되는 이유

변호인이 도움이 되는 이유 중의 한 가지는 우리가 일반적으로 생각하는 처벌 가능성과 법에서 규정하는 실제 처벌 요건이 서로 다른 경우가 많이 있기 때문이다. 또한 일반인의 경우 조사원이 어떤 질문을 하더라도 그 내용이 본인에게 어떤 의심을 품고 물어보는 것인지, 어떤 답변이 유리하거나 불리한지 조사 분야에 경험이 많지 않기 때문에 바로 파악하기 쉽지 않다. 그렇다고 조사원이 고민할 시간을 주는 것도 아니니 자신에게 유리하게 생각하여 진술하지만 결과적으로는 본인에게 아주 불리하게 되는 경우도 있다.

예를 들자면 본인이 직접 사람을 죽이지 않았다고 죄가 없다 할 수 있는가? 묵시적 가담 등 정도에 따라서 살인방조죄로 처벌받을 수 있다. '사람을 죽이려고 나에게 칼을 빌려달라 부탁한 것은 아닐 거라 생각했습니다."설마 했는데" 일이 이렇게 되었네요' 이렇게 답변하는 순간 본인도 살인방조죄의 선을 넘나들게 된다. 또 금융관련법을 위반할 의도임을 짐작하면서도 정보를 제공한 경우 본인이 아무런 이익을 얻지 못했다 할지라도 처벌 대상이 된다. 조사단계에서 개인적으로 대처를 하다가 마지막에 변호인을 선임하게 되면 이미 했던 불리한 진술 등은 바꾸기가 어렵다.

또한 문답과정 중에 변호인이 동석하게 되면 조사원이 본인에게 불리한 진술을 요구하는 경우 변호인이 즉각 이의를 제기할 수 있고, 진술에서 법적 책임을 지게 되는 사항에 대하여 현장에서 검토하여 진술을 수정할 수 있으므로 도움이 된다. 이밖에도 변호인이 배석하는 경우 나를 대변해주고 보호해 줄 수 있는 사람이 있다는 심리적 안정감도 무시할 수 없다. 하지만 명심할 것은 변호인이 본인을 대신하여 조사를 받거나 모든 사안을 조사원에게 대신 설명해 줄 수는 없으며, 이는 온전히 본인이 감당해야 할 몫이라는 점이다.[39]

변호인의 비밀유지 의무

한 가지 명심할 점이 있다. 어떤 이들은 변호인에게 모든 것을 털어 놓지 않고 본인에게 유리한 것만 이야기하는 경우도 있다. 본인만큼 본인의 사건에 대하여 잘 아는 사람도 없다. 아무리 유능한 변호인이라 하더라도 본인이 이야기하지 않는 것에 대하여 대비를 해 줄 수 없는 것이다. 변호인은 내편이라 믿고 모든 상황을 이야기하라. 혹시라도 내가 한 이야기가 가족이나 지인, 심지어 조사원에게 들어갈 것이라는 우려는 안 해도 된다. 변호인의 가장 큰 의무 중의 하나가 비밀유지 의무인데 변호인과 의뢰인 관계로 얻은 정보

---

[39] 일반적으로 변호사가 발언을 하기 위해서는 조사원의 동의를 받아야 한다.

들은 모두 '업무상 비밀'에 해당되며, 변호사법에서는 '변호사 또는 변호사였던 자는 그 직무상 알게 된 비밀을 누설하여서는 아니 된다'[40]고 명시하고 있기 때문이다. 이를 위반한 경우 형법에 따라 형사처벌까지 받을 수 있으며,[41] 형사소송법상 증언거부권도 변호사에게 보장되어 있다.[42]

변호인 선임시 전관예우 관행을 고려해야 할까?

변호인(변호사)을 선임한다면 어떤 변호인에게 의뢰해야 할 것인가? 먼저 가장 조심해야 할 것이 있다. 인적 네트워크나 전관예우를 들먹이면서 사건 해결을 장담하는 경우이다. 논란은 있을 수 있겠지만 그래도 우리 사회는 점점 투명해지고 공정해지고 있다고 필자는 생각한다. 각 행정조사기관이나 사법당국은 전관예우의 폐해를 없애기 위해 각종 제한제도를 시행하고 있다. 거의 모든 기관에서 퇴직자와의 사적 접촉을 제한하고 접촉시 신고하도록 하고 있어서 청탁을 위한 연락 자체도 쉽지 않다.

변호사법은 사건 수임을 위하여 재판이나 수사업무에 종사하는 공무원과의 연고 등 사적인 관계를 드러내며 영향력을 미칠 수 있는 것으로 선전하는 것을 금지하고 있으며,[43] 공직퇴임변호사는 퇴직 전 1년부터 퇴직할 때까

---

40 변호사법 제26조.

41 형법 제317조(업무상비밀누설) ① 의사, 한의사, 치과의사, 약제사, 약종상, 조산사, 변호사, 변리사, 공인회계사, 공증인, 대서업자나 그 직무상 보조자 또는 차등의 직에 있던 자가 그 직무처리중 지득한 타인의 비밀을 누설한 때에는 3년 이하의 징역이나 금고, 10년 이하의 자격정지 또는 700만원 이하의 벌금에 처한다.
     ② 종교의 직에 있는 자 또는 있던 자가 그 직무상 지득한 사람의 비밀을 누설한 때에도 전항의 형과 같다.

42 형사소송법 제149조(업무상비밀과 증언거부) 변호사, 변리사, 공증인, 공인회계사, 세무사, 대서업자, 의사, 한의사, 치과의사, 약사, 약종상, 조산사, 간호사, 종교의 직에 있는 자 또는 이러한 직에 있던 자가 그 업무상 위탁을 받은 관계로 알게 된 사실로서 타인의 비밀에 관한 것은 증언을 거부할 수 있다. 단, 본인의 승낙이 있거나 중대한 공익상 필요있는 때에는 예외로 한다.

43 변호사법 제30조.

지 근무한 국가기관이 처리하는 사건을 퇴직 후 1년 동안 수임하는 것을 제한한다.[44] 변호사가 공무원 등으로 재직하면서 직무상 취급했던 사건을 수임하는 것을 금지하고[45] 위반하면 1년 이하의 징역 또는 1천만원 이하의 벌금을 부과한다.

인적 네트워크가 훌륭한 변호인

조사기관과 네트워크가 닿는 변호인이라고? 그렇다면 혹시 조사원이 조금 더 공손하게 대우한다던가 조사기관에서 차 한잔 얻어 마실 수는 있겠다. 혹시 규정에 위배되지 않는다면 조치가 결정이 된 후 조금 일찍 알려줄 수는 있겠다. 그렇지만 조치는 달라지지 않는다. 더구나 로비를 하는 경우 실무자인 조사원은 더욱 부담이 되어 철저하게 원칙대로 처리할 수밖에 없다. 예전처럼 상명하복의 시대도 아니니 위 책임자에게 부탁해봤자 실무조사원들은 본인 보호를 위하여 청탁을 메모하거나 녹음하기 일쑤이다.

수십명의 전관 검사·판사출신 변호인을 대동하고 재판에 임하는 분들도 가차없이 실형을 받는 것도 많이 보게 된다. 그래도 일반인에 비하여 형이 낮게 나오는 경우가 많다고? 그것은 전관예우보다 많은 업무 경험과 쟁쟁한 능력을 가진 변호인의 탁월한 변호실력 덕택으로 보는 것이 낫다. 조사기관과의 네트워크를 자랑하는 변호인은 조금 일찍 알게 된 정보를 의뢰인에게 알

44　변호사법 제31조 제3항; 법관, 검사, 장기복무 군법무관, 그 밖의 공무원 직에 있다가 퇴직(재판연구원, 사법연수생과 병역의무를 이행하기 위하여 군인·공익법무관 등으로 근무한 자는 제외한다)하여 변호사 개업을 한 자(이하 "공직퇴임변호사"라 한다)는 퇴직 전 1년부터 퇴직한 때까지 근무한 법원, 검찰청, 군사법원, 금융위원회, 공정거래위원회, 경찰관서 등 국가기관(대법원, 고등법원, 지방법원 및 지방법원 지원과 그에 대응하여 설치된 「검찰청법」제3조제1항 및 제2항의 대검찰청, 고등검찰청, 지방검찰청, 지방검찰청 지청은 각각 동일한 국가기관으로 본다)이 처리하는 사건을 퇴직한 날부터 1년 동안 수임할 수 없다. 다만, 국선변호 등 공익목적의 수임과 사건당사자가 「민법」 제767조에 따른 친족인 경우의 수임은 그러하지 아니하다.

45　변호사법 제31조 제1항.

려주며 그나마 본인 때문에 이 정도로 끝난거라 생색을 낼 것이다. 잘 모르는 의뢰인은 고맙게 생각하지만 시간이 흐르고 주위로부터 유사 사례의 처벌 수준을 들으며 십중팔구 후회하게 된다.

그렇다면 어떤 변호인이 좋은 변호인인가?

이제는 변호인의 능력이 조사원이 제시한 증거와 주장을 효과적으로 반박하고 법적 쟁점을 정확히 파악하여 조사에 사전적으로 대비할 수 있는 경험과 지식, 열정이 있는지에 좌우된다. 이런 측면에서 문제없다고 큰 소리치는 변호인보다 꼬치 꼬치 캐묻고 지적하는 변호인이 오히려 낫고, 경험 많은 다른 분야의 고참변호인보다 그 분야에 전문지식이 있는 신참 변호인이 더 낫다. 또한 경제사정상 정말 안 되는 경우에는 힘들겠지만 가능하다면 보수가 저렴하다는 이유만으로 변호인을 선임해서는 안 된다. 변호도 서비스이고 서비스의 특성상 비용을 많이 지불할수록 능력있는 변호인이 투입되어 본인의 혐의가 벗겨지거나 조치가 낮아질 가능성도 높아진다.

변호인은 어디 앉을까?

2016. 4월 구속된 피의자의 조력을 위해 참석한 변호인에 대하여 수사기관은 내부운영지침을 근거로 피의자 후방에 앉으라고 요구하였는데 이에 대하여 변호인이 헌법소원심판을 청구하였다. 이에 헌법재판소는 수사관이 피의자신문과정에서 변호인에 대하여 피의자 후방에 앉으라고 요구하는 행위는 헌법상 기본권인 변호인의 변호권을 침해한다고 결정하였다.[46] 이를 반영

---

46 헌법재판소 2017. 11. 30. 선고 2016헌마503 결정. '변호인이 피의자신문에 자유롭게 참여할 수 있는 권리는 피의자가 가지는 변호인의 조력을 받을 권리를 실현하는 수단이므로 헌법상 기본권인 변호인의 변호권으로서 보호되어야 한다. 피의자신문에 참여한 변호인이 피의자 옆에 앉는다고 하여 피의자 뒤에 앉는 경우보다 수사를 방해할 가능성이 높아진다거나 수사 기밀을 유출할 가능성이 높아진다고 볼 수 없으므로, 이 사건 후방착석요구행위의 목적의 정

하여 예를 들면 검찰의 경우 내부운영지침에 '피의자의 옆에 신문에 참여하는 변호인의 좌석을 마련하여야 한다'고 구체적으로 명시하고 있다.[47] 그외 '검사와 사법경찰관의 상호협력과 일반적인 수사준칙에 관한 규정' 제13조에도 변호인 착석 위치에 관한 규정이 있다.

변호인 없이 혼자 조사받을 때 유의할 것들

조사를 받을 때 변호인의 동석이 규정상 불가능하거나[48] 부득이하게 혼자 가야 하는 경우가 있다면 어떻게 할 것인가? 먼저 변호인을 선임했지만 조사받을 때 동석이 불가능한 경우[49] 사전에 변호인과 충분한 논의를 통해 사건의 핵심과 진술시 유의사항, 피조사자로서의 권리 등을 파악하고 조사에 임한다. 조사 종료 후에도 변호인과 다음 조사 대응 방향에 대하여 상의하면 불안감도 줄일 수 있을 뿐 아니라 이후 이어질지 모르는 조사에서 본인에게 불리한 대처를 할 가능성도 적어진다.

다음으로 혹시 경제적인 이유나 행정조사로서 본인의 중징계 처벌 가능성이 낮아 변호인을 선임하지 않았다면 주위 변호사, 전문가나 경험자 등에

당성과 수단의 적절성을 인정할 수 없다. 이 사건 후방착석요구행위로 인하여 위축된 피의자가 변호인에게 적극적으로 조언과 상담을 요청할 것을 기대하기 어렵고, 변호인이 피의자의 뒤에 앉게 되면 피의자의 상태를 즉각적으로 파악하거나 수사기관이 피의자에게 제시한 서류 등의 내용을 정확하게 파악하기 어려우므로, 이 사건 후방착석요구행위는 변호인인 청구인의 피의자신문참여권을 과도하게 제한한다.'

47 변호인 등의 신문·조사 참여 운영지침 제6조(변호인의 좌석) ① 검사는 피의자의 옆에 신문에 참여하는 변호인의 좌석을 마련하여야 한다. 다만, 조사인원, 조사공간, 피조사자의 의사 등으로 인해 부득이한 경우 변호인의 동의를 받아 조언 등 변호인의 조력에 장애가 되지 않는 한도에서 변호인의 좌석을 달리 정할 수 있다.
  ② 검사는 변호인이 참여하여 피의자를 신문·조사할 경우, 변호인 참여에 적절한 조사실에서 피의자를 신문·조사할 수 있다.

48 조사에 변호인의 동석이 금지되었다 하더라도 이것이 변호인 선임을 금지하는 것은 아니다.

49 조사기관별, 조사성격별로 변호인의 동석이 허용되는 경우와 규정상, 내부정책상 금지되는 경우가 있는데, 이에 대하여는 앞 부분에서 설명한 바 있다.

게 간략하게라도 상의를 하고 문답에 임하는 것이 좋다. 아울러 본인이 혐의를 받고 있는 사건의 업무처리 절차, 과거 본인의 업무 수행 내용 등을 차분히 기억해 보고 가능하다면 과거 본인이 처리한 문서들을 꺼내어 열람해 보면서 당시 상황 등을 복기해 본다. 그 외에 이 책에서 설명하는 문답시 유의할 사항들을 참고해 답변의 방향과 답변 범위를 미리 생각해 보는 것도 조사원의 의도에 휘둘리지 않고 잘못된 답변을 줄일 수 있는 좋은 방법이다.

주의할 점은 현재 본인과 함께 조사를 받고 있는 사건의 관련자들과는 가급적 상의하지 말아야 한다는 것이다. 자칫 조사전 말맞추기로 오해받을 우려가 있을 뿐 아니라, 상대방도 언젠가는 조사받거나 이미 조사를 받고 왔기 때문에 사건 당시의 상황을 객관적이고 사실에 부합되게 이야기하지 않고 본인에 유리한 상황으로 왜곡하여 주장하거나 심지어 거짓 진술을 요구할 수 있어 자칫 관계만 상할 우려가 있다. 당연히 먼저 조사를 받은 사람을 만나 조사받을 때 무엇을 물어 보는지, 분위기는 어떤지 확인해보고 싶겠지만 직접 사건에 관련되어 조사받는 사람들을 만나는 것은 본인에게 특별히 유리하지 않기에 자제하도록 한다. 대신 회사의 감사실이나 현재 업무 담당자 등과 의견을 교환하고 사실관계를 정리해 보는 것이 좋다.

혹시 문답과정 중에 답변이 곤란한 경우가 발생한다면 진술거부권을 행사하거나 또는 이 부분에 대한 진술을 차후로 미루자고 조사원에게 양해를 구하는 것이 좋다. 물론 조사기관에서 문답한다는 사실 자체와 문답실의 분위기, 또한 향후 처벌을 받을지도 모른다는 불안감 등으로 진술을 거부하거나 답변을 미루자고 하는 것이 쉽지 않을 것이나, 요즈음은 조사원이 강압적이고 공포스러운 태도로 문답을 진행하는 경우는 없으므로 너무 걱정할 필요는 없다.[50] 또한 사건과 큰 관련성이 없는 단순 참고인 신분인 경우 외에는 통상 한 번으로 본인의 조사가 끝나는 경우는 없으므로 조급해 할 필요도 없

---

50 물론 조사원이 계속되는 부인이나 주장에 일시적으로 목소리를 높이거나 화를 낼 수도 있으나 이것도 조사기법이라 생각하면 마음이 편하다.

다. 또 한 가지, 조사원의 질문에 소극적, 방어적으로만 대답하지 말고 본인의 억울함과 사실관계 소명을 뒷받침할 수 있는 내용을 미리 정리하여 조사 출석시 소지한 후 관련 질문이 나오면 적극적으로 답변하고 너무 긴장된다면 준비한 서면메모를 읽는 방법도 좋다.

미성년자, 장애인, 피해자 신분으로 조사를 받는다면?

형사소송법은 피의자라 하더라도 장애인 등 특별히 보호를 요하는 자인 경우 피의자나 법정대리인의 신청으로 신뢰관계에 있는 자를 조사시 동석하게 할 수 있다.[51] 동석할 수 있는 신뢰관계에 있는 자란 직계친족, 형제자매, 배우자, 가족, 동거인, 보호·교육시설의 보호·교육담당자 등으로 피의자의 심리적 안정과 원활한 의사소통에 도움을 줄 수 있는 사람을 말한다.[52]

한편, 피해자로서 검찰이나 경찰의 조사를 받는 경우에도 신뢰관계인을 동석시킬 수 있는데, 이때는 자격에 특별한 제한은 없으니 불안을 느끼는 경우 이 제도를 이용해 보는 것도 좋다. 즉, 범죄로 인한 피해자를 조사하는 경우 피해자의 연령, 심신상태, 그 밖의 사정을 고려하여 현저하게 불안 또는 긴장을 느낄 우려가 있다고 인정하는 경우 피해자나 그 법정대리인이 동석을 요청할 수 있다.[53] 참고로 피해자가 13세 미만이거나 신체적 또는 정신적 장애로 사물을 변별하거나 의사를 결정할 능력이 미약한 경우에는 신뢰관계인의 동석이 원칙적으로 의무화되어 있다.

---

51   형사소송법 제244조의 5; 신뢰관계인을 동석시킬 수 있는 피의자는 피의자가 신체적 또는 정신적 장애로 사물을 변별하거나 의사를 결정·전달할 능력이 미약하거나, 피의자가 미성년자인 경우, 기타 피의자의 연령·성별·국적 등의 사정을 고려하여 심리적 안정의 도모와 원활한 의사소통을 위해 필요한 경우에 한정된다.
52   검사와 사법경찰관의 상호협력과 일반적인 수사준칙에 관한 규정 제24조.
53   형사소송법 제221조 제3항 및 제163조의2.

3-3. 피조사자 조사·문답시 유의사항과 권리

솔직함과 진실성이 중요하다

무엇보다도 조사·문답과정에서 가장 중요한 것은 솔직함과 진실성이다. 조사원도 사람이기 때문에 본인의 잘못이 분명하고 증거까지 있는 사안인데도 변명과 은폐, 남 탓으로 돌리는 경우에는 부정직한 사람으로 판단하여 감정이 상하게 되고 결국은 본인에게 좋지 못한 영향을 미치게 된다. 더욱이 본인만 조사기관에서 조사받거나 문답을 받는 것이 아니고 사건에 관련된 사람들은 모두 조사받게 되므로 본인이 부인한다고 해도 복수의 혐의자, 참고인 조사를 통해서 사건의 전말과 흐름이 드러나게 되므로 진실이 아닌 진술은 거의 다 파악당한다고 보면 된다.

솔직함의 다른 큰 장점은 진술하는 내용들이 서로 모순되는 결과가 생길 여지가 없다는 것이다. 본인에게 불리한 내용을 유리한 내용으로 바꾸어 진술하는 경우 사실관계의 모순이 생기게 되는데 이는 조사원으로 하여금 공격의 빌미를 제공하거나 부정직한 사람으로 인식되어 조사원의 의심을 받게 된다.

기억이 안 나는데 추정으로 이야기하는 것은 치명적일 수 있다

조사원의 사실확인 질문에 기억이 안 나는 경우에는 안 난다고 이야기해야 한다. 모르는 경우에도 마찬가지이다. 추정으로 이야기해서는 안 된다. 통상 조사를 받게 되는 사건이 어제 오늘 일이 아니라 심지어 수년 전에 일어난 일인 경우가 많고 당시에는 그렇게 심각하게 생각하지 않았기 때문에 기억이 안 나는 것은 당연하다. 조사기관에 출석하여 여러 가지 질문들을 받게 될 때 사람의 심리가 계속 모르거나 기억이 안 난다고 답변할 경우 진술의 신빙성을 의심받게 될 것 같아 스스로 중요하지 않다고 생각하는 사안에 대하여는 실제로 기억이 나지 않는데도 현재의 합리적인 추정으로 인정하게 되기도 하는데 한 번 진술한 것을 번복하기가 쉽지 않을 뿐만 아니라 진실성을 의심받게 된다.

특히 조사원은 나름 논리적인 그림(설혹 그것이 잘못되었다 할지라도)을 머릿속에 그리고 있으므로 3단 논법 등으로 체계적이고 계획적으로 질문하는 경우 조사받는 입장에서는 기억이 나지 않아도 논리에 반박하지 못해 인정하는 경우도 생긴다. 따라서 조사를 받는 경우 말이 되는지 안 되는지에 대하여는 고민하지 말고 경험하고 기억한 사실에 대하여만 답변하는 것이 좋다. 그리고 모든 진술은 설혹 그것이 추정으로 이야기하였다고 하더라도 사실로 인정되거나 강력한 증거로 사용될 수 있다. 추정은 여러 가지 객관적 상황과 사실을 종합적으로 판단하는 조사기관이나 법원이 하는 것이지 조사를 받고 있는 본인이 하는 것은 아니다.

자기가 경험하고 기억한 사실만 답변하라

그 누구든지 수십년 경제생활을 하게 되면 한 번쯤은 업무와 관련하여 회사의 감사실이나 조사기관에 불려가는 유쾌하지 않은 기회가 꼭 생기기 마련이다. 필자도 당연히 그런 기억이 있다. 전 직장의 책임자 시절에 2년이나 지난 업무처리와 관련하여 감사원의 조사를 받았는데 감사관이 문서 한 장을 들이밀면서 '이거 보고받은 적이 있어요?'라고 질문을 하길래 아무래도 보고받은 기억이 나지 않아 그런 기억이 없다고 답변했다. 그런데도 말이 되냐며 계속 추궁을 해서 감사관과 한참 실랑이를 벌이다가 결국 당시 근무했던 부하직원에게 물어보겠다고 양해를 구했다. 감사관의 입회하에 스마트폰의 스피커폰 모드로 당시 문서를 작성했던 직원[54]의 옆자리에 있던 직원에게 물어보니 '아마 보고했을걸요'라는 대답이 돌아왔다.

---

54 이분은 당시 휴직을 하고 해외에 체류 중이어서 통화연결이 어려웠다.

지금 생각해 보면 그때 필자 본인의 기억을 믿고 힘들더라도 실제 작성한 직원에게 연락해서 보고 여부를 확인해봐야 했는데 '옆 직원이 보고했다니 아마 보고한 것이 맞나 보네요'라고 지레 포기하고 감사관에게 인정을 하고 말았다. 이러한 인정내용은 고스란히 문답서류에 담기게 되었고 필자가 날인까지 하였다. 물론 문답을 받은 당시에는 감사관이 어떤 혐의를 가지고 접근하는지 큰 그림을 본인은 알 수 없었으므로 심각하게 생각하지 않은 측면도 있었다(조사원이 아닌 조사받는 내가 스스로 생각하는 중요성 여부는 얼마나 무의미한 일인가! 전체 그림을 모르는 상황에서 단순히 하나의 퍼즐만을 물어보니 그 중요성을 알 수가 없다). 결국 이것이 나중에 감사원에서 징계를 요구받은 큰 요인이 되었다. 확실하지 않은 필자의 기억과 제3자의 추정적 진술이 결합되어 명확하게 생각나지 않은 주장을 인정함으로써 필자도 심각한 징계퍼즐의 한 조각으로 스스로 걸어 들어가게 된 것이다.

초기진술은 뒤집기가 어렵다

징계 요구를 받고 나니 억울하고 답답해서 문서를 작성했던 직원에게 직접 확인한 결과 필자에게 보고한 적이 없다는 이야기를 듣게 되었다. 당연히 그 직원이 확인서를 써줬고 이를 근거로 확신에 가까운 희망을 가지고 감사원에 재심을 신청했지만 보고했는지 안 했는지 구체적인 물적 증거가 없고 오로지 진술에만 의존하는 상황이어서 진술 번복의 내용은 받아들여지지 않고 초기진술이 더 신빙성이 있으므로 재심을 기각한다는 결과를 1년만에 받아 들었다.

친분관계에 따라 진술하는 것은 위험하다

친분관계에 따라서 친한 사람은 보호하고 악감정이 있는 사람에게는 불리하게 진술하는 것도 자제하여야 한다. 조사원이 다른 참고인이나 혐의자를 조사하면서 자연스럽게 본인이 상대방에게 불리한 진술을 했다는 것이 드러나는 경우도 있기 때문인데, 사실과 다르거나 모함한다고 생각하면 본인도 동일하게 불리한 진술을 당할 우려도 있다. 아울러 문답까지 이르는 사건들은 한 사람의 불법행위로만 이루어지는 사례는 드물고 공범자가 있는 경우가 많아 혐의자와 참고인들이 본인 보호를 위해서 상대방에게 책임을 전가하는 경우도 발생한다. 특히 형사처벌까지 갈 수 있는 사건에 연루되어 조사를 받게 되면 친한 사이였다 할지라도 서로 원수지간이 되는 경우까지 있다. 오직 진실과 사실에 입각해서 이야기하는 것이 좋다. 본인이 책임을 면하기 위해서 거짓된 주장을 하더라도 다른 두 사람이 동일한 진술을 하는 경우에는 치명적이고, 조사과정 중 복수의 혐의자, 참고인을 함께 불러 본인과 대질신문을 하는 경우도 있어 곤경에 빠질 수 있기 때문이다.

진술거부권(묵비권) 행사도 좋은 전략이다

형사사건의 경우 법에 의하여 진술거부권[55] 행사가 보장되어 있다. 이는 일체의 진술을 하지 않거나 개개의 질문에 대하여 진술을 하지 않을 수 있고 이로 인해 불이익을 받지 않는다는 것이다. 진술을 거부할 권리를 포기하고 행한 진술은 법정에서 유죄의 증거로 사용될 수도 있다. 금융감독원 등 행정기관의 조사의 경우에는 더구나 임의조사의 성격이 강하므로 조사원은 진술

---

55 형사소송법 제244조의3(진술거부권 등의 고지) ① 검사 또는 사법경찰관은 피의자를 신문하기 전에 다음 각 호의 사항을 알려주어야 한다.
    1. 일체의 진술을 하지 아니하거나 개개의 질문에 대하여 진술을 하지 아니할 수 있다는 것
    2. 진술을 하지 아니하더라도 불이익을 받지 아니한다는 것
    3. 진술을 거부할 권리를 포기하고 행한 진술은 법정에서 유죄의 증거로 사용될 수 있다는 것
    4. 신문을 받을 때에는 변호인을 참여하게 하는 등 변호인의 조력을 받을 수 있다는 것
  ② 검사 또는 사법경찰관은 제1항에 따라 알려 준 때에는 피의자가 진술을 거부할 권리와 변호인의 조력을 받을 권리를 행사할 것인지의 여부를 질문하고, 이에 대한 피의자의 답변을 조서에 기재하여야 한다. 이 경우 피의자의 답변은 피의자로 하여금 자필로 기재하게 하거나 검사 또는 사법경찰관이 피의자의 답변을 기재한 부분에 기명날인 또는 서명하게 하여야 한다.

을 강요할 수 없다. 따라서 본인에게 불리한 내용이 있는 경우 둘러대거나 은폐하기보다는 진술거부권을 이용하여 '이 부분에 대하여는 답변하지 않겠다'라고 하는 것이 더 낫다. 은폐나 거짓 진술은 밝혀질 경우 다른 사실들까지 진실성을 의심받을 뿐만 아니라 조사원이 거짓이라는 증거나 근거를 제시하면 당황하여 또 다른 거짓 진술을 지어내어 결국은 궁지에 빠지기 때문이다.

묵비권 행사 여부는 번복할 수 있다

조사가 시작되는 시점에서 묵비권을 행사할 것인지 조사원이 물어오는 경우 앞으로 어떤 구체적인 질문들을 받을지 모르는 상황에서 대부분의 피조사자들은 묵비권을 행사하지 않겠다고 대답하는 경향이 있다.[56] 그러나 조사가 진행되면서 구체적인 사안에 대하여 본인에게 불리하거나 진술하고 싶지 않은 내용이 있게 되는데, 조사받는 입장에서는 이미 묵비권을 행사하지 않겠다고 선언했기 때문에 묵비권을 행사하기가 주저해지기 마련이다. 그러나 묵비권은 헌법에 보장된 권리로 언제든지 행사할 수가 있고, 이를 번복하는 것도 아무런 문제가 없다.

다양한 진술거부 방식

단순히 진술거부(묵비권)는 말 그대로 침묵을 하거나 진술요구에 대하여 거부한다는 의사표시를 하는 것으로 한정하여 생각할 수 있으나, 넓은 의미에서 보면 '기억이 나지 않는다', '모르겠다'라는 진술이나 '조금 생각할 기회를 달라'라는 진술 등을 포함한다고 생각하면 좋을 것이다. 특히 혐의사실이 정확히 무엇인지 알지 못하는 경우에는 우선 진술 거부가 좋을 수 있다. 어

---

[56] 형사소송법은 피의자를 신문하기 전에 피의자가 진술을 거부할 권리와 변호인의 조력을 받을 권리를 행사할 것인지의 여부를 질문하고, 이에 대한 피의자의 답변을 조서에 기재하도록 하고 있다(직전 각주의 '형사소송법 제244조의3(진술거부권 등의 고지) 제2항 참조).

차피 조사는 한 번에 끝나지 않으므로 본인의 혐의사실을 정확히 파악한 후 다음 조사 때 진술하면 된다.

객관적이고 명백한 증거가 있는 경우에는 묵비권보다 자백이 낫다

그렇지만 이미 명백한 증거가 존재하거나 조금만 조사해봐도 명백한 증거가 나오는데도 본인에게 불리하다고 하여 진술거부를 하는 경우 오히려 본인의 진정성을 의심받게 되거나 심할 경우 가중처벌될 수 있다. 이런 경우에는 솔직하게 진술하는 것이 좋다. 과거 판례를 보면 '형법 제51조 제4호에서 양형의 조건의 하나로 정하고 있는 범행 후의 정황 가운데에는 형사소송 절차에서의 피고인의 태도나 행위를 들 수 있는데, (중략) 그러한 태도나 행위가 피고인에게 보장된 방어권 행사의 범위를 넘어 객관적이고 명백한 증거가 있음에도 진실의 발견을 적극적으로 숨기거나 법원을 오도하려는 시도에 기인한 경우에는 가중적 양형의 조건으로 참작될 수 있다고 할 것이다'라고 판시했다.[57] 명백한 증거에도 진술을 거부하는 경우 가중처벌도 될 수 있다는 점을 유념하자.

내 일이 아니라고 함부로 추측해서 이야기하면 안 된다

동료 등 다른 사람의 혐의사실에 대하여 질문을 받는 경우에도 본인이 잘 모르면 진술을 하지 않겠다고 해야 한다. 이는 확실하지 않은 제3자의 혐의사실을 추측으로 이야기하여 곤란에 빠지는 상황이 발생하는 것을 미연에 막는 방법이다. 혐의자가 되면 절박한 마음에 혹시나 조사원이 조사에 잘 협조해주게 되면 본인혐의를 줄여줄 것이라는 기대감도 생길 수 있겠지만, 추측이나 거짓으로 이야기하게 되는 순간 최악의 경우 위증죄의 처벌까지 받을 수 있다.

---

[57] 대법원 2001. 3. 9. 선고 2001도192 판결.

조사원의 가장 큰 관심은 사건을 해결하는 것이다

한 가지 유의할 점은 조사원이 당신의 입장을 다 들어주고, 믿어주고, 이해해 줄 것이라고 생각하는 것이다. 기본적으로 사실관계는 엄격한 증거와 여러 사람의 진술로 판단된다. 막연히 본인은 억울하다고 주장하는 것은 의미가 없을 뿐 아니라, 조사원의 기본적인 임무가 사건 해결이고 현실적으로 조사원은 사건의 조사 및 혐의 입증만으로도 시간이 부족하다는 사실을 잊어서는 안 된다. 또 뒤에서 이야기하겠지만 조사원의 배려나 공감은 조사기법일 수도 있다.

증거를 들이대면 그때 인정하겠다고?

조사원이 증거를 제시하면 그 부분만 인정해야지 하는 생각도 곤란하다. 조사원은 혐의자가 거짓말을 할 것이라는 전제를 가지고 조사를 진행하며 친절하게 증거를 먼저 제시하고 시인하라고 하지 않는다. 또 다른 사람의 진술도 중요한 증거이다. 진술 외에 증거가 없다고 잡아떼거나 우기는 식의 전략은 통하지 않는다.

문답조서의 열람은 충분한 시간을 두고 신중하게

조사가 끝나면 문답조서를 열람하고 수정할 수 있는 기회가 주어진다. 조금이라도 빨리 자리를 벗어나고 싶은 마음에 본인이 진술한대로 기재되어 있을 것이라고 생각하고 대충 읽고 서명날인하면 안 된다. 서명날인하는 순간 이를 번복하는 것은 너무 힘들고 이것이 처벌의 증거자료로서 효력을 발휘할 수 있기 때문이다. 질문을 한 조사원이 피조사자인 당신의 답변도 기록하게 되는 문답조사의 특성상 조서에 담기는 답변의 내용도 조사원이 질문을 한 시각에서 기록할 수 있고, 또 답변의 모든 내용을 조서에 담을 수 없으므로 내용을 요약하거나 정리하여 기재하게 되어 본인의 의도나 뉘앙스와는 달라질 가능성도 있다는 점에서 더욱 그렇다.

　따라서 본인이 진술한 내용과 다르거나 본인에게 유리한 진술내용이 누락되어 있는지 시간이 걸리더라도[58] 최대한 정독을 하여 조금이라도 이상하거나 내용이 본인의 의도와 다르면 수정을 요구하는 것이 좋다. 특히 형사사건의 경우 본인에게 미치는 영향이 막대하므로 더욱 법이 보장하는[59] 문답내용에 대한 이의제기나 의견 기재 요청 권리를 포기하지 말고 행사하는 것이 좋다.

　물론 형사사건의 경우에는 검사 또는 경찰이 작성한 조서도 피고인 또는 변호인이 공판기일에 재판정에서 그 내용을 인정할 수 없다고 내용을 부인하는 진술을 하면 그 피의자신문조서는 더 이상 증거로 사용할 수 없고 법관이 읽어볼 수도 없도록 제도화하고 있기는 하지만[60] 강압수사나 허위자백 강

58　2017. 3월 전직대통령이 검찰에 출석해 14시간동안 피의자 조사를 받았는데, 실제 조사는 오후 11시 40분께 끝났지만 이후 전직대통령측의 조서 열람 및 검토에 7시간 이상 소요되어 오전 5시가 넘어 조사가 종료되었다는 보도도 있었다. 이처럼 조서의 신중한 열람은 아무리 강조해도 지나치지 않다.

59　형사소송법 제244조(피의자신문조서의 작성) ① 피의자의 진술은 조서에 기재하여야 한다.
　　② 제1항의 조서는 피의자에게 열람하게 하거나 읽어 들려주어야 하며, 진술한 대로 기재되지 아니하였거나 사실과 다른 부분의 유무를 물어 피의자가 증감 또는 변경의 청구 등 이의를 제기하거나 의견을 진술한 때에는 이를 조서에 추가로 기재하여야 한다. 이 경우 피의자가 이의를 제기하였던 부분은 읽을 수 있도록 남겨두어야 한다.
　　③ 피의자가 조서에 대하여 이의나 의견이 없음을 진술한 때에는 피의자로 하여금 그 취지를 자필로 기재하게 하고 조서에 간인한 후 기명날인 또는 서명하게 한다.

60　형사소송법 제312조(검사 또는 사법경찰관의 조서 등) ① 검사가 작성한 피의자신문조서는 적법한 절차와 방식에 따라 작성된 것으로서 공판준비, 공판기일에 그 피의자였던 피고인 또는 변호인이 그 내용을 인정할 때에 한정하여 증거로 할 수 있다.
　　② 삭제
　　③ 검사 이외의 수사기관이 작성한 피의자신문조서는 적법한 절차와 방식에 따라 작성된 것으로서 공판준비 또는 공판기일에 그 피의자였던 피고인 또는 변호인이 그 내용을 인정할 때에 한하여 증거로 할 수 있다.
　　④ 검사 또는 사법경찰관이 피고인이 아닌 자의 진술을 기재한 조서는 적법한 절차와 방식에 따라 작성된 것으로서 그 조서가 검사 또는 사법경찰관 앞에서 진술한 내용과 동일하게 기재되어 있음이 원진술자의 공판준비 또는 공판기일에서의 진술이나 영상녹화물 또는 그 밖의 객관적인 방법에 의하여 증명되고, 피고인 또는 변호인이 공판준비 또는 공판기일에 그 기재 내용에 관하여 원진술자를 신문할 수 있었던 때에는 증거로 할 수 있다. 다만, 그 조서에 기재된 진술이 특히 신빙할 수 있는 상태하에서 행하여졌음이 증명된 때에 한한다.

요 등 명백한 경우외에는 본인의 진실성 등을 의심받을 수 있으므로 사후에 이를 부인하기가 현실적으로 어려울 것이다.

영상녹화 등 법이 보장하는 보호장치를 최대한 활용하자

요즈음 피조사자의 권리 보호를 위하여 대부분 조사기관들에서는 피조사자의 동의를 받아 CCTV를 통해 영상을 녹화하고 있고,[61] 경찰 등 일부 기관에서는 진술녹음제도,[62] 자기진술메모권제도[63] 등도 도입하고 있으므로 문답 전 본인의 보호를 위해 어떠한 조치를 할 수 있는지를 확인하고 이를 최대한 활용할 필요가 있다. 즉, 영상녹화나 녹음에 절대 부담을 갖지 말고 본인에

---

⑤ 제1항부터 제4항까지의 규정은 피고인 또는 피고인이 아닌 자가 수사과정에서 작성한 진술서에 관하여 준용한다.

⑥ 검사 또는 사법경찰관이 검증의 결과를 기재한 조서는 적법한 절차와 방식에 따라 작성된 것으로서 공판준비 또는 공판기일에서의 작성자의 진술에 따라 그 성립의 진정함이 증명된 때에는 증거로 할 수 있다.

61　예를 들어 형사소송법도 피의자진술의 영상녹화 및 피의자의 시청요구권을 보장하고 있다. 형사소송법 제244조의2(피의자진술의 영상녹화) ① 피의자의 진술은 영상녹화할 수 있다. 이 경우 미리 영상녹화사실을 알려주어야 하며, 조사의 개시부터 종료까지의 전 과정 및 객관적 정황을 영상녹화하여야 한다.

② 제1항에 따른 영상녹화가 완료된 때에는 피의자 또는 변호인 앞에서 지체 없이 그 원본을 봉인하고 피의자로 하여금 기명날인 또는 서명하게 하여야 한다.

③ 제2항의 경우에 피의자 또는 변호인의 요구가 있는 때에는 영상녹화물을 재생하여 시청하게 하여야 한다. 이 경우 그 내용에 대하여 이의를 진술하는 때에는 그 취지를 기재한 서면을 첨부하여야 한다.

62　경찰은 2018년부터 진술녹음제도를 실시하여 조사에 응하는 국민이 느끼는 심리적 긴장감이나 불안감 해소를 위해 노력하고 있다. 이를 통해 수사에 대한 공정성과 신뢰성을 높이고 진술내용이 조서에 정확히 반영되어 실체적 진실 발견에도 기여하고 있다. 진술녹음 대상은 영상녹화 대상범죄를 제외한 모든 범죄(교통분야는 대부분 불기소 의견으로 송치되는 '경미사고'를 제외)이며 조사대상자가 진술녹음에 동의하는 경우에만 녹음을 진행한다.

63　경찰은 2019. 10월부터 사건관계인(피의자·피해자·참고인 등)이 경찰에서 조사를 받을 때 자신의 진술 내용 등 필요한 사항을 자유롭게 기재할 수 있도록 자기변호노트와 메모장 제도를 시행하였으며, 검찰청도 동 제도 시행을 추진 중이다. 자세한 내용은 경찰청 블로그(https://blog.naver.com/polinlove2/222406371575)를 참조하면 되고, 자기변호노트는 경찰청 홈페이지(www.police.go.kr), 대한변호사협회 및 각 지방변호사회 홈페이지 등에서 내려받을 수 있다.

게 불이익보다 본인의 진술과 조서내용이 다를 경우 확인할 수 있는 보호장치라 생각하고 이를 적극적으로 요청하는 자세가 필요하다.

예를 들어 보자. 본인이 부인하는 혐의사실에 대하여 조사가 이루어지는 경우 문답조서에 부인사실이 기록되기는 하겠지만 조서는 혐의자가 아닌 조사원이 작성하는 것이기 때문에 선택적으로 기록하거나 강력히 부인하는 것을 단순부인 수준으로 기재하는 등 혐의자에게 불리하게 기재될 가능성도 있다. 이때 영상녹화를 하게 된다면 본인의 강한 부인사실이 영상물로 남게 되어 필요시 보충자료로 사용할 수 있게 된다. 또한 영상녹화가 될 경우 조사원은 우회적인 협박이나 반복성 질문, 유도 질문 등을 할 수 없을 것이다. 참고로 녹화나 녹음된 내용은 조사원이 유죄 입증을 위한 증거자료로 쓰는 것이 아니라 인권침해 여부 확인, 진술자의 기억환기나 조서와 진술의 불일치 여부 확인 등 제한된 용도로 사용된다.[64]

법·규정이 명시하고 있는 인권보호 규정들을 숙지하라

거창하게 헌법정신까지 들먹일 필요는 없지만 조사를 받게 되면 법과 각종 규정에서 명시하고 있는 인권보호 규정들을 기억해 두고 조사과정 중 부당한 대우를 받거나 부적절한 조사를 시도하는 경우 이의를 제기할 필요가 있다. 혹시나 조사원의 심기를 건드려 불이익을 받을 수 있지 않을까 걱정될 수도 있겠지만, 처벌은 명백하게 증거에 입각하며, 처벌을 결정하기 위해서

---

[64]   예를 들어 형사소송법에서도 진술자 본인의 기억환기용 및 진술의 증명력을 다투기 위한 증거로만 규정하여 영상녹화물 자체에 대해서는 일반적인 증거사용이나 증거가치를 배제하고 있다. 동법 제318조의2(증명력을 다투기 위한 증거) ① 제312조부터 제316조까지의 규정에 따라 증거로 할 수 없는 서류나 진술이라도 공판준비 또는 공판기일에서의 피고인 또는 피고인이 아닌 자의 진술의 증명력을 다투기 위하여 증거로 할 수 있다.
② 제1항에도 불구하고 피고인 또는 피고인이 아닌 자의 진술을 내용으로 하는 영상녹화물은 공판준비 또는 공판기일에 피고인 또는 피고인이 아닌 자가 진술함에 있어서 기억이 명백하지 아니한 사항에 관하여 기억을 환기시켜야 할 필요가 있다고 인정되는 때에 한하여 피고인 또는 피고인이 아닌 자에게 재생하여 시청하게 할 수 있다.

는 객관적인 수차례 검증을 거치므로 조사원에게 잘못 보였다고 사실에 부합하지 않는 부당한 처벌을 받을 수 있다는 걱정은 내려 놓아도 된다. 지나친 부당한 대우에는 수동적으로 대응하는 것보다 당당하게 부당한 것들에 항의하는 것이 전체적으로 유리할 수 있다.

예를 들어 속칭 '별건수사'[65] 압박으로 진술을 유도하는 경우 '검사와 경찰은 다른 사건의 수사를 통해 확보된 증거 또는 자료를 내세워 관련이 없는 사건에 대한 자백이나 진술을 강요해서는 안 된다'라는 규정[66]을 들이대라. 만일 본인이 조사받고 있는 사항이 언론에 보도되었다면 '검사와 경찰은 공소제기 전 형사사건에 관한 내용을 공개해서는 안 된다'는 규정[67]이나 '검사는 수사의 전 과정에서 피의자 등 사건관계인의 사생활 비밀을 보호하고 그들의 명예나 신용이 훼손되지 않도록 노력해야 한다'는 규정[68]을 이야기하라. 만일 수사과정 중에 조사원이 차별적인 발언을 하였다면 '합리적인 이유 없이 피의자와 그 밖의 피해자·참고인 등의 성별, 종교, 나이, 장애, 사회적 신분, 출신지역, 인종, 국적, 외모 등 신체조건, 병력(病歷), 혼인 여부, 정치적 의견 및 성적(性的) 지향 등을 이유로 차별해서는 안 된다'는 규정[69]이 있다고 항의할 필요가 있다.

---

65 특정 범죄혐의를 조사하는 과정에서 이와는 관련없는 사안의 증거나 정황 등이 나오는 경우 이에 대한 수사를 하는 것을 말한다. 예를 들어 마약거래 혐의자로 조사를 받는 중 술을 먹고 돈을 안내고 도주한 사실을 확인하고 사기혐의로 입건하는 경우가 해당된다.

66 검사와 사법경찰관의 상호협력과 일반적 수사준칙에 관한 규정 제3조 제4항.

67 검사와 사법경찰관의 상호협력과 일반적 수사준칙에 관한 규정 제5조 제1항. 한편, 형법 제126조도 '검찰, 경찰 그 밖에 범죄수사에 관한 직무를 수행하는 자 또는 이를 감독하거나 보조하는 자가 그 직무를 수행하면서 알게 된 피의사실을 공소제기 전에 공표(公表)한 경우에는 3년 이하의 징역 또는 5년 이하의 자격정지에 처한다'고 규정하고 있다.

68 인권보호수사규칙 제7조.

69 경찰수사규칙 제2조 및 인권보호수사규칙 제4조.

조사 직후 문답 내용을 복기하여 기록해 두자

감사원 등 행정기관이나 검찰, 경찰의 문답시 일반적으로 기억환기용의 간단한 메모 정도는 허용되는 경우가 많다. 국가인권위원회도 경찰 혹은 검찰의 조사를 받을 때 피의자의 메모권을 보장하라고 경찰과 검찰에 권고한 바 있다.[70] 조사를 받게 될 때 메모가 가능한지를 문답 전에 반드시 확인하여 필요한 내용을 메모하는 것이 좋다. 특히 요즈음 심야 문답[71]이 원칙적으로 금지되어 있어서 사안이 복잡한 사건은 여러 차례에 걸쳐 문답을 진행하게 되는데 이전 문답에서 진술한 내용이 기억이 나지 않아 이전과 다른 답변을 하는 경우도 발생할 수 있고 이 경우 진술의 신빙성이나 일관성에 큰 의심을 받게 되는 수가 있다.

조사원이 친절하게 이전 진술내용과 다르다고 안내해줄 것이라는 기대는 하지 않는 것이 낫다. 조사원은 무죄를 증명하기 위해 문답을 하는 것이 아니라 유죄 여부를 확인하기 위해 문답을 하는 것이므로 진술이 불일치하는 경우 이를 유죄의 한 증거로 사용할 가능성이 있다. 더구나 조사원은 답변의 진실 여부 확인을 위해 동일한 내용을 계속해서 묻는 경우도 있다.

혹시라도 조사기관에서 정책적으로 메모를 허용하지 않는 경우라 할지라도 조사가 종료된 후 스트레스를 푼다고 술을 마시거나 억울함을 지인에게 토로하기보다는 제일 먼저 기억 나는 대로 오늘 문답의 질문과 대답했던 내용들을 메모해 놓는 것이 좋다. 그래야 다음 조사 때 일관되게 답변할 수 있고 또한 혹시라도 모를 조사원의 반복질문으로 인한 기억의 왜곡을 방지할 수 있기 때문이다.[72]

---

70 대한변호사협회, '자기변호노트', p.1. 자기변호노트는 국가인권위원회의 권고내용과 함께 만일 조사자가 메모를 제지하면, 국가인권위원회가 피의자가 메모할 수 있는 권리(메모권)를 보장하라고 권고했음을 조사자에게 알리고, 그럼에도 계속 메모하지 못하게 하면, 경찰서 청문감사관, 검찰청 인권보호관, 국가인권위원회(국번없이 1331)로 연락하도록 조언하고 있다.

71 심야 문답은 자정부터 다음날 6시까지를 말한다.

72 기억이 확실하지 않을 경우 조사원의 반복되는 질문은 조사원에 대한 일시적 복종 또는 자

거짓말탐지기[73]는 정황증거 이상의 의미가 없다

상황에 따라 조사원이 거짓말탐지기 검사를 실시하는 경우가 있다. 주로 증거가 없거나 피조사자간 진술이 엇갈리는 경우이다. 하지만 거짓말탐지기 검사는 본인의 동의없이 강요에 의하여 실시할 수 없다. 또한 법원은 거짓말 탐지기 검사결과의 증거능력을 매우 엄격하게 제한하고 있어[74] 현실적으로 는 증거로 사용하기가 매우 어렵고 정황증거 정도의 가치밖에 없으므로 검 사를 받더라도 크게 걱정할 필요는 없다.

본인 문답서류의 열람·복사권리를 활용하자

일부 행정기관이나 검찰, 경찰의 경우 직접 또는 변호인을 통해 본인의 진 술서류를 열람하거나 복사할 수 있는 권리도 있으니[75] 이러한 권리의 유무를

기 기억에 대한 불신 혹은 불확실함을 유도하여 허위진술을 유도할 수 있다는 연구결과도 있다(백승경, 김재휘. (2005) 반복질문이 허위자백에 미치는 영향. 한국심리학회지: 사회 및 성격, 19(3), p. 26.).

73 거짓말탐지기 검사의 원리는 사람이 의식적으로 거짓말을 하게 되면 양심의 가책이나 거짓 발각에 대한 우려 등으로 심리상태의 변동이 일어나고, 이것이 호흡, 혈압, 맥박, 피부 등에 생리적 반응을 일으킨다는 전제 아래 그 생리적 반응을 측정하여 거짓말인지 여부를 판독하 는 것이다.

74 대법원 1986. 11. 25. 선고 85도2208 판결; 거짓말탐지기의 검사결과에 대하여 사실적 관련 성을 가진 증거로서 증거능력을 인정할 수 있으려면 첫째로, 거짓말을 하면 반드시 일정한 심리상태의 변동이 일어나고 둘째로, 그 심리상태의 변동은 반드시 일정한 생리적 반응을 일 으키며 셋째로, 그 생리적 반응에 의하여 피검사자의 말이 거짓인지 아닌지가 정확히 판정될 수 있다는 세 가지 전제요건이 충족되어야 할 것이며, 특히 마지막 생리적 반응에 대한 거짓 여부 판정은 거짓말 탐지기가 검사에 동의한 피검사자의 생리적 반응을 정확히 측정할 수 있 는 장치이어야 하고, 질문사항의 작성과 검사의 기술 및 방법이 합리적이어야 하며, 검사자 가 탐지기의 측정내용을 객관성 있고 정확하게 판독할 능력을 갖춘 경우라야만 그 정확성을 확보할 수 있는 것이므로 이상과 같은 여러가지 요건이 충족되지 않는 한 거짓말탐지기 검사 결과에 대하여 형사소송법상 증거능력을 부여할 수는 없다.

75 〈열람·복사 권리 규정 예시〉
▶ 금융감독원 자본시장조사 업무규정 제17조의2(진술서 및 문답서의 열람·복사) ① 제36조에 따 른 조사기관의 사전통지를 받은 관계자는 본인의 진술서, 문답서 또는 그 밖에 본인이 조사기관 에 제출한 서류에 대한 열람·복사를 조사기관에 신청할 수 있다. 다만 조사대상자가 법인인 경

잘 확인하여 행사하는 것도 좋다.[76] 다만, 열람 청구를 하더라도 모두가 허용되는 것은 아니며,[77] 일반적으로 조사단계에서는 기밀성 유지를 위해 허가의 범위가 좁고, 조치나 처벌 확정을 위한 논의·심의단계(형사사건의 경우 재판단계), 확정단계로 갈수록 열람할 수 있는 정보의 범위가 넓어지는 경향이 있다.

소유 물건을 제출하라고 한다면?

조사과정에서 본인 소유 물건의 제출이나 개인정보 조회 허락을 요청하는 경우 어떻게 할 것인가? 예를 들어 행정기관이나 검찰·경찰 조사 출석시

우에는 열람에 한한다.

▶ 검사와 사법경찰관의 상호협력과 일반적 수사준칙에 관한 규정 제69조(수사서류 등의 열람·복사) ① 피의자, 사건관계인 또는 그 변호인은 검사 또는 사법경찰관이 수사 중인 사건에 관한 본인의 진술이 기재된 부분 및 본인이 제출한 서류의 전부 또는 일부에 대해 열람·복사를 신청할 수 있다.

② 피의자, 사건관계인 또는 그 변호인은 검사가 불기소 결정을 하거나 사법경찰관이 불송치 결정을 한 사건에 관한 기록의 전부 또는 일부에 대해 열람·복사를 신청할 수 있다.

③ 피의자 또는 그 변호인은 필요한 사유를 소명하고 고소장, 고발장, 이의신청서, 항고장, 재항고장 (이하 "고소장등"이라 한다)의 열람·복사를 신청할 수 있다. 이 경우 열람·복사의 범위는 피의자에 대한 혐의사실 부분으로 한정하고, 그 밖에 사건관계인에 관한 사실이나 개인정보, 증거방법 또는 고소장등에 첨부된 서류 등은 제외한다.

④ 체포·구속된 피의자 또는 그 변호인은 현행범인체포서, 긴급체포서, 체포영장, 구속영장의 열람·복사를 신청할 수 있다.

⑤ 피의자 또는 사건관계인의 법정대리인, 배우자, 직계친족, 형제자매로서 피의자 또는 사건관계인의 위임장 및 신분관계를 증명하는 문서를 제출한 사람도 제1항부터 제4항까지의 규정에 따라 열람·복사를 신청할 수 있다.

⑥ 검사 또는 사법경찰관은 제1항부터 제5항까지의 규정에 따른 신청을 받은 경우에는 해당 서류의 공개로 사건관계인의 개인정보나 영업비밀이 침해될 우려가 있거나 법인의 증거인멸·도주를 용이하게 할 우려가 있는 경우 등 정당한 사유가 있는 경우를 제외하고는 열람·복사를 허용해야 한다.

76 일반적으로 해당기관에 정보공개 청구의 방식으로 열람을 요청하게 되는데, 개인적으로 청구하는 경우 인터넷으로 또는 해당 기관에 방문하여 비치된 정보공개청구서 양식을 이용하면 된다.

77 일반적으로 열람신청을 하면 내부 검토를 거쳐 공개결정, 부분공개결정, 비공개결정을 하게 되는데, 조사에 중대한 장애를 가져오거나 조사기밀이 누설될 우려, 개인정보 침해 우려, 증거인멸이나 도주를 가져올 우려, 사건관계인 또는 참고인의 명예나 사생활의 비밀을 해칠 우려가 있는 경우에는 부분공개 또는 비공개를 결정하게 된다.

본인이 소유하고 있는 스마트폰을 제출할 수 있느냐고 묻는 경우 또는 공정거래위원회, 감사원, 금융감독원 등 소속 조사원이 직장 등 현장을 방문하여 행정조사를 하면서 업무용 컴퓨터, 회사 메신저와 이메일 조회, 휴대폰, 노트북, 기타 개인 소유물품을 제출할 수 있냐고 묻는 경우도 있다. 그러나 법원으로부터 발부받은 영장을 제시하는 경우를 제외하고 어떠한 경우에도 조사원이 제출을 요구한다 해도 반드시 응할 의무는 없다. 즉, 이러한 제출은 본인의 동의를 전제로 하는 임의제출에 해당하여 본인에게 불리하거나 조사내용과 직접 관련이 없는 경우 제출을 거부할 수 있다. 동의서를 들이민다 하더라도 무작정 사인할 필요는 없는 것이다.

압수수색영장을 제시할 때 확인할 것들

행정조사는 임의제출을 기본으로 하지만, 검찰·경찰의 조사는 압수수색이 빈번하게 이루어지고 있다. 압수수색영장이 있는 경우는 소유자의 의사 여부와는 상관없이 물건 등을 압수하거나 수색하여 증거물로 확보할 수 있지만[78] 이 경우에도 압수할 물건과 장소가 구체적으로 영장에 기재되어 있어야 한다. 조사원이 영장을 제시하면 압수수색의 이유, 장소 및 목록, 영장의 유효기간을 확인하고 그 사본 교부를 요구한다.[79] 특히 압수대상 목록을 잘 확인하여 압수되는 물품이나 정보, 수색되는 장소가 리스트에 구체적으로 기재되어 있는지 확인할 필요가 있다. 압수수색 대상 물품과 장소가 구체적이지

---

[78] 형사소송법 제215조(압수, 수색, 검증) ① 검사는 범죄수사에 필요한 때에는 피의자가 죄를 범하였다고 의심할 만한 정황이 있고 해당 사건과 관계가 있다고 인정할 수 있는 것에 한정하여 지방법원판사에게 청구하여 발부받은 영장에 의하여 압수, 수색 또는 검증을 할 수 있다.
② 사법경찰관이 범죄수사에 필요한 때에는 피의자가 죄를 범하였다고 의심할 만한 정황이 있고 해당 사건과 관계가 있다고 인정할 수 있는 것에 한정하여 검사에게 신청하여 검사의 청구로 지방법원판사가 발부한 영장에 의하여 압수, 수색 또는 검증을 할 수 있다.

[79] 형사소송법 개정(2022. 2. 3. 시행)으로 압수·수색영장의 처분(처분을 받는 자가 피고인인 경우)시 영장을 제시하는 것 뿐만 아니라 반드시 그 사본을 교부하도록 하여 피고인의 방어권 보장을 강화하였다.

않고 포괄적이고 불분명하다면 이는 위법한 영장이므로 현장에서 항의하고 이후 재판과정에서도 위법하게 수집된 증거물임을 주장한다.

또한 압수수색 중에 본인도 참관할 권리가 있으므로 조사원이 압수수색 영장대로 집행을 하는지, 본인 소유가 아닌 물품이 있는지, 업무용PC에서 자료를 다운받는 경우 업무와 관련된 부분만을 복사하는지 등을 확인하고 압수수색 종료시 조사원으로부터 압수수색 목록을 꼭 받아 놓아야 한다. 이 목록이 있어야 나중에 조사가 마무리되고 압수물품을 반환 받을 때 분실된 것이 있는지 확인할 수 있다.

조사원의 부당한 대우나 회유시 대처방법

만일 조사과정 중에 조사원이 모욕적인 말을 하거나 강압적인 태도를 보이면서 불안감을 조성하는 경우는 어떻게 대처해야 할까? 또는 조사과정에서 드러난 다른 혐의를 들먹이거나 제재 수위를 언급하면서 회유를 하거나 심지어 협박을 하는 경우는? 이제 어느 조사기관이든지 이러한 부당한 조사방식은 사라졌지만 혹시라도 교묘한 방법으로 원하는 진술을 요구하는 경우도 발생할 수 있다.

앞 부분에서 언급했지만 사건과 관련이 없는 지극히 개인적인 질문이나 회유, 협박 등 부당한 질문을 하는 경우, 괜히 화를 내면서 공포감을 조성하는 경우 등 정상적인 문답을 하기 어렵다고 생각이 들면 반드시 이러한 사실에 대하여 분명히 항의하는 것이 좋다. 또한 문답조서에 항의한 내용도 기재해 달라고 요구한다. 문답 상황을 영상녹화하지 않고 있다면 영상녹화를 요구하라. 만일 영장에 의해 구속되거나 체포된 상황이 아니고 임의조사라면 이런 상황에서는 조사 받을 수 없다고 항의하고 나와 버릴 수 있다.

물론 조사현장을 박차고 나오는 것은 조사를 받는 입장에서 여러 가지 불안하고 부담이 있어 어지간해서는 쉽지 않을 것이다. 그리고 문답은 무조건 나쁜 것이 아니라 본인의 억울함을 해명하고 그 내용을 문답조서에 담는 긍정적 효과도 있다. 차라리 조사를 받는 기관의 감사실에 조사원의 교체 또는 부당한 대우 개선을 요구하는 것이 문답을 아예 거부하는 것보다 나은 방법이라 생각된다.

3-4. 기초적인 조사기법

조사에는 신문기법이 동원될 수 있다

현대에 들어서면서 조사를 할 때 인권문제 등이 발생하는 강제적인 신문방법 대신 행동분석과 심리신문기법을 사용한 조사방식이 점차 늘어나고 있는데, 이러한 심리신문기법이 종래의 강제적인 신문기법보다 오히려 더 강력하여 허위자백을 이끌어 낸다는 주장도 있으므로 유의할 필요가 있다. 한 연구논문이 허위자백을 유발할 수 있는 신문기법으로 제시한 내용[80]을 보면 조사 초기에 자발적으로 찾아온 범죄혐의자가 자신이 피의자인지 인식하지 못한 채 조사를 받게 되고, 이 단계에서 조사원은 피의자를 우호적으로 생각하는 듯 보이게 하고 피의자를 존중하고 도와주는 척한다. 이후 조사원은 피의자에게 유죄를 증명할 증거가 있고 처벌을 최소화할 길을 같이 모색해 볼 수 있다는 메시지를 전달한다. 이 증거는 사실일 수도 있지만 과장되거나 허위일 수도 있다. 그리고 피의자에게 가장 심각한 결과와 그보다 덜 심각한 결과를 대조해준다. 예를 들어 고의살인이 아닌 정당방위라던가 강간이 아닌 상호합의였다는 등이다.

위 사례는 허위자백을 유발할 수 있는 신문기법으로 설명된 것이기는 하지만 조사원이 현 상황이 얼마나 심각한지, 본인이 얼마나 중대한 죄명으로 처벌될 위기에 있는지 등을 자세히 알려주며 친절하고 동정하는 태도를 보인다 하더라도 너무 마음을 놓지 말기를 바란다. 조사원이 본인의 억울한 처지를 이해하는 듯 보일지라도 결국 조사원은 당신으로부터 자백이나 다른 중요한 진술을 받아 사건을 해결하는 것이 최우선이다. 즉, 조사원이 좋은 사람이어서 그러는 경우가 대부분이겠지만 혹시라도 본인에게서 사건해결에

---

80 권영법, '현대 심리신문기법과 허위자백', 한국형사정책연구원, 형사정책연구 제23권 제3호. pp.97~98.

도움이 되는 정보를 얻거나 혐의를 인정하도록 하는 조사기법일 수도 있다.

기초적인 조사기법인 '라포형성기법'

이 책에서는 조사기법이나 문답시 신문에 대응하는 방법, 무죄를 주장하는 방법 등을 설명하지 않는다. 그럼에도 이왕 조사기법에 대하여 언급하였으니 가장 기본적인 조사기법인 라포형성기법과 리드기법에 대하여만 간략히 설명해 본다.

제일 먼저 기초적으로 알아야 할 것이 라포형성기법이다. 라포(rapport)는 주로 두 사람 사이의 상호신뢰 관계를 나타내는 심리학 용어로서 '마음이 서로 통한다', '무슨 일이라도 털어놓고 말할 수 있다'라고 느껴지는 관계를 말한다.[81] 이러한 라포 형성 가능성은 조사원이 조사과정 중 친밀성, 공감성, 그리고 연민감정 등을 드러냄으로써 높아지게 된다. Schafer와 Navarro(2003)는 '사람들은 라포 없이는 비밀을 드러내지 않는다'라는 표현으로 라포의 중요성을 강조하였다.

이러한 라포 형성을 통해 면담자와 피면담자 사이에 심리적인 가교가 놓여져 인도적인 분위기로 면담이 진행될 때 피면담자로 하여금 면담에 보다 협조적인 태도를 가지도록 하여 조사원으로 하여금 면담의 목적을 효과적으로 달성하는 데 도움을 줄 수 있다고 한다.[82] 예를 들어 혐의자는 위법행위를 하지 말아야 했는데 했다는 죄책감과 불안감에서 벗어나기 위하여 스스로 위법행위를 정당화하려는 욕구를 가지게 되는데, 조사원은 혐의자와 라포 형성을 통해 이러한 욕구를 충족시켜 줌으로써 조사원에게 사실을 털어놓게 하는 것이다.

---

81   두산백과, '라포르'(네이버지식백과).

82   김시업, '수사면담 시 라포의 구성', 한국심리학회지: 문화 및 사회문제, 2013, Vol. 19, No. 3, p. 488.

'리드기법(Reid technique)'

다음은 리드기법에 대하여 알아보자. 심리학자이고 전 시카고경찰관 출신인 John E. Reid에 의해 고안된 기법이다. 이미 혐의자가 범인인 것이 확실한 증거와 목격자로 뒷받침되는 경우 사용하는 기법으로 용의자의 자백을 받아내는 방법이라 할 수 있다. 미국에서 주로 이용되며 현재까지도 많이 이용되고 있다고 한다. 리드기법은 먼저 혐의자가 진실되게 진술하고 있는지 여부를 수집된 증거, 행동분석 등을 통해 판단한 후 혐의자가 진실하지 않다는 판단이 들면 다음의 9단계 신문전략을 사용한다.[83]

• 1단계

제1단계는 조사원이 혐의자를 직접 대면하여 확신에 찬 어조로 사건의 사실관계를 설명하고 혐의자가 범죄에 연루되었다는 증거가 있다고 고지한다. 혐의자의 스트레스가 올라가고 이때 조사원은 조사실을 이리저리 이동하며 혐의자의 개인영역 근처로 접근하면서 불안감을 증폭시킨다. 만일 혐의자가 입술을 빨거나 물건을 만지작거리거나 머리를 감싸는 등의 행동을 하면 제대로 진행되고 있는 것이다.

• 2단계

조사원은 왜 혐의자가 죄를 저질렀는지 추측하는 주제나 스토리를 이야기하면서 혐의자의 눈을 살핀다. 관심을 갖지 않으면 주제를 바꾸고, 이전보다 더 관심을 갖는다든지 고개를 끄덕이면 그 주제를 발전시키면서 혐의자가 범행에 대한 도덕적 심각성을 완화하고 범행을 합리화할 수 있는 적절한

---

83 9단계 기법의 절차는 주로 다음의 논문에서 내용을 발췌, 요약정리한 것이다. 손지호, '수사기관의 피의자신문기법에 대한 문제점 및 개선방안 연구', 경기대학교 행정대학원 2013년도 석사학위논문, pp. 35~45.
그 외에도 'Police Interrogations-The 9 Step Reid Technique'(www.dyingwords.net) 등을 참조하였다.

화제 내지 변명거리를 같이 제시하여 혐의자가 거부감을 느끼지 않도록 한다. 예를 들어 그런 상황에서는 누구든지 같은 행동을 하였을 것이라고 말하여 심적 위안을 주거나 다른 사람(피해자, 공범 등)을 비난함으로써 피의자를 동정한다.

• 3단계

혐의자가 부인을 하면 자기확신이 강화되므로 혐의를 부인하려 하면 말을 끊으며 혐의자를 침묵하도록 한다. 이는 혐의자의 자신감을 낮추는 동시에 자연스럽게 변호인에게 질문하는 것도 막아진다. 여러 차례 반복해서 부인하더라도 '내 말 아직 안 끝났어요. 당신이 말하기 전에 전부 이야기해 줄 테니 얌전히 듣도록 해요. 그리고 그 이후에 말할 기회를 줄 테니 안심하세요'라는 식으로 유죄의 증거를 들이댈 것을 암시하는 표현을 사용하면서 주도권을 잡고 있어야 한다. 특정 주제 이야기를 전개하는데 혐의자가 전혀 부정을 하지 않으면 이를 유죄의 긍정적 시그널로 본다.

• 4단계

부인만으로는 아무 소용이 없다는 것을 깨달은 혐의자는 새로운 전략을 쓰게 된다. 즉, 부인을 하는 전략 대신 논리적 근거를 대며 조사원의 주장에 반대한다. 예를 들어 '그 사람은 칼로 죽었잖아요. 나는 칼을 지니고 다니지 않는데 어떻게 내가 범인이겠어요?'라고 합리화하는 방식인데, 조사원은 이때 '그렇다면 다행입니다. 안타깝게도 당신이 우발적으로 저지른 일이었군요. 칼을 지니고 있었다면 계획적인 살인이 되는 거죠'라고 말하고 바로 이어서 '그것이 사실이 아니라면 더욱 나쁜 결과가 있을 것'이라 경고한다.

• 5단계

4단계가 효과적으로 진행된 경우 혐의자는 좌절감이 높아지면서 불안해지기 시작한다. 혐의자는 거짓말을 할지 사실대로 말할지 생각에 잠기고 말수가 적어지며 물건을 만지작거리는 등 딴전을 피우게 되는데 조사원은 이런 심경을 보이는 경우 혐의자쪽으로 몸을 가까이 하거나 시선접촉을 유지하여 자신감을 줄이는 동시에 불안감을 높여주면서 관심이 다른 방향으로 흘러가지 않도록 한다.

• 6단계

혐의자가 손으로 머리를 감싸고 고개를 숙이거나 눈물을 글썽거리기도 하고 한숨을 쉬는 등 심리적 항복을 나타내는 육체적 반응을 나타내면 조사원은 이때를 놓치지 말고 혐의자가 사실대로 말하기를 촉구하면서 그의 눈을 계속 응시하여 스트레스 수준과 현 상황에서 탈출하고 싶어하는 욕구 수준을 높여간다. 아울러 이해의 표시를 통해 피의자의 우울한 기분을 계속 달래줘야 한다.

• 7단계

이 단계에서 조사원은 변명거리를 제공하여 혐의자가 자신을 합리화할 수 있는 양자택일적인 질문을 제시한다. 이때 어느 것을 선택하더라도 일정 부분 혐의를 인정하는 내용이 되도록 질문을 구성한다. 예를 들면 '계획적인 살인이었나요 아니면 우발적인 사고였나요?'같은 것이다. 계획적인 살인은 인정할 수 없는 선택이지만 우발적인 사고는 수용할 수 있는 대안이라 생각할 수 있다. 다만, 이때 혐의자가 두려움을 갖지 않도록 사소한 동기 등의 질문부터 단계적으로 진행하도록 한다.

• 8단계

혐의자가 양자택일 중 하나를 선택한 경우 이제 자백이 시작된 것이다. 조사원은 바로 그 시점부터 즉시 범죄의 세부사항을 파악해야 한다. 조사원이 주저하는 인상을 보일 경우 혐의자는 자신의 진술을 철회해 버릴 수도 있다. '좋아요. 그 점이 내가 지금까지 듣고 싶었던 내용입니다. 어떻게 된 것이지요? 그 다음은?'이라고 말하는 방식으로 구체적으로 자백하도록 계속 격려하여야 한다. 혐의자의 불안감을 높이고 포기하는 감정이 들도록 조사원을 이 시점에서 다른 사람으로 바꾸는 것도 좋은 전략이다.

• 9단계

마지막 단계는 혐의자의 자백내용을 서면화하는 것이며, 비로소 법정에서 확실한 증거로 사용할 수 있게 된다. 요즈음은 녹음이나 영상녹화의 방법도 병행한다.

참고로 이 9가지 단계는 교과서적인 내용을 서술한 것으로 실무에서는 달라질 수 있다. 또한 이 리드기법은 앞에서 이야기한 바와 같이 용의자가 범인인 것이 확실하다는 증거가 있을 때 자백을 받아내는 것이 목적임에 따라 조사과정이 상당히 압박적이고 혐의자를 궁지로 모는 경향도 있다. 이에 따라 허위자백율이 높아지는 단점[84]이 있고 자백의 임의성 부족으로 증거능력이 부인[85]되는 사례들도 나타남에 따라 최근에는 면담기법 등 다른 심리조사기법들도 널리 사용되고 있다.[86]

최근 들어 조사기관들은 과거의 물리적 행동이나 협박으로 받은 자백이

---

[84] 특히 어린 혐의자들의 허위자백률이 높아진다는 주장이 있어 유럽의 일부 국가에서는 어린 혐의자들에 대하여는 리드기법 사용을 금지하고 있기도 하다.

[85] 형사소송법 제309조(강제등 자백의 증거능력) 피고인의 자백이 고문, 폭행, 협박, 신체구속의 부당한 장기화 또는 기망 기타의 방법으로 임의로 진술한 것이 아니라고 의심할 만한 이유가 있는 때에는 이를 유죄의 증거로 하지 못한다.

[86] 리드기법의 단점을 보완하기 위해 만들어져 널리 쓰이는 것중 하나가 영국의 PEACE모델이다. 이 모델의 가장 큰 특징은 모든 관련자(혐의자, 피해자, 목격자 등)로부터 정보를 획득하는 데 목적이 있다. 이는 리드 기법이 혐의자의 자백을 받는 데 초점을 맞추고 있는 것과 비교하여 차이가 있다. 그리고 자백을 받을 목적이 아니므로 어떠한 예단이나 선입견을 배제하는 것을 강조한다. ① Planning & Preparation ② Engage & Explain ③ Account ④ Closure ⑤ Evaluation의 5단계로 이루어져 있다.

증거능력을 갖지 못하게 되고 법적으로도 피조사자의 인권 보호가 중요해지면서 심리신문기법 등 현대적 조사기술을 더욱 발전시켜 오고 있으며, 내부적으로도 자체 연수, 조사실무서 배부 등을 통해 조사원이 다양한 조사기법을 학습할 수 있도록 하고 있다. 이와 같은 조사기법으로 무장하고 압수수색, 금융거래정보 제공 요구, 다른 참고인 조사 등을 통해 사건의 정보를 더 많이 알고 있는 조사원을 상대하여 조사의 문외한인 당신은 본인의 억울함을 관철시켜야 하니 얼마나 힘든 일일 것인가?

3-5. 과학조사기법과 디지털 조사

과학조사는 위법행위 발견과 입증의 핵심이 되어 간다

과거 필자가 2000년 초반 처음으로 금융회사를 검사하는 검사국에 배치
되어 현장검사를 나갔을 때만 해도 대부분 검사자료가 서면으로 제출되었는
데 혹시나 있을지 모를 위규행위를 확인하기 위해서 산더미만한 자료를 일일
이 넘겨가며 메모했던 기억이 난다. 컴퓨터 성능도 좋지 않아 금융거래 자료
를 엑셀로 제출받는다 해도 매크로로 돌리면 결과가 나오기까지 수십분씩 걸
리기 일쑤였다. 엄청난 자료는 조사하는 사람에게나 조사받는 사람에게나 어
느 정도 운이 따르게 하는 경우가 많았다. 위규사항을 발견하려면 경험과 전
문적인 지식도 필요하지만 볏짚속의 바늘 찾기처럼 운도 필요했기 때문이다.

그러나 이제는 금융회사 업무처리 방식도 바뀌어 대부분 회사의 업무가
컴퓨터를 통해 이루어지고, 과거의 서류철과 장부는 회사 서버와 개인 컴퓨
터에 저장되고 있으며, 수첩 대신 스마트폰에 개인의 자료와 일정이 들어가
는 세상이 되었다. 이에 따라 조사기관의 조사업무도 디지털화가 급속하게
진전되면서 이제는 조사원의 디지털 능력과 디지털 검사기법, 컴퓨터 성능
은 과거와는 비교할 수 없을 정도로 발전했다. 자연스럽게 조사분석의 기초
가 되는 정보처리능력도 비약적으로 늘어나 본인의 실수가 엄청난 서류더미
에 묻혀 조사원에게 발견되지 않기를 기대하는 것도 어려워졌다.

다양한 과학적 조사기법들

최근에는 조사기관에서도 위규행위를 적발하기 위해 많은 과학적 장비와
기법들을 사용한다. 즉, 위규행위를 확인하고 증거를 수집하기 위해서는 디
지털 저장장치, 인터넷 접속기록과 이메일, SNS 정보를 확인하고 어떻게 가
공하여 원하는 정보를 추출해 낼 것인지가 중요해지고, 나아가 PC나 스마트

폰, 서버 등에서 삭제된 위규행위 단서와 증거를 복구해내는 디지털 포렌식 (Digital Forensic)[87]이 과학적인 조사기법으로서 필수 요소가 되어가고 있다. 그 결과 최근에는 다양한 과학적인 자료들이 위규행위의 입증 증거로 채택되고 중요한 조치근거로 주장되고 있다.

과학적 자료가 증거능력을 갖기 위한 조건들은 어떤 것인가?

따라서 조사를 받는 입장에서도 어떤 과학적 자료들이 어떤 조건을 충족했을 때 증거로 주장될 수 있는지 알고 있는 것이 좋다. 그래야 본인의 무죄나 억울한 부분을 소명하기 위해서 주위의 과학적 증거자료들을 효과적으로 이용하고 부당하게 수집된 자료들에 대하여 조치의 근거가 되지 않는다고 주장할 수 있기 때문이다. 대법원 판례를 보자. '과학적 증거방법이 사실인정에서 상당한 정도의 구속력을 갖기 위해서는 감정인이 전문적인 지식·기술·경험을 가지고 공인된 표준 검사기법으로 분석한 후 법원에 제출하였다는 것만으로는 부족하고, 시료의 채취·보관·분석 등 모든 과정에서 시료의 동일성이 인정되고 인위적인 조작·훼손·첨가가 없었음이 담보되어야 하며, 각 단계에서 시료에 대한 정확한 인수·인계 절차를 확인할 수 있는 기록이 유지되어야 한다'고 판시했다.[88] 요약하면 생체자료, 디지털자료를 포함한 모든 과학적 자료가 증거로 주장될 수 있기 위해서는 분석의 신뢰성 뿐만 아니라 절차적 정당성, 기초자료 불변성 등도 입증이 요구된다는 것이다.

과학적인 조사기법은 워낙 분야가 다양하고 전문적인데다 조사기법에 대한 기밀성 등으로 파악하기가 쉽지 않지만 최근 법원의 판례 등을 참고하면 많은 도움이 된다. 이하에서는 디지털 포렌식 등 과학적인 분석자료들이 판

87　'디지털 포렌식'은 법령용어로서 일반적으로 '디지털 증거를 수집·보존·분석·현출하는데 적용되는 과학기술 및 절차'로 각종 법규 및 규정에서 정의되며, 공정거래위원회의 경우 '디지털조사분석'과 동일한 의미로 사용하고 있다.

88　마약류관리에관한법률위반(향정) (대법원 2018. 2. 8. 선고 2017도14222 판결).

례에서 주요 증거나 주요 증거를 뒷받침하는 자료로 인정되었거나 부인된 몇 가지 실제 사례, 그리고 검찰청 홈페이지에 게재[89]되어 있는 과학수사에 관한 내용 중 도움이 될 만한 것들을 정리해 보았다.

가. 법원 판결 사례로 알아보는 과학수사[90]

1) 마약류관리에 관한 법률 위반

(서울고법 2018.11.27. 선고 2018노1617 판결)

디지털자료를 주요 증거를 보강하는 간접사실·정황자료로 인정

핵심적인 주요 증거는 아니더라도 디지털자료는 주요 증거를 보강하는 보충자료로서 빈번히 사용된다. 예를 들어 위 판결에서는 "휴대폰에 대한 포렌식 분석 결과, 피고인이 위챗 메신저상에서 아이디 '◇◇◇◇◇◇◇◇◇◇'를 사용하는 불상의 인물과 2018. 3. 22.경 필로폰에 관한 내용으로 추정되는 대화를 나눈 사실"과 "위 대화방에는 필로폰으로 보이는 물체를 촬영한 사진도 게시"된 사실에 대하여 주요 증거들을 뒷받침하는 간접사실 내지 정황자료로 인정하였다.

2) 국회의원에 대한 공직선거법 위반

(대법원 2018.5.11. 선고 2018도4075 판결)

위변조되지 않은 디지털자료를 증거로 인정

ⅰ) 포렌식에서 추출된 증거와 CCTV 영상파일을 증거로 사용할 수 있

---

89 검찰청 홈페이지(https://www.spo.go.kr)/검찰활동/주요수사활동/과학수사/
90 출처: 법제처 국가법령정보센터(www.law.go.kr)

다고 판단한 원심의 결정을 증거능력에 관한 법리를 오해한 잘못이 없다고 대법원이 결정하였다. 참고로 원심은 다음과 같은 이유로 위 증거를 증거로 사용할 수 있다고 판단하였다. "충북지방경찰청에서 이루어진 제2차 포렌식 과정 중 복제본을 생성하는 과정에서 오류가 발생하였으나, 제3차 포렌식에서 추출된 증거와 관련된 저장매체가 영구적으로 손상되었다고 보기 어렵다. 그리고 CCTV 영상파일은 그 원본이 존재하지 않아 원본과 동일한지 확인할 수는 없지만, 원본으로부터 복사한 사본으로서 복사 과정에서 위조되거나 변조되지 않았다."

디지털자료가 증거능력을 갖기 위한 구체적인 조건은?

ii) 디지털자료의 경우 성질상 작성자의 서명 또는 날인이 없고 필체감정 등 일반적인 방법으로 작성자의 증명이 어려울 뿐 아니라 또한 특정한 기술에 의하여 내용이 편집되거나 조작될 위험성이 있다. 따라서 디지털자료가 증거능력을 갖기 위해서는 진위여부 등을 보장할 엄격한 요건을 필요로 한다.

위 판례에서는 디지털자료가 증거능력을 갖기 위해서는 디지털기기에 저장된 내용과 출력문건의 동일성이 필요하고 변조 가능성이 없어야 한다고 명시한다. "압수물인 컴퓨터용 디스크 그 밖에 이와 비슷한 정보저장매체(이하 '정보저장매체'라 한다)에 입력하여 기억된 문자정보 또는 그 출력물(이하 '출력 문건'이라 한다)을 증거로 사용하기 위해서는 정보저장매체 원본에 저장된 내용과 출력 문건의 동일성이 인정되어야 하고, 이를 위해서는 정보저장매체 원본이 압수 시부터 문건 출력 시까지 변경되지 않았다는 사정이 인정되어야 한다. 특히 정보저장매체 원본을 대신하여 저장매체에 저장된 자료를 '하드카피' 또는 '이미징(imaging)'한 매체로부터 출력한 문건의 경우에는 정보저장매체 원본과 '하드카피' 또는 '이미징'한 매체 사이에 자료의 동일성도 인정되어야 할 뿐만 아니라, 이를 확인하는 과정에서 이용한 컴퓨터의 기계적 정확성, 프로그램의 신뢰성, 입력·처리·출력의 각 단계에서 조작자의 전문적인 기술능력과 정확성이 인정되어야 한다(대법원 2007. 12. 13. 선고 2007도7257 판결 등 참조)."

음성 디지털자료의 증거사용 조건은?

iii) 음성파일이 증거로 사용될 수 있기 위해서는 원본과 동일하고 무결성이 인정되어야 한다는 판결내용이다. "피고인 2가 임의로 제출한 음성파일 중 확장자가 'wma'인 파일"에 대하여 "원심은 위 증거가 원본과 동일하고 무결성이 인정된다는 점이 증명되지 않았다는 이유로 증거로 사용할 수 없다고 판단하였다. 원심판결 이유를 관련 법리와 기록에 비추어 살펴보면, 원심의 판단에 상고이유 주장과 같이 증거능력에 관한 법리를 오해한 잘못이 없다."

3) 특정범죄가중처벌등에관한법률위반(조세)·조세범처벌법 위반

(대법원 2018. 2. 8. 선고 2017도13263 판결)

디지털자료의 위변조 여부를 입증할 책임은 검사가 부담한다

전자문서를 수록한 파일 등의 증거능력을 인정하기 위한 요건은 증거로 제출된 전자문서의 파일의 사본이나 출력물이 인위적 조작 없이 원본 내용을 그대로 복사·출력한 것이라는 사실을 증명하여야 하는데 이 책임은 검사에게 있다는 판결이다. "전자문서를 수록한 파일 등의 경우에는 성질상 작성자의 서명 혹은 날인이 없을 뿐만 아니라 작성자·관리자의 의도나 특정한 기술에 의하여 내용이 편집·조작될 위험성이 있음을 고려하여, 원본임이 증명되거나 혹은 원본으로부터 복사한 사본일 경우에는 복사 과정에서 편집되는 등 인위적 개작 없이 원본의 내용 그대로 복사된 사본임이 증명되어야만 하고, 그러한 증명이 없는 경우에는 쉽게 증거능력을 인정할 수 없다. 그리고 증거로 제출된 전자문서 파일의 사본이나 출력물이 복사·출력 과정에서 편집되는 등 인위적 개작 없이 원본 내용을 그대로 복사·출력한 것이라는 사실은 전자문서 파일의 사본이나 출력물의 생성과 전달 및 보관 등의 절차에 관여한 사람의 증언이나 진술, 원본이나 사본 파일 생성 직후의 해시(Hash)값 비교, 전자문서 파일에 대한 검증·감정 결과 등 제반 사정을 종합하여 판단할 수 있다. 이러한 원본 동일성은 증거능력의 요건에 해당하므로 검사가 그 존재에 대하여 구체적으로 주장·증명해야 한다."

4) 국가보안법 위반
(대법원 2017. 11. 29. 선고 2017도9747 판결)

외부 디지털서비스회사에 저장된 내용도 압수수색이 가능하다

통상 압수수색영장은 장소를 특정하게 되는데 그 장소에 있는 컴퓨터를 이용하여 영장에 기재된 장소가 아닌 원격지에 있는 이메일서비스회사[91]의 서버에 접속하여 이메일을 내려받는 것도 가능하다는 판례이다. "압수·수색할 전자정보가 압수·수색영장에 기재된 수색장소에 있는 컴퓨터 등 정보처리장치 내에 있지 아니하고 그 정보처리장치와 정보통신망으로 연결되어 제3자가 관리하는 원격지의 서버 등 저장매체에 저장되어 있는 경우에도, 수사기관이 피의자의 이메일 계정에 대한 접근권한에 갈음하여 발부받은 영장에 따라 영장 기재 수색장소에 있는 컴퓨터 등 정보처리장치를 이용하여 적법하게 취득한 피의자의 이메일 계정 아이디와 비밀번호를 입력하는 등 피의자가 접근하는 통상적인 방법에 따라 원격지의 저장매체에 접속하고 그곳에 저장되어 있는 피의자의 이메일 관련 전자정보를 수색장소의 정보처리장치로 내려받거나 그 화면에 현출시키는 것 역시 피의자의 소유에 속하거나

---

91 이메일서비스회사 예를 들자면 구글, 다음, 네이버 등이 있는데, 대한민국 국민이라면 이메일서비스회사의 이메일 계정은 한 개쯤 가지고 있을 것이다.

소지하는 전자정보를 대상으로 이루어지는 것이므로 그 전자정보에 대한 압수·수색을 위와 달리 볼 필요가 없다." "그리고 이러한 법리는 원격지의 저장매체가 국외에 있는 경우라 하더라도 그 사정만으로 달리 볼 것은 아니다"라고 판결하였다. 이를 확대해석한다면 SNS메신저나 회원가입 사이트에 저장되어 있는 개인정보 내용도 압수수색대상으로 컴퓨터와 피의자 아이디, 비밀번호가 확보된다면 원격지에 있는 서비스회사 서버에 저장된 내용을 조사원이 내려받거나 조회하여 열람하는 것도 가능하다는 것이다.

5) 성폭력범죄의처벌등에관한특례법 위반(카메라 등 이용 촬영)

(대법원 2020. 11. 26. 선고 2020도10729 판결)

저장매체를 영장기재 장소외에서 검색한다면 적법한 절차가 필요하다

"저장매체에 대한 압수 · 수색 과정에서 전자정보가 담긴 저장매체, 하드카피나 이미징(imaging) 등 형태(복제본)를 수사기관 사무실 등으로 옮겨 복제 · 탐색 · 출력하는 경우 피압수자나 변호인에게 참여 기회를 보장하고 혐의사실과 무관한 전자정보의 임의적인 복제 등을 막기 위한 적절한 조치를 취하여야" 하며, "이러한 조치를 취하지 않은 경우" "피압수자 측이 위와 같은 절차나 과정에 참여하지 않는다는 의사를 명시적으로 표시하였거나 절차 위반행위가 이루어진 과정의 성질과 내용 등에 비추어 피압수자에게 절차 참여를 보장한 취지가 실질적으로 침해되었다고 볼 수 없을 정도에 해당한다는 등의 특별한 사정이 없는 이상 압수 · 수색이 적법하다고 할 수 없다.[92] 이

---

92 실제 압수수색영장에 기재된 저장매체 압수의 방법 문구의 예를 들자면 다음과 같다. "1. 집행현장에서 서버의 복제가 물리적, 기술적으로 불가능하거나 현저히 곤란한 때에 한하여 해당 서버를 봉인하여 그 소재지 이외의 장소로 반출할 수 있음. 2. 서버의 봉인과 반출에는 피압수자 등의 참여가 보장되어야 하나, 피압수자 등이 참여를 거부하거나 협조를 기대할 수 없는 경우에는 그러하지 아니함. 3. 위와 같이 반출한 서버는 그 봉인을 개봉하여 복제한 후

는 수사기관이 저장매체 또는 복제본에서 혐의사실과 관련된 전자정보만을 복제·출력한 경우에도 마찬가지이다"라고 판시하였다.

압수수색 과정에서 조사원이 사건과 무관한 자료까지 저장되어 있는 PC 등 디지털기기를 압수수색 장소가 아닌 제3의 장소에서 복제·탐색·출력하겠다고 하는 경우 부득이한 상황인지, 위변조 가능성은 없는지, 변호인이 있는 경우 변호인에게 알렸는지 등을 확인하여 동의할지 여부를 결정하고, 제3의 장소에서 작업이 이루어질 때에도 본인이 직접 참여하거나 변호인으로 하여금 참여하도록 하는 것이 좋을 것이다.

6) 특정범죄가중처벌등에관한법률위반(조세)·조세범처벌법 위반

(대법원 2018. 2. 8. 선고 2017도13263 판결)

디지털자료를 압수할 때에도 구체적인 압수물 목록을 교부하여야 한다

일반적으로 디지털자료는 무한대로 복사가 가능하므로 압수할 때에도 통상 해당 디지털기기에 접속한 후 키워드 검색 등을 통하여 혐의가 있는 파일을 선택하여 복사하여 압수하는 방식을 사용한다. 따라서 디지털자료가 저장된 컴퓨터 등은 압수되지 않는 경우가 많다. 그렇다면 추후 사건에 대한 조사가 끝난 후 압수물 반환도 사실상 필요 없으므로 압수물 목록 교부에 포함시킬 필요도 없다고 생각할 수 있다. 그러나 압수물 목록에 디지털자료의 파일 명세까지 구체적으로 포함되어야 한다는 법원판결도 있으며 본인의 효

지체 없이 피압수자 등에게 반환하되, 특별한 사정이 없는 한 반출일로부터 7일을 도과하여서는 아니됨. 4. 서버를 복제한 저장매체에 대하여는 혐의사실과 관련된 전자정보만을 출력 또는 복사하여야 하고, 전자정보의 복구나 분석을 하는 경우 신뢰성과 전문성을 담보할 수 있는 방법에 의하여야 함. 5. 서버를 통한 증거물 수집이 완료되고 이를 복제한 저장매체를 보전할 필요성이 소멸한 때에는 혐의사실과 관련 없는 전자정보는 지체 없이 삭제, 폐기하여야 함" (준항고일부인용결정에대한재항고 [대법원 2015. 10. 15. 선고 2013모1969 판결]).

과적인 변호를 위하여도 어떠한 물건과 내용들이 압수되었는지 알고 있어야 하므로 확인할 필요가 있다.

법원판결 내용의 구체적인 내용을 보면 "형사소송법 제219조, 제129조에 의하면, 압수한 경우에는 목록을 작성하여 소유자, 소지자, 보관자 기타 이에 준할 자에게 교부하여야 한다. 그리고 법원은 압수·수색영장의 집행에 관하여 범죄 혐의사실과 관련 있는 정보의 탐색·복제·출력이 완료된 때에는 지체 없이 압수된 정보의 상세목록을 피의자 등에게 교부할 것을 정할 수 있다. 압수물 목록은 피압수자 등이 압수처분에 대한 준항고를 하는 등 권리행사절차를 밟는 가장 기초적인 자료가 되므로, 수사기관은 이러한 권리행사에 지장이 없도록 압수 직후 현장에서 압수물 목록을 바로 작성하여 교부해야 하는 것이 원칙이다. 이러한 압수물 목록 교부 취지에 비추어 볼 때, 압수된 정보의 상세목록에는 정보의 파일 명세가 특정되어 있어야 하고, 수사기관은 이를 출력한 서면을 교부하거나 전자파일 형태로 복사해 주거나 이메일을 전송하는 등의 방식으로도 할 수 있다"고 한다.

여기서 유의할 것은 혹시라도 수사관이 디지털자료를 파일복사 등을 통해 압수하면서 '원본과 사본의 동일성을 확인하였다', '압수수색 절차에 이의가 없다'는 확인서에 서명하도록 요청하더라도 당황해서 무작정 서명하지 말고 압수물 목록 등 관련 서류를 반드시 확인하고 신중하게 서명해야 한다.

나. 검찰청의 과학수사

연배가 좀 있으신 독자분들은 과거 한 방송국 인기 수사물이었던 '수사반장'을 기억하시리라 생각한다. 이 프로그램은 1971년에 첫 방송을 하고 1989년까지 무려 880회에 걸쳐 방영되었는데 유명한 일화도 있다. 수사반장 역을 맡았던 최불암씨 인터뷰[93]에 따르면 박정희 대통령은 '수사반장'을

---

93 '히스토리 후'라는 프로그램에서 인터뷰 내용이 방영되었다.

매주 챙겨볼 정도로 정말 좋아했는데, 수사반장역이었던 최불암씨가 담배를 피우는 장면이 나올 때마다 박정희 대통령이 따라서 담배를 핀다고 영부인인 육영수 여사가 직접 최불암씨에게 전화를 걸어 출연 중에 흡연을 좀 줄여달라고 부탁했다고 한다. 아무튼 필자의 기억에 '수사반장' 사건현장 씬에는 어김없이 붓을 든 수사관들이 사라진 혐의자가 만졌을 법한 물건에서 지문을 뜨는 모습이 잡히곤 했다. 당시에는 흰 가운을 입고 지문감식을 하는 경찰 수사관들이 정말 멋있어 보였는데, 이제는 지문감식이 아니라 혈액분석을 넘어 DNA감식, 디지털 포렌식 등 최첨단 과학수사로 범인을 잡아내고 있으니 조사기법의 엄청난 발전이 아닐 수 없다.

이러한 과학적 기법을 동원한 조사는 금융감독원, 경찰, 검찰, 공정거래위원회, 감사원 등 모든 조사기관에서 이미 중요한 조사수단으로 이용되고 있지만 구체적인 내용은 조사기법상의 사항으로 외부에 공개하지 않는다. 여기에서는 과학수사에 대한 독자들의 이해를 돕기 위하여 검찰이 홈페이지에 공개하고 있는 과학수사의 범위와 일반적인 내용을 요약하여 소개한다.[94] 검찰의 과학수사(Forensic Science)는 대검찰청 과학수사부에서 담당하는데, 범죄수사 증거물의 신속·정확한 감정(분석), 사이버범죄에 체계적인 대응으로 일선 검찰청 수사를 지원하는 구조로 이루어지며, 크게 디지털 수사지원 분야, 법과학·DNA·화학분석 지원 분야 및 사이버범죄 수사지원 분야로 구분된다.

1) 디지털 수사지원

디지털 수사지원(디지털 포렌식)은 업무의 전산화와 디지털기기 사용의 일반화로 디지털증거의 확보가 조사의 성패를 좌우하게 되는 등 시간이 갈수

---

[94] 아래 내용은 검찰청 홈페이지의 과학수사 소개 내용을 간략하게 정리한 것임을 밝혀둔다. 검찰청 홈페이지(https://www.spo.go.kr)/검찰활동/주요수사활동/과학수사/

록 그 중요성이 커지고 있는 상황에 맞춰 조사현장 등에서 압수되는 하드디스크, USB, 스마트폰, 대용량 서버 등의 디지털기기 및 e-mail, SNS 등 디지털데이터를 분석하여 필요한 증거를 찾아내는 활동을 말한다.

(가) 컴퓨터 포렌식: 데스크탑, 노트북, 외장HDD, SSD, USB 등 디지털 저장매체에 대한 압수·수색 및 삭제·변경된 내역을 복원하는 방법을 통해 중요한 디지털증거를 획득, 분석하는 활동

(나) 데이터베이스 포렌식: 기업·기관에서 활용하는 정보기반시스템에 저장된 전자정보(회계, 이메일, 전자결재, 업무데이터베이스 등)를 수집하고, 전자정보의 삭제·변경된 내역을 복원하는 방법을 통해 디지털증거를 획득 및 분석하는 활동

(다) 모바일 포렌식: 스마트폰, 태블릿PC와 같은 모바일기기는 메신저, 인터넷 접속, 파일 저장 등 다양한 기능을 갖춰 분석의 필요성이 높고 디지털증거 확보의 중요 수단이 되고 있으며, 모바일기기에 저장된 문자메시지, 통화 내역, 인터넷 기록, 사진 등의 데이터를 수집하여 디지털증거를 획득하고 분석하는 활동

(라) 분석회피 대응: 암호가 설정되어 있는 디지털증거물(하드디스크, 파일 등)에 대한 암호를 해독하는 활동

2) 법과학·DNA·화학분석 지원

(가) 법화학감정: 압수증거물 및 소변, 모발 등 생체시료를 이용하여 마약, 대마, 향정신성 의약품 및 기타약물의 진위여부, 복용여부 및 성분함량(순도) 등을 감정하는 마약감정과 의약품 및 화장품, 식품·식품첨가물, 오염물질, 폐기물, 독극물 등 각종 유해물질을 감정하는 화학감정으로 수사를 지원하는 활동

(나) 문서감정: 특정한 문서 또는 유가증권의 위변조 여부, 작성자 등을

식별하거나, 육안으로 판독이 불가능한 문서의 내용을 검출·해독하기 위해 문자, 기호, 인영, 지문, 잉크, 지질 등을 과학적인 실험 및 관찰을 통하여 분석하는 활동

(다) 심리분석: 사실과 다르게 진술할 때 사람은 양심의 가책을 느끼거나 거짓말이 탄로 날까 두렵기도 하고 새로운 내용을 만들어 내야 하기 때문에 머리가 복잡해지기도 하는 인지적 부담상태가 된다. 반대로 사실대로 진술할 때는 양심의 가책이나 탄로의 우려가 없으며 인지적 부담을 경험하지 않는다. 이러한 심리적 상태는 인간의 마음과 몸의 상호연관성 때문에 생리적 반응 및 언어적·비언어적 행동에 영향을 미치게 되는데 이러한 다양한 심리학적 원리들을 적용하여 진술의 진위 여부를 판단하는 기법이며, 크게 심리생리검사, 행동분석, 임상심리평가, 통합심리분석으로 구분

(라) 진술분석: 실제 경험한 사건에 대한 진술과 허위로 꾸며내거나 상상에 의한 진술 사이에는 그 내용과 질에 있어서 차이가 있다는 것을 기본 전제로 진술인의 진술이 진실한지 여부를 과학적으로 분석하는 기법

(마) 영상분석: 사진이나 영상물의 화질 또는 이미지 개선, 합성·조작 여부, 동일인 여부, 문자 또는 물체 등의 식별 기타 필요한 사항에 대하여 분석·감정을 수행하는 활동

(바) 음성분석: 사람마다 발성 및 발음 특징이 서로 다른 점을 이용하여 범죄 수사 또는 재판에 필요한 증거를 제공하기 위해 녹음테이프, CD, 디지털 파일, 비디오테이프, 동영상 등 각종 녹음자료에 녹음된 음성 및 음향신호를 음성학, 언어학, 음향학, 물리학, 전자공학, 해부학적 기법을 이용하여 과학적으로 분석하는 활동

(사) 화재수사: 발화지점 및 발화원인을 찾는 일차원적인 화재조사를 넘어 컴퓨터 시뮬레이션, 실물 재연실험, 화재역학에 따른 관계자 진술 분석 등을 통해 화재 및 폭발 원인은 물론 피의자의 고의·과실 여부까지 종합적으로 판단하는 활동

(아) DNA감식: 개인마다 고유한 DNA형을 가지고 있는 생물학적 특징을 이용한 과학수사 기법으로 아주 적은 양의 세포에서도 DNA형을 검출할 수 있기 때문에 범죄현장에 남겨진 물건 중 사람으로부터 유래되는 모든 증거물에 대한 DNA형을 확인할 수 있어 적용 가능한 사건의 범위가 넓은 기법

(자) 멀티미디어 복원: CCTV, 블랙박스 또는 녹음기 등에서 손상 및 삭제된 멀티미디어 파일에 대하여 그 내용을 복원하고 멀티미디어 파일이 재생 프로그램에서 정상적으로 재생되지 않는 경우 복구하여 수사 및 공판에 사용할 수 있도록 지원하는 활동

돌멩이에 묻은 DNA

대검찰청 과학수사 우수사례로 발표된 내용 중 돌멩이에 묻은 DNA를 통해 혐의를 입증한 사례도 있다.[95] 검찰은 피의자가 피해자와 다투던 중 화가 나 바닥에 있던 돌멩이를 피해자에게 집어 던진 사건을 경찰에서 혐의없음 의견으로 검찰에 송치한 것을 확인했다. 검찰은 이 사건이 돌멩이를 폭행의 도구로 사용한 특수폭행 사건일 수도 있다는 생각에 대검찰청 과학수사부에 범행도구인 돌멩이에 대한 DNA 감정을 의뢰하였다. 감정 결과 피의자의 유전자형 DNA가 돌멩이에 묻어 있다는 결과를 회신받고 이를 근거로 피의자의 자백을 받아내어 기소하였다.

3) 사이버범죄 수사지원

인터넷을 통한 해킹, 바이러스·웜·스파이웨어 유포행위, Phishing, 명예훼손, 인터넷사기사범 단속 등의 인터넷범죄 수사 영역으로 로그분석, 네트워크분석, 빅데이터 분석을 통해 수사를 지원한다.

---

95 대검찰청 뉴스레터 2019년 11월호.

디지털 조사도 엄격한 규정에 의하여 진행된다

디지털자료의 특성상 디지털 조사 방식은 일반적인 조사규정을 적용하기 곤란한 부분들이 존재하기 때문에 일부 법집행기관들은 디지털 조사와 관련한 별도의 규정을 제정하여 디지털 조사를 엄격한 규정에 따라 운용하고 있다. 예를 들어 검찰은 '디지털 증거의 수집·분석 및 관리 등에 관한 규칙', '전국 디지털수사망 운영지침' 등을 예규형태로 운영하며, 경찰도 '디지털 증거의 처리 등에 관한 규칙'을 훈령으로 운영한다. 이 밖에 공정거래위원회도 '디지털 증거의 수집·분석 및 관리 등에 관한 규칙', '디지털조사분석과와 사건담당부서간 업무처리 지침', '피조사업체에서 수집한 디지털자료의 설치 및 운영에 관한 규정' 등을 제정하여 운영하고 있다. 따라서 필요한 경우 관련 규정내용을 먼저 찾아 조사절차나 권리 등을 파악해두면 도움이 된다.[96]

이상으로 리드기법을 중심으로 학문적인 측면에서 조사기법의 주요 내용에 대하여 살펴보았고, 이어 과학적 조사기법에 대하여도 법원 판례와 검찰의 과학수사를 예로 들어 간략히 살펴 보았다. 이제는 다시 본론으로 돌아와 법집행기관에서 조사받을 때 알아두고 유의하여야 할 사항들에 대하여 조금 더 살펴보기로 한다.

---

[96] 예를 들어 대검찰청예규인 '디지털 증거의 수집·분석 및 관리규정'에 의하면 적법절차의 준수(제4조), 전자정보의 단계적 압수·수색·검증(제20조), 참여권의 보장(제21조), 압수목록의 교부(제23조), 현장에서의 참여권 보장(제26조), 관련있는 디지털 증거의 압수시 조치(제27조), 참관 기회의 부여(제32조) 등이 명시되어 있다.

3-6. 건강관리와 언론대응

정신적·육체적 건강 관리는 아무리 강조해도 지나치지 않다

'그때 조금 더 신경 썼더라면', '그 사람만 만나지 않았더라면'... 수많은 후회와 앞으로 닥쳐올 어려움, 감당해야 할 주위의 시선 등을 생각하면 조사가 시작된 이후 한시도 마음 편할 순간이 없고 밤에는 도대체 잠을 이루지 못하는 날들이 지속될 것이다. 하지만 후회와 번민이 문제를 해결해 주지는 않는다. '재물을 잃는 것은 조금 잃는 것이요, 건강을 잃는 것은 다 잃는 것이다'라는 서양속담이 있다. 건강이 유지되어야 앞에 닥친 어려움을 뚫고 나갈 수 있고, 또 재기와 명예 회복을 노려 볼 수도 있다. 독자들도 많이 경험해 보았겠지만 인생은 새옹지마, 길흉화복이 수시로 교차된다. 그러므로 이번 일은 엎질러진 물이라고 마음을 편하게 먹고 건강관리에 더욱 신경을 쓰는 것이 좋다.

참고로 한번 사건에 연루되면 1년 심지어 수년이 소요된다. 마음 같아서는 빨리 끝내고 벗어나고 싶겠지만, 조사 및 처리 절차가 그렇게 단기간에 끝나지는 않는 경우가 대부분이다. 일반적으로 어느 조사기관이든지 조사에서 최종 조치결정까지 최소 수개월에서 1년 이상 걸리는 경우가 많고, 혹여 형사재판까지 받게된 경우에는 1심 재판에 넘어간 이후 최종 3심 재판까지 추가적으로 1년 이상이 걸리기 때문이다.[97]

정신적으로 감당하기 힘들다면 즉시 의사와 상담하라

조사가 진행되는 동안에는 꾸준한 운동을 하여 체력을 관리하고 친구를

---

[97] 재판에서 본인이나 검찰이 항소, 상고를 하여 최종심까지 가는 경우 2020년 통계를 보면 합의재판부 408.5일, 단독재판부 441.8일이 평균적으로 소요된다(법원행정처 2021 사법연감, 형사공판사건의 확정시까지의 평균처리기간, 표 104, p.651.).

만나는 등 가급적 일상생활을 예전과 동일하게 하면서 평상심을 유지하려고 노력해야 한다. 특히 조사기관의 조사가 시작되는 시점에서 극도의 스트레스에 시달릴 수 있고 자신도 모르게 자칫 우울증 등 급성정신장애에 걸릴 수 있으므로 만일 본인이 감당하기 힘들 정도라 생각하는 경우 주저하지 말고 정신과 의사의 도움을 받는 것이 좋다. 한 연구에 의하면 자살을 실행한 사람의 거의 95%가 실행 당시 정신장애가 있었던 것으로 진단되었고 그중 우울증이 80%, 정신분열증이 10%, 치매나 섬망이 5%였다고 한다. 즉 범죄혐의로 조사를 받는 문제상황 그 자체만으로 자살한다기보다는 이로 인한 스트레스로 심하게 고통받으며 우울증이 생겨 충동적으로 자살을 실행하는 경우가 많다는 것이다.[98]

우울증은 치명적인 결과를 가져오는 질병이다

만일 당신의 주변에 심각한 일이 생기고 이로 인해 우울한 기분이 거의 매일 지속되거나, 대부분의 일들이 괴롭고 귀찮게 느껴져서 일상생활을 정상적으로 영위하기 힘들다면 우울증을 의심해 보자. 우울증은 식욕 감소(증가), 불면증(과다 수면), 무가치감, 부적절한 죄책감, 집중력 저하, 두려움, 자신감 결여, 외로움 등의 증상을 동반한다. '이러다 괜찮아 지겠지', '나는 이겨낼 수 있어'라고 생각할 수 있지만, 우울증은 우리들이 가끔 경험하는 '낙심'의 감정과는 달라서 스스로 또는 가족과 친구의 도움만으로 극복하기는 불가능하므로 우울증 증상이 있다고 생각되면 즉시 의사 등 전문가의 도움을 받아야 한다.

다시 말하지만 우울증은 의사 진료와 약물치료가 필요한 질병이며, 자살로 인한 치사율도 매우 높다. 본인이 피조사자가 되어 조사가 진행되는 과정 중에 있다면 주기적으로 보건소 홈페이지, 종합병원 홈페이지 등을 방문하여

---

98 연성진·안성훈, '검찰 수사 중 피조사자의 자살 발생원인 및 대책 연구', 한국형사정책연구원 연구총서 14-AB-09, 2014. p. 68.

무료로 제공하는 우울증 자가진단 테스트를 해보고 조금이라도 문제가 있다는 결과가 나오면 즉시 의사 등 전문가의 상담을 받도록 한다.

화이트칼라가 정신적 스트레스에 더 약하다

특히 이 책 후반부에서 다루는 금융관련 법규의 위반은 주로 화이트칼라들이 관련되어 있는 경우가 많은데 화이트칼라들은 구조적으로 법규 위반 기관조사를 받을 때 스트레스에 더 취약한 특성이 있다. 즉, 일반범죄자들은 재범률이 높아 이미 조사를 받은 경험이 있거나 잃을 것이 별로 없다고 생각하는 경우도 많아 스트레스 저항력이 강한 반면, 화이트칼라 범죄는 조직차원에서 이루어진 경우가 많고, 범죄에 연루된 사람도 사회 지도층이거나 어느 정도 사회적 입지가 있는 사람들인 데다 조사경험이 처음인 경우가 많아 조사를 받게 되면 그 과정에서 그동안 쌓아온 명예와 자존심에 상처를 입었다고 생각하고 극심한 정신적 스트레스에 시달리게 된다. 또한 조사의 특성상 본인의 주변 인물에 대한 조사, 가족이 사는 주거지에 대한 압수수색 등이 이루어질 경우 자신의 고통이나 부담을 가족을 포함한 다른 사람들에게 지우지 않기 위해 극단적인 선택까지 하는 경우도 있다.

언론보도에는 의연하게 대처하라

본인이 관련된 사안이 사회적인 이슈인 경우 언론의 보도경쟁도 치열하여 언론에 본인의 신상이 공개되거나 공개될 우려로 인해 스트레스가 가중되게 된다. 더욱이 언론은 조사당사자가 아니므로 사건의 내용을 세세히 모를 뿐 아니라 피해자가 있다면 이들의 인터뷰 등을 통해 사실이 왜곡되어 전달되기도 하므로 이로 인한 억울함과 피해의식, 두려움, 분노의 감정이 더욱 솟구치게 되어 자칫 잘못된 생각을 할 수 있다. 이때는 궁금하더라도 당분간 뉴스나 SNS 등을 최대한 멀리하고 명상이나 기도, 산책 등 마음을 다스릴 수 있는 활동을 추천한다. 참고로 잘못된 언론보도가 나오더라도 일일이 해명하거나 법적인 대응을 하는 것은 현명하지 못하다. 해명하는 과정에서 자연스럽게 새로운 기사거리를 제공하게 될 뿐 아니라, 법적인 조치나 언론중재위원회 제소도 복잡한 절차와 시간이 소요되어 추가적인 스트레스를 줄 수 있기 때문이다. 억울하고 분노가 치밀더라도 현재 중요한 일이 무엇인지 냉정하게 판단하여 원래의 사건에 집중하고 나머지 일들은 나중으로 미루는 것이 좋다.

3-7. 체포와 구속시 유의사항과 권리

행정기관 출석요구에 응하지 않으면?

공정거래위원회, 금융감독원 등 행정기관의 조사는 피조사자의 동의하에 이루어지는 임의조사의 성격이므로 대부분 피조사자가 행정기관을 자발적으로 방문[99]하여 이루어지며, 행정기관의 출석요구에 응하지 않는다 할지라도 체포나 구속이 되지는 않는다. 오로지 본인이 조사에 임하지 않을 경우 불성실한 조사태도로 조치의 수준이 올라갈 수 있고, 또 본인의 주장이 고려되지 않은 일방적인 조사가 되거나 강제조사권이 없는 행정기관이 사실확인을 할 수 없어 중요한 사안이 아님에도 부득이 검찰 등 사법기관에 이첩할 수밖에 없는 상황이 되므로 본인에게 불리하게 작용할 수 있다는 것 뿐이다.[100]

'체포'에는 법원이 발부한 '영장'이 필요하다

일반적으로 검찰이나 경찰이 수사하는 경우에는 체포나 구속도 가능하다. '체포'는 일반적으로 법원이 발부하는 체포영장을 발부받아 이루어지게 되는데 체포의 이유는 죄를 범하였다고 의심할 만한 상당한 이유가 있고 정당한 이유없이 출석요구에 응하지 아니하거나 응하지 아니할 우려가 있는 경우이다.[101] 즉, 체포할 때는 법원이 발부한 체포영장이 있어야 하며, 예외적

---

99   물론 금융감독원의 금융회사 임점검사, 공정거래위원회의 현장조사 등 행정기관이 아닌 금융회사나 기업의 근무현장에서 조사가 이루어지는 경우도 있다.

100   그러나 정당한 사유가 없이 지속적으로 출석을 거부를 하는 경우 행정제재의 대상이 되거나, 공정거래법 등 일부 법령의 경우 조사방해나 거부 등도 형사처벌의 사유로 규정하고 있으므로 유의하여야 한다.

101   형사소송법 제200조의2(영장에 의한 체포) ① 피의자가 죄를 범하였다고 의심할 만한 상당한 이유가 있고, 정당한 이유없이 제200조의 규정에 의한 출석요구에 응하지 아니하거나 응하지 아니할 우려가 있는 때에는 검사는 관할 지방법원판사에게 청구하여 체포영장을 발부받아 피의자를 체포할 수 있고, 사법경찰관은 검사에게 신청하여 검사의 청구로 관할지방법

으로 3년 이상 징역의 중대한 범죄를 범하였다는 의심이 있고 증거 인멸, 도
망 등의 우려가 있을 때에는 체포영장 없이 긴급체포를 할 수도 있다.[102] 다
만, 긴급체포 남발을 방지하기 위한 장치로 체포 후 48시간 이내에 구속영장
을 청구하지 않거나 발부받지 못한 때는 즉시 석방하고 동일한 범죄 사실로
다시 체포하지 못하게 하고 있다.[103]

'미란다 원칙'을 고지하지 않고 체포하면 위법이다

검찰이나 경찰이 혐의자를 체포하는 경우 피의사실의 요지, 체포의 이유

원판사의 체포영장을 발부받아 피의자를 체포할 수 있다. 다만, 50만원이하의 벌금, 구류 또
는 과료에 해당하는 사건에 관하여는 피의자가 일정한 주거가 없는 경우 또는 정당한 이유없
이 제200조의 규정에 의한 출석요구에 응하지 아니한 경우에 한한다.

② 제1항의 청구를 받은 지방법원판사는 상당하다고 인정할 때에는 체포영장을 발부한다. 다만, 명
백히 체포의 필요가 인정되지 아니하는 경우에는 그러하지 아니하다.

③ 제1항의 청구를 받은 지방법 원판사가 체포영장을 발부하지 아니할 때에는 청구서에 그 취지 및
이유를 기재하고 서명날인하여 청구한 검사에게 교부한다.

④ 검사가 제1항의 청구를 함에 있어서 동일한 범죄사실에 관하여 그 피의자에 대하여 전에 체포영
장을 청구하였거나 발부받은 사실이 있는 때에는 다시 체포영장을 청구하는 취지 및 이유를 기
재하여야 한다.

⑤ 체포한 피의자를 구속하고자 할 때에는 체포한 때부터 48시간이내에 제201조의 규정에 의하여
구속영장을 청구하여야 하고, 그 기간내에 구속영장을 청구하지 아니하는 때에는 피의자를 즉
시 석방하여야 한다.

102 형사소송법 제200조의3(긴급체포) ① 검사 또는 사법경찰관은 피의자가 사형·무기 또는 장
기 3년이상의 징역이나 금고에 해당하는 죄를 범하였다고 의심할 만한 상당한 이유가 있고,
다음 각 호의 어느 하나에 해당하는 사유가 있는 경우에 긴급을 요하여 지방법원판사의 체포
영장을 받을 수 없는 때에는 그 사유를 알리고 영장없이 피의자를 체포할 수 있다. 이 경우
긴급을 요한다 함은 피의자를 우연히 발견한 경우등과 같이 체포영장을 받을 시간적 여유가
없는 때를 말한다.
　1. 피의자가 증거를 인멸할 염려가 있는 때
　2. 피의자가 도망하거나 도망할 우려가 있는 때
② 사법경찰관이 제1항의 규정에 의하여 피의자를 체포한 경우에는 즉시 검사의 승인을 얻어야 한다.
③ 검사 또는 사법경찰관은 제1항의 규정에 의하여 피의자를 체포한 경우에는 즉시 긴급체포서를
작성하여야 한다.
④ 제3항의 규정에 의한 긴급체포서에는 범죄사실의 요지, 긴급체포의 사유등을 기재하여야 한다.

103 형사소송법 제200조의4.

와 변호인을 선임할 수 있음을 말하고 변명할 기회를 주어야 한다.[104] 아울러 2021년부터는 진술을 거부할 수 있음도 같이 고지하여야 한다.[105] 일명 미란다 원칙(Miranda rights)이다. 이는 1966년 미국 연방대법원의 판결로 확립된 원칙[106]이며, 이와 같은 체포절차를 지키지 않은 경우 위법이므로 만일의 경우라도 무슨 영문인지도 모르고 수사기관으로 동행하지 말고 반드시 영장이 있는지, 무슨 이유인지, 내가 반드시 동행해야 하는지 여부를 확인할 필요가 있다.

여담이지만 영화 '인정사정 볼 것 없다'에서 형사로 연기했던 박중훈씨는 미란다 원칙을 이렇게 고지한다. '너 같은 XX한테 내가 왜 이런 말을 하는지 모르겠지만, 넌 변호사를 선임할 수 있고 묵비권을 행사할 수 있어. 어? 어? 그리고... 그 다음은 생각이 잘 안 나, 이 XX놈아. 나중에 판사가 물어보면 들었다고 그래, 무조건. 어? 이 XX놈아.' 현실에서 이런 분을 만나면 혐의자들은 감사할 일이겠지만 그럴 일은 없을 것으로 본다. 미란다 원칙을 고지하지

104 　형사소송법 제200조의5.

105 　2021년 이전까지는 한국의 경우 원래는 진술거부권이 미란다 원칙에 포함되지 않았으나 대통령령인 "검사와 사법경찰관의 상호협력과 일반적 수사준칙에 관한 규정"이 제정·시행되면서 진술거부권을 체포시 고지하는 것이 법적의무 사항이 되었다(출처: 나무위키 https://namu.wiki/, '미란다 원칙').

106 　1963년 미국 애리조나주 피닉스에서 18세 소녀를 강간한 죄로 체포된 에르네스토 미란다(Ernesto Miranda)의 판례(Miranda v. Arizona)로부터 기원하였다. 미란다는 1963. 8월 은행에서 8달러를 강탈한 혐의로 체포되었는데, 처음 2시간동안 범행을 부인하다가 자백하는 과정에서 여죄로 18세 소녀를 강간했다고 진술하였다. 그런데 이때 변호사가 같이 입회하지 않았고, 나중에 미란다 측이 재판과정에서 이를 지적하면서 자신이 자기의 법적 권리를 충분히 고지받지 못했으며, 이와 같이 법적 권리가 보장되지 못하는 상황에서 작성된 진술서가 증거가 될 수 없다고 주장했다. 당시 경찰은 미란다의 자백이 적힌 진술서를 바탕으로 미란다를 기소, 상급법원인 애리조나 주 법원에서까지 승소하였다. 하지만 얼 워런 대법관이 중심이 된 미국 연방대법원은 미란다가 미국 수정헌법 제5조의 불리한 증언을 하지 않아도 될 권리와 제6조의 변호사 조력을 받을 권리를 침해당했다고 하였다. 연방대법원은 경찰 심문 중에 변호인의 도움을 받을 권리가 충분히 보장되지 않았고, 진술거부권도 여러 면에서 효과적으로 보장되지 못했으며, 단순히 진술서에 피고가 자신의 법적 권리를 충분히 안다고 기재하는 것만으로는 피고가 그의 헌법상 권리를 포기한다고 보기 어려우므로 자백이 적힌 진술서는 증거가 될 수 없다고 하였다. 그래서 1966년 연방대법관들은 5대 4로 판결을 기각하고 사건을 다시 애리조나 주 법원으로 환송했다(출처: 나무위키 https://namu.wiki/, '미란다 원칙').

않은 상태에서 체포는 부당한 것으로 판단될 수 있고 이렇게 이루어진 자백은 증거능력이 없다.

체포적부심 신청, 할 것인가? 말 것인가?

만일 억울하게 체포를 당했다면 구제절차로 체포적부심사를 법원에 신청할 수 있다. 체포적부심이란 체포가 부당하거나 체포의 필요성이 없다고 판단하는 경우 법원에 체포가 적절한 것인지 판단하여 석방해 달라고 신청하는 것이다. 본인, 변호인, 배우자, 직계친족 등이 청구할 수 있으며, 법원은 청구서가 접수된 때로부터 48시간 이내에 피의자를 심문하고 수사관계서류와 증거물을 조사하여 이유있다고 인정하면 석방을 명령한다.[107] 체포의 최장 구금기간은 48시간인데다 법원의 체포적부심사를 위한 검토시간은 48시간에서 차감되므로 기각될 경우 자칫 구금기간만 늘어날 수 있다는 점은 유의하여야 한다.

체포되어 구금되었을 때 대처방법

체포를 당해 수사기관에 구금되면 경황이 없고 두려움, 억울함 등이 혼재되어 있는 상태가 되는데 이때 수사관의 조사를 받을 경우 자칫 진술하면서 실수를 하거나 수사관의 조사의도에 따라 진술할 가능성이 있으므로 첫날은 가급적 진술거부를 하고 마음의 안정을 찾는 것이 좋을 것이고, 직장동료, 가족, 지인, 변호사 등에 즉시 연락하여 도움을 받는 것이 좋다.

'임의동행'은 거절할 수 있다

'임의동행'이라는 형식의 수사기관 출석이 가능한데, 이 경우 동행을 요청

---

107   형사소송법 제214조의2.

받아도 합법적으로 거절할 수 있다. 임의동행은 체포영장 없이 오로지 피의자의 자발적인 의사에 의해서 수사기관까지 동행을 요청하는 것이고 이 경우 동행을 요구받은 자는 거부할 수 있고 또한 동행과정 또는 수사기관에서 언제든지 벗어날 수 있다.[108] 동행 요청에 앞서 동행을 거부할 수 있음을 고지하도록 되어 있으나, 갑자기 여러 명의 수사관들이 나타나서 동행을 요청하는 경우 당황하기 마련이고 같이 가지 않으면 뭔가 불이익이 있을 것 같은 두려움도 작용하여 평소에 이러한 내용을 잘 알고 있지 않으면 막상 본인의 권리를 주장하기가 어렵다. 그렇지만 반드시 수사관의 신분과 동행목적을 확인해 보고 그래도 구체적인 상황 판단이 전혀 안 되는 경우 추후 자발적 출석을 조건으로 동행을 거부하는 것도 방법이다. 이 경우에도 본인에게 부과된 혐의가 바로 위에서 설명한 중대한 범죄의 긴급체포 요건에 해당되는지 확인할 필요가 있고, 거부하고 현장을 나온 즉시 변호사 등 주변에 자문을 구하도록 한다.

'구속'이라는 두려운 이름

이제 형사혐의자로 조사를 받게 되는 경우 가장 부담스럽고 두려운 '구속'에 대하여 이야기해보자. 형사소송법은 '피의자에 대한 수사는 불구속 상태에서 함을 원칙으로 한다'[109]고 명시하고 있으며, 헌법도 '모든 국민은 신체의 자유를 가진다'[110]고 선언하고 있다. 그렇지만 형사소송법은 예외적으로 피의자가 죄를 범하였다고 의심할 만한 상당한 이유가 있고, 주거불확실·증거인멸우려·도주우려 사유가 있으면 '구속영장을 받아 피의자를 구속할 수 있다'[111]고 규정하고 있다. 구속제도의 도입 취지는 피의자나 피고인의 신체

---

108   대법원 2006. 7. 6. 선고 2005도6810 판결.
109   형사소송법 제198조 제1항.
110   헌법 제12조 제1항.
111   형사소송법 제201조 제1항.

의 자유를 제한하여 형사소송절차에의 출석과 참여를 보장하고, 증거인멸에 의한 수사와 심리의 방해를 제거하기 위한 수단으로 마련된 것이라 할 수 있다.[112] 참고로 앞에서 설명한 바와 같이 체포된 경우 최대 구금기간은 48시간이므로 수사기관이 더 구금해야 한다면 구속영장을 신청하여야 한다.

경찰과 검찰 구속영장 신청의 차이점

구속영장은 법원(판사)이 발부하며, 청구는 검찰(검사)만 할 수 있다. 경찰은 검찰에 신청하여 검찰이 법원에 청구한다. 즉, 검찰은 법원에 직접 구속영장을 청구하지만, 경찰은 피의자를 구속시킬 필요가 있다고 판단하는 경우 구속영장을 청구해달라고 검찰에게 신청하고, 이를 검찰이 1차적으로 판단하여 경찰의 신청이 적절하다고 판단되면 법원에 구속영장을 신청한다. 가끔 검찰이 경찰이 신청한 구속영장을 기각해서 경찰이 반발하였다는 언론보도를 접할 때가 있을 것이다. 이는 법원이 구속영장을 기각한 것이 아니라 검찰이 구속영장 신청 자체를 안 하고 반려한 것이다. 피의자 입장에서는 경찰이 구속영장을 신청한 경우 1차적으로 검찰이, 2차적으로 법원이 그 적정성 여부를 판단하여 주므로 불리할 것이 없다. 다만, 앞에서 언급한 것처럼 검찰이 직접 체포하거나 수사를 하여 구속영장을 청구하는 경우에는 법원의 판단으로만 발부 여부가 결정되게 된다.

참고로 구속을 피하기 위하여 하지도 않은 범행을 인정하거나 본인에게 주어진 권리를 포기할 필요는 없다. 피의자가 범행을 부인하거나 진술거부권을 행사한다는 이유 또는 그 사건이 여론의 주목을 받는다는 이유만으로 곧바로 도망이나 증거인멸의 염려가 있다고 단정하지는 않기 때문이다.[113]

---

[112] 김성돈·김혜경, 현행 형사소송법상 인신구속제도의 합리적 입법개선 방안, 2015 국회입법조사처, p.52.

[113] 인권보호수사규칙 제20조(불구속수사 원칙) ① 피의자에 대한 수사는 불구속상태에서 함을 원칙으로 한다.

체포와 구속의 가장 큰 차이는 감금되는 기간이다

체포나 구속 모두 신체의 자유를 제한하고 일정 장소에 감금하는 것인데, 그 기간은 체포에 비해 구속이 더 길다. 체포가 최장 48시간(2일)인데 비해 구속되면 최장 10일동안 구치소 등에 구금된다. 특히 검찰단계에서는 추가로 10일까지 갱신이 가능하다.[114] 구속된다고 해서 유죄가 확정되었다는 것은 아니지만 신체의 자유를 박탈당하게 되면서 무엇보다도 스스로 자기방어를 할 수 있는 기회가 줄어들 뿐 아니라, 직장동료들이나 지인들에게 혐의사실이 알려지게 되고 가족들에게는 큰 고통을 주게 된다.

'사전구속영장'과 '사후구속영장'

가끔 언론기사를 보다 보면 주요 인사에 대하여 사전구속영장을 청구하였다는 내용을 접할 때가 있다. 일반적으로 검찰이나 경찰이 개인을 구속하려면 법원으로부터 구속영장을 발부 받아야 하는데 구속영장은 사전구속영

---

② 구속 여부를 판단할 때에는 다음 각 호의 사항에 유의해야 한다.
  1. 피의자의 범죄혐의가 객관적인 증거에 의해 소명되었는지 충분히 검토한다.
  2. 범행의 성격, 예상되는 선고형량, 피의자의 성행, 전과, 가족관계, 직업, 사회적 관계, 범행 후의 정황 등을 종합적으로 고려하여 도망이나 증거인멸의 염려 등 구속사유가 있는지 신중하게 판단하고, 범죄의 중대성, 재범의 위험성, 피해자 및 중요 참고인 등에 대한 위해 우려 등도 고려하여야 한다.
  3. 피의자가 범행을 부인하거나 진술거부권을 행사한다는 이유 또는 그 사건이 여론의 주목을 받는다는 이유만으로 곧바로 도망이나 증거인멸의 염려가 있다고 단정하지 않는다.

114 경찰이 구속한 때 10일 이내 검사에게 인치하지 않으면 석방하여야 하고(형사소송법 제202조), 검찰은 피의자를 구속한 때 또는 경찰로부터 피의자를 인치받은 때는 10일 이내에 공소를 제기(동법 제203조)하여야 하는데 검찰의 경우 10일을 초과하지 않은 한도에서 구속기간을 연장할 수 있다(동법 제205조). 한편, 재판 과정에서는 2개월 구금이 가능하며 심급마다 2개월 단위로 2회, 상소심은 피고인 또는 변호인이 신청한 증거의 조사, 상소이유를 보충하는 서면의 제출 등으로 추가 심리가 필요한 부득이한 경우에는 3차에 한하여 갱신할 수 있다(동법 제92조).
정리하면 ① 수사단계에서 구속기간은 경찰 최대 10일, 검찰 최대 20일이고, ② 재판단계에서는 구속기간이 1심 최대 6개월, 2심 최대 6개월(부득이한 경우 2개월 추가), 3심 최대 6개월(부득이한 경우 2개월 추가)로 총 1년 6개월(부득이한 사유시 최장 4개월 추가)이 된다.

장과 사후구속영장이 있다. 사전구속영장은 체포하지 않은 상태에서 구속영 장을 청구하는 것을 말하며, 사후구속영장은 체포[115]하여 신병이 확보된 상 태에서 구속영장을 청구하는 것을 말한다. 원래 사전구속영장은 피의자가 달 아나 당장 구속하기 어려운 상황일 때 청구하는 신병확보 수단이지만 피의 자를 먼저 체포하고 사후구속영장을 청구하면 방어권 문제 제기와 반발 등 이 커질 수 있어 사전구속영장제도를 이용하기도 한다. 피의자 입장에서는 체포되어 사후구속영장이 청구되는 것보다 사전구속영장쪽이 구속전 신변 정리와 충분히 소명할 기회를 갖을 수 있다는 점에서 더 유리할 수 있다.[116]

구속은 죄질이 나쁜 순이 아니다

여기서 우리가 알아야 할 것은 죄질이 나쁜 정도를 기준으로 구속이 결정 되는 것은 아니라는 사실이다. 무죄추정의 원칙에 의해 살인혐의가 있더라 도 법원의 판결 이전까지는 죄가 확정된 것은 아니며 중대한 범죄를 저질렀 다고 해서 반드시 구속이 되는 것은 아니라는 말이다. 피의자에 대한 수사는 불구속 상태에서 함을 원칙으로 하지만, 그럼에도 법원이 피고인 구속을 결 정할 수 있는 이유는 법에 명시되어 있다.[117]

죄를 범하였다고 의심할 만한 상당한 사유가 있는 피고인이 ① 일정한 주 거가 없는 때, ② 증거를 인멸할 염려가 있는 때, ③ 도망하거나 도망할 염려 가 있는 때 이 세 가지 사유 중 하나에 해당될 때에만 구속할 수 있다. 물론

---

[115] 체포영장에 의한 체포, 현행범 체포, 긴급체포 등.

[116] 서울중앙지검은 경찰이 신청한 사전구속영장에 대하여 검찰 면담제를 실시하여 인권보호 기 능을 강화한 바 있다. 즉, 이전에는 경찰이 사후구속영장(현행범인 체포, 긴급체포)을 신청한 경우에만 검사가 전화로 피의자의 변론을 청취하고 사전구속영장에 대하여 청구 여부 결정 전 피의자에게 별도의 변론기회를 부여하지 않았으나, 2021. 7월부터는 경찰이 신청한 사전구속 영장에 대하여도 검찰이 피의자를 소환하여 검사가 직접 면담하는 검찰 면담제를 도입하여 시 행한다('경찰 사전 구속영장 검찰 면담제 시행', 2021.8.1. 서울중앙지방검찰청 보도자료).

[117] 형사소송법 제70조.

법원이 구속사유를 심사할 때 범죄의 중대성, 재범의 위험성, 피해자 및 중요 참고인 등에 대한 위해 우려, 과거 동종전과 여부, 누범 여부, 자백 여부 등을 고려하기는 하지만 위 3가지 중 하나의 사유는 필수요건이다.

구속영장 발부를 위한 영장실질심사에 대처하는 방법

그렇다면 수사기관이 구속영장을 청구하면 어떻게 대처해야 할 것인가? 법원은 피의자에 대해 구속영장을 발부하기 전 영장실질심사라는 절차를 거친다. 구속을 결정하기 전에 수사기관의 주장에 대하여 피의자에게서 직접 사실을 확인하는 과정인데, 이때 위 세 가지 구속사유들과 관련되는 내용들은 최대한 적극적으로 소명해야 한다. 주거에 대한 질문에는 명확하고 구체적으로 답변해야 하고, 명백하게 드러난 사실에 대하여도 부인으로 일관한다면 증거인멸 우려가 있는 것으로 비칠 수 있으므로 무리한 부인은 하지 말아야 한다.

법원에서 구속영장이 기각될 확률은 얼마나 되나?

정부통계를 보면 구속영장을 청구하더라도 2019년 18.9%, 2020년 18.1%가 기각된다.[118] 더욱이 국민의 인권의식이 높아지면서 구속영장 청구의 절대 건수도 줄고 있다.

검찰이 자체적으로 기각시킨 것까지 포함한 기각률은?

정부가 발표하는 기각률 통계는 경찰이 신청하였으나 검찰이 기각하여 법원에 구속영장 청구를 아예 하지 않은 경우를 제외한, 법원 신청기준으로 구속영장을 청구한 수치이다. 검찰자료를 보면 2020년 중 경찰이 신청하

---

118   e나라지표, 구속영장청구 발부현황 참고.

여 1단계인 검찰에서 기각한 것까지 포함하여 구속영장을 신청한 건수는 총 31,033건이며, 이중 실제 구속영장이 발부된 건수는 21,116건(68.0%)로서 기각률은 32.0%에 달한다. 따라서 구속영장이 청구되었다고 포기하지 말고 법상 보장된 소명기회를 충분히 활용한다면 불구속 상태에서 재판에 임할 수 있을 것이다.

2020년 중 검경의 구속영장 청구·신청과 기각 현황

	검경 청구·신청 총 건수	구속영장 기각					
		검사 기각	기각률	판사 기각	기각률	총 기각 건수	총 기각률
검사 청구	1,807	–	0%	513	28.4%	513	28.4%
경찰 신청	29,226	5,260	18.0%	4,144	14.2%	9,404	32.2%
계	31,033	5,260	16.9%	4,657	15.0%	9,917	32.0%

(출처: 2021년 검찰연감. p. 800.)

구속이 되면 어디에 갇히게 되는가?

구속이 될 경우 신체의 자유가 제한되어 본인의 억울함을 방어하기도 어려워지게 된다. 일반적으로 경찰에 의하여 구속된 경우 경찰서 유치장에서 경찰의 수사절차가 끝날 때까지 수감되며, 검찰이 수사하는 경우 및 경찰이 수사를 끝내고 검찰로 넘기는 경우 인근 구치소[119](교도소)에 수감되게 된다.

---

[119] 구속영장을 받은 피의자나 아직 형이 확정되지 않은 형사 피의자(미결수) 등을 구금하는 시설이다. 기본적으로 미결수를 위한 시설이므로 대체로 각 지방법원과 가까운 위치에 소재한다.

구속이 되었더라도 풀려날 길은 있다

바로 구속적부심제도와 보석제도를 이용하는 것이다. 구속적부심제도는 부당한 구속을 당했다고 판단되는 경우 구속적부심을 청구하면 법원이 이를 다시 심사하여 석방 여부를 결정하는 절차이다. 이는 대한민국헌법 제12조 제6항(누구든지 체포 또는 구속을 당한 때에는 적부의 심사를 법원에 청구할 권리를 가진다)에 보장된 권리이며, 형사소송법 제214조의2에 구체적으로 규정하고 있다.[120] 구

---

120 형사소송법 제214조의2(체포와 구속의 적부심사) ① 체포되거나 구속된 피의자 또는 그 변호인, 법정대리인, 배우자, 직계친족, 형제자매나 가족, 동거인 또는 고용주는 관할법원에 체포 또는 구속의 적부심사(適否審査)를 청구할 수 있다.
  ② 피의자를 체포하거나 구속한 검사 또는 사법경찰관은 체포되거나 구속된 피의자와 제1항에 규정된 사람 중에서 피의자가 지정하는 사람에게 제1항에 따른 적부심사를 청구할 수 있음을 알려야 한다.
  ③ 법원은 제1항에 따른 청구가 다음 각 호의 어느 하나에 해당하는 때에는 제4항에 따른 심문 없이 결정으로 청구를 기각할 수 있다.
    1. 청구권자 아닌 사람이 청구하거나 동일한 체포영장 또는 구속영장의 발부에 대하여 재청구한 때
    2. 공범이나 공동피의자의 순차청구(順次請求)가 수사 방해를 목적으로 하고 있음이 명백한 때
  ④ 제1항의 청구를 받은 법원은 청구서가 접수된 때부터 48시간 이내에 체포되거나 구속된 피의자를 심문하고 수사 관계 서류와 증거물을 조사하여 그 청구가 이유 없다고 인정한 경우에는 결정으로 기각하고, 이유 있다고 인정한 경우에는 결정으로 체포되거나 구속된 피의자의 석방을 명하여야 한다. 심사 청구 후 피의자에 대하여 공소제기가 있는 경우에도 또한 같다.
  ⑤ 법원은 구속된 피의자(심사청구 후 공소제기된 사람을 포함한다)에 대하여 피의자의 출석을 보증할 만한 보증금의 납입을 조건으로 하여 결정으로 제4항의 석방을 명할 수 있다. 다만, 다음 각 호에 해당하는 경우에는 그러하지 아니하다.
    1. 범죄의 증거를 인멸할 염려가 있다고 믿을 만한 충분한 이유가 있는 때
    2. 피해자, 당해 사건의 재판에 필요한 사실을 알고 있다고 인정되는 사람 또는 그 친족의 생명·신체나 재산에 해를 가하거나 가할 염려가 있다고 믿을 만한 충분한 이유가 있는 때
  ⑥ 제5항의 석방 결정을 하는 경우에는 주거의 제한, 법원 또는 검사가 지정하는 일시·장소에 출석할 의무, 그 밖의 적당한 조건을 부가할 수 있다.
  ⑦ 제5항에 따라 보증금 납입을 조건으로 석방을 하는 경우에는 제99조와 제100조를 준용한다.
  ⑧ 제3항과 제4항의 결정에 대해서는 항고할 수 없다.
  ⑨ 검사·변호인·청구인은 제4항의 심문기일에 출석하여 의견을 진술할 수 있다.
  ⑩ 체포되거나 구속된 피의자에게 변호인이 없는 때에는 제33조를 준용한다.
  ⑪ 법원은 제4항의 심문을 하는 경우 공범의 분리심문이나 그 밖에 수사상의 비밀보호를 위한 적절한 조치를 하여야 한다.
  ⑫ 체포영장이나 구속영장을 발부한 법관은 제4항부터 제6항까지의 심문·조사·결정에 관여할 수 없다. 다만, 체포영장이나 구속영장을 발부한 법관 외에는 심문·조사·결정을 할 판사가 없는

속영장을 발부한 법관은 구속적부심사의 심문·조사·결정에 관여하지 못한다. 2020년 체포·구속적부심사 청구는 총 1,938건이 이루어져 이중 130건이 석방 결정되었는데 석방률로 따지면 6.7%이다. 여기서 참고할 것은 아래 표에서 보는 바와 같이 변호인을 통한 청구의 석방률이 더 높다는 것이다. 이는 적부심사의 경우에도 전문적 식견 및 경험이 미치는 영향이 상당하다는 것을 보여준다.

체포·구속적부심사 청구사건 석방률 비교[121]

	합 계			변 호 인			비 변 호 인		
	청구	석방	석방률	청구	석방	석방률	청구	석방	석방률
2018	2,109	258	12.2%	1,016	172	16.9%	1,093	86	7.9%
2019	2,038	206	10.1%	946	147	15.5%	1,092	59	5.4%
2020	1,938	130	6.7%	757	84	11.1%	1,181	46	3.9%

한편, 보석제도는 법원이 조건을 달아 구속 집행을 해제하는 조건부 석방으로 형사소송법 제94조에서 제105조에 규정하고 있는데 원칙 허용, 예외적 금지 원칙을 적용한다.[122] 통상 보증금이나 담보를 제공하고, 일정 장소로

경우에는 그러하지 아니하다.

⑬ 법원이 수사 관계 서류와 증거물을 접수한 때부터 결정 후 검찰청에 반환된 때까지의 기간은 제200조의2제5항(제213조의2에 따라 준용되는 경우를 포함한다) 및 제200조의4제1항을 적용할 때에는 그 제한기간에 산입하지 아니하고, 제202조·제203조 및 제205조를 적용할 때에는 그 구속기간에 산입하지 아니한다.

⑭ 제4항에 따라 피의자를 심문하는 경우에는 제201조의2제6항을 준용한다.

121 법원행정처 2021 사법연감, 체포·구속적부심사 청구사건 석방률 비교, 표 124, p.659.

122 형사소송법 제95조(필요적 보석) 보석의 청구가 있는 때에는 다음 이외의 경우에는 보석을 허가하여야 한다.
　　　1. 피고인이 사형, 무기 또는 장기 10년이 넘는 징역이나 금고에 해당하는 죄를 범한 때
　　　2. 피고인이 누범에 해당하거나 상습범인 죄를 범한 때
　　　3. 피고인이 죄증을 인멸하거나 인멸할 염려가 있다고 믿을 만한 충분한 이유가 있는 때
　　　4. 피고인이 도망하거나 도망할 염려가 있다고 믿을 만한 충분한 이유가 있는 때

주거제한, 증거인멸 금지 등의 조건을 부가한다. 2020년 중 총 6,225건(지방
법원 5,692건, 고등법원 442건, 대법원 91건)의 보석이 청구되어 이중 1,904건
이 허가되었다. 비율로 따지면 31.8%에 달한다.[123]

갑자기 체포·구속되었는데 가족들에게 연락할 기회가 있는가?

지난 2013년 개봉된 영화 '변호인'에서 주인공 송강호가 변호를 맡은 대
학생은 독서모임을 마치고 돌아와야 하는데 갑자기 행방불명이 되고 어머니
는 한 달 넘게 찾아다니다가 마침내 국가보안법 위반혐의로 체포되어 구금
되어 있는 것을 알게 된다. 과거에는 이처럼 불법체포와 구금이 실제로 발생
했었고, 더욱이 수사기관은 가족들에게 이러한 사실을 제대로 통보해주지 않
은 경우도 있었다. 하지만 지금은 시대가 달라졌다.

검사는 피의자를 체포하거나 구속한 경우 24시간 내에 변호인이 있으면
변호인에게, 변호인이 없으면 피의자의 배우자·직계친족·형제자매·법정대
리인 중 피의자가 지정한 사람에게 죄명과 체포·구속의 이유, 변호인을 선임
할 수 있다는 내용을 서면으로 통보하여야 한다. 또한 이러한 서면통지와는
별도로 체포·구속하여 인치(引致)[124]한 즉시 전화나 문자메시지 등 전기통신
을 이용하여 피의자가 지정한 사람에게 그 사실을 통보하게 되어 있다.[125] 다

---

   5. 피고인의 주거가 분명하지 아니한 때
   6. 피고인이 피해자, 당해 사건의 재판에 필요한 사실을 알고 있다고 인정되는 자 또는 그 친족
    의 생명·신체나 재산에 해를 가하거나 가할 염려가 있다고 믿을만한 충분한 이유가 있는 때
   형사소송법 제96조(임의적 보석) 법원은 제95조의 규정에 불구하고 상당한 이유가 있는 때
   에는 직권 또는 제94조에 규정한 자의 청구(피고인, 변호인, 친족 등)에 의하여 결정으로 보
   석을 허가할 수 있다.

123 법원행정처 2021 사법연감, 보석청구사건 처리상황, 표 123, p.659. 한편, 지방법원 기준으
   로 2020년 구속기소인원 44,656명 중 5,692명이 보석을 청구하여 보석청구율은 약 12.7% 수
   준이다(동 사법연감 p.755).

124 형사소송법상 인치는 신체의 자유를 구속한 자를 경찰서 유치장, 구치소 등 일정한 장소로
   연행하는 것을 말한다.

125 형사소송법 제87조, 제200조의6 및 인권보호수사규칙 제24조.

만, 전화나 문자메시지 통보는 공범의 도피나 증거인멸 염려 등 특별한 사정
이 있으면 하지 않을 수도 있으며, 이때에도 서면통지는 반드시 하여야 한다.

구속이 꼭 나쁜 것만이 아니다?

무슨 말 같지 않은 이야기냐고 할 것이다. 구속이 되면 신체의 자유를 속
박받아 수사를 받는 과정이든 재판을 받는 과정이든 유죄 주장에 대하여 반
박을 할 수 있는 항변권의 제약으로 자기 방어가 어려워지고 심리적으로도
크게 위축되기 때문이다. 그러나 만일 사실관계가 이미 명확하게 확정되어
있고 실형을 받는 것이 확실하다면 어떨까? 피의자가 구속된 사건인 경우 바
로 앞에서 설명한 것처럼 법상 구속할 수 있는 기한이 정해져 있기 때문에 비
교적 신속하게 사건이 처리되어 기소 여부를 결정하게 되며, 또한 기소되어
재판이 진행될 때도 구속기간의 제한으로 불구속재판에 비해 빨리 진행되는
경향이 있다. 예를 들어 2020년 형사공판사건 중 1심 단독재판부의 판결을
보면 구속재판의 경우 3개월 이내 55.6%가 판결이 이루어진 반면, 불구속재
판의 경우에는 35.5%만 판결이 이루어졌다.[126]

형사공판사건 중 1심 단독재판부 처리기간별 인원수

	합계	1월 이내	2월 이내	3월 이내	4월 이내	5월 이내	6월 이내	9월 이내	1년 이내	2년 이내	2년 초과
구속 (%)	16,988 (100.0)	859 (5.0)	4,685 (27.6)	3,902 (23.0)	2,324 (13.7)	1,835 (10.8)	2,120 (12.5)	707 (4.1)	339 (2.0)	165 (1.0)	52 (0.3)
불구속 (%)	211,131 (100.0)	8,111 (3.8)	25,642 (12.1)	41,336 (19.6)	33,409 (15.8)	24,825 (11.8)	19,560 (9.3)	30,654 (14.5)	13,305 (6.3)	12,233 (5.8)	2,056 (1.0)

(출처: 2021 사법연감)

중요한 사실은 실형을 선고받기 전에 구금되었던 기간, 즉 체포되어 구

---

126   법원행정처 2021 사법연감, 형사공판사건 처리기간별 인원수, 표 102, p.650.

속되었다면 체포일로부터 1심 선고일까지 유치장이나 구치소에 구금되었던 기간을 실형 산정시 차감하여 준다는 것이다.[127] 예를 들어 1심에서 1년의 실형을 받고 그 이전 구속된 기간이 2개월이라면 선고 후 10개월 후에는 출소할 수 있다는 이야기이다.

물론 모든 피의자가 무죄나 집행유예를 선고받아 실형을 피할 수 있으리라는 기대감이 크고 일상적인 생활과 주변인들로부터 단절을 의미하는 구속이라는 두려운 사실을 피하고 싶은 심리가 있어 구속을 절망적으로 바라보기가 쉬울 것이지만, 필자는 어차피 일어난 일이라면 최대한 긍정적으로 생각하라는 의미에서 언급한 것임을 이해하여 주기 바란다. 또한 무죄가 선고된 경우 형사보상법에 따라 억울하게 당한 구속이나 실형을 산 것에 대해 국가를 대상으로 보상을 청구할 수도 있다.[128]

---

127 형법 제57조(판결선고전 구금일수의 통산) ① 판결선고전의 구금일수는 그 전부를 유기징역, 유기금고, 벌금이나 과료에 관한 유치 또는 구류에 산입한다.
② 전항의 경우에는 구금일수의 1일은 징역, 금고, 벌금이나 과료에 관한 유치 또는 구류의 기간의 1일로 계산한다.

128 형사보상 및 명예회복에 관한 법률 제2조(보상 요건) ① 「형사소송법」에 따른 일반 절차 또는 재심(再審)이나 비상상고(非常上告) 절차에서 무죄재판을 받아 확정된 사건의 피고인이 미결구금(未決拘禁)을 당하였을 때에는 이 법에 따라 국가에 대하여 그 구금에 대한 보상을 청구할 수 있다.
② 상소권회복에 의한 상소, 재심 또는 비상상고의 절차에서 무죄재판을 받아 확정된 사건의 피고인이 원판결(原判決)에 의하여 구금되거나 형 집행을 받았을 때에는 구금 또는 형의 집행에 대한 보상을 청구할 수 있다.
③ 「형사소송법」 제470조제3항에 따른 구치(拘置)와 같은 법 제473조부터 제475조까지의 규정에 따른 구속은 제2항을 적용할 때에는 구금 또는 형의 집행으로 본다.

달라질 것이 있겠어? 이 사회는 기대할 것이 없어! 이렇게 불평만 할 것
인가? 아직도 세상은 정의가 살아 숨쉬고 있다. 세상으로 나와서 끝까지 소
리치라. 나는 억울하다고!

본인 소명기회를 잘 활용하라

조사기관은 대부분 수개월에 걸쳐 자료를 수집하고 혐의자 및 참고인의
진술 등을 종합하여 처벌대상자와 처벌수위를 결정하게 된다. 금융감독원의
예를 들면 조사원이 조사를 한 결과를 바탕으로 조치안을 작성하면 이를 소
관부서 자체에서 한 번, 제재심의를 담당하는 부서에서 또 한 번 조사원의 조
사절차에 문제가 없는지, 적용 법규 및 조치수준은 타당한지 등에 대하여 밀
도 있는 심사를 하고 필요한 경우 이를 조정한다. 이후 주가조작, 내부정보
이용 등 불공정거래 조치의 경우 자본시장조사심의위원회에서 심의하고 최
종적으로 증권선물위원회에서 조치를 의결하게 된다.[129] 다른 금융법규 위반

---

129   이에 대하여는 이 책 1편의 조사절차 부분에서 자세히 설명하였다.

의 경우에도 유사한 절차를 거친다.[130] 통상적으로 조치가 최종적으로 결정되기 전에는 조치당사자에게 조치예정통지서를 발송하게 되므로 이때 서면진술 또는 직접 조사기관에 출석하여 소명의 기회를 가질 수 있다. 형사처벌의 경우에도 우리나라는 지방법원, 고등법원, 대법원 등 3심 제도를 보장하고 있어 판결에 수긍할 수 없으면 처벌이 확정되기 전에 항소와 상고를 통해 3번의 판결을 받아 볼 수 있으므로 재판정에서 충분히 본인에 대하여 소명할 기회를 가지게 된다.

서면진술보다 직접출석이 더 낫다

조치가 위원회 조직에서 결정된다면 피조치자에게 의견진술 기회를 부여하는 것이 통상적이므로 가급적 출석하여 다시 한 번 소명의 기회를 갖거나 선처를 요청하는 것이 좋다. 위원회 구성은 조사기관의 내부 인사뿐만 아니라 대학교수, 변호사 등 외부인사들도 포함하여 이루어지는 경우도 있다. 결정을 하는 위원들은 수많은 조치를 담당하고 심지어 외부위원의 경우 본업 등으로 더욱 바빠서 피조치자의 입장까지 자세히 살펴볼 시간이 부족할 수 있다. 수백, 수천 쪽에 이르는 조사내용을 일일이 다 살펴보고 결정을 할 거라는 기대는 가급적 버리고 직접 출석하여 본인의 입장을 간략하면서도 설득력 있게 위원들에게 전달한다면 조치안에 대하여 결정을 유보하고 더 조사를 요구하거나 조치의 정도가 변경될 수 있다. 형사처벌의 경우 검사가 기소를 하고 판사가 결정을 하는 절차이고 피고인은 직접 재판에 출석하지만 대부분 변호사를 선임하여 대처하게 되므로 변호사의 의견을 신뢰하고 따르는 것이 중요하다.

---

130 본인이 금융감독원 검사대상기관 소속 금융회사 임직원으로 검사결과 조치예정 대상이라면 행정조치는 조사담당 부서 자체 심사조정, 제재심의부서 2차 심사조정, 금융감독원 제재심의위원회 의결, 증권선물위원회 의결, 금융위원회 의결 등의 절차를 거친다(단순한 경고 등의 조치는 제재심의위원회 의결 후 금융감독원장이 결정).

다시 말하지만 절대 포기하지 말고 최선을 다하라

공정거래위원회, 금융감독원, 감사원 등 행정기관의 조사는 자체적인 조치(요구)에 끝나지 않고 형사처벌로 이어지는 검찰고발·통보까지 가능하므로 행정조치라 해서 크게 신경 안 쓰고 있다가 검찰로 넘어가게 되면 조사와 재판과정에 심지어 수년이 소요되면서 무죄를 받는다 하더라도 예전의 상태로는 더 이상 돌아가기 힘들어진다. 하지만 행정기관 조사단계에서 최선을 다하여 본인의 억울함을 밝힌다면 행정조치로 끝나면서 충분히 재기를 노려볼 수도 있다.

사법기관으로 넘어가더라도 최선을 다하라

기소되지 않을 수도 있기 때문이다. 예를 들어 공정거래위원회에서 검찰에 고발된 사건의 검찰 기소율을 보면 2019년 기준 68.4%이고 2015~19년 5년 평균도 77.1% 정도이다.[131] 금융감독원이 자본시장 불공정거래 혐의로 검찰에 통보한 사건의 검찰 기소율은 2018년 기준 68% 정도라고 한다.[132] 2020년 검찰에 접수된 전체 사건을 기준으로 보면 기소율은 27.6%로 더욱 낮아진다. 검찰에 접수된 사건 2,397,832건 중에 구속상태로 재판에 넘겨진 것은 23,414건(0.97%)에 불과하고 불구속상태로 재판에 넘겨진 사건은 195,648건(8.1%)으로서 검찰에 접수된 사건이 정식재판에 넘겨지는(구공판) 비율은 10%가 채 안 되는 것으로 나타나고 있다. 아래 표에서 보는 것처럼 구약식(벌금)까지 포함해도 30%가 안 된다. 물론 여기에는 사소한 폭행이나 사기, 교통사고 등이 포함된 것이기는 하지만 검찰에 사건이 접수된 경우 벌

---

131 공정거래위원회 보도해명자료, '공정거래위원회 최근 5년간 고발 사건 기소율 77.1%', 2020. 7. 30.

132 MTN머니투데이방송, '금감원 주식 불공정거래 사건 기소율 60%대로 뚝', 2019. 3. 8(출처: 바른미래당 이태규 의원실).

금에 그치거나(구약식) 기소유예, 혐의없음 등 불기소되는 확률도 높으므로 희망을 잃지 말고 최선을 다해야 한다.

2020년 검찰에 접수된 사건의 기소 결정 현황

총 검찰 접수 사건 수	기소			
	계	구 공 판		구 약 식
		구 속	불 구 속	
2,397,832	662,077 (27.6%)	23,414	195,648	443,015

(출처: 2021년 검찰연감)

※ 참고로 2020년 중 기소결정 외의 사건처리[133]는 불기소 결정(기소유예, 혐의없음, 죄가 안됨, 공소권 없음, 각하, 기소중지, 참고인 중지)이 1,291,658건(53.8%)이고, 그 외 소년보호사건송치, 가정보호사건송치, 성매 매보호사건송치, 타관송치 등이 있다.

설혹 기소되어 재판에 넘겨졌더라도 또 최선을 다하라

2020년 형사공판사건(1심 기준) 무죄율이 2.6%에 달하며, 벌금 등 재산 형 판결 비율이 26.7%, 집행유예 판결을 받은 비율이 35.1%에 달한다. 실형 을 받아 교도소에 수감될 확률은 30%가 채 안 되는 것이다.[134] 더욱이 실형 을 받았더라도 2심, 3심을 거치면서 형은 더 낮아질 수 있으며, 무죄가 될 수 도 있으므로 억울하다면 포기하지 말고 2심으로 항소하고 또 항소심 판결에 억울하다면 3심(대법원)으로 상고하자.[135]

---

133 사건처리 종류 및 설명은 이 책의 1편 조사절차 내용의 검찰·경찰 부분에서 다루었으니 참 고하기 바란다.

134 2021 사법연감, 형사공판사건 처리결과, p. 646. 1심 기준 판결 결과를 비율로 환산한 것이 며, 물론 구속상태에서 재판을 받는 경우에는 실형을 받는 비율이 더 높아진다.

135 2020년 형사공판사건의 상소율을 보면 제1심에 대한 항소은 41.6%, 항소심에 대한 상고율 은 33.9%에 달하고 있다. 법원행정처 2021 사법연감, 형사공판사건 상소율, 표 100, p.649.

2020년 형사공판(1심) 처리결과[136]

		구 속	불구속
합 계		21,713	223,275
판결 계		20,859	207,061
형의 선고	생명형	–	–
	자유형(실형)	16,661	48,225
	집행유예	3,861	80,185
	자격형	–	2
	재산형	207	65,106
	집행유예(재산형)	1	2,009
선고유예		–	1,817
무 죄		121	6,146
형의면제·면소		2	296
관할위반		–	7
공소기각		6	3,268
결정 계		854	16,214
공소기각 결정		19	2,121
소년부 송치		187	1,138
기 타		648	12,955

이상으로 평범한 일반인이 법규를 위반하여 조사를 받게 되는 단계에서 부터 처벌을 받게 되는 때까지 진행 단계별로 명심하면 좋을 내용들을 금융 감독기관에서 30년간 근무하면서 쌓인 실무지식 및 조사의 일반절차 등을

---

136   법원행정처 2021 사법연감, 형사공판사건 처리결과(1심), 표 95, p.646.

기초로 필자의 개인적인 경험을 더해 설명해 보았다. 여기서 밝혀 두는 것은 필자의 생각이 절대적으로 옳다고 주장하는 것이 아니며 또 그럴 수도 없다. 또한 일반론적이고 원론적인 대응방식에 대한 의견이어서 개별 사건의 특성별, 조치기관별로 그 대처방법은 달라질 수 있다.

마지막으로 당부할 것은 어떠한 단계이든지 인맥을 동원하여 사건 무마나 선처를 시도하는 것은 역효과가 더 많다는 사실이다. 갑자기 어려운 일이 생기면 사건을 처리하는 사람과의 인맥을 어떻게든 찾아내는 것이 중요했던 시절이 있었다. 그러나 지금은 다르다. 우리나라가 그만큼 투명해지고 공정해졌기 때문이기도 하고, 다른 한편으로는 인터넷·SNS 등을 통해 감시의 눈들이 많아졌으며, 디지털시대의 도래로 누구나 손쉽게 정보의 접근이 가능해지고, 네이버·구글 등 검색엔진을 통해 정보 비교가 용이해졌기 때문이 아닌가 생각한다. 이제 국민들은 차별적인 대우를 더 이상 참지 않으며, 권한을 남용하는 즉시 인터넷에는 이를 비판하거나 의문을 제기하는 글들이 들불처럼 번지는 세상이다. 섣부르고 비공식적인 영향력 행사 시도는 사건 처리 담당자를 소극적으로 만들어 재량의 여지를 아예 없애 버린다는 것을 명심하라.

제 3 편

위반하기 쉬운 금융법규

1 일상생활 속 위반하기 쉬운 금융법규

2 상장회사 임직원 및 증권투자자가 유의하여야 할
금융법규

어떤 일을 하려고 하는 단계에서 '혹시 문제가 되지 않을까?'라고 잠시라도 생각하는 습관을 기르는 것이 향후 곤경에 빠지게 되는 것을 원천적으로 최소화하는 근원 처방임을 밝힌 바 있다. 이는 일을 소극적으로 처리하는 것과는 엄연히 다른 것이다. 문제가 될 법한 일들을 판단하여 결정 당시 상황, 근거자료 등을 정리하여 보관하거나 기록해 나중에 논란의 발생 소지를 없애는 것이 좋다는 의미이다. 그렇다면 우리가 하는 수많은 의사결정 중 '문제가 될 수 있는 건'을 선별하는 능력은 선천적인 감이나 느낌에 의존하면 될 것인가? 필자는 절대 그렇지 않다고 생각한다. 특히 앞에서 설명한 것처럼 금융법규는 일반인의 상식으로는 납득이나 이해가 되지 않는 금지사항들이 많아[1] 위반여부를 '감'이나 '건전한 상식', '선량한 미풍양속'의 기준만으로 판단하기 어렵다.

이러한 이유로 필자는 3편에서 설명하는 위반하기 쉬운 금융관련 법규 내용들을 읽어 보기 권한다. 필자는 금융법령에서 금지하는 모든 금융범죄를 다룰 생각은 없으며, 단지 금융법규에 접근과 이해가 어려운 선량한 일반인들과 상장회사 임직원들이 일상생활 및 직장생활을 하면서 위반하기 쉬운 몇 가지 금융법규만을 골라 설명할 예정이다. 금융당국의 허가를 받지 않고 증권의 매매를 중개하는 불법행위, 주식의 시세를 조종하는 불공정행위 등 전문적인 금융범죄는 이 책의 설명 대상이 아니다.

독자들은 이 책에서 설명하는 각종 금융법규의 내용을 속속들이 암기하고 있을 필요는 없다. 그저 흥미를 느끼는 사례 중심으로 편한 마음으로 읽어보면 충분하다. 필자가 가급적 세부적으로 기술한 것은 만에 하나라도 독자들이 미래에 금융법규의 위반 여부를 걱정해야 할 때가 온다면 걱정되는 내용을 한 번 더 자세히 확인하라는 차원에서 조금 더 구체적으로 기술하고

---

1   금융상품은 TV, 운동화처럼 실체가 없고 금융소비자와 금융회사간 계약을 근거로 하는 본질적 성격, 금융이 허가산업(허가를 받지 않는 자는 금융업 영위가 불가능)인 특성, 옵션, 선물 등 각종 파생상품들의 등장으로 복잡하고 어려워지는 경향 등이 반영된 결과이다.

많은 주석들을 달아 설명한 것이다. 독자에게 아무 일도 없는 지금은 각 장에서 기술하는 금융관련 법규의 기본 내용 정도만 파악하고 있으면 된다. 물론 이를 읽는 독자가 세부적인 내용까지 잘 공부하여 곤경에 빠진 주위 사람들에게 도움을 주는 유익한 사람이 된다면 필자로서는 더할나위 없이 감사하고 영광스러울 일이다.

이제 '의식주'가 아니라 '식금의'이다

현대인의 삶에서 만일 '금융'을 뺀다면 정상적인 생활이 가능할까? 급여나 거래대금이 금융회사 계좌로 들어오고, 각종 공과금과 이자, 카드 대금, 부모와 자식들 용돈 등 수십 가지 명목으로 통장에서 자동이체되어 나가고, 매일 체크카드와 신용카드를 사용하고 있으며, 목돈을 만들기 위해 저축이나 주식 투자를 하는 등 어떠한 형태로든 매일 금융거래를 하고 있다.

한국소비자원이 발표[2]한 '한국의 소비생활지표[3]'를 보면 뜻밖의 내용이 보인다. 우리나라 국민들이 중요하게 생각하는 3대 소비생활분야는 전통적으로 '의·식·주'[4]였으나, 2019년 조사 때 금융(금융·보험)이 식(식품·외식)과 주(주거·가정용품)에 이어 3위에 오르더니 2021년에는 금융(금융·보험)이 식(식품·외식) 다음으로 2위를 차지하였다. 이는 금융이 얼마만큼 우리사회 깊숙이 파고 들었으며, 우리의 삶에서 얼마나 중요한 위치를 차지해 가고 있는지를 보여주는 것이다.

---

2   황미진·임은정, '2021 한국의 소비생활지표', 한국소비자원 정책연구 21-12, 2022. 3. 30.

3   '한국의 소비생활지표'는 한국소비자원이 데이터에 기반한 소비자정책 추진을 지원하기 위하여 2년 주기로 조사하여 발표하고 있다.

4   대표품목은 1) 의(의류): 의류·신발·가방, 세탁·수선서비스, 2) 식(식품·외식): 식품(농수축산물·가공식품·건강식품), 외식서비스, 배달·포장·테이크아웃서비스, 3) 주(주거·가정용품): 가전, 가구·부엌용품, 주택수리·인테리어서비스, 4) 금융(금융·보험): 금융(예·적금, 대출, 투자), 보험상품 등이다.

국민들이 생각하는 소비생활 중요도 분야 및 만족도

	소비생활 중요도 분야		소비생활 만족도	
	중요도 비율[1]	순위	만족도[2]	순위
식품·외식	26.5	1	61.6	10
금융·보험	**12.2**	**2위**	**69.7**	**6위**
의류	11.1	3	63.7	9
의료	9.0	4	69.3	7
교육	7.9	5	73.9	1
주거·가정용품	7.5	6	61.0	11
생활위생·미용	6.3	7	71.6	3
자동차·교통	6.3	8	73.3	2
문화·여가	5.6	9	68.9	8
ICT(정보통신)	5.1	10	71.3	5
관혼상제	2.6	11	71.4	4

주 1) 중요도는 11대 분야에 대해 소비자가 가장 중요하게 생각하는 3가지를 순서대로 중복응답한 비율
2) 만족도는 각 분야별 구매 선택이 소비자의 사전기대에 비해 어느 정도 충족되는지의 정도

(출처: 한국소비자원, 2021)

금융법규는 상식으로 해결되지 않는다

교통법규 위반이나 일반 범죄는 본인이 불법행위를 하고 있다는 명확한 인식이 비교적 쉬운 반면, 금융거래의 경우 불법인지 여부는 일반적인 상식으로 인식하기 힘든 측면이 있다. 즉, 금이나 부동산 등과 달리 눈에 보이지 않고 통장이나 컴퓨터 화면에 찍히는 것으로만 자산을 확인할 수 있는 특성을 가지고 있는 금융은 신용이 중요하므로 어느 나라에서나 복잡하고 전문적인 내용의 규제를 하고 있다. 더군다나 금융은 본질적으로 규제산업이다 보니 법을 위반하는 경우 그 처벌도 강력한 편이다. 이러한 촘촘하고 강력한 규제에도 그 규제가 주로 금융업자를 중심으로 이루어지고 있기 때문에 우

리 일반인들은 체감을 하지 못할 뿐이다.

본인 동의도 없이 금융거래 내용이 조사기관에 통보되고 있다면?

자금세탁방지법을 예로 들어 보자. 본인이 하루 동안 총액 1천만원 이상 현금을 입금·출금한 경우 금융회사는 본인 동의없이 신원과 거래금액 등을 금융정보분석원에 자동보고한다. 또 금융회사는 불법의심거래도 보고해야 하는데 금융정보분석원은 분석 결과 불법거래라고 판단되면 검찰청·경찰청·국세청 등 법집행기관에 정보를 제공하고, 법집행기관은 거래내용을 조사하게 된다. 이 과정에서 금융거래를 하는 개인은 조사진행 사실을 모르다가 법집행기관이 본인에게 출석을 요구하는 시점에서 뒤늦게 알게 된다.

금융법규는 이미 우리 생활 깊숙이 들어와 있다

이와 같이 평범한 우리 일상 삶 속에 금융규제는 이미 깊숙이 파고들고 있어 부지불식간에 금융법규를 위반할 위험에 놓여있음을 일반인들은 잘 모르고 있다. 주식이나 펀드에 투자를 할 때(자본시장법), 유학을 보낸 자녀나 해외투자를 위해 외화를 송금할 때(외국환거래법), 은행에 예금을 할 때(금융실명법), 회사에 근무할 때(외부감사법), 그외 수많은 거래나 행동, 의사결정에 다양한 금융법규는 평범한 일반인에게도 일정한 제한과 절차를 요구하고 있다.

미리 알아두지 않으면 금융법규를 위반하기 십상이다

우리는 가족을 부양하기 위하여, 개인의 자아실현을 위하여 직장인으로, 개인 사업자로 부단히 경제활동을 하고 있다. 이 과정에서 업무상 정보를 서로 주고 받으며, 또한 재산증식을 위해 투자를 하고, 자동차 사고가 났을 경우 최대한 보상을 받기 위해서 노력하며, 돈을 갚지 않는 친구에게 애원하다 협박도 하면서 돈을 돌려 받으려 애를 쓰며, 자녀 유학이나 해외부동산 매입 등을 위해서 해외송금도 하면서 수수료를 절감할 방법을 고민한다. 더욱이 상장회사나 금융회사에 근무하면서 회사의 중요한 미공개정보나 고객의 개인정보 등을 유출하는 것이 부적절하다는 것을 알면서 상사의 지시에 따르거나 지인의 부탁에 못 이겨 '혹시 문제가 되지 않을까' 생각하면서도 '별일이야 있겠어', '이게 큰 문제가 되겠어' 하면서 위법의 선을 넘나든다.

평범한 일반인이 금융법규에 대하여 조금만 더 지식이 있다면 무리한 부탁을 하는 상대방에게 거절하기도 쉬울 뿐 아니라, 무엇보다도 일순간의 무지나 방심으로 형사처벌을 받아 인생의 나락으로 떨어지는 사태도 방지할 수가 있다. 이하에서는 금융전문가가 아닌 일반인이 일상생활 속에서 자칫 위반할 수 있다고 생각되는 주요 금융법규를 중심으로 유의해야 할 사항들을 설명해 보고자 한다. 필자의 욕심과는 달리 금융시장을 규제하는 수많은 금융법규들이 있어 이를 모두 설명하기에는 필자의 능력이 절대적으로 부족하다. 다만, 이 책에 있는 내용들을 숙지한다면 독자들도 금융규제의 기본적 성격을 파악할 수 있게 되어 이 책에 없는 다른 금융법규의 이해도 비교적 쉽게 될 것이라 믿는다.

1-1. 개인정보보호법상 개인정보보호 규제[5]

✓ ✗ True or False?

Q. 사망한 사람의 개인정보는 개인정보보호법의 보호대상이다.　✔ ✗

Q. 추가정보 없이는 개인을 알아볼 수 없는 정보도 보호대상이다.　✔ ✗

Q. 홈페이지에 스스로 공개한 개인정보는 보호대상이 아니다.　✔ ✗

Q. CCTV에 녹음기능을 설치하면 위법이다.　✔ ✗

오래전인 2014년 시중 3개 유명 카드사에서 사상 초유의 개인정보 유출 사건이 발생하여 발칵 뒤집힌 적이 있다. 수사결과 범인은 카드 부정 사

---

[5]　엄격히 말해 개인정보 보호 법규는 이 책에서 설명하고자 하는 금융법규는 아니다. 다만, 개인정보의 침해 문제가 일반인의 일상생활에서 점점 더 중요한 문제가 되어가고 있을 뿐 아니라, 신용정보보호법 등 금융거래와 관련한 개인정보 규제 내용도 포함되므로 이 책에서 다루고자 한다.

용 방지시스템 업그레이드를 담당하던 외주업체 직원이었는데, 유출한 개인 정보가 무려 1억 400만건[6]에 달하였을 뿐 아니라, 이름, 주민등록번호, 휴대 전화번호, 주소뿐만 아니라 카드번호, 신용등급, 카드결제계좌, 유효기간 등 유출범위도 커서 당시 많은 사람들이 카드를 해지하는 등 소동이 있었고, 이 후 관련 카드사와 관련자들은 중징계 조치[7]를 받고 피해자들에게 손해배상 까지 하게 되었다.

디지털 시대에 범람하는 개인정보로 일반인의 처벌 가능성도 높아졌다

위 사례 이후 사회적으로 개인정보 보호 및 정보주체의 권리에 대한 관심 과 인식이 달라지면서 개인정보관련 제도들이 강화되거나 새로이 도입되어 타인의 개인정보를 잘못 이용하는 경우 형사처벌까지 받을 수 있게 제재가 강화되고 있다. 하지만 아이러니하게도 현대사회는 인터넷이나 SNS, 블로그 등을 통해 그 어느 때보다 개인정보의 범람이라 표현될 만큼 수많은 개인정 보들이 유통되고 있다. 이로 인해 일반인들도 자칫 개인정보 유출이나 불법 유통, 허술한 관리로 인해 처벌을 받을 가능성도 높아지게 되었다. 정부 개인 정보보호 포털[8]의 개인정보 침해사례를 보더라도 업무가 바빠 파쇄하지 않 고 차량 트렁크에 고객개인정보 10만건의 서류를 싣고 다닌 F공단직원, 부 주의로 고객 개인정보가 포함된 리스트를 상품안내 이메일에 첨부하여 발송 한 G은행 직원, 민원인 수백명의 이름과 주민번호 등이 포함된 보도자료를 인터넷홈페이지에 공개한 공무원 등 개인정보의 중요성을 간과하거나 의도 치 않은 실수로 처벌을 받은 사례들이 빈번히 발생하고 있다.

---

6   개인·법인회원 및 중복회원 수 포함. 1인당 몇 개씩 가지고 있는 신용카드 실태를 감안하더 라도 거의 전 국민의 신용카드 개인정보가 털린 것이다(A사 고객 5,300만명, B사 고객 2,500 만명, C사 고객 2,600만명 등).

7   기관의 경우 3개월 영업정지, 개인의 경우 대표이사 해임권고, CIO 면직, 담당팀장 정직의 조치를 받았다.

8   www.privacy.go.kr

개인정보를 침해당하는 것도 문제지만 침해하는 것은 더욱 큰 문제이다

본인의 개인정보를 침해당하는 것도 문제지만, 본인의 업무나 일상생활 속에서 타인의 개인정보를 침해하는 행위는 개인정보보호법 등 관련법규 위반으로 처벌을 받을 수 있다는 점에서 더욱 더 조심해야 할 것이다. 요즈음은 워낙 개인정보 보호규정 준수가 일반화되어 동네 마트 행사에 응모를 하더라도 개인정보 활용 동의에 서명을 하는 시대라 대부분의 일반인들은 개인정보의 중요성을 막연하게는 알고 있지만, 개인정보 보호란 정확히 어떤 의미인지, 어느 경우에 처벌받을 수 있는지 정확히 아는 일반인들은 그리 많지 않다.

개인정보의 범람속에 일반인들도 부지불식간 다른 사람의 개인정보를 침해할 가능성이 크므로 이 책에서는 일반인의 입장에서 타인의 개인정보 침해 가능성과 관련한 유의사항들을 중점적으로 설명하고, 일반인이 아닌 개인정보 업자에 대한 규제 내용은 원칙적으로 제외한다.

개인정보란?

개인정보보호법 제2조에 따르면 개인정보란 살아있는 개인에 관한 정보로서 다음의 어느 하나에 해당하는 정보를 말한다.

① 성명, 주민등록번호 및 영상 등을 통하여 개인을 알아볼 수 있는 정보
② 해당 정보만으로는 특정 개인을 알아볼 수 없더라도 다른 정보와 쉽게 결합하여 알아볼 수 있는 정보[9]
③ 위 ① 또는 ②를 가명처리함으로써 원래의 상태로 복원하기 위한 추가 정보의 사용·결합 없이는 특정 개인을 알아볼 수 없는 정보(가명정보)

---

[9] 이 경우 쉽게 결합할 수 있는지 여부는 다른 정보의 입수 가능성 등 개인을 알아보는 데 소요되는 시간, 비용, 기술 등을 합리적으로 고려하여야 한다.

개인정보를 보호한다는 의미는?

단순하게 설명하면 '개인정보 보호'란 '정보주체인 살아있는 개인이 통제하지 못한, 다시 말해 정보주체가 동의하지 않은 개인정보의 유통을 금지하는 것'이라 할 수 있다. 동의하지 않은 개인정보의 유통은 정보주체의 인격적 가치에 대한 사회적 평가를 훼손할 수 있고 또 개인정보 자기결정권[10]을 침해하는 것이다.[11]

죽은 사람이나 법인의 정보는 개인정보 보호 대상이 아니다

요약하면 '살아있는 사람(자연인)을 알아볼 수 있는 정보'를 개인정보로 정의하여 보호하는 것이며, 따라서 사망한 자나 법인, 단체 또는 사물에 관한 정보는 개인정보에 해당하지 않는다.[12] 즉, 법인의 상호, 법인 재무정보, 영업실적, 임원정보는 개인정보 보호 대상이 아니다.

개인정보 영역은 디지털사회로 갈수록 확대되고 필수요소가 된다

시간이 갈수록 개인의 권리가 향상되면서 개인정보로 간주되는 범위와 영역도 점점 확장되고 있다. 또한 인터넷·모바일뱅킹 등 디지털사회 비대면 사이버거래가 급증하고 빅데이터 활성화, 생체인증 기술활용의 확대, 블록체인 기반 거래 등 새로운 기술에 기반한 디지털환경의 급속한 변화로 다양

---

10 개인정보 자기결정권이란 자신에 관한 정보가 어떤 목적으로, 언제, 어느 범위까지 타인에게 전달되고 이용될 수 있는지를 해당 정보주체가 스스로 결정할 수 있는 권리로서 자신의 개인정보 수집 출처, 처리 목적에 대해 고지 받을 권리와 개인정보의 정정 및 삭제, 이의제기 등을 할 수 있는 권리를 포함한다. 정보자기결정권은 헌법상의 기본권에 속한다(헌법 제17조 모든 국민은 사생활의 비밀과 자유를 침해받지 아니한다).

11 박웅신·박광민, 개인정보보호법상 형사처벌 규정의 개선방안에 관한 연구, 성균관법학 제30권 제4호(2018.12), p. 311.

12 개인정보보호법 제정 목적도 개인의 자유와 권리를 보호하고, 나아가 개인의 존엄과 가치를 구현하는 것으로 천명하고 있다.

한 개인정보가 전자상거래와 금융거래, 고객회원 관리에 이제는 필수적인 요소가 되었다.

개인영상이나 사진도 함부로 사용하면 개인정보 침해가 된다

디지털 사회화가 급속히 진전되면서 유튜브나 SNS, 개인블로그 등을 통해 수많은 정보들이 무분별하리만큼 대량으로 게시되고 있다. 그렇지만 불특정 개인을 촬영한 영상이나 사진 또는 개인신상정보 등을 온라인에 게시하게 되면 자칫 개인정보 침해로 곤란을 겪을 수 있으니 유의해야 한다. 한 예로 과거 모일간지의 '"아줌마 군단 12명이 5잔"…손님 얼굴 공개한 카페 점장'이라는 제목의 기사[13]를 한번 살펴보자. 기사중 '최근 한 커뮤니티 게시판에는 '○○ 점장이 이렇게 손님 저격글을 올렸다'라는 내용의 게시물이 올라왔다. 글에 따르면 해당 카페 점장은 매장을 방문한 손님들을 두고 '오늘 ○○은 평화롭습니다. 아줌마 군단 12명 5잔'이라고 말했다. (중략) 손님들의 모습은 폐쇄회로(CC)TV 영상을 캡처해 올렸다. 게다가 모두 모자이크 처리 없이 얼굴이 고스란히 노출됐다. 다른 프랜차이즈의 일회용 컵을 버리고 간 것을 두고는 라벨에 적힌 손님의 이름을 언급하며 '○○○ 찾습니다'라고 올리기도 했다'라는 보도내용이 있다.

고객 서비스 문제를 떠나 이 카페 점장이 카페 게시판에 개인신상을 노출한 것이 법적으로 문제가 될 수 있을까? 결론은 CCTV에 찍힌 특정 개인의 영상도 법상 개인정보에 해당하므로 개인정보를 본인의 동의없이 인터넷 커뮤니티에 올린 이 점장은 개인정보보호법 위반으로 처벌받을 수 있다. 그리고 얼굴이 공개된 손님들은 개인정보보호법에 따른 개인정보주체로서 본인이 촬영된 부분에 대하여 CCTV 열람을 요구하고 필요시 인터넷 커뮤니티 게시영상뿐만 아니라 매장내 CCTV 영상에서 본인이 촬영된 부

---

13   동아일보 '"아줌마 군단 12명이 5잔"… 손님 얼굴 공개한 카페 점장', 2021.11.30.

분의 삭제 요구와 피해보상까지 요구할 권리가 있다.

개인정보의 유형에는 구체적으로 어떤 것들이 있는가?

아래 표는 현재 대표적으로 인정되는 개인정보의 유형을 설명한 것이다. 참고로 개인정보의 유형은 확정된 것이 아니라 시대의 변화와 디지털화 등에 따라 새로운 유형의 개인정보들이 계속 추가되는 특성이 있다.

개인정보의 유형

유형 구분	개인정보 항목
일반정보	이름, 주민등록번호, 운전면허번호, 주소, 전화번호, 생년월일, 출생지, 본적지, 성별, 국적
가족정보	가족구성원들의 이름, 출생지, 생년월일, 가족관계, 성별, 주민등록번호, 직업, 전화번호
교육 및 훈련정보	학교출석사항, 최종학력, 학교성적, 기술 자격증 및 전문 면허증, 이수한 훈련 프로그램, 동아리활동, 상벌사항
병역정보	군번 및 계급, 제대유형, 주특기, 근무부대
부동산정보	소유주택, 토지, 자동차, 기타소유차량, 상점 및 건물 등
소득정보	현재 봉급액, 봉급경력, 보너스 및 수수료, 기타소득의 원천, 이자소득, 사업소득
기타 수익정보	보험 (건강, 생명 등) 가입현황, 회사의 판공비, 투자프로그램, 퇴직프로그램, 휴가, 병가
신용정보	대부잔액 및 지불상황, 저당, 신용카드, 지불연기 및 미납의 수, 임금압류 통보에 대한 기록
고용정보	현재의 고용주, 회사주소, 상급자의 이름, 직무수행평가기록, 훈련기록, 출석기록, 상벌기록, 성격 테스트결과 직무태도

법적정보	전과기록, 자동차 교통 위반기록, 파산 및 담보기록, 구속기록, 이혼기록, 납세기록
의료정보	가족병력기록, 과거의 의료기록, 정신질환기록, 신체장애, 혈액형, IQ, 약물테스트 등 각종 신체테스트 정보
조직정보	노조 가입, 종교단체 가입, 정당가입, 클럽회원
통신정보	전자우편(E-mail), 전화통화내용, 로그파일(Log file), 쿠키(Cookies), 동영상
위치정보	GPS나 휴대폰에 의한 개인의 위치정보
신체정보	지문, 홍채, DNA, 신장, 가슴둘레 등
습관 및 취미정보	흡연, 음주량, 선호하는 스포츠 및 오락, 여가활동, 비디오 대여기록, 도박성향

(출처: 찾기쉬운생활법령정보 www.easylaw.go.kr, 개인정보보호)

가명정보, 익명정보도 보호 대상인가?

개인정보를 가명처리한 정보도 법의 보호 대상이다. 먼저 개인정보란 살아있는 개인에 관한 정보로서 성명, 주민등록번호, 영상 등을 통하여 개인을 알아볼 수 있는 정보(해당 정보만으로는 특정 개인을 알아볼 수 없더라도 다른 정보와 쉽게 결합하여 알아볼 수 있는 것 포함)를 말하며, 가명정보란 원상태로 복원하기 위한 추가정보를 사용하지 아니하고는 특정 개인을 알아볼 수 없도록 가명처리한 정보를 말한다. 이와 달리 일명 익명정보는 개인정보보호법의 적용대상이 아니다.[14] 익명정보는 시간·비용·기술 등 개인정보처리자가 활용할 수 있는 모든 수단을 합리적으로 고려할 때 다른 정보를 사용하여도 더 이상 개인을 알아볼 수 없는 정보를 말한다.

---

14   개인정보보호법 제58조의2.

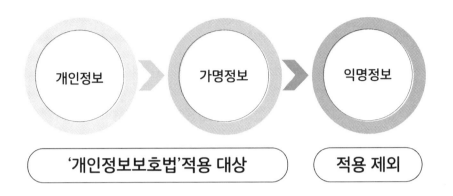

개인정보·가명정보·익명정보 구분

구 분	개 념	활용가능 범위
개인정보	특정 개인에 관한 정보, 개인을 알아볼 수 있게 하는 정보	정보주체로부터 사전에 구체적인 동의를 받은 범위 내에서 활용 가능
가명정보	추가정보의 사용 없이는 특정 개인을 알아볼 수 없게 조치한 정보	다음 목적으로는 동의 없이 활용 가능 • 통계작성(상업적 목적 포함) • 연구(산업적 연구 포함) • 공익적 기록보존 목적 등
익명정보	더 이상 개인을 알아볼 수 없게 (복원 불가능할 정도로) 조치한 정보	개인정보가 아니기 때문에 제한 없이 자유롭게 활용

(출처: 금융위원회 보도참고자료, 「신용정보법」 개정으로 데이터를 가장 안전하게 잘 쓰는 나라를 만들겠습니다', 2019.11.28.)

가명정보와 익명정보의 구체적인 사례를 설명한 금융위원회의 자료[15]를

---

15 금융위원회 보도자료, '개정 신용정보법(8.5일 시행)에 따른 금융분야 가명처리·익명처리 안내서에 대한 의견을 수렴합니다.' 별첨 금융분야 가명처리익명처리안내서 논의안, 2020.7.23.

살펴보면 이해가 더 쉬울 것이다.

< (예시) 원본 정보 >

성명	전화번호	성별	생년월일	보험가입건수
신사임당	010-1234-5678	여	1974.10.1.	3
권율	02-2345-6789	남	1990.3.26.	2
유관순	010-3456-4321		1960.5.28	
이순신				
선덕여왕				
안중근				
류성룡				
이황				
이이				

< (예시) 가명처리된 정보 >

ID	성명	신화번호	성별	출생년도	보험 가입건수
9A00F1155584BA5DDFFC4B6DDD 79404 31737C61 2651 267FBD4716 FE93C46F6BA	신사임당	010-1234-5678	여	1974	3
C2E637689035D7067C8B68F25FA 34592F21 0D72E59 88E3F01 8C941 B391A81D99	권율	02-2345-6789	남	1900	2
DACE2CCC9F4 4955003F78B2 573(					
27B339O75FF1 5D61555D4C2(4E5?					
6CE926B1669(43E349494 3B(CF3?					
05CF80408DC(2D88D4328BC 3616					

< (예시) 익명처리된 정보 >

성명	전화번호	성별	나이	보험 가입 건수	
권율	02-2345-6789	D	20대	2	동질집합 (k=3)
이순신	010-4567-9876	D	20대	2	
류성룡	010-7890-1234	D	20대	2	
안중근	010-6789-0123	D	30대	3	동질집합 (k=3)
이황	010-8901-2345	D	30대	5	
이이	010-9012-3456	D	30대	3	
신사임당	010-1234-5678	C	40대	3	동질집합 (k=3)
유관순	010-3456-4321	C	40대	1	
선덕여왕	010-5678-9012	C	40대	3	
	...	...	...		

(출처: 금융위원회 금융분야 가명처리 · 익명처리 안내서(안) 2020.7.)

개인정보보호 관련 법령에는 어떤 것들이 있는가?

큰 틀에서 보면 개인정보보호 규제는 일반법인 '개인정보보호법'을 근간으로 한다. 동 법은 적용대상을 공공과 민간의 모든 개인정보처리자(법인 및 개인)로 하고, 개인정보의 수집 · 이용 · 제공 · 파기 등 처리단계별로 보호기준을 마련하였으며, 정보주체에게 개인정보의 열람청구권, 정정 및 삭제 요구권, 처리정지 요구권 등을 규정하고 있다.

이와 달리 개인정보의 분야별 특성을 고려하고 이용측면에서의 개인정보의 활용을 규율하고 있는 특별법적인 성격의 법률들이 있는데,[16] 금융분야에는 '신용정보의 이용 및 보호에 관한 법률'(이하 '신용정보보호법'), 정보통신분야에는 '정보통신망 이용촉진 및 정보보호에 관한 법률'(이하 '정보통신법')이 그것이다. 그 외에도 금융실명법, 전자금융거래법, 통신비밀보호법 등 여러 법령에서도 개인정보보호 규정을 두고 있다. 참고로 금융분야 법령으로 금융거래 고객의 개인정보에 대한 규제를 포함하고 있는 대표적인 법령은 다음과 같다.

금융분야 개인정보 관련법령

소관 법령	개인정보 관련 내용
신용정보의 이용 및 보호에 관한 법률	신용정보의 효율적 이용과 체계적 관리를 도모하고 신용정보의 오남용으로부터 사생활의 비밀을 보호하기 위하여 신용정보의 수집 · 조사 · 처리 및 유통 · 이용 · 관리, 신용정보 주체의 보호에 관한 사항을 규정
금융실명거래 및 비밀보장에 관한 법률	실지명의에 의한 금융거래와 금융거래 내용의 비밀보장에 관하여 규정
전자금융거래법	전자금융거래의 안전성과 신뢰성을 확보하고 이용자를 보호하기 위하여 금융기관 등이 준수하여야 할 사항을 규정

개인정보와 개인신용정보는 차이가 있는가?

개인신용정보란 개인, 법인 등 모든 종류의 신용정보 중에 개인의 신용도

---

16 물론 이 법률들은 개인정보 보호 및 활용만을 규율하기 위해 제정된 법률들은 아니며, 개인정보 부분은 법률 전체의 일부분을 구성할 뿐이다.

와 신용거래 능력 등을 판단할 때 필요한 정보로서 개인정보의 한 유형에 속하는 것이다. 위에서 설명한 바와 같이 개인정보의 일반적인 원칙과 기준은 개인정보보호법이 정하고 있으나, 개인신용정보는 그 특성을 고려하여 특별법인 신용정보보호법을 통하여 규제하고 있다.

(협의의) 개인정보와 개인신용정보

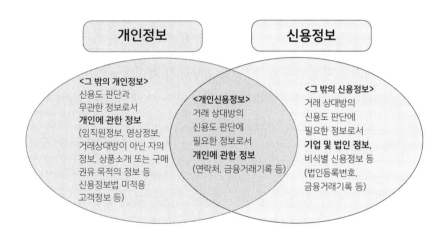

(출처: 금융위원회 금융분야 개인정보보호 가이드라인 2016.12.)

개인정보보호법상 개인정보 보호 감독권한은 누구에게 있는가?

개인정보보호법상 위반행위에 대한 조사 및 조치권한은 국무총리 소속 개인정보보호위원회가 가진다. 개인정보보호위원회는 개인정보보호법을 위반하였는지 여부에 대하여 관계 중앙행정기관의 장에게 구체적인 범위를 정하여 개인정보처리자에 대한 검사를 요구할 수 있다. 다른 법령에서 정하는 개인정보 보호 규제는 그 법령에서 정한 기관이 조사 및 조치권한을 갖는다. 예를 들어 신용정보보호법, 금융실명법, 전자금융거래법 등은 금융위원회(금융감독원)이며, 정보통신망법은 과학기술정보통신부 또는 방송통신위원회이다.

기관이나 업체에 저장되어 있는 개인정보의 주인은 누구일까?

필자가 30년 이상을 사회생활을 해왔으니 필자의 개인정보는 수많은 기관과 업체에 보관되어 있을 것이다. 그렇다면 필자의 개인정보를 보관하고 있는 기관이나 업체(개인정보처리자)가 개인정보의 주인일까? 개인정보보호법에 따르면 개인정보의 주인은 단연코 필자(정보주체)이다. 기관이나 업체는 필자로부터 제한적이고 최소한의 범위내에서 개인정보 제공의 동의를 먼저 받아야 하며, 또 동의받은 범위 내 업무에만 개인정보를 이용할 수 있는 것이다. 아래의 개인정보보호법 제4조를 보면 누가 개인정보의 주인이고, 개인정보 제공자(정보주체)는 개인정보를 제공한 기관이나 업체에 어떤 권리를 가지는지 명확히 알 수 있다.

개인정보보호법 제4조(정보주체의 권리): 정보주체는 자신의 개인정보 처리와 관련하여 다음 각 호의 권리를 가진다.
1. 개인정보의 처리에 관한 정보를 제공받을 권리
2. 개인정보의 처리에 관한 동의 여부, 동의 범위 등을 선택하고 결정할 권리
3. 개인정보의 처리 여부를 확인하고 개인정보에 대하여 열람을 요구할 권리
4. 개인정보의 처리 정지, 정정·삭제 및 파기를 요구할 권리
5. 개인정보의 처리로 인하여 발생한 피해를 신속하고 공정한 절차에 따라 구제받을 권리

개인정보자기결정권을 기억하자

개인정보보호법 제4조의 내용을 요약한다면 정보주체인 개인에게 자신

에 대한 개인정보를 통제할 수 있는 구체적인 권리를 부여하고 있다는 것이다. 이른바 '개인정보자기결정권'이다. 개인정보의 주체인 본인이 ① 상대방에게 본인 개인정보를 제공할지 말지를 스스로 결정할 권리가 있으며, ② 필요하다면 언제든지 상대방에게 이미 제공한 본인 정보의 열람을 요구할 수 있을 뿐만 아니라, ③ 마음이 바뀌면 상대방에게 본인의 정보를 삭제하거나 파기하도록 요구할 수도 있으며, ④ 상대방이 개인정보 처리를 잘못하여 피해를 받을 경우 피해보상을 요구할 수 있다.

회사는 개인정보 처리자이고 직원은 개인정보 취급자이다

우리가 종종 회원 가입이나 서비스 신청을 하는 경우 개인정보 이용에 동의해 줄 것을 요청하는 서류에 서명하도록 요청 받는데, 이때 자세히 읽어보면 개인정보 처리자, 취급자 등의 용어가 나온다. 개인정보 처리자는 업무의 일환으로 개인정보를 이용하기 위해 직접 또는 다른 사람을 통하여 개인정보를 처리하는 자로서 공공기관, 법인, 단체 및 개인이 해당한다.[17] 법인이 아닌 개인이라도 본인이 개인사업체를 운영하는 경우 대부분 개인정보 처리자에 해당한다고 생각하면 된다. 반면, 개인정보 취급자는 위 개인정보처리자의 지휘·감독을 받아 개인정보를 처리하는 업무를 담당하는 자로써[18] 쉽게 말하면 개인정보 처리자에 고용된 임직원(파견근로자, 시간제 근로자 포함)으로 ① 직접 개인정보에 관한 업무를 담당하는 자이거나, ② 업무상 필요에 의하여 개인정보에 접근하는 자이다.

처벌은 개인정보 처리자를 중심으로 이루어진다

개인정보 보호 위반으로 인한 처벌 정도를 알기 위해서는 본인이 개인

---

17 개인정보보호법 제2조 제5호.
18 개인정보보호법 제28조 제1항.

정보 처리자인지 취급자인지 먼저 아는 것이 중요하다. 왜냐하면 개인정보
보호법은 개인정보 처리자에게 기본적으로 정보보호 규정 준수의무를 부
과하고 처벌도 처리자를 중심으로 이루어지기 때문이다. 개인정보 취급자
는 고의적으로 불법적인 위반을 저지르지 않는 한, 위반해도 양벌규정에
의해 벌금형으로 끝나는 경우가 많다.[19] 예를 들어 개인정보보호법 제59
조(금지행위)는 개인정보 처리자를 의무주체로 금지행위를 규정하고 있고[20]
제17조(개인정보의 제공), 제18조(개인정보의 목적 외 이용·제공 제한), 제23
조(민감정보의 처리제한) 등 주로 발생하는 위반유형의 법규 준수의무를 개
인정보 처리자에게 부과하고 있다.

시험감독이 응시원서의 연락처를 사적인 프로포즈에 이용한 사례

개인정보 처리자는 분명 아니지만 개인정보 취급자가 아닌 '개인정보를
제공받은 자'에 해당할 수도 있다. 정보처리자가 정보주체로부터 동의를 받
았다 할지라도 제공받은 자가 제공목적외의 용도로 사용할 경우에는 형사처

---

19 개인정보보호법 제74조(양벌규정) ① 법인의 대표자나 법인 또는 개인의 대리인, 사용인, 그
밖의 종업원이 그 법인 또는 개인의 업무에 관하여 제70조에 해당하는 위반행위를 하면 그
행위자를 벌하는 외에 그 법인 또는 개인을 7천만원 이하의 벌금에 처한다. 다만, 법인 또는
개인이 그 위반행위를 방지하기 위하여 해당 업무에 관하여 상당한 주의와 감독을 게을리하
지 아니한 경우에는 그러하지 아니하다.
  ② 법인의 대표자나 법인 또는 개인의 대리인, 사용인, 그 밖의 종업원이 그 법인 또는 개인의 업무
에 관하여 제71조부터 제73조까지의 어느 하나에 해당하는 위반행위를 하면 그 행위자를 벌하
는 외에 그 법인 또는 개인에게도 해당 조문의 벌금형을 과(科)한다. 다만, 법인 또는 개인이 그
위반행위를 방지하기 위하여 해당 업무에 관하여 상당한 주의와 감독을 게을리하지 아니한 경우
에는 그러하지 아니하다.

20 개인정보보호법 제59조(금지행위) 개인정보를 처리하거나 처리하였던 자는 다음 각 호의 어
느 하나에 해당하는 행위를 하여서는 아니 된다.
  1. 거짓이나 그 밖의 부정한 수단이나 방법으로 개인정보를 취득하거나 처리에 관한 동의를 받
는 행위
  2. 업무상 알게 된 개인정보를 누설하거나 권한 없이 다른 사람이 이용하도록 제공하는 행위
  3. 정당한 권한 없이 또는 허용된 권한을 초과하여 다른 사람의 개인정보를 훼손, 멸실, 변경, 위
조 또는 유출하는 행위

벌을 받을 수 있다. 과거 수능 수험생에게 '마음에 든다'며 SNS 메시지를 보낸 교사에게 2심에서 유죄가 선고된 사건이 있었다. 대학수학능력 시험감독을 나갔다가 수험생 응시원서를 보고 알게 된 이름과 연락처를 이용하여 수험생에게 메시지를 보낸 혐의였다.

1심은 그 교사가 교육부·서울시 교육청의 지휘·감독을 받아 개인정보를 이용하는 개인정보 취급자에 불과하며, 개인정보 취급자는 개인정보를 취득하거나 이를 누설, 훼손하는 행위 등만을 처벌할 수 있고 이용하는 행위에 대하여는 처벌이 불가능하다며 무죄를 선고하였다. 반면, 2심은 당해 교사가 교육청으로부터 수능감독관으로 임명되어 시험감독업무 수행을 위한 개인정보 처리자인 교육청으로부터 수험생들의 전화번호 등 개인정보를 받은 것이므로 '개인정보 처리자로부터 개인정보를 받은 자'로 보아 목적외 이용금지 법규위반을 들어[21] 징역 4월에 집행유예 1년을 선고하였다.

본래 목적외에 사적인 개인정보의 열람이나 이용은 위험하다

과거 우리나라에서는 아무런 죄의식 없이 무분별하게 개인정보를 열람하거나 제3자에게 제공하는 일이 빈번하게 이루어져 왔다. 그러나 개인정보보호법을 포함하여 신용정보보호법, 정보통신망법 등 각종 개인정보 보호법규들은 강화되고 확대되는 추세이기 때문에 업무상 또는 사적인 일상생활에서 개인정보뿐만 아니라 금융거래 개인정보, 디지털 개인정보 등을 당초 목적이 아닌 사적 용도로 사용하거나 정보주체의 동의를 받지 않고 제3자에게 제공하는 경우 자칫 형사처벌의 대상이 되거나 징계를 받을 수 있다. 과거 N번방사건이라 불리우는 성착취물 영상을 제작·유포한 '박사' 조모씨에게 불

---

21 개인정보보호법 제19조(개인정보를 제공받은 자의 이용 · 제공 제한) 개인정보 처리자로부터 개인정보를 제공받은 자는 다음 각 호의 어느 하나에 해당하는 경우를 제외하고는 개인정보를 제공받은 목적 외의 용도로 이용하거나 이를 제3자에게 제공하여서는 아니 된다.
1. 정보주체로부터 별도의 동의를 받은 경우
2. 다른 법률에 특별한 규정이 있는 경우

법조회한 개인정보를 넘겨준 공익근무요원이 구속되어 실형을 선고받은 것이 대표적인 사례 중의 하나라고 할 수 있을 것이다.

개인정보 수집은 목적에 필요한 최소한에 그쳐야 한다

사업이나 업무를 진행하면서 거래나 서비스 제공을 위해서 개인정보가 필요하다고 할지라도 첫째, 정보주체의 동의를 얻어야 할 뿐만 아니라, 둘째, 요구하는 개인정보의 범위도 최소한에 그쳐야 한다. 또 과다한 개인정보 제공을 요구하는 것 자체도 위법하지만, 과다한 정보제공을 거부한다고 거래나 서비스를 거부하는 것도 위법한 일이다.

CCTV 촬영에 동의하지 않은 환자는 진료하지 않는 병원

어떤 치과에서 환자와 분쟁에 대비하기 위하여 환자의 동의를 받아 진료실 내부에 CCTV를 설치해서 촬영하는 가운데 촬영에 동의한 환자들만 진료를 하고 있다고 하자. 결론부터 말하자면 이것도 개인정보보호법 위반이다. 먼저 CCTV도 영상처리기기로서 개인정보보호법 규제대상에 해당한다. 언뜻 보면 촬영에 대하여 환자의 동의를 받으므로 나름 적법한 절차를 거친 것으로 보인다. 그러나 개인정보보호법 제16조는 '목적에 필요한 최소한의 개인정보를 수집하여야' 하며, '정보주체가 필요한 최소한의 정보외의 개인정보 수집에 동의하지 아니한다는 이유로 정보주체에게 재화 또는 서비스의 제공을 거부하여서는 아니 된다'고 규정하고 있는데 이에 위반된다. 즉, 1) 분쟁에 대비해 CCTV로 촬영된 영상정보는 진료에 필요한 최소한의 정보로 볼 수 없으며, 2) 따라서 CCTV 촬영에 동의하지 않는다는 이유로 환자의 진료를 거부하는 것은 개인정보보호법 위반에 해당된다.

버스안 CCTV를 운전기사 근태관리 목적으로 사용한 버스회사

개인정보보호위원회는 CCTV를 이용한 동의 없는 개인정보 수집처리에 관한 법령해석에서 수집된 녹화물을 CCTV 설치 목적과 직접 관계없는 운전기사의 징계 또는 근무평정의 증거자료로 사용하는 것은 허용되지 않으며, 버스회사가 교통사고의 증거수집 및 범죄예방의 목적으로 버스 안에 설치한 CCTV는 해당 목적에 맞게 사용하여야 한다고 결정(2013.5.27.)하였다.[22]

공공장소에 설치된 CCTV의 사용 목적은 엄격히 제한된다

일반적으로 CCTV는 공개된 장소에 설치하는 CCTV와 비공개된 장소에 설치하는 CCTV로 나눌 수 있다. 이미 설명한 바와 같이 CCTV를 통해 촬영한 영상자료도 개인정보에 해당되므로 설치 전 당사자의 동의를 받아야 한다.[23] 하지만 공개된 장소에 CCTV를 설치하는 경우 모든 불특정 다수의 개인으로부터 동의를 받는 것은 현실적으로 불가능하다. 따라서 개인정보보호법은 아래의 5가지 예외적 사유 외에는 공개된 장소에 CCTV를 설치할 수 없도록 금지하고 있다.[24]

1. 법령에서 구체적으로 허용하고 있는 경우
2. 범죄의 예방 및 수사를 위하여 필요한 경우
3. 시설안전 및 화재 예방을 위하여 필요한 경우
4. 교통단속을 위하여 필요한 경우
5. 교통정보의 수집·분석 및 제공을 위하여 필요한 경우

22　국가인권위원회, CCTV 목적외 활용을 통한 근무태도 감독(사건 16진정0464200), 2017.9.28.
23　개인정보보호법 제15조.
24　개인정보보호법 제25조.

비공개 장소에 CCTV 설치시에는 정보주체의 사전동의를 받아야 한다

사무실이나 식당 등 비공개된 장소에 CCTV를 설치하고자 하는 경우 개인정보 수집대상이 되는 정보주체(사무실의 경우 직원, 식당의 경우 종업원 등)에게 어떤 목적의 CCTV 설치인지를 설명하고 동의를 받아야 한다. 이 경우에도 그 목적 외로는 영상정보를 이용하거나 제3자에게 유포 또는 전달하는 것은 개인정보보호법 위반에 해당한다.[25]

SNS 등에 이미 공개된 정보도 개인정보 보호 대상이다

법원판례를 인용하면 '보호되는 개인정보는 반드시 개인의 내밀한 영역에 속하는 정보에 국한되지 않고 공적 생활에서 형성되었거나 이미 공개된 개인정보까지도 포함한다'고 하여 공개된 개인정보일지라도 개인정보자기결정권의 보호대상이라는 점을 확인하고 있다.[26] 단순히 생각하면 자신의 홈페이지나 SNS에 개인신상을 올려두는 경우 이미 본인이 외부에 공개되는 것을 승낙한 것이므로 본인이 동의하지 않더라도 이를 퍼다 나르거나 다른 목적으로 활용하는 것은 아무런 문제가 아니라고 생각할 수 있다. 이와 관련하여 개인정보보호법은 공개된 개인정보의 성질에 대하여 별도로 명시하고 있지는 않다.

---

25   예를 들어 방범목적으로 CCTV를 설치한다고 동의를 받은 후 종업원의 근태관리 목적으로 사용하는 경우.

26   대법원 2016. 3. 10. 선고 2012다105482 판결; 헌법 제10조의 인간의 존엄과 가치, 행복추구권과 헌법 제17조의 사생활의 비밀과 자유에서 도출되는 개인정보자기결정권은 자신에 관한 정보가 언제 누구에게 어느 범위까지 알려지고 또 이용되도록 할 것인지를 그 정보주체가 스스로 결정할 수 있는 권리이다. 개인정보자기결정권의 보호대상이 되는 개인정보는 개인의 신체, 신념, 사회적 지위, 신분 등과 같이 인격주체성을 특징짓는 사항으로서 그 개인의 동일성을 식별할 수 있게 하는 일체의 정보를 의미하며, 반드시 개인의 내밀한 영역에 속하는 정보에 국한되지 않고 공적 생활에서 형성되었거나 이미 공개된 개인정보까지도 포함한다(대법원 2014. 7. 24. 선고 2012다49933 판결 등 참조).

공개된 개인정보라 할지라도 활용은 사회통념상 인정되는 범위 내에서

그렇지만 개인정보보호위원회의 '표준 개인정보 보호지침'을 보면 '개인 정보처리자는 인터넷 홈페이지 등 공개된 매체 또는 장소에서 개인정보를 수집하는 경우 정보주체의 동의 의사가 명확히 표시되거나 인터넷 홈페이지 등의 표시 내용에 비추어 사회통념상 동의 의사가 있었다고 인정되는 범위 내에서만 이용할 수 있다'고 규정[27]하고 있다. 즉, 공개된 정보도 보호가치가 있는 개인정보의 범주에 들어가며, 공개된 개인정보의 활용시에도 최소한 사회통념상 동의 의사가 있었다고 인정되는 경우에 한정되므로 만일 개인정보를 공개한 목적과는 전혀 다른 목적으로 개인정보를 활용[28]한다면 개인정보 법규위반이나 개인정보 침해로 인한 명예훼손, 손해배상의 책임을 질 가능성이 높을 것이다.

아이디와 비밀번호도 법의 보호를 받는 개인정보에 해당할까?

아이디와 비밀번호는 통상적으로 그 자체만으로 개인을 알아볼 수 있는 정보가 되지 못하므로 법상 보호를 받는 개인정보의 범주에 들어가지 못한다고 생각할 수도 있다. 하지만 법원은 가상공간에서 아이디는 실제공간에서 이름과 거의 동일하게 취급되고 있고 특히 비밀번호는 인터넷 홈페이지 등에서 아이디를 이용하여 접속하려는 자에게 정당한 권한이 있는지 여부를 확인하기 위한 수단으로 아이디와 결합할 경우 가상공간에서 고유한 활동을 가능하게 하는 역할을 하는 점 등을 들어 보호되어야 할 개인정보로 인정하였다.[29]

---

27   표준 개인정보 보호지침 제6조 제4항.

28   예를 들어 여러 기관이나 기업 홈페이지에 게시된 특정학교 출신 임원들의 약력을 수집하여 인맥과시 목적으로 SNS에 공개한다면 개인정보 보호 위반이 될 가능성이 높다.

29   서울중앙지방법원 2007.1.26. 선고 2006나12182 판결.

이메일주소는 개인정보에 해당하나?

이메일주소도 당해 정보만으로는 특정 개인을 알아볼 수 없지만 다른 정보와 용이하게 결합할 경우 특정 개인을 알아볼 수 있는 정보이므로 판례는 법상 보호받아야 할 개인정보에 해당된다고 한다.[30]

특정 개인에 관한 사실을 SNS 등에 게시할 때 적용되는 다른 법률들

SNS나 블로그, 홈페이지 등에 게시하는 특정 개인에 관한 사실이 설혹 법상 보호되는 개인정보의 범주에 들어가지 않더라도 정보통신망법이나 형법상 명예훼손죄 등에 해당될 수 있으므로 유의해야 한다. 특히 정보통신망법은 사람을 비방할 목적으로 정보통신망을 통하여 공공연하게 사실을 드러내어 다른 사람의 명예를 훼손하는 경우 3년 이하의 징역 또는 3천만원 이하의 벌금에 처하며, 특히 이러한 내용이 거짓의 사실인 경우 7년 이하의 징역, 10년 이하의 자격정지 또는 5천만원 이하의 벌금에 처할 수 있게 하고 있다.[31] 형법상 명예훼손죄는 피해자의 의사에 반하여 처벌할 수 없는 반면,[32] 정보통신망법에 의한 명예훼손죄는 피해자의 의사와 상관없이 처벌할 수 있다는 점에서 심각성이 있다.

타인 SNS 대화방을 몰래 촬영하였다면 개인정보보호법 위반일까?

A씨는 친구와 여행을 온 숙소에서 술을 마시는 중 친구가 스마트폰에 저장된 사진을 보여주다 잠이 들자 잠금이 해제된 친구의 휴대전화로 카카오톡 대화방을 열어보고 이를 사진으로 촬영했다. 개인정보보호법 위반으로 처벌

---

30   서울중앙지방법원 2007.2.8. 선고 2006가합33062, 53332 판결.
31   정보통신망법 제70조.
32   형법 제307조(명예훼손) 및 제312조(고소와 피해자의 의사).

받을 수 있을까? 카카오톡 대화방에 개인정보가 들어 있었을 가능성도 있지만 개인정보보호법 위반으로 처벌하기는 쉽지 않아 보인다. 왜냐하면 개인정보보호법은 업무를 목적으로 개인정보파일을 운용하기 위하여 개인정보를 처리하는 법인이나 개인(개인정보처리자)을 주로 규제하는 법으로서 A씨가 개인정보처리자나 취급자로 인정될 가능성이 낮기 때문이다.

그러면 타인의 SNS 대화방을 몰래 봐도 문제가 없는 것인가?

하지만 개인정보 보호관련 법규는 개인정보보호법만 있는 것이 아니다. 결국 A씨는 정보통신망법 위반으로 벌금 100만원의 처벌을 받았다. 좀 더 자세히 살펴보면 정보통신망법 제49조는 '누구든지 정보통신망에 의하여 처리·보관 또는 전송되는 타인의 정보를 훼손하거나 타인의 비밀을 침해·도용 또는 누설하여서는 아니 된다'라고 규정하고 있으며, 이를 위반할 경우 5년 이하의 징역 또는 5천만원 이하의 벌금에 처하도록 하고 있다.[33] 법원은 '사적인 영역에서 개인 간 대화한 내용이 의사에 반해 촬영될 것이라는 염려 없이 대화할 자유는 쉽게 제한할 수 없다. 피고인은 피해자의 사적 영역에서 이뤄진 메시지를 임의로 열람했다'고 지적하며 외부에 유출하지 않는 등 사안이 중대하지 않아 비교적 경미한 처벌인 벌금 100만원을 선고하였다.[34] 이와 같이 개인정보보호법외에 각종 다른 법령에서도 개인정보 및 사적 비밀의 보호와 관련한 규정들이 있으므로 일반인들도 일상생활에서 개인정보 취급에 각별히 주의할 필요가 있다.

개인정보 침해시 처벌의 수준은?

대표적으로 개인정보보호법이 명시하고 있는 처벌규정을 살펴보면 공공

---

33   정보통신망법 제71조.
34   서울신문 '"지인과 찍은 사진 이상해"… 잠든 남친 카톡 몰래 본 30대 벌금형', 2021. 12. 1.

기관이 처리하고 있는 개인정보를 변경·말소하거나 부정한 방법으로 다른 사람이 처리하고 있는 개인정보를 취득하여 제3자에게 제공한 자 등이 10년 이하 징역 등 가장 중한 처벌을 받는다.[35]

　5년 이하의 징역 또는 5천만원 이하의 벌금에 해당하는 개인정보 침해[36] 유형은 업무상 알게 된 개인정보를 누설하거나 권한없이 다른 사람이 이용하도록 제공한 자 및 이를 알면서 제공받은 자, 다른 사람의 개인정보를 훼손, 멸실, 변경, 위조 또는 유출한 자, 정보주체의 동의를 받지 않고 개인정보를 3자에게 제공하거나 이를 제공받는 행위, 개인정보 처리업무를 위탁받은 자와 가명정보·민감정보 처리자 및 정보통신서비스 제공자 등의 개인정보 침해행위 등이 해당된다.

　3년 이하의 징역 또는 3천만원 이하의 벌금은 CCTV 등 영상정보처리기기[37]의 설치 목적과 다른 목적으로 영상정보처리기기를 임의로 조작하거나 다른 곳을 비추는 자 또는 녹음기능을 사용한 자,[38] 거짓이나 부정한 방법으로 개인정보를 취득하거나 개인정보 처리에 관한 동의를 받는 행위를 한 자, 그리고 이를 알면서도 개인정보를 제공받은 자 등에 해당된다.

　2년 이하의 징역 또는 2천만원 이하의 벌금은 안전성 확보 조치를 하지 않거나 개인정보의 정정·삭제 요구에 응하지 않은 자 등에 해당된다. 이외에 행위자와 함께 그 법인 또는 개인까지 처벌하는 양벌규정, 몰수·추징, 과징금, 과태료 부과와 시정조치, 고발 및 징계 권고도 개인정보보호법 규정 위반시 부과될 수 있다.

35　개인정보보호법 제70조.

36　개인정보보호법 제71조.

37　CCTV와 네트워크 카메라를 말한다(개인정보보호법 시행령 제3조).

38　영상정보처리기기는 녹음기능 사용이 금지된다(개인정보보호법 제25조 제5항).

≪ 구체적인 사례를 통해 살펴보는 개인정보 보호 위반 ≫[39]

❶ 휴대전화번호 뒤 4자리, 차량번호도 개인정보이다.

휴대전화번호 뒤 4자리는 관련성 있는 다른 정보(생일, 기념일, 집 전화번호, 가족 전화번호 등)와 쉽게 결합하여 그 전화번호 사용자가 누구인지를 알아볼 수도 있으며(대전지방법원 논산지원 2013. 8. 9. 2013고단17 판결), 차량번호도 차명, 사용본거지, 자동차 소유자 등에 관한 사항을 기재하여야 하는 자동차등록원부 등 다른 정보와 쉽게 결합하여 개인을 알아볼 수 있는 정보에 해당(개인정보보호위원회결정 제2019-16-260호)된다. 휴대전화 USIM 일련번호도 가입신청서 등 가입자정보에 나타난 다른 정보와 어려움 없이 쉽게 결합됨으로서 개인을 특정할 수 있게 되는 이상 이들을 개인정보라 봄이 상당하다(서울중앙지방법원 2011. 2. 23. 선고 2010고단5343 판결).

❷ 사물이나 법인·단체에 관한 정보이지만 개인정보에 해당될 수 있다.

개인정보는 살아있는 개인에 관한 정보이므로 법인이나 단체, 사물에 관한 정보는 원칙적으로 개인정보에 해당하지 않는다. 하지만 법인·단체에 관한 정보이면서 동시에 개인에 관한 정보인 임원진과 업무담당자의 이름·주민등록번호·개인연락처·사진 등 그 자체가 개인을 식별할 수 있는 정보는 상황에 따라 개인정보로 간주될 수도 있으므로 유의해야 한다. 또한, 건물이나 아파트 등 사물에 관한 정보는 개인정보가 아니지만 사물의 제조자 또는 소유자 등을 나타내는 정보의 경우 개인정보에 해당할 수 있다. 예를 들어 건물이나 아파트 주소가 특정 소유자를 알아보는데 사용된다면 이는 개인정보에 해당한다.

그리고 1개의 개인정보가 반드시 특정 1명의 정보만을 이야기하는 것은

39　개인정보보호위원회가 발간한 '개인정보 보호법령 해석 실무 교재'(2021. 11.) 및 '개인정보 보호법 표준 해석례'(2021. 7.) 내용에서 사례들을 발췌하였다. 개인정보보호위원회(www.pipc.go.kr)/정책·법령/법령정보/지침·가이드라인/ 참조.

아니다. SNS에 단체사진을 게시했다면 그 사진의 영상정보는 사진에 있는 모든 인물들의 개인정보에 해당되게 된다.

❸ 차량블랙박스, 카메라, 휴대전화도 영상정보처리기기에 포함될까?
개인정보보호법은 영상정보처리기기 설치·운영시 관리 등에 엄격한 제한을 두고 있다. 일반적으로 영상정보처리기기 종류는 매우 다양하지만 모두 규제대상으로 하는 경우 사회생활이나 경제활동에 제약을 가져오므로 개인정보보호법은 그 규율대상을 최소화하여 '일정한 공간에 지속적으로 설치되어 사람 또는 사물의 영상 등을 촬영하거나 이를 유·무선망을 통하여 전송하는 장치'로 제한하며 구체적으로 CCTV(폐쇄회로 텔레비전)와 네트워크 카메라만 규제대상 영상정보처리기기로 정의한다. 따라서 차량 블랙박스, 휴대전화, 디지털카메라 등으로 촬영 공간과 촬영 대상 범위를 바꾸어 가면서 영상을 촬영하는 것은 개인정보보호법에 따른 영상정보처리기기의 범주에 포함되지 않으며 개인정보보호법상 규제의 대상도 아니다.

❹ 영상정보처리기기에 녹음기능이 없는 이유
영상정보처리기기는 설치목적외 용도 사용을 위해 임의로 조작할 수 없고 녹음기능도 사용할 수 없다. 이는 기본적으로 사생활 침해 우려가 있기 때문이다. 특히 영상정보처리기기의 녹음기능 사용은 통신비밀보호법 제3조 제1항 및 제14조 위반에 해당한다. 동법은 누구든지 공개되지 아니한 타인간의 대화를 녹음하지 못하도록 금지한다.

❺ 개인정보보호위원회의 개인정보보호법 표준해석례 중 유의할 사례

✔ 회사건물 출입기록이 개인정보에 해당하는지?(표준해석례 9)
출입영상, 출입일지 등은 그 자체로 개인을 알아보거나 다른 정보와 쉽

게 결합하여 개인을 알아볼 수 있는 개인정보에 해당된다.

✔ CCTV 실시간 모니터 영상정보가 개인정보에 해당하는지?(표준해석례 10, 60)

영상정보에 나타난 정보주체(개인)의 외관을 알아볼 수 있으면 개인정보에 해당된다. 또한 모니터링만 하고 녹화하지 않더라도 영상정보처리기기에 정보가 일시 저장·전송되는 경우 개인정보 처리에 해당하므로 개인정보보호법 제25조에 따른 제반 의무를 준수하여야 한다.

✔ 민원처리를 위해 다른 직원에게 민원인 전화번호를 전달해도 되는지? (표준해석례 20)

민간은 물건 판매, 서비스 제공 등 계약체결의 이행을 위하여 불가피한 범위내에서 전화번호 전달이 가능하고 그외에는 개인 동의를 받아야 한다. 그러나 공공기관은 '민원처리에 관한 법률'에 따라 접수한 민원에 대해 개인 동의 없이 처리 담당자의 지정 및 처리협조 등을 위해 민원인의 개인정보를 전달할 수 있다.

✔ 학원에서 학생들 비상연락망을 제작·배부해도 되는지?(표준해석례 24)

학원은 만 14세 미만 학생들의 경우 법정대리인(부모)의 동의를 받아야 하고, 만 14세 이상의 학생에 대해서는 직접 동의를 받아야 한다.

✔ 병원에서 환자 연락처를 약국에 제공해도 되는지?(표준해석례 25)

약국에서 병원 처방전과 달리 약을 잘못 조제한 사실을 뒤늦게 알았다며 약국이 병원에 환자 연락처를 요청하는 경우 알려줄 수 있다. 개인정보보호법 제17조 제4항은 개인정보처리자(병원)가 당초 수집 목적과 합리적으로 관련된 범위에서 정보주체(환자)에게 불이익이 발생하는지 여부 등을 고려하여 정보주체 동의 없이 개인정보를 제공할 수 있다고 규정한다.

✔ 학교에서 학생들 단체 사진 등을 공유(공개)해도 되는지?(표준해석례 26)

학교 행사 때 찍은 사진(학생, 학부모, 선생님 등이 찍힘)을 졸업앨범에 수록하거나 학교 홈페이지에 게시하기 위해서는 학교가 정보주체(학생, 학부모, 선생님 등)로부터 동의를 받아 사진을 제3자(재학 중인 학생들, 학교 홈페이지 회원 등)에게 제공할 수 있다.

✔ 아파트 게시판에 폐기물 무단투기자 사진을 공개할 수 있는가?(표준해석례 27)

관리사무소가 CCTV에 찍힌 폐기물 무단투기자 사진, 관리비 미납세대 동·호수 등을 입주민에게 공개(게시판, 엘리베이터 등에 게시)하는 것은 개인정보의 목적 외 제공에 해당한다.

✔ 자체감사를 위해 직원 개인정보를 열람해도 되는가?(표준해석례 32)

민간기관은 소속 직원 동의 또는 노사협의 없이 열람하면 위법이다. 다만, 공공기관은 공공감사법 제20조에 근거하여 동의없이 직원의 개인정보를 열람할 수 있다.

✔ 공공기관 근무자의 소속, 성명, 내선번호 공개 가능 여부(표준해석례 34)

공공기관의 정보공개에 관한 법률 제9조에 근거하여 공공기관 홈페이지 등에 공무원 등의 성명, 직위, 연락처(전화번호 또는 이메일)를 공개할 수 있다.

✔ 아파트 승강기 내부 CCTV 영상을 입주민이 열람해도 되는지?(표준해석례 37)

개인정보보호법 제35조에 근거하여 정보주체는 자신의 개인정보 열람을 해당 영상정보처리기기 운영자에게 요구할 수 있다. 따라서 관리사무소는 해당 CCTV 영상에 수록된 정보주체의 동의를 받아 열람을 허용하되, 관리사무소에서 관련 영상을 먼저 확인 후 해당 부분에 대해서만 열람하도록 하여 열람을 필요 최소한으로 제한하여야 한다.

✔ 직장내 사무실에 직원 동의없이 CCTV를 설치해도 되는지?(표준해석례 53)
사무실 출입구 등에 보안 목적으로 CCTV를 설치하는 경우 동의없이 가능하나, 사무실 내에 직원 감시 등 목적으로 설치하려면 직원 동의나 노사협의가 필요하다.

✔ 병원을 양도하면서 고객정보를 넘길 때 고지해야 하는지?(표준해석례 66)
개인정보보호법 제27조에 따라 개인정보처리자는 영업의 전부 또는 일부의 양도·합병 등으로 개인정보를 다른 사람에게 이전하는 경우 정보주체에게 서면, 전자우편, 전화, 문자전송 등의 방법을 이용하여 개별적으로 알려야 하며, 알릴 수 없는 경우 인터넷 홈페이지에 30일 이상 게재하여야 한다.

✅ ❌ True or False?

Q. 사망한 사람의 개인정보는 개인정보보호법의 보호대상이다.

False (살아있는 사람 정보만이 보호대상)

Q. 추가정보 없이는 개인을 알아볼 수 없어도 보호대상이다.

True (가명정보도 보호대상)

Q. 홈페이지에 스스로 공개한 개인정보는 보호대상이 아니다.

False (사회통념상 인정되는 범위내에서만 제한적으로 이용 가능)

Q. CCTV에 녹음기능을 설치하면 위법이다.

True (사생활 침해 방지 및 통신비밀보호법 위반)

1-2. 금융실명법상 차명거래 금지 규제

✓ ✗ True or False?

Q. 세금우대 목적의 타인명의 예금도 실명법 위반이다. ✔ ✗

Q. 동창회 회비 관리를 위한 총무명의 계좌도 실명법 위반이다. ✔ ✗

Q. 100만원 이하 송금시 금융회사의 실명확인 의무는 없다. ✔ ✗

Q. 통장을 빌려줬지만 무슨 용도인지 몰랐다면 처벌받지 않는다. ✔ ✗

금융실명제란?

간단하게 말하면 금융실명제란 모든 금융거래시 실지명의(이하 '실명')를 사용하여야 한다는 것이다.[40] 실명이란 개인의 경우에는 주민등록표상에 기재된 성명 및 주민등록번호를 말하며, 법인의 경우에는 사업자등록증에 기재된 법인명 및 등록번호를 말하고, 법인이 아닌 단체의 경우 그 단체를 대표하는 자의 실지명의를 말한다. 한국의 금융실명제는 '금융실명거래 및 비밀보장에 관한 긴급명령'에 의거, 1993. 8. 12. 이후 모든 금융거래에 도입되었으며, 4년이 지난 1997. 12. 31. 긴급명령을 폐지하고 '금융실명거래 및 비밀보장에 관한 법률'(이하 '금융실명법')이 제정되면서 비로소 시행되게 되었다.[41]

---

40 금융실명거래 및 비밀보장에 관한 법률 제3조 제1항.

41 이는 개발경제 시대에 국내 저축기반이 취약한 상황에서 사금융을 제도권금융으로 흡수하고 저축을 장려하기 위하여 실명은 물론 비실명의 예금 적금에 대하여도 비밀보장을 해주는

2014년 이전에는 주로 금융회사 직원들만 처벌대상이었던 금융실명법

금융실명법은 원칙적으로 실명확인 의무를 금융회사에 부과하고 있다. 그리고 금융회사에 종사하는 자에게 명의인의 서면상의 요구나 동의를 받지 아니하고는 그 금융거래의 내용에 대한 정보 또는 자료를 타인에게 제공하거나 누설하여서는 안 되는 비밀준수의무를 부과하고 있다.[42] 금융실명법 위반의 처벌은 2014년 법이 개정되기 전까지는 주로 금융회사 직원이 해당되었고, '합의에 의한 차명거래'를 금지하지 않아 일반인들은 설혹 차명거래를 하더라도 금융실명법 위반으로 처벌받는 일은 거의 없었다.

이제는 일반인도 처벌받을 수 있다

2014년 금융실명법이 개정[43]되면서 금융회사 임직원이 아니더라도 불법재산 은닉, 자금세탁, 강제집행의 면탈 등[44]의 탈법행위를 목적으로 타인의 실명으로 금융거래를 하는 경우 5년 이하의 징역 또는 5천만원 이하의 벌금을 부과한다는 규정이 생기면서 일반인도 법 위반으로 처벌받을 수 있게 되었다.

1961년 '예금·적금 등의 비밀보장에 관한 법률'이 시행되면서 경제발전을 위한 투자재원 확보의 긍정적인 측면도 있었으나 음성적인 자금거래가 확대되고 조세부담의 불공평을 심화시키는 부작용을 해소하기 위한 것이었다.

42 다만, 다음의 경우로서 그 사용목적에 필요한 최소한의 범위에서 거래정보 등을 제공하거나 그 제공을 요구하는 경우에는 예외로 한다(금융실명법 제4조 제1항 참조).
① 계좌 명의인 본인이나 상속인, 대리인의 요구나 동의
② 금융위원회/금융감독원/예금보험공사의 감독·검사 목적
③ 법원 영장/제출명령
④ 국세청/관세청/세무서
⑤ 국회/감사원/공직자윤리위원회/공정거래위원회/금융정보분석원 등

43 주요 개정내용을 보면 불법·탈법행위 목적의 차명거래와 금융회사 임직원의 불법 차명거래 알선·중개행위를 금지하고, 실명이 확인된 계좌에 보유하고 있는 금융자산은 명의자의 재산으로 추정하며, 불법 차명거래 금지에 관한 주요 내용을 거래자에게 설명하여야 한다는 것이다.

44 특정 금융거래정보의 보고 및 이용 등에 관한 법률 제2조 참조.

이하에서는 일반인이 금융실명법과 관련하여 유의하여야 할 사항에 대해서 알아본다.[45]

모든 차명거래는 불법인가?

불법재산의 은닉, 조세포탈 등을 위한 자금세탁행위, 공중협박자금조달행위[46], 강제집행을 피하려는 행위 등 탈법행위를 목적으로 하는 불법 차명거래만 금지된다. 이러한 취지에서 차명거래이지만 금융실명법 위반에 해당되지 않는 대표적인 거래는 다음과 같다.

① 계·부녀회·동창회 등 친목모임 회비를 관리하기 위하여 대표자(회장, 총무, 간사 등) 명의의 계좌를 개설하는 경우

② 문중, 교회 등 임의단체 금융자산을 관리하기 위하여 대표자(회장, 총무, 간사 등) 명의의 계좌를 개설하는 경우

③ 미성년 자녀의 금융자산을 관리하기 위하여 부모명의 계좌에 예금하는 경우

위법행위를 목적으로 한 차명거래 행위들을 예로 든다면?

차명거래 행위가 금융실명법에서 위법행위의 예로 규정하고 있는 불법재산의 은닉, 자금세탁행위, 강제집행의 면탈 등과 같은 수준의 위법행위라고 인정된다면 불법 차명거래에 해당되어 처벌을 받을 수 있다. 구체적으로 사

---

45 이 내용은 은행연합회·금융투자협회·우정사업본부·새마을금고중앙회 등 9개 금융협회가 금융위원회의 감수를 거쳐 마련한 '금융실명법 주요 개정내용 및 관련 Q&A'(2014.11.12.), 대법원 판례 등을 참조하였다.

46 공중(公衆), 즉 일반인을 협박할 목적으로 행하는 행위에 사용하기 위하여 모집·제공되거나 운반·보관된 자금이나 재산의 조달을 말한다. 이에는 사람을 살해하거나 사람의 신체를 상해하여 생명에 대한 위험을 발생하게 하는 행위 또는 사람을 체포·감금·약취·유인하거나 인질로 삼는 행위, 항공기·선박·기차 등 공중이 이용하는 차량 등을 강탈하거나 파괴하는 행위 등이 해당된다.

례를 들면 다음과 같은 것들이다.

① 증여세[47] 납부를 피하기 위하여 증여세 면제 한도[48]를 초과하여 본인 소유의 자금을 가족명의 계좌에 예금하는 행위는 조세포탈행위로 간주되어 처벌될 수 있다.

② 금융소득종합과세[49]를 피하기 위하여 다른 사람 명의의 계좌에 본인 소유의 자금을 예금하는 행위도 조세포탈행위로 간주되어 처벌될 수 있다.

③ 생계형저축 등 세금우대 금융상품의 가입한도 제한을 피하기 위하여 다른 사람 명의의 계좌에 본인 소유의 자금을 분산 예금하는 행위도 조세포탈행위로 간주되어 처벌될 수 있다.[50]

④ 채권자들의 강제집행을 피하기 위하여 다른 사람 명의의 계좌에 본인 소유의 자금을 예금하는 행위는 강제집행 면탈에 해당되어 처벌될 수 있다.

⑤ 불법도박자금을 숨기기 위해 다른 사람 명의의 계좌에 예금하는 행위는 불법재산 은익에 해당되어 처벌 받을 수 있다.

⑥ 공직자재산등록을 하면서 급여 외의 소득이나 재산상황을 은폐할 목적으로 다른 사람 명의의 계좌에 예금하는 행위는 탈법행위에 해당되어 처벌 받을 수 있다.[51]

---

47 증여세란 타인으로부터 재산을 무상으로 취득하는 경우 취득한 자에게 증여받은 재산가액에 대해 부과하는 조세이다.

48 증여세 면제한도(10년간 합산금액)는 배우자 6억원, 직계존비속(아버지·어머니·아들·딸) 각 5,000만원, 단, 미성년아들·딸은 2,000만원, 그 외 친족(6촌 이내 혈족과 4촌 이내 친인척)은 1,000만원이다. 현재 금액이 얼마가 되었든지 증여자에게 입금한 당시의 금액이 기준이 되며, 증여를 받은 자가 세무서에 자진납세를 하여야 하는 의무를 부담한다.

49 금융소득종합과세제도는 금융소득(이자소득과 배당소득)을 합해 연 2,000만 원이 넘으면 근로소득 등과 합산하여 전체 소득을 기준으로 누진세율을 적용하는 제도이다.

50 조세회피목적이 아니라 단순히 1인당 5,000만원인 예금자보호규정(보호 금액 5,000만원은 예금의 종류별 또는 지점별 금액이 아니라 동일한 금융 회사 내에서 예금자 한 사람이 보호받을 수 있는 총 금액)을 피하기 위하여 다른 사람 명의로 예금하였다면 이는 금융실명법상 위법행위로 처벌받는 행위에 해당하지는 않는다.

51 대법원 2017. 12. 22. 선고 2017도12346 판결; 공직자윤리법이 재산등록 서류에 대한 거짓 기재를 명시적으로 금지하고 있고, 등록대상재산이 거짓으로 밝혀진 경우 해임 또는 징계 의

⑦ 위의 사례와 같은 불법 목적으로 차명거래를 할 것이라는 사실을 알면서도 본인의 계좌나 명의를 빌려준 사람도 공범으로 처벌될 수 있다.[52]

⑧ 금융회사 종사자가 불법 차명거래를 알선하거나 중개했다면 형사처벌을 받을 수 있으며, 금융회사 종사자는 거래자에게 불법 차명거래가 금지된다는 사실을 반드시 설명해야 한다.[53]

과거에 만든 차명계좌를 해지하는 것도 처벌대상인가?

2014년 금융실명법이 강화되기 전에 이미 차명계좌를 개설한 것이 있는데 이를 지금 해지한다면 해지행위를 이유로 처벌받게 될까? 계좌를 해지하는 것이 불법 차명거래를 단절하기 위한 것이라면 해지행위 자체로는 처벌을 받지 않는다. 물론, 기왕의 불법행위 자체가 없어지는 것은 아니지만, 가급적 이러한 계좌는 하루빨리 해지하여 위법의 소지를 없애는 것이 좋다. 아울러 이제는 실명이 확인된 계좌에 보유하고 있는 금융자산은 명의자의 소

결요청을 비롯한 제재를 가하는 점을 고려하면, 공직자윤리법에서 정한 재산등록을 할 때 재산상태를 은폐하여 거짓으로 재산등록을 하기 위한 목적은 금융실명법 제3조 제3항에서 규정한 '그 밖의 탈법목적'에 해당한다고 판시하였다.

52 가장 대표적이고 빈번하게 일어나는 사례가 전화금융사기 등을 위해 대포통장으로 빌려주는 것이다. 통상적으로 전화금융사기 등 조직적 범죄에 가담한 혐의로 수사 받을 경우 본인은 고의가 없었다는 이유로 방조죄에 대하여 무혐의를 주장하는 경우가 대부분인데, 이제 대포통장으로 제공하는 것도 금융실명법 위반으로 조직범죄 가담 여부와 상관없이 공범으로 형사처벌을 받을 수 있게 되었다.

53 금융실명법 제3조 제6항.

〈 설명 및 확인 문구 예시 〉

「금융실명거래 및 비밀보장에 관한 법률」 제3조 제3항에 따라 누구든지 **불법재산의 은닉, 자금세탁행위, 공중협박 자금조달행위 및 강제 집행의 면탈, 그 밖의 탈법행위**를 목적으로 타인의 실명으로 금융거래를 하여서는 아니되며, 이를 위반시 **5년 이하의 징역 또는 5천만원 이하의 벌금**에 처해질 수 있습니다.
본인은 위 안내에 대해 **금융회사로부터 충분한 설명을 들어 이해하였음**을 확인합니다.

년 월 일

□ 위의 내용을 설명들었음

고객성명＿＿＿＿ (인·서명) (대리인 신청시) **본인**＿＿＿＿ 의 **대리인**＿＿＿＿ (인·서명).

유로 추정[54]된다는 조항이 신설되어 명의자와 분쟁이 생길 경우 되돌려 받기가 더욱 어려워졌다는 점도 고려하여야 한다.

형님 명의의 계좌지만 거래시마다 부탁하거나 의사를 물어 거래하였는데?

다른 사람의 실명으로 거래한다는 취지가 계좌명의자 의사와는 전혀 상관없이 계좌에 입금된 예금 등을 출금하고 새로 그 계좌에 금전을 입금하는 등 사실상 그 계좌로 자유롭게 금융거래를 할 수 있다고 인정되어야 타인 실명으로 금융거래를 한 것으로 볼 수 있다는 주장도 있다. 하지만, 판례는 차명계좌는 명의자는 타인이지만 본인이 명의자의 의사와 관계없이 자유롭게 금융거래를 할 수 있는 경우에만 위법행위가 성립하는 것은 아니라고 부정한다.[55]

실적을 위해서 업무상 알게 된 고객의 개인정보를 넘긴 적이 있는데?

만일 금융회사 종사자라면 고객의 정보를 사적인 용도로 다른 사람에게 넘긴 경우 신용정보보호법[56] 위반 외에도 금융실명법상 금융거래 비밀보장 규정[57] 위반으로 처벌을 받을 수 있다.

54 　금융실명법 제3조 제5항.

55 　대법원 2017. 12. 22. 선고 2017도12346 판결; 불법·탈법적 목적에 의한 타인 실명의 금융거래를 처벌하는 것은 이러한 금융거래를 범죄수익의 은닉이나 비자금 조성, 조세포탈, 자금세탁 등 불법·탈법행위나 범죄의 수단으로 악용하는 것을 방지하는 데에 그 목적이 있으므로, 위와 같은 탈법행위의 목적으로 타인의 실명으로 금융거래를 하였다면 이로써 금융실명법 제6조 제1항의 위반죄가 성립하는 것이고, 그 타인의 의사와 관계없이 자유롭게 금융거래를 할 수 있는 경우만 위 범죄가 성립하는 것이 아니다.

56 　신용정보의 이용 및 보호에 관한 법률 제33조; 개인신용정보는 해당 신용정보 주체가 신청한 목적에만 이용해야 한다는 규정이다.

57 　금융실명법 제4조 제1항; 금융회사등에 종사하는 자는 명의인의 서면상의 요구나 동의를 받지 아니하고는 그 금융거래의 내용에 대한 정보 또는 자료를 타인에게 제공하거나 누설하여서는 아니 되며, 누구든지 금융회사등에 종사하는 자에게 거래정보등의 제공을 요구하여서

개인을 식별할 수 없는 자료도 비밀보장 대상 금융거래정보인가?

금융실명법상 비밀보장 대상이 되는 정보에서 제외되는 것들은 1) 금융거래에 관한 단순 통계정보, 2) 성명, 주민등록번호, 계좌번호, 증서번호 등이 삭제된 다수 거래자의 금융거래자료로서 특정인의 금융거래정보를 식별할 수 없는 자료 등이 해당된다. 참고로 대출(보증/담보 내역), 신용카드(가맹점, 채무관리) 관련 정보는 금융실명법에 의한 비밀보장 대상이 아니다.[58]

금융회사에서 매번 거래를 할 때마다 실명확인 절차를 거치게 되는 것인가?

금융실명법은 실명이 이미 확인된 계좌를 통한 계속거래, 각종 공과금의 수납, 100만원 이하의 송금이나 무통장입금[59] 등은 실명확인 의무를 부과하지 않는다.[60]

실제 명의인이 직접 방문 개설한 차명계좌인데 금융회사도 처벌받나?

금융회사 직원인데 실제명의인 A가 직접 금융회사를 방문해서 실명확인 절차를 거친 후 통장을 발급해 주었다. 이후에 A의 친구 B가 A의 통장을 이용해 차명거래를 하다가 경찰에 발각되어 금융실명법 위반으로 처벌받는다고 한다. 이 경우 금융회사 직원으로 차명계좌 알선·중개를 금지한 법률에 위반이 되는 것일까?

금융회사 직원이 차명거래에 쓰일 것을 모르고 A에게 정상적으로 통장을

는 아니 된다.

58 금융실명법상 금융자산의 범위에서 대출, 신용카드 등은 제외되어 있다(실명법 제2조 제2호; "금융자산"이란 금융회사등이 취급하는 예금·적금·부금(賦金)·계금(契金)·예탁금·출자금·신탁재산·주식·채권·수익증권·출자지분·어음·수표·채무증서 등 금전 및 유가증권과 그 밖에 이와 유사한 것으로서 총리령으로 정하는 것(신주인수권증서/외국증권)을 말한다).

59 원화 100만원 상당의 외국통화의 송금이나 무통장 입금도 마찬가지로 실명확인의 예외이다.

60 금융실명법 제3조 제2항.

발급해주었다면 금융실명법 위반이 아닐 것이다. 그렇지만 만일 B가 A의 주민등록증을 가지고 와서 A행세를 했는데 통장을 발급해 주었거나, A가 왔더라도 A가 아닌 다른 사람이 통장을 사용할 것을 금융회사 직원이 알았다면 금융실명법 위반이 된다.

온라인 비대면계좌 개설시에도 금융실명법이 적용된다

현실적으로 차명계좌를 개설하려면 계좌 명의인으로 하여금 직접 신분증을 지참하고 금융회사 창구에 방문하여 실명확인을 거치도록 하거나, 또는 계좌 명의인이 인감증명서, 위임장, 가족관계증명서, 주민등록등본 등을 제공하면 이를 금융회사 창구에 제시하고 계좌주 대리인 자격으로 통장을 개설하여야 한다. 그러나 금융위원회에서 2015. 12월 은행부터 허용한 비대면계좌 개설[61]을 이용할 경우 금융회사 방문없이 신규계좌를 개설할 수 있어 차명계좌의 유혹이 커질 수 있지만, 이러한 비대면계좌도 금융실명법의 적용대상이라는 것을 잊어서는 안 된다.

금융실명법 위반시 어떤 처벌을 받게 되나?

금융실명거래 의무는 거래당사자(계좌이용자), 명의대여자(계좌명의자) 및 금융회사(직원) 모두에게 주어지며, 만일 불법을 목적으로 차명거래가 이루어지는 경우 명의를 빌린 거래당사자, 명의대여자, 이를 방조한 금융회사 직원 모두 처벌을 받게 된다. 먼저, 탈법을 목적으로 차명거래를 하는 경우 5년 이하의 징역 또는 5천만원 이하의 벌금[62]의 형사처벌을 받을 수 있다. 아울러

---

61 일반적으로 금융회사 비대면 계좌개설 순서는 먼저, 해당 금융회사의 앱을 설치하고 실행한 다음 휴대폰 인증과정을 거치고 보유계좌를 활용해 실명을 확인하고 실명확인증표(주민등록증 등) 촬영 후 업로드, 계좌개설 신청을 한 후 소액의 금액을 해당 계좌로 이체하면 비대면계좌 개설절차가 끝난다.

62 징역과 벌금의 동시부과가 가능하다.

불법 차명거래를 알선·중개하거나 금융거래 비밀보장 규정을 위반한 금융
회사 종사자, 금융회사 종사자에게 거래정보 등의 제공을 요구한 자도 역시
5년 이하의 징역 또는 5천만원 이하의 벌금을 받을 수 있다. 이와 함께 금융
회사 종사자가 금융실명법과 이 법에 따른 명령이나 지시를 위반한 경우 금
융당국으로부터 면직, 정직, 감봉, 견책 등 각종 행정제재를 받을 수 있으며,
불법 차명거래 금지 설명의무를 이행하지 않은 경우, 실명확인 의무를 지키
지 않은 경우 등은 과태료 처분[63]도 받게 된다.

≪ **구체적인 사례를 통해 살펴보는 금융실명법 위반** ≫

❶ 길에서 주운 주민등록증으로 통장을 만들어서 비자금 통장으로 사용

고객이 타인의 실명증표를 이용하여 계좌를 개설한 사례로 통장 개설고
객은 점유이탈물 횡령, 공문서 부정행사 등의 위법행위에 해당되며, 비자금
통장에 탈세 등 불법목적의 자금이 유입된 경우 금융실명법 위반으로 형사
처벌을 받을 수 있다. 또한 신분증상의 본인 여부 확인을 소홀히 한 금융회사
직원도 금융실명법 위반(실명확인의무 위반)이 된다.

❷ 금융회사 지점장 A는 고객 B로부터 현금 5억원과 수표 5억원을 위탁
받은 뒤 세무서의 압류와 추적을 피해주기 위해 수표를 현금화한뒤 5개의
차명계좌를 개설

차명이용고객 B는 탈법행위 목적의 금융거래를 금지하는 금융실명법 위
반으로 형사처벌을 받을 수 있으며, A 지점장도 이러한 거래를 알선·중개
하였으므로 역시 금융실명법 위반으로 형사처벌 대상이다. 또한 A 지점장
은 불건전 영업행위, 자금세탁 혐의 등으로 다른 법령에 의한 추가적인 처벌

---

63 과태료는 위반행위별로 50만원 ~ 3,000만원까지 부과된다(금융실명법 시행령 제13조 제1항
관련 별표).

을 받을 수 있다.

❸ 전국 각지에서 대포통장을 보이스피싱 사기단에 팔아온 일당이 검거되었는데, 이들은 친척, 친구 등 총 20여명으로부터 대포통장 100여개를 수집해 3억여원을 받고 보이스피싱 사기단에 팔아온 혐의를 받고 있다.

대포통장을 만들어 넘겨준 친척·친구 및 수집한 일당들은 금융실명법 위반이 되며, 이 외에도 전자금융거래법 위반, 사기범죄 등에 대한 공범 또는 사기방조범으로 처벌받을 수 있다. 또 친척·친구들이 범행에 가담되는 것을 알지 못했다고 하더라도 자신의 통장을 제공하는 대가로 금전을 받았다면 전자금융거래법 위반으로 처벌된다. 한편, 통장을 개설해준 금융회사 직원들은 정당한 절차에 의해 고객 실명을 확인하였다면 금융실명법 위반은 아니다.

❹ 채용을 미끼로 하는 보이스피싱범죄단체에 이용 당했는데 경찰에서 금융실명법 위반 혐의로 조사 나오라고 한다. 구직 중인 청년으로 채용공고를 보고 주 업무가 현금으로 거래처의 돈을 전달해주거나 본인의 통장에 입금이 들어오면 다른 지정 계좌로 이체를 해주는 것이 주 업무이고, 본인통장 입금 금액 기준 2%의 수수료를 지급한다는 말에 일을 시작했다. 회사측에서는 세금 문제로 은행거래를 부탁하는 것이고 절대 법적으로 문제되지 않는다고 하였는데, 얼마 전 경찰에서 대가를 받고 타인을 대신해서 차명거래를 해준 것으로 금융실명법 위반 방조행위 혐의로 조사 중이라는 사실을 알게 되었다.

경찰 수사결과 본인의 행위가 보이스피싱 피해자들의 돈을 보이스피싱조직에 전달하는 것이었다는 것이 드러났다면 이는 금융실명법 위반이 될 뿐만 아니라, 불법행위를 인식하고 있었던 것으로 밝혀지면 공범 혐의까지 적용될 수 있다.

❺ 중견그룹 회장의 첫째 며느리 A는 그룹경영권 분쟁과정에서 둘째 사위

인 B와 둘째 아들 C로 인해 자신의 남편이 회장의 신임을 얻지 못한다고 생각해서 둘째사위 B와 둘째며느리 D의 불륜관계를 캐내 회장에게 알려주기로 마음 먹었다. 또 금융회사 직원인 E로부터 그룹회장의 처가 가입한 금융상품과 둘째딸 F, 둘째아들 C, 둘째며느리 D 등이 가입한 예금계좌의 신규일, 만기일, 잔액 등의 금융거래정보를 요구해 제공받은 것으로 조사되었다.

예금정보를 요구한 A와 금융회사 직원 E 모두 금융거래 비밀보장 규정 위반으로 금융실명법에 의해 형사처벌을 받을 수 있다.

❻ 은행원인 A는 실적을 쌓기 위해 지인의 개인정보를 무단으로 사용해 여러 개의 통장을 만들어 관리하여 왔다.

은행원의 차명통장 개설은 당연히 금융실명법 위반(실명확인의무 및 실명거래의무 위반)이 되며, 이외에도 공문서 부정행사, 사문서 위조 등의 위법행위에 해당된다.

❼ 계좌명의인[64]이 차명계좌의 자금을 실제 자금소유주의 의사와 상관없이 인출한 경우 금융회사의 책임 유무

금융회사의 책임은 없다고 하는 것이 판례의 태도이다. 판례는 '실명법에 따라 실명확인 절차를 거쳐 예금계약을 체결하고 그 실명확인 사실이 예금계약서 등에 명확히 기재되어 있는 경우에는 일반적으로 그 예금계약서에 예금주로 기재된 예금명의자나 그를 대리한 행위자 및 금융회사의 의사는 예금명의자를 예금계약의 당사자로 보려는 것이라고 해석하는 것이 경험법칙상 합당하고, 예금계약의 당사자에 관한 법률관계를 명확히 할 수 있어 합리적이다. 그리고 이와 같은 예금계약 당사자의 해석에 관한 법리는 예금명의자 본인이 금융회사에 출석하여 예금계약을 체결한 경우나 예금명의자의 위임에 의하여 자금 출연자 등의 제3자가 대리인으로서 예금계약을 체결한 경

---

64 계좌를 빌려준 자를 말한다.

우 모두 마찬가지로 적용된다고 보아야 한다'고 판시하였다(대법원 2009. 3. 19. 선고 2008다45828 판결). 이는 만약에 예금명의자가 실제 자금을 출연한 제3자의 의사와는 상관없이 예금 등을 입출금한 경우에도 예금명의자 및 금융회사의 행위는 위법하지 않다는 것을 의미하는 것이다.

❽ 통장과 체크카드를 빌려주면 사례를 한다기에 잠깐 빌려줬지만 무슨 용도로 쓰는지 전혀 몰랐다.

대여 당시 불법행위에 이용된다는 사실을 몰랐다 하더라도 처벌을 받을 수 있다. 당연히 금융실명법 위반 방조로 처벌될 수 있고, 그 외에도 사기방조죄, 전자금융거래법[65] 위반으로 처벌될 수 있다.

✓ ✗ True or False?
Q. 세금우대 목적의 타인명의 예금도 실명법 위반이다.
True (조세포탈행위로 간주되어 탈법목적의 차명계좌 개설에 해당)
Q. 동창회 회비 관리를 위한 총무명의 계좌도 실명법 위반이다.
False (탈법목적의 차명거래가 아니므로 위반이 아님)
Q. 100만원 이하 송금시 금융회사의 실명확인 의무는 없다.
True (공과금 수납, 100만원 이하 송금 등은 실명확인 불필요)
Q. 통장을 빌려줬지만 무슨 용도인지 몰랐다면 처벌받지 않는다.
False (실명법 위반 방조로 처벌 가능)

---

65 마그네틱 띠가 부착된 통장, 체크카드를 양도하는 행위는 접근매체를 빌려준 것으로 이는 전자금융거래법에서 금지하고 있다.

* 참고(부동산실명법)

부동산도 실명으로 거래하지 않으면 처벌받을 수 있다

금융실명제와 마찬가지로 부동산에 대하여도 부동산실명법[66]이 1995
년 제정되어 시행되고 있다. 도입 취지는 부동산에 관한 소유권과 그 밖의
물권[67]을 실제 권리관계와 동일하도록 실제권리자의 명의로 등기하게 함
으로써 부동산등기제도를 악용한 투기·탈세·탈법행위 등 반사회적인 행
위를 방지하고 부동산 거래의 정상화와 부동산 가격의 안정을 도모하는 것
이다. 통상적으로 빌딩, 아파트, 토지 등 부동산의 소유주는 자신의 이름
을 등기하여 소유자임을 밝혀야 하지만, 탈세나 탈법[68] 등의 목적으로 본인
이 아닌 다른 사람의 명의로 등기하는 사례가 있는데, 부동산실명법은 부
동산의 명의신탁[69] 계약의 효력을 원칙적으로 무효로 하고 실명등기를 의
무화하고 있다.[70]

이를 위반할 경우 과징금, 이행강제금 등 행정제재 대상이 될 뿐 아니라,
명의신탁에 대한 형사처벌로 명의신탁자(실제 소유자)는 5년 이하의 징역 또
는 2억원 이하의 벌금, 명의수탁자(등기부상 명의자)는 3년 이하의 징역 또는

---

66   정식 법률명칭은 '부동산 실권리자명의 등기에 관한 법률'이다.
67   민법상 물권은 소유권 외에도 점유권, 지상권, 지역권, 전세권, 유치권, 질권, 저당권이 있다.
68   취득세나 양도소득세 등의 조세 부과를 피하거나 토지거래허가제 등 각종 규제를 피하기 위
     한 수단으로 악용하는 것을 말한다.
69   부동산 등을 실소유자 명의가 아니라 다른 사람 이름으로 해 놓는 것을 말하며 실제 소유자
     를 신탁자, 명의상 소유자를 수탁자라고 한다.
70   부동산 실권리자명의 등기에 관한 법률 제3조 제1항(누구든지 부동산에 관한 물권을 명의신
     탁약정에 따라 명의수탁자의 명의로 등기하여서는 아니 된다) 및 제4조 제1항(명의신탁약정
     은 무효로 한다). 다만, 예외적으로 종중이 보유한 부동산에 관한 물권을 종중 외의 자의 명
     의로 등기한 경우와 배우자 명의로 부동산에 관한 물권을 등기한 경우, 종교단체의 명의로
     그 산하 조직이 보유한 부동산에 관한 물권을 등기한 경우에, 이것이 조세포탈이나 강제집행
     의 면탈 또는 법령상 제한의 회피를 목적으로 한 것이 아닌 경우에는 명의신탁의 효력을 인
     정하고 있다(제8조).

1억원 이하의 벌금에 처한다고 규정하고 있다. 구체적인 부동산 실명법 적용사례는 법무부에서 출간한 '부동산실명법 해석사례집(2012)'이 다양한 사례를 포함하고 있고 또 인터넷으로 검색하여 다운로드가 가능하므로 이를 참조하기 바란다.

1-3. 보험사기방지특별법상 보험사기 규제

☑ ☒ True or False?

Q. 보험사기 최대 처벌은 무기징역까지 가능하다.　　　　　　　☑ ☒

Q. 미용시술은 실손의료보험 약관상 보장대상이 아니다.　　　　☑ ☒

Q. 병원의 적극적 권유에 수동적으로 따른 것이라면 문제없다.　☑ ☒

Q. 심사에 미리 걸려 미수에 그쳤다면 처벌받지 않는다.　　　　☑ ☒

　　현대인이라면 보험상품에 한 개라도 가입하지 않은 사람이 있을까? 금융감독원 통계정보[71]를 살펴보더라도 2021. 6월 말 기준으로 생명보험회사의 보유계약 수가 약 8천 7백만건, 손해보험회사의 원수계약보유계약건수가 1억 8천 2백만건 정도 되니 평균적으로 한사람당 3~4건의 보험은 가입하고 있는 것으로 추정할 수 있다. 건강보험 등 공적 보험은 제외하더라도 실손보험, 자동차보험, 암보험 등 그 종류도 정말 많을 뿐 아니라 그 내용도 매우 전문적이어서 이해하기도 쉽지 않다. 그래서인지 언론에서는 끊임없이 보험사기관련 기사가 쏟아져 나오고 있으며, 2020년 한해만 보험사기 적발금액이 8,986억원, 적발인원은 무려 98,826명에 달한다.[72] 그만큼 일반인들이 직접, 간접적으로 보험사기에 연루될 가능성이 많다는 이야기이다.

보험사기란?

　　보험사기방지특별법은 보험사기 행위를 '보험사고의 발생, 원인 또는 내

71　금융감독원 금융통계정보시스템(fisis.fss.or.kr).

72　금융감독원 보도자료, '2020년 보험사기 적발 현황 및 향후 계획', 2021. 4. 28.

용에 관하여 보험자를 기망[73]하여 보험금을 청구하는 행위'라 정의하고 있다. 즉, 보험금을 타내기 위하여 고의적으로 행하는 위법행위라 할 수 있는데, 보험사기도 결국 사기죄의 일종이므로 형법 제347조에 의한 사기죄의 범죄로 성립하기 위해서는 보험회사를 기망하여 자기 또는 제3자로 하여금 보험금을 편취하거나 재산상의 불법적인 이익을 취득하였음이 입증되어야 한다.

보험사기는 외견상 보험회사에만 손해를 끼치는 것 같지만 결국 보험료의 인상요인을 제공하여 결과적으로는 선의의 보험계약자에게 추가적인 보험료를 부담하게 할 뿐 아니라, 일반적으로 보험사고로 위장하기 위해 살인, 방화, 폭행, 재물손괴 등 다른 범죄와 결합하여 발생하며 선의의 피해자가 발생한다는 점에서 심각성이 있다.

당신도 자칫하면 보험사기 가담자가 될 수 있다

누구든지 보험을 가입하고 나서 사고나 질병이 생기면 보험금을 가급적 많이 받고 싶은 것이 당연한 이치이다. 보험금 지급은 보험가입 당시 계약한 보장범위와 보장한도 등에 따라 기본적으로 정해지기는 하지만, 보험금 보상의 속성상 그 심각 정도를 판단할 때 주관적인 요소나 정성적인 기준 등도 영향을 미치기 때문이다.[74] 하지만 그 도를 넘어서서 사고를 조작하거나 부풀리는 경우 이는 보험사기로 처벌 받을 수 있음을 유의하여야 한다. 또한 최근 들어서는 조직적인 보험사기 피해도 늘어나고 있는데 금전적 이익을 제공하겠다는 제안에 현혹되어 보험사기에 동조하여 보험금을 수령하는 경우 본인도 공범으로 처벌받게 된다.

---

73   허위의 사실을 말하거나 진실을 은폐하여 상대방을 착오에 빠지게 하는 행위를 말한다.
74   물론 사고로 인해 손해가 발생했을 때 그 손해액을 결정하고 보험금을 객관적이고 공정하게 산정하는 손해사정인 제도 등이 있어 부당한 보험금 산정 및 지급을 방지하고 있다.

보험사기의 유형에는 어떤 것이 있는가?[75]

보험은 담보별로 생명보험, 화재보험, 운송보험, 해상보험, 자동차보험 등으로 구분될 수 있는데, 여기서 파생된 상품의 종류도 수백 가지이니 보험사기 방법도 수백, 수천 가지가 될 것이다. 금융감독원에 따르면 수많은 보험사기들을 크게 다음의 4가지로 분류할 수 있다고 한다.

❶ 사기적인 보험계약의 체결

보험계약시 허위고지, 대리진단 등을 통해 중요한 사실을 은폐하는 행위 등을 말한다. 예를 들면 보험을 가입할 수 없는 부적격자가 보험가입을 하기 위하여 또는 적은 보험료를 지불하기 위해 불리한 사실을 숨기는 것인데, 암 진단을 받은 자가 보험계약을 체결하기 위하여 진단사실을 숨기거나 보험가입자(피보험자)가 아닌 타인을 통한 대리진단 등을 통하여 보험에 가입하는 행위 등이 해당된다. 이 밖에 이미 보험사고가 발생한 이후에 보험계약을 체결하는 경우, 즉 이미 사망한 사람을 피보험자로 하여 보험에 가입하거나, 자동차사고 발생 후에 사고일자 등을 조작·변경하는 방법으로 보험에 가입하는 행위 등이 있다.

❷ 보험사고의 고의적 유발

고의적으로 사고를 유발하는 가장 악의적인 보험사기로 다양한 범죄수단과 방법을 이용하고 최근에는 조직화되는 양상을 보이고 있다. 1) 피보험자 본인이 보험사고를 유발하는 유형으로는 신체 일부를 절단하거나, 고층에서 뛰어내리거나, 진행 중인 차량에 고의로 부딪치는 행위 등이 있으며,

---

[75] 금융감독원 보험사기방지센터(www.fss.or.kr/fss/insucop/)/보험사기란? 내용을 중심으로 정리하였다.

2) 보험수익자가 보험금을 노리고 피보험자의 신체나 재산에 피해를 가하는 유형으로는 자신 등을 수익자로 하고 가족 또는 제3자를 살해하는 행위 등이 있고, 3) 고의로 제3자로 하여금 보험사고를 유발하도록 하는 유형으로는 신호위반 또는 중앙선을 침범한 제3자 운행차량을 고의로 충돌하는 행위 등이 있다.

❸ 보험사고의 위장 및 날조

이는 전통적인 보험사기 유형으로 보험사고 자체를 위장·날조하는 경우와 보험사고가 아닌 것을 보험사고로 조작하는 행위가 포함된다. 예를 들어 가입한 생명보험의 사망보험금을 편취하기 위하여 피보험자가 보험사고로 사망하지 않았는데도 불구하고 사망한 것처럼 위장하는 유형(허위사망증명서 제출, 타인의 시신을 자기시신으로 위장하여 사망한 것으로 조작하는 방법, 자기와 유사한 사람을 선택·살해한 후 자기가 사망한 것같이 조작하는 방법)이 있고, 상해보험을 가입하고 보험사고 조작을 통하여 병·의원의 허위진단서 등을 발급받는 방법으로 보험금을 청구하거나, 기존에 다른 사고로 입은 부상을 교통사고로 인하여 발생한 것으로 신고하는 행위 등이 있다. 또 자동차 소유주가 자신의 자동차를 팔고 난 후 보험회사에 도난신고를 하는 행위, 진열장에서 미리 상품을 치운 후에 도난당했다고 신고하는 행위, 다른 사고로 파손된 차량을 교통사고로 인하여 파손된 것으로 신고하는 행위 등이 이러한 유형에 속한다.

❹ 보험사고의 과장

이미 발생한 보험사고를 과장 또는 악용하여 보험금을 편취하는 것으로 생명보험보다는 손해보험분야에서 주로 발생한다. 예를 들자면 의사에게 부탁하여 부상의 정도나 장해등급을 상향하는 행위, 통원치료를 하였음에도 입원하여 치료를 받은 것으로 서류를 조작하는 행위, 치료기간의 연장 또는 과잉진료를 하는 행위 등이 있다. 재물보험의 경우에는 자기부담금 공제부분을 보상받고자 하거나 더 많은 보험금을 타내기 위한 의도로 피해규모를 과다 산정하여 보상금을 청구하는 행위 등이 해당한다.

실제 보험사기 유형별로 발생 비중은 어떻게 되나?

2020년도 보험사기 적발 현황을 보면 허위·과다사고 유형이 65.8%(5,914억원)를 차지하고, 고의사고가 15.4%(1,385억원), 자동차사고 피해 과장이 9.8%(878억원) 순이다. 전체적으로 손해보험을 이용한 보험사기가 91.1%(8,025억원)로 대부분을 차지하며, 생명보험의 경우에는 8.9%(785억원)의 비중을 보이고 있다.[76]

사기유형별 보험사기 적발 현황(%)

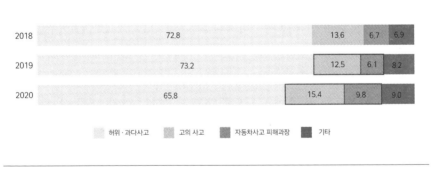

(자료: 금융감독원 보도자료)

---

76   금융감독원 보도자료, '2020년 보험사기 적발 현황 및 향후 계획', 2021. 4. 28.

구체적인 보험사기 방식과 그 비중은 어떻게 될까?

다음 표에서 보는 것처럼 다양한 유형의 보험사기가 적발되고 있다. 2020년 적발 금액을 기준으로 보면 사고내용을 조작하여 보험금을 타내는 보험사기가 가장 많고, 이어서 고지의무 위반, 허위(과다)입원, 음주·무면허운전, 자살·자해, 자동차사고피해 과장 등의 비중이 많다. 심지어 자동차 사고 후 운전자 바꿔치기 보험사기도 2020년 한해 500억원 규모에 달하고 있는데, 이와 같이 상습범죄자가 아닌 일반인들의 보험금 청구와 관련한 죄의식 결여도 보험사기가 근절되지 않는 원인 중의 하나로 지적되고 있는 실정이다.

보험사기 유형별 적발금액[77]

(단위: 백만원, %)

구 분		2018년		2019년		2020년	
		금액	구성비	금액	구성비	금액	구성비
고의 사고		108,190	13.6	110,148	12.5	138,546	15.4
	자살, 자해	54,336	6.8	63,728	7.2	71,283	7.9
	살인, 상해	2,020	0.3	3,325	0.4	3,718	0.4
	고의충돌	34,626	4.3	33,905	3.8	52,273	5.8
	자기재산 손괴	1,271	0.2	1,278	0.1	1,674	0.2
	보유불명사고	167	0.0	397	0.0	300	0.0
	방화	15,770	2.0	7,515	0.9	9,298	1.0
허위·과다 사고		581,007	72.8	644,835	73.2	591,445	65.8
	허위(과다)입원	100,268	12.6	97,557	11.1	79,214	8.8

77　금융감독원 보도자료, '2020년 보험사기 적발 통계', 2021. 4. 28.

허위(과다)진단	28,510	3.6	23,839	2.7	27,513	3.1
허위(과다)장해	47,572	6.0	71,802	8.2	79,033	8.8
허위사망, 실종	35	0.0	298	0.0	720	0.1
허위수술	1,310	0.2	5,025	0.6	4,299	0.5
사고내용 조작	165,655	20.8	185,501	21.1	147,258	16.4
피해자(물) 끼워 넣기	5,170	0.6	5,828	0.7	2,814	0.3
음주, 무면허 운전	74,268	9.3	87,813	10.0	81,340	9.1
고지의무 위반	82,697	10.4	85,571	9.7	97,722	10.9
사고 후 보험 가입	3,658	0.5	5,594	0.6	2,427	0.3
차량도난	1,578	0.2	1,323	0.2	2,027	0.2
운전자 바꿔치기	54,958	6.9	58,485	6.6	52,318	5.8
사고차량 바꿔치기	15,328	1.9	16,198	1.8	14,760	1.6
피해과장 사고(자동차)	53,854	6.7	54,113	6.1	87,816	9.8
사고피해 과장	6,058	0.8	36,049	4.1	44,837	5.0
병원 과장청구	24,748	3.1	5,430	0.6	28,071	3.1
정비공장 과장청구	23,048	2.9	12,634	1.4	14,908	1.7
기 타	55,110	6.9	71,816	8.2	80,785	9.0
전 체	798,161	100	880,912	100	898,592	100

(자료: 금융감독원 보도자료)

보험사기 조사는 어디서 하나?

기본적으로 보험회사들은 보험사기를 전담하는 보험사기특별조사팀을 운영하고 있으며, 회사 내부의 고액계약, 중복계약, 보험사기유의자 정보를 집중관리하고 있다. 보험회사에서 보험사기를 인지하게 되면 금융감독원이나 수사기관에 조사를 의뢰한다. 보험사기의 경우 금융감독원이 중요한 역할을 하고 있는데, 2001년부터 보험사기 전담부서를 설치하고 보험사기 인지시스템,[78] 보험사기 신고센터를 통해 인지한 혐의정보에 대하여 상시조사를 실시하고 있다. 경찰과 검찰도 자체적으로 보험사기를 포착하거나 금융감독원·보험회사에서 제공받은 보험사기에 대하여 수사한다. 이외에도 건강보험심사평가원,[79] 국민건강보험공단[80] 등도 보험사기 조사에 관여하고 있다.

보험사기 적발시 처벌은?

보험사기행위로 보험금을 취득하거나 제3자에게 보험금을 취득하게 한 자는 10년 이하의 징역 또는 5천만원 이하의 벌금이 부과된다.[81] 또한 상습적인 보험사기 범죄자에 대하여는 그 죄에서 정한 형의 2분의 1까지 가중하며,[82] 금액이 클 경우에도 그 형이 가중되는데, 이 경우 무기징역도 가능하다.[83] 한편, 보험관계 업무종사자는 행정적인 제재도 받을 수 있다. 즉, 보험

---

78 계약 및 사고정보 등을 데이터베이스로 관리하고 분석하여 보험사기 혐의자를 자동 추출하여 조사원에게 제공한다.

79 의료기관이 청구한 진료비를 심사하고 진료가 적정하게 이루어졌는지를 평가하며, 2011.1.24. 금융감독원과 양해각서(MOU)를 체결하고 보험사기를 유발시키는 의료기관의 불법행위에 대해 합동대응체계를 구축하고 있다.

80 건강보험가입자에게 의료서비스를 제공한 의료기관에 대하여 요양급여비용을 지급하며, 2013.7.25. 금융감독원과 양해각서(MOU)를 체결하고 보험사기를 유발시키는 의료기관의 불법행위에 대해 합동대응체계를 구축하고 있다.

81 보험사기방지특별법 제8조.

82 보험사기방지특별법 제9조.

83 보험사기방지특별법 제11조(보험사기죄의 가중처벌) ① 제8조 및 제9조의 죄를 범한 사람은

회사 임직원, 보험설계사, 보험대리점, 보험중개사, 손해사정사 및 보험계리사 등 보험관계 업무종사자가 보험사기에 연루된 경우[84] 업무정지(6개월 이내), 등록취소, 면직, 정직, 감봉 등 행정적 제재가 부과될 수 있다.

자동차 보험사기의 피해자가 되지 않으려면?[85]

보험사기범들은 주로 교통법규 위반 차량을 대상으로 고의로 교통사고를 유발한 후에 상대방이 당황한 상태에서 합의를 요구하는 수법을 주로 쓴다. 금융감독원이 설명하는 자동차 보험사기 유형은 다음과 같다.

보험사기 유형(예시)

◆ 좁은 골목길에서 서행하는 차량의 사이드미러 등에 손목 · 발목 등 신체 일부를 고의로 접촉한 후, 사고현장에서 직접 합의금(현금)을 요구

◆ 다수인이 탑승한 차량으로 진로변경, 안전거리 미확보 차량 등에 대해 접촉사고를 유발하고 고액의 합의금과 장기 입원금 청구

◆ 고가의 외제차나 오토바이를 이용하여 후진차량이나 신호위반 차량 등에 접촉 사고를 유발하여 고액의 미수선수리비 청구

그 범죄행위로 인하여 취득하거나 제3자로 하여금 취득하게 한 보험금의 가액(이하 이 조에서 "보험사기이득액"이라 한다)이 5억원 이상일 때에는 다음 각 호의 구분에 따라 가중처벌한다.
    1. 보험사기이득액이 50억원 이상일 때: 무기 또는 5년 이상의 징역
    2. 보험사기이득액이 5억원 이상 50억원 미만일 때: 3년 이상의 유기징역
② 제1항의 경우 보험사기이득액 이하에 상당하는 벌금을 병과할 수 있다.

84 이는 보험업법 제102조의3(보험 관계 업무종사자의 의무)를 위반한 것이 된다.

85 아래 내용과 연이어 설명하는 '병원 이용시 보험사기 피해자가 되지 않으려면?', '자동차사고 등으로 정비업체 이용시 유의사항'은 금융감독원 보도자료 '일상 속 보험사기 피해예방 알쓸신잡' 시리즈(① 자동차 보험사기꾼의 표적이 되지 않으려면? 2018.7.24., ② 실손보험 있어요? 허위 · 과장 진료 권유시 유의사항 2018.8.9., ③ 자동차사고 등으로 정비업체 이용시 유의사항 2018.8.21., ④ 방심은 금물! 일상생활 속 스며든 보험사기)의 내용을 중심으로 요약 정리한 것이다.

이러한 상황이 발생했을 때 금융감독원이 권하는 3가지 대처요령은 첫째, 먼저 경찰서와 보험회사에 알려 도움을 요청하라는 것이다. 경찰서에 신고함으로써 뺑소니 등 터무니없는 주장을 방지할 수 있고, 보험사에 사고접수를 하면 경험이 많은 보상담당자가 상대방과의 과실책임을 분명히 해줄 뿐 아니라 보험처리할 것인지 여부는 보험할증 여부 등을 감안하여 나중에 최종적으로 결정할 수 있기 때문이다.

둘째, 합의는 절대 서두를 필요가 없으며 나중에 지인이나 보험회사 또는 변호사 등으로부터 충분히 의견을 들어본 후 신중하게 결정하는 것이 좋다. 특히 현장에서 고액의 현금을 요구하는 경우 거절하고 인명구호와 사고처리에 집중한다.

셋째, 증거자료와 목격자를 확보할 필요가 있다. 최우선적으로 사고현장을 자세히 촬영해야 하는데 사고현장과 충돌부위에 대한 증거보존 등을 위해 다양한 각도와 거리에서 촬영하고 필요시에는 현장 주변의 CCTV 설치 여부를 확인하여 영상자료를 요청한다. 본인이나 상대방 차에 블랙박스가 있는 경우 영상을 확보하고 목격자가 있는 경우 연락처를 받아 향후 분쟁에 대비하는 것이 좋다.

병원 이용시 보험사기 피해자가 되지 않으려면?

허위·과장 진료 권유 등으로 보험사기의 피해자나 가담자가 되지 않기 위해 금융감독원이 권하는 3가지 대처요령은 다음과 같다. 첫째, 불필요하게 보험가입 여부를 확인하거나, 보험금으로 무료시술을 받게 해주겠다는 제안은 일단 의심해 볼 필요가 있다. 보험금으로 의료비용을 해결해 주겠다며 미용시술[86]을 권유하고 별다른 문제의식 없이 이에 동조하는 등 질병, 상해 내용을 조작·확대하는 행위에 가담하는 순간 보험사기범으로 같이 처벌받을 수 있다.

---

86 미용시술은 실손의료보험 약관상 보장대상이 아니다.

보험사기 적발사례

◇ A병원은 실손의료보험에 가입한 환자를 대상으로 보장대상이 아닌 피부관리, 미용시술을
 권유·시행하고 마치 보장대상 질병치료를 한 것으로 허위 진료확인서를 발급

◇ B정형외과는 병증이 없거나 교정치료로 충분한 경증 질환자에게 실제 수술을 시행한 것처럼
 수술기록부를 허위로 작성하거나, 불필요한 수술을 시행하고 진단명, 수술기록을 조작

둘째, 진료 사실과 다른 진료확인서는 요구하여서도, 받아서도 안 된다.
흔하지는 않지만 일부 병원은 돈벌이 수단으로 환자들을 적극 유치하기 위
하여, 일부 환자는 보험회사로부터 보험금을 많이 받기 위하여 별다른 죄의
식 없이 실제 진료 사실과 다르게 작성된 입·퇴원확인서, 진단서 등의 발급
을 제안하거나 요구하고 이를 근거로 보험금을 부당편취하기도 한다. 의료
기록을 조작하여 보험금을 수령하면 그 자체가 명백한 범죄행위(문서 위·변
조죄, 사기죄 등)가 된다. 특히 의료관련 보험사기는 의사·간호사 및 환자·보
험설계사 등 다수의 공모가 수반되며, 문제병원은 계속해서 보험사기에 연
루되므로 당장에는 적발되지 않았다 할지라도 본인의 보험사기 부분도 언젠
가는 함께 적발될 수밖에 없다는 점을 알아야 한다.

보험사기 적발 사례

◇ C씨는 입원일당을 보장하는 여러 개의 보험에 가입한 후 실제로는 주거지에서 생업에 종사하면
 서 진료기록부상으로만 입원처리하여 보험금을 수령

◇ D치과의 치위생사는 임플란트만 식립한 환자에게 치조골 이식술을 동반한 임플란트를 식립한
 것으로 진단서를 위조하여 발급

셋째, 의심스러운 병원은 이용을 피하고 수상한 점은 신고한다. 일부 재무상태가 취약한 병원이나 사무장병원[87]은 브로커를 통해 서류상으로만 입원하는 일명 나이롱환자를 모집하여 허위진료확인서를 발급해주고 수수료 명목으로 가짜환자에게 보험금을 분배한다. 이들 병원은 허위 진료기록을 근거로 국민건강보험공단으로부터 요양급여를 부당수령한다. 의심스러운 병원에서 정상진료를 받았더라도 추후 병원이 보험사기로 조사를 받게 되면 덩달아 조사를 받는 불편을 겪을 수 있다. 따라서 입원환자 대부분이 병실에 없거나 기록관리 없이 외출이 자유로운 병원, 진료기록을 실손 보장항목으로 조작하는 병원, 사무장병원은 가급적 이용을 피하는 것이 좋다.

보험사기 적발 사례

◇ E병원은 브로커와 연계하여 허위 · 대리입원 환자를 주로 유치하고, 내원한 환자의 실손보험 가입 여부 및 치료 전력을 물어 비급여약제를 다수 처방

◇ F사무장병원은 내원환자에게 일정액을 내면 최초 내원일 이전부터 소급하여 입 · 퇴원 확인서를 발급해 주겠다고 유인하고, 그 대가로 실제 입원 여부와 관계없이 1일당 4~12만원을 수령

자동차사고 등으로 정비업체 이용시 유의사항

자동차사고 등으로 정비업체 방문시 '이번 기회에 공짜로 다른 것도 함께 고쳐야지'라는 잘못된 생각과 돈벌이 수단으로 악용하려는 일부 정비업체로 인해 자칫 보험사기 범죄에 연루될 수 있다. 금융감독원이 제시하는 3가지 대처요령을 살펴보면, 첫째로 차량을 무상으로 수리해주겠다는 제안은 일단 의심해야 한다. 정비업체가 자동차보험으로 처리해주겠다며 사고차량의 파

---

87 의료인이 아닌 개인이 병원을 개원한 후 의사를 고용하여 운영하는 병원으로 이는 의료법상 불법에 해당한다.

손부분을 확대하거나 사고와 관련이 없는 부분까지 수리한 후 보험사에 수리비를 청구하고 차주가 별다른 문제의식 없이 이에 동조하게 되면 정비업체와 함께 보험사기로 처벌받을 수 있다.

보험사기 적발사례

◇ A정비업체는 사고차량 차주와 공모하여 차량 좌측 전체를 도장하기 위해 파손이 되지 않은 좌측 뒷부분을 고의로 파손한 후 보험사에 차량 좌측 전체가 담벼락과 접촉하였다고 사고 접수

둘째, 허위 렌트청구로 보험금을 나눠 갖자는 제안은 단호히 거절하여야 한다. 자동차 사고시 수리기간 동안 렌트카를 이용할 수 있는 자동차보험을 악용하여 실제로는 차량을 대여하지 않고 렌트계약서를 허위로 작성하거나 렌트기간이나 차종을 조작하여 보험금을 수령하는 행위도 명백한 보험사기에 해당된다.

셋째, 의심스러운 정비업체는 피해야 한다. 사고조작이나 피해과장을 권유하거나 차주가 원하는 대로 수리내역서를 조작해주는 업체, 피해범위를 고의로 확대하는 것으로 소문난 정비업체는 이용을 피해야 한다. 일부 정비업체는 차주도 모르게 다른차량의 수리사진을 끼워 넣는 등 수리내역을 조작하여 보험금을 청구하기도 하므로 조심해야 한다.

보험사기 적발사례

◇ C정비업체는 사고사실이 없거나 수리하지도 않은 부분을 다른 차량의 수리사진 또는 검사기록지를 끼워넣거나 조작하는 방법으로 보험금을 과다청구하여 편취

☞ 문제 정비업체의 특징: 렉카(사고 견인차) 등에 과다한 커미션을 주고 사고차를 입고하게 유도한 후 허위(과잉) 수리 등을 이용해 보험금 청구

자동차 견인서비스 이용시 유의사항

참고로 일반인들이 견인서비스 이용시 유의할 점이 있다. 자동차 접촉사고 등으로 견인서비스를 이용해야 한다면 우선 본인이 가입한 보험사와 상의하는 것이 가장 좋다. 아니면 보험사와 제휴된 견인 서비스나 한국도로공사의 긴급견인서비스를 이용한다. 사고가 나면 경황이 없어 현장에 도착한 견인차를 이용할 수 있는데 과다한 견인비용을 청구하는 것도 문제지만 위에서 언급한 의심스러운 정비업체로 견인하여 입고하는 경우 자칫 보험사기나 과잉수리 등 봉변을 당할 수 있기 때문이다.

주위의 보험금 과다·불법청구 무용담 등은 죄의식을 희석시킨다

'지금까지 낸 보험료가 얼마인데 이 정도는 타먹어야지', '남들도 다하는데 이 정도는 괜찮겠지'라는 생각과 친구·지인의 경험담, SNS나 블로그의 경험사례 등을 보면 별다른 죄의식 없이 보험사기를 저지르게 되는데, 아무리 금액이 작더라도 사고 내용을 조작·변경하여 보험금을 청구하는 행위는 명백하게 보험사기에 해당된다.

보험사기 적발사례

◇ 해외여행 중에 분실한 휴대품을 도난당한 것처럼 꾸며 보험금 청구*
　* 해외여행자보험 약관에 따라 분실한 휴대품은 보상대상에서 제외

◇ 음주운전 사실을 숨기거나 운전자를 변경하여 음주사고*에 대해 보험금 청구
　* 음주운전시 '자기차량손해 보험금'을 받을 수 없고, 대인·대물보상시 일정금액의 사고부담금 부담

◇ 노후화된 휴대전화를 교체하기 위해 허위로 분실신고를 한 후 보험금 청구*
　* 휴대전화 보험은 휴대전화 사용중 발생하는 파손, 도난 및 분실 등의 사고에 대해서만 보상

타인의 보험사고시 사실과 다른 진술은 위험한 행동이다

사고가 난 이웃이나 친구의 부탁을 받고 안타까운 마음에 어설픈 도움을 준답시고 보험금을 많이 받도록 보험회사를 속이는 진술이나 행동을 하는 것은 본인뿐만 아니라 상대방도 범죄자로 만들 수 있다. 누구에게든지 사실과 다른 내용을 보험회사나 경찰서에 진술하도록 부탁받은 경우 보험사기임을 설명하고 반드시 거절할 필요가 있다.

보험사기 적발사례

◇ 음식점주*는 직원이 음식점에서 서빙하던 중 넘어져 상해를 입자, 직원을 고객인 것처럼 사고내용을 조작하여 보험금 청구
 * 영업배상책임보험(영업장 내에서 영업행위 중 우연한 사고로 타인의 신체·재물에 피해를 입혀 법률상 책임이 발생한 경우 이를 보상)에 가입

◇ 친구의 고가 스마트폰이 파손되자, 자신*의 실수로 인해 파손된 것처럼 사고내용을 조작하여 보험금 청구
 * 일상생활배상책임보험(일상생활 중 타인의 신체·재물에 피해를 입혀 법률상 책임이 발생한 경우 이를 보상)에 가입

≪구체적인 사례를 통해 살펴보는 보험사기≫[88]

❶ 병원장이 허위·과다 입원을 권유·유치하여 보험금 편취를 방조

○○병원 병원장 'A'는 2010년경부터 입원이 필요없는 환자에게 허위·과다 입원을 권유하고 허위진단서 등을 발급하여 환자들(130여명)로 하여금 보험회사로부터 보험금 45억원을 편취하도록 방조

---

[88] 아래의 사례는 금융감독원 보험사기방지센터(www.fss.or.kr/fss/insucop/)/보험사기란?/보험사기 적발사례/ 내용과 함께 금융감독원 보도자료 등에서 발표한 보험사기 내용을 요약정리하였다.

❷ 도수치료[89] 횟수 과장 청구

C씨는 OO의원 부설 센터에서 도수치료 상담을 받던 중 횟수를 부풀려 청구하라며 자신도 동일한 방식으로 보험금을 받았다는 상담실장의 말을 듣고, 3회 실시한 도수치료를 6회로 부풀려 진료확인서 등을 발급받는 수법으로 총 5회에 걸쳐 336만원 편취

❸ 손해사정사와 의사 등이 공모하여 보험금 편취를 방조

손해사정사 'A'는 환자, 지인 등 800여명을 ○○병원 정형외과 전문의에게 알선하여 진료를 받게 하고, 환자들이 허위로 후유장해진단서를 발부 받아 보험회사로부터 장해보험금 39억원을 편취하도록 방조

❹ 배달원 고용광고를 이용한 자동차 보험사기

혐의자들은 이륜차 배달업체를 운영하면서 배달원을 고용하는 SNS광고를 하여 연락이 온 알바생 등에게 고의로 교통사고를 내면 쉽게 돈을 벌 수 있다고 현혹하여 보험사기에 가담하게 하고 총 30억원의 보험금을 편취

❺ 음주운전 사실을 숨기고 사고일자를 조작하여 보험금 청구

A씨는 음주운전 중 차량 전복사고를 일으켜 경찰에 적발되었으나 보험회사에는 이틀 전에 빙판길에 미끄러져 차량이 전복되었다며 보험금을 청구

❻ 공동주택 배수관의 누수관련 보험금 허위청구

빌라 등 공동주택에서 배상책임보험에 가입하지 않은 세대의 배수관 누수로 이웃 세대에 큰 피해가 발생하자 새로 보험에 가입한 후 누수가 발생한 것처럼 사고일자를 조작하거나, 누수된 배수관의 세대표지를 보험가입 세대로 변경하여 청구하는 수법으로 보험금을 수령

---

89 도수치료는 건강보험이 적용되지 않고 치료가 수회 반복되어 비용 부담이 많아 미용시술 등을 도수치료로 청구하거나 도수치료 횟수를 부풀리는 보험사기가 많이 발생하고 있다.

❼ 전직 보험설계사가 진단서를 위조하여 보험금을 편취

전직 보험설계사 'A'는 자녀 2명과 함께 13개 보험사에 63건의 보험을 가입한 후, 입원 사실이 없음에도 입원확인서, 진단서 등을 위조하여 보험금 1억 3천만원을 편취

❽ 허위 실종신고를 통해 사망보험금을 편취

'A'는 남편 'B'를 기도원으로 보낸 후 거짓으로 실종 신고를 하고, 5년 경과 후 ○○가정법원에서 실종선고를 받아 사망보험금 15억원을 편취

❾ 회사 자금사정이 악화되자 공장을 고의방화

㈜○○○의 사장 및 상무인 'A' 등 2명은 자금 사정 악화로 회사 운영이 어렵게 되자, 화재보험 계약에 가입하고, 약 4개월 후 회사 공장을 고의로 방화하여 화재보험금 14억원을 편취

☑ ☒ True or False?
Q. 보험사기 최대 처벌은 무기징역까지 가능하다.
True (보험사기 이득액이 50억원 이상일 때 무기 또는 5년 이상의 징역)
Q. 미용시술은 실손의료보험 약관상 보장대상이 아니다.
True (미용목적의 시술을 받고 다른 병명으로 보험금 청구시 보험사기에 해당)
Q. 병원의 적극적 권유에 수동적으로 따른 것이라면 문제없다.
False (동조한 것만으로도 보험사기 공범으로 처벌)
Q. 심사에 미리 걸려 미수에 그쳤다면 처벌받지 않는다.
False (보험사기방지특별법은 미수범도 처벌함을 명시)

1-4. 외국환거래법상 외국환거래 규제

✅ ❌ True or False?

Q. 5천불 이하 해외송금은 신고의무가 없다. ✔ ✘

Q. 1만불 이하 휴대출국은 신고할 필요가 없다. ✔ ✘

Q. 휴대출국하는 금액 계산시 가지고 있는 원화는 제외한다. ✔ ✘

Q. 유학생 경비로 송금한 자금으로 부동산을 매입할 수 없다. ✔ ✘

상품 해외직구, 외국주식 직접투자, 해외송금, 해외여행… 최근 들어 개인에게조차 국경의 개념은 거의 사라지고 있는 것 같다. 하지만 우리가 의식하든 하지 않든 이러한 국경을 넘나드는 활동이나 거래들은 국가간 외국환거래와 밀접하게 관련이 되어 있으며, 규제의 대상이므로 유의해야 한다. 예를 들어 해외직구를 하면서 비용과 수고를 아끼기 위해 전문적으로 대행하는 국내 미등록업자에게 구매대금을 입금하면 일명 '환치기'[90]에 해당되어 외국환거래법 위반이 될 수 있다. 외국환거래법은 해외에서 물건을 구입할 때 그 대금을 은행을 통하여 송금하는 것을 원칙으로 하고 있고 은행을 통하지 않는 경우 예외적인 사유 외에는 신고를 하도록 하고 있다.[91]

외국환거래의 의미가 일반인들에게는 쉽게 와닿지 않는 부분이 있는데 '외국환'은 '외국통화 및 외국통화로 표시된 증권 등'이라 생각하면 되고, '외

---

90 은행을 통하지 않고 자금을 해외로 송금하는 것이다. 즉 해외로 송금하려는 자가 국내 환치기 업자의 계좌에 입금하면 국외 환치기 업자가 입금 사실을 확인한 후 해당 금액을 해외송금을 받는 자에게 지급하는 것을 말한다. 주로 재산 국외도피, 밀수대금의 지급, 마약 등 불법상품 구입, 도박자금 송금 등 불법행위와 연결하여 이루어진다.

91 우리가 아마존 등 해외 쇼핑 사이트에 접속하여 물건을 구입하고 대금을 결제하는 것도 외국

국환거래'는 국가간에 부동산 매매, 수출입 등 거래가 행하여질 때 당연히 자금의 이동이 필요하게 되는데 이러한 '국가간 채권·채무의 관계를 결제하는 방법'을 이야기한다고 이해하면 된다.

외국환거래는 기본적으로 기업이나 금융회사 영업활동과 관련된 영역이 많기는 하지만, 개인의 외국환거래도 급속히 늘어나면서 일반인의 외국환거래규정 위반사례도 늘어나고 있는 실정이다. 이 책에서는 외국환거래의 모든 부분을 설명하지 않고 일반인이 위반하기 쉬운 외국환거래 규제들만으로 한정하여 사례중심으로 설명하고자 한다.

왜 외국환거래를 규제하나?

만일 국가가 외국환거래를 규제하지 않는 경우 국내 자금이 무제한으로 해외로 유출되거나 반대로 투기성 외화가 일시에 들어와 그 나라의 금융시장과 경제 전체를 혼란에 빠뜨릴 수도 있다. 우리나라도 외국환과 기타 대외거래를 관리하여 국제수지의 균형과 통화가치를 안정시키고 외화자금을 효율적으로 운용하기 위하여 외국환관리법을 제정하여 외국환을 관리하고 있다. 다만, 과거에는 외국환 지급에 있어 원칙금지·예외허용 방식이었으나, 현재는 대부분의 외환거래를 자유화하고 최소 필요사항만을 제한하고 있어 일반인의 위반사항도 대부분 허가 위반이 아닌 신고나 보고 의무를 이행하지 않는 사례들이다.

규제당국은 어디인가?

외국환거래법령의 원 소관부처는 기획재정부이지만 관련 권한을 여러 기관에 위탁하여 처리하고 있다. 외국환거래의 신고는 기획재정부와 한국은행,

---

환거래법이 적용되는데, 이때 신용카드로 결제하는 경우 이는 은행을 통한 대금 송금방법이 아니어서 신고대상이나 외국환거래규정에서 이를 신고예외사유로 규정하고 있어 별도로 신고할 필요는 없다.

시중은행(외국환은행), 관세청 등에서 담당하지만, 법령 위반 여부에 대한 검사는 주로 금융감독원(금융회사와 금융거래당사자 검사)[92] 및 관세청(현금 등 지급수단 휴대수출입, 수출입관련거래, 환전영업자 검사), 한국은행(외국환중개회사 검사)이 하고 있다. 이밖에 외국환거래와 관련하여 국세청은 역외탈세 부분, 금융정보분석원(FIU)는 자금세탁방지 부분을 담당한다.

어떤 경우에 신고나 보고를 하여야 하나?

다음 그림에서 보는 것처럼 외국환거래법은 외국환거래시 기본적으로 외국환거래당사자(은행고객)에게 신고·보고 의무를 부과하고, 외국환은행(거래은행)에게는 확인의무를 부과한다.

외국환거래 당사자와 외국환은행의 의무

외국환거래 당사자	⇦ 외국환거래 ⇨	외국환은행
신고의무	• 원인행위: 자본거래의 신고 • 결제행위: (다자간)상계, 제3자지급 등	확인의무
보고의무	• 해외직접투자 등, 현지금융 등	사후관리의무
지급등 절차준수의무	• 건당 미화 5천불 초과 지급 등 지정거래 외국환은행의 준수	확인의무
회수의무	• 해외직접투자자금 등 회수의무	확인의무

(자료: 금융감독원 외국환거래위반사례집)

---

[92] 금융감독원내 외환감독국에서 주로 담당한다.

즉, 외국환거래당사자에게 신고의무(거래은행은 확인의무)가 부과되는 경우는 1) 원인행위가 자본거래에 해당하는 경우, 2) 다자간 상계, 제3자 지급, 외국환은행을 통하지 않은 지급 등 비정상적 결제방식이 해당된다. 다음으로 외국환거래당사자에게 보고의무(거래은행은 사후관리의무)가 부과되는 경우는 해외부동산 취득, 해외직접투자, 해외지사 설치 등으로 외국환거래 후에 그 결과를 보고하여야 한다. 한편, 건당 미화 5천불을 초과하는 지급(송금)하는 경우 그 사유와 금액을 입증하는 서류를 제출할 의무가 있으며, 규정에 따라 거래외국환은행을 지정한 경우에는 당해 외국환은행을 통해 지급 등을 하여야 한다. 또한 해외직접투자 등을 한 자는 신고내용에 따라 투자원금과 과실을 국내로 회수하여야 할 의무가 있다.[93]

5천불 이하 소액 해외송금은 신고를 할 필요가 없다

현행 외국환거래법에 따르면 건당 미화 5천불을 초과하는 해외송금은 그 거래사유와 금액에 대한 증빙서류를 외국환은행에 제출하도록 하고 있다.[94] 바꾸어 말하면 1회 송금금액이 미화 5천불을 넘지 않으면 소액송금으로 간주되어 증빙이나 신고 없이 자유롭게 송금할 수 있다는 말이다. 또한 미화 5천불 이하의 소액송금은 국세청 통보대상에서도 제외된다. 다만, 송금누계액이 개별 송금인 기준 연간[95] 미화 1만불을 초과할 경우 초과한 금액의 거래내역이 국세청 및 금융감독원에 자동 통보된다.

한편, 국민인 거주자인 경우[96] 연간 미화 10만불 상당액 한도 내에서는 거래외국환은행을 미리 지정(지정항목: 지급증빙서류 미제출 지급)하면 증빙서류를 제출하지 않고도 송금할 수도 있다. 이때 미화 5천불 이하의 소액송금은

93 금융감독원·은행연합회, '외국환거래 위반사례집', 2019.11. p.9.
94 외국환거래규정 4-2.
95 당해년도 1월 1일 ~ 12월 31일.
96 외국인 및 비거주자는 불가.

연간 미화 10만불 송금액 한도에서 차감되지 않는다.

소액송금을 제외한 해외송금은 거래외국환은행 지정이 필요하다

정부는 거래외국환은행 지정제도[97]를 시행하여 외국환거래 중 한도관리나 사후관리 필요성이 있는 거래는 거래당사자가 한 개의 외국환은행을 통해서만 거래하도록 하여 거래당사자별 거래내역을 집중시키고 있다. 미화 5천불 이하의 해외송금은 거래외국환은행 지정을 하지 않아도 송금이 가능하나, 미화 5천불 초과 송금, 해외체재자 송금, 해외이주비 송금 등은 거래외국환은행 지정이 반드시 필요하다.

신고 회피를 위해 5천불 이하 쪼개기 해외송금은 처벌받을 수 있다

B씨는 미화 5천불 초과 해외송금은 외국환거래은행에 신고해야 하는 외국환 규제를 피하기 위하여 미화 1,444.5만불(약 168억원)을 3개월 동안 총 4,880회에 걸쳐 1건당 미화 5천불 미만으로 쪼개 송금하였다. 외국환관련 규정은 거액을 쪼개 분할 송금할 경우 지급절차 위반으로 간주하여 과태료를 부과한다.[98] 단일 송금인지 쪼개기 분할 송금인지는 금융당국이 송금자의 동일성, 송금시점의 인접성, 송금목적 등을 종합적으로 감안하여 판단하므로 해외송금을 하는 일반인들은 분할 송금을 해야 하는 경우 규제 회피 오해를 받지 않도록 유의할 필요가 있다. 참고로 위 외국환 규제를 회피한 B씨에게는 과태료 3억 1천만원이 부과되었다.[99]

해외여행 출국시 휴대하는 외화의 신고 기준은 미화 1만불

---

[97] 외국환거래규정 제10-11조.

[98] 지급절차 위반시 100만원과 위반금액의 2%중 큰 금액을 부과(외국환거래법 시행령 제41조).

[99] 금융감독원 보도자료, '외국환거래법 위반관련 과태료 부과사례 공유', 2021. 11. 16. 및 연합뉴스, '유학자금이라며 60억원 해외송금해 가상화폐 김치프리미엄 투자', 2021. 11. 15.

거주자나 비거주자[100]가 미화 1만불 이하의 외화를 휴대하고 출국하는 경우에는 출국시 세관에 신고할 필요가 없다. 그리고 국민인 거주자가 일반해외여행경비로 미화 1만불을 초과하는 외화를 가지고 출국하고자 할 경우에도 관할세관에 신고하면 직접 휴대하여 출국할 수 있다. 다만, 여기에서 외화는 외국에서 통용가능한 지급수단을 의미하는 것이므로 신고대상인 미화 1만불을 계산할 때 해외에서 사용할 수 있는 모든 화폐와 기타 지급수단을 합산해야 한다.

신고대상 1만불 계산시 가지고 있는 원화도 포함하여 계산한다

합산해야 하는 외화는 환전한 미화, 유로화 등 외화뿐만 아니라 휴대하고 나가는 원화, 여행자수표, 상품권, 기타 대외지급수단으로 사용할 수 있는 것들이 모두 포함되는 것에 유의하여야 한다. 원화나 상품권이 왜 외화에 포함되는지 의아해 할 수 있겠지만 해외에서 물건을 구입할 때 원화나 상품권도 사용될 수 있기 때문이다.

일반해외여행경비만 관할세관장에게 신고한다

일반해외여행경비가 1만불을 초과하면 출국할 때 공항 출국장에 위치한 세관 외환신고대에 제시하고 확인도장을 받으면 된다. 주의할 점은 이렇게 휴대 반출한 외화는 해외여행에 필요한 경비로만 사용되어야 한다.

한편, 해외이주자, 해외체재자, 해외유학생 및 여행업자가 미화 1만불을 초과하는 외화를 휴대하여 출국하는 경우와 외국인거주자가 국내근로소득을 휴대하여 출국하고자 하는 경우에는 반드시 사전에 외국환은행(거래은행)의 확인을 받아서 출국해야 한다. 이 경우 별도의 세관 신고는 할 필요는 없지만 세관의 요구가 있을 때에는 확인증을 제시하여야 한다. 외화반출신고

---

[100] 거주자란 '대한민국에 주소 또는 거소를 둔 개인과 대한민국에 주된 사무소를 둔 법인'을 말하며, 비거주자란 '거주자 이외의 개인 및 법인'을 말한다(외국환거래법 제3조 제1항).

규정을 위반할 경우 최대 1년 이하의 징역 또는 1억원 이하의 벌금을 부과할 수 있다.[101]

방문하는 나라의 세관에도 신고해야 한다

휴대반출한 외화는 외화 반입 신고의무가 없는 홍콩과 스위스 등과 같은 나라가 아니라면 당해 국가에 입국할 때 신고의 대상이 될 수도 있으므로 반드시 확인하여야 한다. 예를 들어 필리핀의 경우 미화 1만불을 초과하는 해외여행경비를 휴대하여 입국하는 경우 관세청 직원에게 신고하거나 필리핀 중앙은행의 사전승인을 받아야 하며, 위반시 압수, 벌금, 심한 경우 형사처벌을 받을 수도 있다.

국내 입국시에도 외화 반입 신고를 해야 한다

출국시와 마찬가지로 미화 1만불 이하의 지급수단을 휴대하고 입국하는 경우에는 신고할 필요가 없다. 하지만 미화 1만불을 초과하는 외화를 휴대하고 입국하는 경우 세관에 신고하여야 한다. 합산하는 지급수단은 출국시와 같이 원화·달러화 등 법정통화, 자기앞수표, 여행자수표 및 그 밖의 유가증권이 포함된다.

위반시 어떠한 제재를 받게 되는가?[102]

위반금액이 일정 금액 이하에 해당하는 외국환거래법 위반은 거래정지·과태료·경고 등 행정제재를 부과하며, 일정 금액을 초과하는 사건은 형사처벌 사항으로 1년 이하 징역형 또는 1억원 이하의 벌금이 부과될 수 있다.

---

101 외국환거래법 제29조.

102 금융감독원 홈페이지(www.fss.or.kr)/업무자료/외국환거래안내/외국환거래개관/ 내용을 참조하였다.

외국환거래법 위반에 따른 제재

	자본 거래[103]	지급 방법[104]	지급 절차[105]	보고 의무[106]
경고[107]	위반금액 5만불 이하	위반금액 1만불 이하	위반금액 1만불 이하	
과태료[108]	위반금액 10억원 이하	위반금액 25억원 이하	위반금액 1만불 초과	기한내 미제출
형사처벌[109]	위반금액 20억원 초과	위반금액 50억원 초과	-	-
거래정지[110]	5년내 2회 이상 위반	5년내 2회 이상 위반	5년내 2회 이상 위반	

(출처: 금융감독원)

---

103   (자본거래 신고) 외국환거래법 제18조에 따라 자본거래* 시 사전에 신고기관에 신고하여야 함.
       * 해외직접투자, 부동산취득, 금전대차, 증권취득, 예금, 증여 등

104   (지급 방법 신고) 외국환거래법 제16조 각 호*에 해당하는 지급·수령 시 사전에 신고기관에
       신고하여야 함.
       * 상계, 상호계산, 3자 지급, 은행을 통하지 않은 지급, 기간초과 지급

105   (지급 절차) 외국환거래법 제15조에 따라 지급·수령 시 일정 절차(예)를 준수하여야 함.
       (예) 해외직접투자 등 거래은행을 지정한 경우 동 은행을 통해서 지급·수령을 하여야 하며,
       5만불 이내 자본거래 시 은행 직원에게 거래 내용을 확인받고 거래은행 지정 등 절차를 이행.

106   (보고의무) 외국환거래법 제20조에 따라 특정 자본거래*를 한 후에는 관련 보고서**또는 자
       료를 제출하여야 함.
        * 해외직접투자, 해외부동산 취득, 해외예금 거래 등
        ** 송금보고서, 증권취득보고서, 연간사업실적보고서, 청산보고서, 수시보고서 등

107   (경고) 금융감독원장 경고 처분: 경고는 외국환거래법 위반이 재발하지 않도록 하는 주의 촉
       구에 해당하고 그 자체로서 금전적 불이익이나 외국환거래상의 불이익은 없음(다만 5년(2년)
       이내에 재차 경고 대상 행위를 하는 경우 거래정지(과태료) 처분을 받을 수 있음).

108   (과태료) 금융위원회 과태료 처분: 위반금액의 4(2)%*에 해당하는 과태료 부과(단, 보고의무
       위반은 미제출 건당 200만원).
        * 외국환은행장 신고대상 거래 미신고: 위반금액의 2%
          기재부장관·금융위원회·금융감독원장·한국은행총재 신고대상 거래 미신고: 위반금액의 4%
          지급절차 위반: 위반금액의 2%(단, 거짓 증명서류로 인한 경우 4%)

109   (형사처벌) 검찰 및 법원: 1년 이하 징역형 또는 1억원 이하의 벌금 부과

110   (거래정지) 금융위원회 거래정지 처분: 5년 이내 2회 이상 신고등 의무 위반 시 1년 이내 외
       국환거래 정지

실제 제재를 받은 건수와 유형은?

금융회사와 금융거래당사자(개인·법인)에 대한 검사업무를 담당하고 있는 금융감독원의 발표[111]에 따르면 2020년 중 자본거래와 관련하여 외국환거래법규를 위반한 총 923건에 대한 검사 결과, 871건에 대하여 행정제재(과태료 및 경고)로 조치하고 52건은 검찰에 통보하였다. 이중 기업이 전체의 55.8%(515건)이고, 개인의 경우도 44.2%(408건)에 달하고 있다. 이를 유형별로 보면 해외직접투자가 51.8%(478건)로 가장 많고, 금전대차 13.6%(126건), 부동산투자 8.9%(82건), 증권매매 4.9%(45건) 등의 순이다.

2020년 중 자본거래유형별 의무사항 위반현황

(단위: 건, %)

구 분	해외직접투자		금전대차		부동산		증권매매		기 타*		합 계	
신규신고	249	(52.1)	39	(31.0)	52	(63.4)	45	(100)	130	(67.7)	515	(55.8)
변경신고	111	(23.2)	86	(68.2)	17	(20.7)	–		27	(14.1)	241	(26.1)
보 고	118	(24.7)	1	(0.8)	13	(15.9)	–		3	(1.6)	135	(14.6)
지급·수령 절차등	–		–		–		–		32	(16.6)	32	(3.5)
합 계	478	(51.8)	126	(13.6)	82	(8.9)	45	(4.9)	192	(20.8)	923	(100.0)

* 지정거래외국환은행 외의 은행을 통한 지급·수령, 상계, 보증, 역외금융회사 관련 등

(자료: 금융감독원)

---

[111] 금융감독원, '2020년중 위규 외국환거래에 대한 조치 현황 및 금융소비자 유의사항', 2021.3.26.

외국환거래를 할 때는 거래은행에 신고의무 여부를 확인하는 것이 안전하다

외국환거래는 규제가 복잡하고 이해가 어려워서 자칫 법규위반을 하기 쉬우므로 거래은행에 문의하는 것이 가장 좋은 방법이다. 환치기 등 불법적인 경우를 제외하고 일반인들의 외국환거래는 본인이 거래하는 은행을 통해서 이루어지는 경우가 대부분이고,[112] 모든 거래은행 영업점에는 외환관련 자격증을 보유하거나 외환관련 교육을 받은 외국환거래 담당자가 지정[113]되어 있으므로 해외송금이나 해외부동산 취득 등 외국환거래를 하는 경우 반드시 사전에 담당자에게 신고여부 등에 대하여 확인 받아 거래하도록 한다. 현물출자, 계약내용 변경, 증여, 상계 등은 거래의 특성상 자금 이동 없이 은행을 통하지 않는 경우가 많지만 이것도 평소 거래하는 은행 외환담당자에게 별도로 문의하여 진행하면 안전하다.

핀테크업체를 통해 해외송금을 할 때 주의할 점

해외송금시 비싼 송금 수수료와 복잡한 송금 절차를 거치지 않는 장점으로 최근 들어 핀테크업체를 통해 해외송금을 하는 일반인들이 늘어나고 있다. 하지만 송금업체를 선정할 때 무조건 수수료가 싼 업체보다는 안정성과 보안성, 해외송금 업력도 어느 정도 갖춘 업체를 이용하는 것이 좋다. 그리고 핀테크업체는 저렴한 수수료를 장점으로 하다 보니 외국환거래법상 각종 규제들을 걸러낼 수 있는 시스템이나 전문인력을 충분히 갖추지 못한 경우가 많으므로 송금한도, 신고 등 각종 외국환거래법상 규제사항들은 스스로 잘 챙길 필요가 있다.

---

112   외국환거래법 제16조 제4호는 외국환 업무취급 기관을 통하지 아니하고 지급 등을 하는 경우 한국은행 총재에게 신고하도록 하고 있다.

113   금융감독원은 2018. 5월, 모든 영업점에 외환관련자격증 보유, 외환업무 경력, 외환관련교육 이수실적 등을 충분히 감안하여 외국환거래 담당자를 지정하고 외국환거래시 대고객 안내를 강화하도록 지도하였다.

≪구체적인 사례를 통해 살펴보는 외국환거래 위반≫ [114]

❶ 해외부동산거래 위반사례

2020. 6. 5. 거주자인 B가 캐나다에 유학 중인 자녀에게 유학생 경비로 송금한 자금으로 캐나다 소재 부동산을 20만달러에 매입하였으나 외국환은행장에게 신고를 하지 않았다. 유학생 경비로 적법한 절차를 거쳐 해외에 송금하였다 하더라도 해외부동산을 취득하는 경우에는 별도로 외국환은행장 앞 해외부동산 취득신고의 대상임을 주의하여야 한다(유학생경비로 자본거래 불가).

❷ 비거주자에 대한 증여 위반사례

2020. 7. 5. 국내에 거주하는 H는 비거주자인 미국인 아들에게 현금 1억원을 증여하였으나 한국은행총재 앞 증여 신고를 하지 않았다. 거주자가 비거주자에게 부동산뿐 아니라 원화를 증여하는 경우에도 신고대상이므로 주의하여야 한다.

❸ 해외직접투자 위반사례

2020. 4. 5. 국내에 거주하는 A는 베트남 소재 현지법인에 3만달러를 송금하면서 외국환은행장에게 해외직접투자 자금임을 밝히지 않고 송금하여 해외직접투자 신고를 누락하였다. 해외직접투자는 연간 거래금액이 5만불 이내일 경우 신고가 면제되는 일반적인 자본거래와 달리 1달러만 투자하더라도 외국환은행장 앞 신고대상인 점을 주의하여야 한다.

---

114 금융감독원 보도자료 '2020년 중 위규 외국환거래에 대한 조치현황 및 금융소비자 유의사항', 2021. 3. 26.의 내용중 '붙임 2. 외국환거래법상 주요 자본거래 위규 사례 및 금융소비자 유의사항'을 발췌, 정리하였다.

❹ 거주자와 비거주자간 금전대차 위반사례

2020. 7. 2. 국내 영리법인 C는 비거주자로부터 1천만엔을 차입하면서 외국환은행장에게 외화차입 사실을 밝히지 않고 수출대금을 회수한 것으로 설명하여 신고를 누락하였다. 거주자가 비거주자로부터 자금을 차입하는 경우 사전에 외국환은행장에게 수령할 자금의 구체적 내용을 밝혀 금전대차 신고를 하여야 한다.

❺ 현물출자 위반사례

2020. 9. 1. 국내 소재 E법인이 홍콩에 현지법인을 설립하면서 현금 대신 20만달러 상당의 건설기계를 현지법인에 현물출자하였으나, 외국환은행장 앞 해외직접투자 신고를 하지 않았다. 현물출자 등 자금이 이동하지 않고 또 외국환은행을 통하지 않은 당사자간 직접 거래라 할지라도 해외직접투자 신고대상임을 주의하여야 한다.

❻ 거주자와 비거주자간 금전대차 위반사례

2020. 7. 1. 국내 소재 영리법인 G가 외국환은행장에 신고하고 비거주자로부터 외화자금 50만달러를 차입한 후에 금전대차 계약을 만기연장하면서 외국환은행장 앞 계약조건 변경신고를 하지 않았다. 금전대차 계약 만기연장 및 이자율 변경 등 계약조건이 변경된 경우에도 변경신고 대상이다.

☑ ☒ True or False?
Q. 5천불 이하 해외송금은 신고의무가 없다.
True (내국인, 외국인, 거주자, 비거주자 상관없이 5천불 이하는 신고 면제)
Q. 1만불 이하 휴대출국은 신고할 필요가 없다.
True (1만불 넘는 경우 출국장 외환신고대나 사전에 외국환은행에서 확인을 받아야 함)
Q. 휴대출국하는 금액 계산시 가지고 있는 원화는 제외한다.
False (원화도 해외에서 사용할 수 있는 지급수단이므로 포함)
Q. 유학생 경비로 송금한 자금으로 부동산을 매입할 수 없다.
True (유학생 경비로 자본거래 불가)

02 / 상장회사 임직원 및 증권투자자가 유의하여야 할 금융법규

2-1. 자본시장법상 미공개정보[115] 이용 행위 규제

✅ ❌ True or False?

Q. 미공개정보 규제는 상장사 근무 임직원만 해당된다.   ✔ ✖

Q. 계열사에 근무해도 법상 임직원 범위에 포함된다.   ✔ ✖

Q. 미공개정보 언급없이 특정 주식 권유만 했어도 위반이다.   ✔ ✖

Q. 본인 회사 매출 급증을 알고 납품업체 주식을 샀다면 위반이다.   ✔ ✖

살다보면 누구든지 업무상 또는 사적으로 '제한된 사람들만 알고 있다'는 이른바 공개되지 않은 고급 기업정보를 접하게 되는 경우가 있다. 통상 이러

---

115   법상 정확한 용어는 '미공개중요정보'이다. 즉, 모든 미공개정보가 투자판단에 영향을 줄 수 있는 중요정보는 아니며, 따라서 모두 규제대상이 되는 것은 아니다. 다만, 이 책에서는 편의 상 '미공개정보'를 법상 '미공개중요정보'를 의미하는 것으로 기술한다.

한 미공개 고급정보는 '돈 되는 정보'일 때가 많다. 하지만 '돈 되는 정보'라면 혹시 법령이 규제하는 영역일 수도 있음을 주의하여야 한다. 즉, 이러한 미공개정보를 본인의 투자에 이용하거나 지인들에게 자랑삼아 이야기하면서 주식을 사두라고 하는 행동은 자본시장 불공정거래범죄에 해당할 수도 있다는 말이다. 갈수록 금융범죄에 대한 규제와 처벌이 강화되는 추세여서 독자가 금융회사 직원이 아니더라도, 또 주식 투자를 하지 않는다 할지라도 자본시장법상 불공정거래 금지 규정과 관련하여 최소한의 수준이라도 알고 있어야 예기치 않은 곤경을 피할 수 있다. 다음의 사례를 보자.

『검찰, '△△약품 미공개정보 이용' 45명 적발… 4명 구속 기소』

2016. 12. 13. 연합뉴스에 게재된 기사 제목이다. 적발된 이들은 △△약품이 미국 제약업체와 항암제 기술이전 계약을 맺었다는 '호재성 정보'와 독일 제약업체와 계약한 기술수출이 해지됐다는 '악재성 정보'가 공시되기전 이 정보들을 이용하여 주식을 사고팔아 총 33억원 상당의 부당이득을 취한 혐의였다.

2016. 10월 금융당국의 수사 의뢰를 받은 검찰은 △△약품 사무실과 관련 증권사 등 10여곳을 압수수색하고 관련자 200여명을 조사한다. 그 결과 미공개 정보를 미리 알고 주식을 매매해 부당이득을 챙긴 45명을 적발하고 4명을 구속기소하는 등 17명을 재판에 넘겼다.

재판 결과 △△약품의 지주회사 임원이었던 H상무는 K씨 등 지인들에게 미공개정보를 전달하고 자신도 미공개정보를 이용해 부당이득 3천 5백만원을 챙겨 징역 1년에 집행유예 2년과 벌금 5천만원이 선고(1심, 이하 같음)되었고, H상무에게서 정보를 전달받은 외부인 K씨에게도 징역 6개월에 집행유예 2년, 벌금 4억원과 추징금 3억 6천만원이 선고되었다. 또한 △△

약품 직원들도 징역형의 집행유예와 벌금형 처벌을 면하지 못했다.[116] 그 외에 다른 관련자들도 벌금형 등의 처벌을 받았으며, 미공개 정보의 2차 이상 정보 수령자인 25명에 대해서는 과징금 부과 대상으로 금융당국에 통보조치되었다.[117]

당시 징역 10월에 집행유예 2년을 선고받은 △△약품 인사기획팀 직원 G씨에 대한 판결문 중 일부를 인용하면 '미공개정보를 이용해 주식에 투자한 것은 한마디로 사기도박이나 다름없고 남의 패를 보고 하는 것'이며 '피고인의 이익만큼 일반 투자자는 똑같이 손해를 입었고 이는 자본시장의 공정한 운영을 저해한다'고 판시했다. 이어 '피고인이 취득한 이익은 2천만원, 피고인으로부터 정보를 받은 사람의 이익은 1억원이 넘는다'며 '죄질이 좋지 않다'고 지적했다.[118]

미공개정보 이용은 나와 상관없다는 인식은 위험하다

사적인 정보는 이를 이용하거나 누설했다 하더라도 친구와의 의절 등 사회적 비난에 그치는 경우가 대부분이고 형사처벌까지 가는 경우는 거의 없다. 그렇지만 자본시장 불공정거래로 규제하는 미공개정보 이용은 고의든 실수이든 이로 인해 형사처벌을 받고 인생을 망치게 되는 최악의 결과로 이어질 가능성이 있음을 앞의 △△약품 사례를 통해 짐작해 보았을 것이다. 이 사례에서 처벌을 받은 사람은 △△약품 임직원뿐만이 아니었다. 해당회사에 근무하지 않지만 업무적으로 또는 사적으로 이들로부터 정보를 받은 사람들

---

116 △△약품 인사기획팀 직원 G씨는 징역 10월에 집행유예 2년, 벌금 2천 5백만원 및 추징금 2천 1백만원, 지주회사 법무팀 직원 K씨는 징역 10월에 집행유예 2년, 벌금 4천 5백만원 및 추징금 4천 2백만원, 법무팀 P씨에게는 징역 8월에 집행유예 2년, 벌금 1천만원 및 추징금 7백만원 등이 1심에서 선고되었다.

117 2차 이상 정보 수령자에게는 자본시장법상 시장질서 교란행위 금지 법규가 적용될 수 있는데, 시장질서 교란행위에 대하여는 뒤에서 따로 설명한다.

118 연합뉴스 '△△약품 미공개정보 이용직원 집유… 벌금 2천 500만원(종합)', 2017. 5. 17.

도 처벌의 운명을 피할 수 없었다. 다시 말해 미공개정보 이용금지, 일반적으로 말하는 내부자거래[119]는 상장회사 임직원에게나 해당되는 이야기 아닌가라는 안이한 생각이라면 당신은 낭패에 빠질 수도 있다는 말이다. 참고로 자본시장법은 시세조종과 함께 핵심 불공정거래의 하나로 '미공개정보 이용행위'(내부자 거래)를 지목하고 있다.[120]

왜 미공개정보 이용을 금지하는가?

미공개정보 이용행위는 공정한 경쟁을 해쳐 자본시장의 신뢰성 및 효율성을 훼손할 뿐 아니라 정보를 생산한 회사에 근무하거나 계약관계 등에 있다는 이유만으로 별다른 노력없이 정보를 이용하여 큰 이익을 얻는다는 도덕적인 문제점, 직무와 관련하여 얻은 회사의 정보를 자신이나 타인의 이익을 위해 사용하는 것은 신인의무(fiduciary duty) 위반이라는 지적 등으로 우리나라를 비롯해 세계 각국에서 규제하고 있다.

눈이 번쩍 뜨이는 좋은 정보라면 위험할 수 있다

우리는 지금 전통적인 투자수단이었던 주식, 주식관련사채 외에도 펀드, ELS, DLF 등 엄청나게 많은 금융투자상품이 쏟아지는 세상에서 살고 있으며, 어떻게 하면 높은 수익을 올릴 수 있을까 날마다 좋은 정보를 찾아 기웃거린다. 예금과 달리 투자상품은 손실이 날 수도, 높은 수익을 올릴 수 있으며, 투자의 성공은 양질의 정보에 좌우될 때가 많다. 그럼 양질의 정보란 무엇일까? 금융회사 애널리스트들이 정교한 분석을 통해 가공한 고품질의 정

---

119 상장회사의 임직원이나 주요주주 등을 일반적으로 내부자라고 지칭하고, 이들이 그 직무나 직위에 의하여 얻은 내부정보를 이용하여 증권을 거래하는 것을 내부자거래라 한다. 다시 말해 미공개정보 이용행위는 내부자거래와 동일한 개념이다.
120 자본시장법 제174조(미공개중요정보 이용행위 금지).

보가 될 수도 있고, 회사내부자인 회사임원만 알고 아직 외부에 알려지지 않은 비밀정보일 수도 있다. 아니면 감독기관 직원이 알게 된 소관감독회사의 M&A 추진 또는 검사결과 CEO 제재예정인 내용일 수도 있겠다.

정보 원천에 따라 미공개정보 규제대상 여부가 결정된다

필자가 금융감독원 재직시절 주위 사람들로부터 항상 들었던 말이 감독기관에 근무하고 있으니 많은 걸 알고 있을 텐데 투자에 좋은 정보 좀 달라는 말이다. 만일 필자가 못이기는 척 특정회사의 좋은 또는 나쁜 정보를 흘려준다면 처벌대상이 될 것인가? 또 필자가 금융산업쪽에 종사해서 그런지 금융계 친구들 모임을 나가면 친구들 사이에서 어디 어디 회사가 좋다더라, 조만간 큰 계약이 터진다더라 하는 풍문이 화제에 오르기도 한다. 결론적으로 전자의 경우 필자가 감독업무를 수행하면서 알게 된 기업정보를 친구들에게 발설했다면 친구들이 미공개정보를 이용하도록 제공하였으므로 처벌이 될 것이지만, 후자처럼 단순히 시장에 떠도는 풍문(따라서 확정적인 사실이 아니라 투자위험이 있을 수 있는)을 친구에게 전달한 것에 불과하다면 미공개정보 이용이라고 하기 어려울 것이다.

미공개정보 이용 규제의 근거와 역사는?

우리나라의 미공개정보 이용 규제는 미국의 제도를 도입한 것이다. 미공개정보 이용 규제의 이론적 근거는 학문적으로 다양[121]하지만 대표적 전통이

---

[121]   미공개정보 이용 금지와 관련한 미국의 이론은 정보평등이론, 충실의무이론(fiduciary duty theory) 및 정보유용이론(misappropriation theory)으로 구분된다. 정보평등이론과 충실의무이론 모두 내부자의 주주에 대한 충실의무 또는 신임의무를 근간으로 한다는 점에서 같으므로 이들을 전통적 이론이라 부르며, 동 이론의 적용이 곤란한 사안을 해결하기 위하여 1997년 연방대법원의 확정판결을 통해 정보원(source of information)까지 충실의무를 확대 적용시킨 소위 정보유용이론으로 대별된다. 참고로 미국에서 미공개정보 이용 규제는 우리나라와 달리 1942년 SEC(미국 증권규제당국)가 제정한 포괄조항(catch-all provision)인 Rule 10b-5을

론인 정보평등이론에 따르면 한마디로 중요한 내부정보를 가지고 있는 사람
(경영진 등 회사내부자)이 증권을 거래하고자 하는 경우 정보를 공시하든지 아
니면 거래 자체를 단념하여야 한다는 것이며('공시 아니면 단념의 원칙'),[122] 이
러한 미공개정보 규제 논리는 미국 증권규제당국인 SEC가 1968년 제기한
소송의 결과인 Texas Gulf Sulphur판결[123]이 기초가 되었다.

1963년 광산을 발견하고 발표 전 회사주식을 매수한 경영진

상당히 흥미있는 사건이면서 미공개정보 규제의 논리가 된 이 사건을 간
략히 살펴보자. 미국에서 Texas Gulf Sulphur라는 한 광산회사가 1963. 11월
경 캐나다 지역에 대하여 항공 및 지표조사를 실시한 결과 유망한 광산을 발
견하였으나 그 지역에 대한 소유권이나 광업권을 가지고 있지 않았기 때문에
그 발견사실을 비밀로 한 후 1964. 3월 그 지역을 매수하였다. 한편, 발견사
실을 은폐하였던 기간 중 탐사팀 4인과 사장, 부사장, 이사 등을 포함한 임직
원들은 회사의 주식과 스톡옵션을 취득하였다. 이후 광산에 대한 소문이 퍼
져 나갔기 때문에 그 광산회사는 소문을 부인하는 기자회견까지 하였으며,
이후 1964. 4월 마침내 그 사실을 공표하였다. 이에 따라 1963. 11월 17달
러이던 그 회사 주가는 위 사실을 발표한 후 5월에는 58달러까지 상승하였
다. 이를 조사한 SEC는 발표 전 내부정보를 이용하여 증권을 매수한 임직원
들과 이들 내부자로부터 정보를 얻어 증권을 매수한 정보수령자 및 회사 등
을 상대로 소송을 제기하였으며, 1968. 8월 제2연방항소법원이 유죄판결을
내렸는데 이것이 미공개정보 이용 규제의 이론적 기초를 제공하게 되었다.

판결의 중요한 내용을 보면 첫째, 정보의 중요성 여부는 그 정보가 합리

폭넓게 확대적용하는 방식으로 발전해왔다.

[122] 이 말은 그 정보가 반드시 공시되어야 한다는 것은 아니며 내부자가 그 정보를 공시하지 않
고는 그들의 이익을 위하여 그 정보를 이용한 거래를 할 수 없다는 것이다.

[123] SEC V. Texas Gulf Sulphur Co., 401 F, 2d, 833.867-869(2d Cir, 1968).

적인 투자자의 판단에 영향을 미칠 수 있느냐의 여부에 따라서 결정되며 둘째, 내부자는 정보의 공개가 있었다는 것만으로는 부족하고 그 정보가 충분히 유포되었다고 판단할 시간만큼 기다려야 하며 셋째, 정보를 타인에게 제공하여 그들로 하여금 증권을 매매하도록 하는 것은 본인이 직접 회사 내부 정보를 이용하는 것과 마찬가지의 위법성이 있다고 판시한 것 등이다.

미공개정보란 무엇일까?

한마디로 자본시장법에서 규제하고 있는 미공개정보는 "투자자의 투자판단에 중대한 영향을 미칠 수 있는 정보"를 말한다.[124] 대체적으로 어느 정보를 접하는 순간 본능적으로 중요한 내용이라는 느낌이 들면 조심하여야 하겠지만 모든 정보가 법에서 규제하는 중요한 정보에 해당되지는 않는다. 대기업이라면 하루에도 수많은 기업정보가 쏟아진다. 즉, 각종 사건, 사고도 끊임없이 발생하고 매일 크고 작은 거래계약도 이루어진다. 하지만 어려운 점은 자본시장법이 미공개정보가 구체적으로 무엇인지에 대하여 예시문구조차 넣지 않고 포괄적으로 정의[125]하고 있다는 것이다. 따라서 그 정보가 중요한지는 주가에 미쳤던 영향 및 당시 구체적 상황에 따라 판단하여야 하고, 최종적으로는 법원에 의하여 가려지게 된다.

미공개정보는 증권 가격에 중대한 영향을 미칠 수 있는 정보를 말한다

그럼에도 무엇이 중요정보인지에 대하여 추상적으로 말한다면 회사의 경

---

124   자본시장과 금융투자업에 관한 법률 제 174조 제1항(......투자자의 투자판단에 중대한 영향을 미칠 수 있는 정보로서 대통령령이 정하는 방법에 따라 불특정 다수인이 알수 있도록 공개되기 전의 것을 말한다......).

125   자본시장법의 전신인 구 증권거래법은 중요정보를 제186조 제1항의 상장회사의 경영에 관한 중대한 영향을 미칠 수 있는 사실(어음 수표의 부도, 은행과의 거래정지, 영업활동의 정지, 회사정리절차개시의 신청 등)을 예시적으로 들고 있었다.

영·재산 등에 중대한 영향을 미칠 사항으로서 합리적인 투자자라면 주식 등 유가증권의 거래에 관한 의사를 결정할 때 중요한 가치를 지닌다고 생각하는 모든 정보가 될 것이다. 대법원 판례에서도 '투자자의 투자판단에 중대한 영향을 미칠 수 있는 정보'란 합리적인 투자자가 유가증권을 매수 또는 계속 보유할 것인가 아니면 처분할 것인가를 결정하는 데 중요한 가치가 있는 정보, 바꾸어 말하면 일반 투자자들이 일반적으로 알게 된다고 가정할 경우에 유가증권의 가격에 중대한 영향을 미칠 수 있는 사실을 말한다고 한다.[126]

미공개정보의 구체적 사례를 든다면?

보다 구체적으로 이야기하면 무상증자, 자기주식 취득, 신규사업 진출, M&A, 대규모 계약 수주, 신약개발, 특허권 취득 등 호재성 정보와 함께 대규모 적자 발생, 회계감사인의 의견거절, 관리종목 지정, 자본잠식, 감자결정, 부도, 회계분식, 대표이사 횡령 등 악재성 정보로서 주식 등의 큰 가격변동을 초래할 수 있는 사항 등이다. 참고로 중요정보는 반드시 객관적으로 명확하고 확실한 수준까지 필요로 하지는 않는다.

공시의무사항이 아니라도 중요정보가 될 수 있다

주식투자를 하는 독자들은 잘 알겠지만 법은 상장회사로 하여금 사업보고서, 분기보고서 등을 제출하도록 하여 회사 사업 및 재무상황을 주기적으로 공시하는 것 이외에도 주요사항보고서, 증권거래소 수시공시 등을 통해 주요 경영사항을 공시하도록 하고 있다. 그렇지만 회사의 중요정보가 이러한 공시의무사항만 해당한다고 생각하는 것은 잘못이며, 판례도 중요정보가 이와 같은 공시사항으로 제한되지는 않는다고 판시하고 있다.[127]

---

126 대법원 2017. 1. 12. 선고 2016도10313 판결.
127 대법원 2010. 5. 13. 선고 2007도9769 판결.

규제의 대상이 되는 미공개정보는 '상장회사'의 내부정보만 해당된다.

여기서 상장회사는 유가증권시장 및 코스닥시장의 상장회사들 뿐만 아니라 6개월 이내에 상장하는 법인 또는 6개월 이내에 상장회사와의 합병, 주식의 포괄적 교환 등으로 상장되는 효과가 있는 비상장회사를 포함한다.[128] 이들 상장회사 및 상장예정회사와 관련되는 정보만 법이 규제하는 미공개정보가 되며, 따라서 이러한 범주에 들지 않는 비상장회사의 업무와 관련된 미공개정보라면 처벌의 대상이 아니다.[129] 여기서 유의할 점은 비상장 계열회사의 정보이지만 이 정보가 상장회사의 업무와 관련이 있는 경우에는 미공개정보에 해당할 수 있다는 것이다. 예를 들어 금융지주회사의 비상장자회사인 은행에서 지주회사 주가에 영향을 미칠 수 있는 중요한 결정(합병, 분할, 대규모 손실 발생 등)이 있다면 금융지주회사의 중요정보가 될 수 있다.[130]

규제의 대상이 되는 미공개정보는 상장회사의 '업무와 관련된' 정보이다.

업무와 직접 관련되는 정보뿐만 아니라 간접적으로 관련이 있는 정보도 포함된다. 즉, 법인의 업무 등과 관련하여 법인 내부에서 생성된 것이라면 거기에 일부 외부적 요인이나 시장정보가 결합되어 있더라도 미공개정보에 해당한다. 일반적으로 당해 회사 내부에서 생산되지 않은 외부정보(예를 들어 환율변동, 특정기업에 대한 언론의 보도, 기관투자자의 주문상황 등)는 규제대상이 아니지만, 제3자로부터 법인의 대표이사가 고소를 당하거나 중요한 소송에

---

128 자본시장법 제174조 제1항.

129 즉, 비상장회사 주식 등은 공식적인 주식시장이 존재하지 않고 따라서 투자자 보호의 실익이 없으므로 미공개정보 규제의 대상도 아니다. 물론 이 경우에도 자본시장법상 부정거래행위 금지규제의 적용대상이 될 뿐 아니라 사기죄 등의 다른 형벌의 적용 가능성은 있다.

130 이러한 이유로 거래소는 상장회사 주가에 영향을 미칠 수 있는 주요 경영사항으로 일정기준 자회사나 종속회사의 중요정보도 상장회사로 하여금 공시하도록 하고 있다(한국거래소 유가증권 공시규정 제8조(자회사의 주요 경영사항), 제8조의 2(종속회사의 주요 경영사항)).

피소되었다는 등 법인의 의사와는 무관하게 발생하는 정보도 미공개정보에 해당될 수 있으며, 상장회사 내부자가 이를 확인하고 이용하였다면 미공개정보 이용으로 처벌될 수 있다.[131]

미공개정보가 생성되는 시점은 언제일까?

일반적으로 회사 내부에서 생성되는 미공개정보는 갑자기 완성되는 것이 아니라 여러 단계를 거치는 과정에서 구체화되는 것으로 미공개정보의 생성시기는 동 정보가 명확하고 확실하게 완성된 시점을 말하는 것은 아니다. 즉, 합리적인 투자자의 입장에서 그 정보의 중요성과 사실이 발생할 가능성을 비교 평가하여 투자의사결정에서 중요한 가치를 지닌다고 생각할 정도로 구체화되면 그 정보가 생성된 것으로 본다.[132] 다시 말해 법인 내부의 의사결정 절차가 종료되지 않아 아직 실현 여부가 확정되지 않은 정보라도 합리적인 투자자가 정보의 중대성과 현실화될 개연성을 평가하여 투자에 관한 의사결정에 중요한 가치를 지닌다고 받아들일 수 있는 정도로 구체화된 것이면 중요정보로 생성된 것으로 본다는 것이다.[133]

미공개정보가 공개된 정보로 바뀌는 조건은 무엇일까?

한 임원이 자기 회사가 글로벌유명기업에 매각된다는 회사내부정보를 알

---

131 한국거래소 유가증권시장 공시규정 제7조 제1항 제3호 다목은 주요 소송 등의 절차가 제기·신청되거나 그 소송 등이 판결·결정된 사실을 상장회사가 확인한 때 주요 경영사항으로 공시하도록 하고 있는데, 이와 같이 외부에서 발생하였지만 한국거래소 공시규정 등에서 공시의무사항으로 정하고 있다면 법상 미공개정보로 인정될 가능성이 있으므로 유의해야 한다. 왜냐하면 거래소가 투자자의 투자판단에 중대한 영향을 미칠 정보를 주로 공시의무사항으로 정하고 있기 때문이다.

132 대법원 2008. 11. 27. 선고 2008도6219 판결, 대법원 2009. 7. 9. 선고 2009도1374 판결, 대법원 2014. 2. 27. 선고 2011도9457 판결.

133 대법원 2017. 1. 25. 선고 2014도11775 판결.

고 있었다고 하자. 그런데 어느 날 아침 유명방송사에서 이러한 M&A 사실이 보도되었다. 이를 본 그 임원이 즉시 자기 회사 주식을 매입하였다면 미공개정보 이용으로 처벌대상이 될 것인가? 결론부터 말하자면 이 임원은 미공개정보를 이용한 것이 된다.

아무나 어떤 방식으로든 공개하면 되는 것은 아니다

상식적으로는 언론보도 등으로 공개가 되면 더 이상 미공개정보가 아니고 이제는 공개된 사실이 되는 것 아니냐라는 의문이 들 수도 있겠지만 자본시장법은 미공개정보를 '법에서 정하는 방법에 따라 일반인이 알 수 있도록 공개되지 아니한 정보'를 말한다고 규정하면서 첫째, 정보를 공개하는 주체를 당해 회사 등으로 한정하고 둘째, 공개매체도 특정하고 있을 뿐만 아니라 셋째, 정보가 모든 사람에게 충분히 전파되는 시간을 감안하여 정보가 공개된 것으로 보는 시점을 정하고 있다.

공개하는 주체, 매체와 시간 등 공개요건

구체적으로 공개주체는 해당회사 또는 그 회사가 50% 이상 출자한 자회사, 그리고 두 회사로부터 공개권한을 위임받은 자가 정보공개한 것을 인정한다. 따라서 특정 언론사에서 취재하여 보도를 하였고 보도내용이 사실과 같다고 할지라도 이를 정보가 공개된 것으로 보지 않는다. 정보공개 수단도 관계기관 신고·보고, 신문, 방송 및 이들이 사용하는 전자전달매체 등으로 특정하고 있어서 그 외의 방법으로 공개했을 경우 법상 공개요건을 충족하지 못한다. 또한 공개된 정보로 보는 시점도 일반적으로 서류로 제출되어 공개되는 경우는 1일, 인터넷이나 방송을 통해 공개되는 경우는 6시간, 금융감독원 DART, 한국거래소의 KIND 등 전자공시시스템을 통해 공시되는 경우는 공개된 때부터 3시간이 지나야 공개된 정보로 간주 되도록 규정하고 있다.

미공개정보의 공개(자본시장법 시행령 제201조 제2항)

공개 방법	공개된 것으로 간주되는 시점
법령에 따라 금융위원회(금융감독원, 이하 동일) 또는 거래소에 신고되거나 보고된 서류에 기재되어 있는 정보	그 내용이 기재되어 있는 서류가 금융위원회 또는 거래소가 정하는 바에 따라 비치된 날부터 1일
금융위원회 또는 거래소가 설치·운영하는 전자전달매체를 통하여 그 내용이 공개된 정보	공개된 때부터 3시간
「신문 등의 진흥에 관한 법률」에 따른 일반일간신문 또는 경제분야의 특수일간신문 중 전국을 보급지역으로 하는 둘 이상의 신문에 그 내용이 게재된 정보	게재된 날의 다음 날 0시부터 6시간. 다만, 해당 법률에 따른 전자간행물의 형태로 게재된 경우에는 게재된 때부터 6시간으로 한다.
「방송법」에 따른 방송 중 전국에서 시청할 수 있는 지상파방송을 통하여 그 내용이 방송된 정보	방송된 때부터 6시간
「뉴스통신진흥에 관한 법률」에 따른 연합뉴스사를 통하여 그 내용이 제공된 정보	제공된 때부터 6시간

회사와 관련없는 사람도 미공개정보 이용으로 인한 처벌 대상인가?

'미공개정보 이용으로 인한 처벌을 걱정해야 할 사람들은 정보가 생산된 회사와 그 임직원이지 그 회사에 근무하지 않는 나는 상관없겠지'라고 생각할 수 있지만 이 글을 읽는 독자들을 포함한 그 어느 누구라도 자본시장법상 미공개정보 이용으로 처벌 받을 수 있다. 다시 말해 법은 회사 임직원뿐만 아니라 업무상 관련이 있어 정보에 접근하여 알게 된 자, 나아가 미공개정보를 회사 임직원으로부터 받아 알게 된 일반인들까지 처벌대상으로 하고 있기 때문이다. 따라서 속칭 '돈이 되는' 중요한 미공개정보를 어떤 방식으로든 알게 되었다면 본인이 투자에 이용하거나 다른 사람에게 전달하는데 신중을 기해야 한다.

구체적으로 어떤 사람들이 조심해야 하는가?

법에서 미공개정보 이용을 금지하고 있는 대상은 첫째, 전통적으로 내부자로 간주되는 회사내부자(회사 임직원), 둘째, 회사와 계약, 감독 등으로 업무상 관련이 있는 준내부자가 있고, 마지막으로 이들로부터 정보를 받은 일반인(1차 정보수령자)이 있다. 본인이 회사와 아무 관련이 없고 회사내부자 및 준내부자로부터 직접 정보를 받은 것도 아니라면 미공개정보를 이용했더라도 이 법 위반에는 해당되지 않는다. 그렇다고 무작정 안심할 수는 없는 것이 뒤에 설명할 시장질서 교란행위에 해당되어 과징금 부과대상이 될 수도 있기 때문이다. 그럼 조금 더 나아가 회사내부자, 준내부자, 1차 정보수령자에는 어떤 사람들이 해당되는지 알아보자.

회사내부자의 범위는 어디까지 일까?

회사내부자는 당해 회사[134] 및 그 임직원은 물론이지만, 주의할 점은 계열회사(독점규제및공정거래에관한 법률상)와 그 임직원까지 포함된다는 것이다. 임직원에는 명예이사 등 실질적으로 아무런 역할을 하지 않는 경우를 제외하고 사외이사, 고문도 포함되며, 계약직, 임시직, 비정규직도 해당된다.[135] 그렇다면 회사 임직원이지만 회사외부로 파견되어 근무하는 경우 이들도 포함될까? 회사 외부에서 근무하는 경우에도 직원으로서의 지위를 가지고 지휘, 명령관계에 속하게 되므로 포함된다. 또한 회사의 대리인도 포함되는데, 예를 들어 회사업무에 관한 대리권을 부여받은 변호사, 회계사, 세무사 등이 여

---

[134] 회사를 미공개정보 이용의 주체로 규정한 것은 자기주식의 취득과 처분과정에서 미공개정보를 이용할 수도 있고, 그 밖에 미공개정보를 이용하여 회사재산을 투자하여 그 이익이 회사에 귀속될 수도 있기 때문이다.

[135] 고용계약의 종류에 상관없이 회사에 고용되었다면 업무와 관련한 정보를 얻게 될 가능성은 충분히 있기 때문이다.

기에 해당되게 될 것이다.[136] 또한 그 회사 및 계열회사의 주요주주[137]도 포함되는데 주요주주가 개인이라면 대리인 및 사용인 기타 종업원까지 포함되며, 법인인 경우에는 법인의 임직원 및 대리인도 회사내부자에 해당되게 된다.

준내부자에 해당하는 사람은?

다음으로 준내부자라는 명칭으로 법상 미공개정보 규제를 받는 자들은 첫째, 그 회사에 대하여 법령에 따른 허가·인가·지도·감독 그 밖의 권한을 가지고 있고 그 권한을 행사하는 과정에서 미공개정보를 알게 된 자가 해당된다. 법령에 따른 권한이므로 법에 근거가 없는 실질적인 관계에서 우월적인 지위로 인한 지도나 감독은 포함되지 않는다. 둘째, 그 회사와 계약을 체결하고 있거나 체결을 교섭하고 있는 자[138]로서 그 계약을 체결·교섭 또는 이행하는 과정에서 미공개정보를 알게 된 자가 해당되며 마찬가지로 대리인도 포함(법인인 경우 그 임직원 및 대리인 포함)된다.

구두계약 상대방도 준내부자인가?

그렇다면 서면계약이 아닌 구두로 계약이 이뤄진 경우도 포함될까? 계약은 절차적 요건까지 갖춘 서면계약만을 의미하지 않는다고 보아야 한다. 판례도 구두로 계약이 이루어진 경우에도 마찬가지로 판단한다.[139] 그러면 준

---

136 회사 업무를 처리하더라도 대리권 수여가 아니라 계약에 의하여 업무를 수행하는 경우에는 아래에서 설명하는 준내부자에 해당된다.

137 주요주주란 지분의 10% 이상을 소유하거나 사실상의 지배주주를 말한다. 즉, 1) 누구의 명의로 하든지 자기의 계산으로 의결권 있는 발행주식 총수의 10% 이상의 주식을 소유한 자, 2) 임원의 임면 등의 방법으로 중요한 경영사항에 대하여 사실상의 영향력을 행사하는 주주가 해당된다(자본시장법 제2조 제5호).

138 증권인수계약을 체결한 증권회사, 실사계약이나 감사계약을 체결한 회계법인, 대출 금융회사 등.

139 대법원 2014. 2. 27. 선고 2011도9457 판결.

내부자가 되는 계약내용과 전혀 관련이 없는 정보를 알게 된 경우도 해당될까? 예를 들어 회계감사를 진행하는 회계사가 직원과 면담 중에 감사와는 전혀 상관이 없는 장래 M&A협상 예정 사실을 듣고 이를 이용해서 투자를 하였다면 위법이 될 것인가? 준내부자로서 계약을 체결·교섭·이행하는 과정에서 알게 된 미공개정보이면 계약내용과 직접 관련이 없는 정보일지라도 직무관련성이 인정된다.

퇴직한 지 1년이 다 돼가는데 아직도 회사내부자?

지금은 회사내부자나 준내부자 등이 아니지만 퇴직이나 계약관계 종료 등으로 해당되지 아니하게 된 날로부터 1년이 경과되지 아니한 자도 규제대상이 된다. 회사의 미공개정보를 알고 있는 사람이라면 퇴직을 하였더라도 1년간은 정보를 이용하거나 타인에게 이용하게 하였다면 처벌을 받을 수 있다는 점을 유의하여야 한다. 그렇다면 퇴직자가 퇴직한 후에 회사후배들을 만나서 이야기하던 중 회사후배로부터 미공개정보를 들었다면 어떨까? 여기서 미공개정보는 퇴직 전 내부자나 준내부자 지위에 있을 때 업무와 관련하여 취득한 것에 한정된다. 즉, 퇴직 후 미공개정보를 취득하였다면 이는 아래에서 설명하는 정보수령자에 해당한다.

1차 정보수령자도 처벌대상이 된다

마지막으로 1차 정보수령자도 처벌을 받을 수 있는데, 여기에는 위 회사내부자, 준내부자 등으로부터 직접 정보를 수령한 자가 해당된다. 가령 상장회사에 근무하는 친구로부터 큰 건의 거래계약체결 소식을 듣고 그 회사 주식을 매입하였다면 미공개정보를 이용한 것에 해당되어 처벌을 받을 수 있다.

이상 내부자, 준내부자, 1차 정보수령자 등의 범위에 대하여 법령이 규정하고 있는 내용을 정리하면 다음 표와 같다.

미공개정보 규제 대상자(자본시장법 174조 제1항)

구분	내용
내부자	1. 그 법인(그 계열회사를 포함한다) 및 그 법인(그 계열회사를 포함한다)의 임직원·대리인으로서 그 직무와 관련하여 미공개정보를 알게 된 자 2. 그 법인(그 계열회사를 포함한다)의 주요주주로서 그 권리를 행사하는 과정에서 미공개정보를 알게 된 자
준내부자	3. 그 법인에 대하여 법령에 따른 허가·인가·지도·감독, 그 밖의 권한을 가지는 자로서 그 권한을 행사하는 과정에서 미공개정보를 알게 된 자 4. 그 법인과 계약을 체결하고 있거나 체결을 교섭하고 있는 자로서 그 계약을 체결·교섭 또는 이행하는 과정에서 미공개정보를 알게 된 자
기타	5. 위 제2호부터 제4호까지의 어느 하나에 해당하는 자의 대리인 (이에 해당하는 자가 법인인 경우에는 그 임직원 및 대리인을 포함한다)·사용인, 그 밖의 종업원(제2호부터 제4호까지의 어느 하나에 해당하는 자가 법인인 경우에는 그 임직원 및 대리인)으로서 그 직무와 관련하여 미공개정보를 알게 된 자 6. 위 제1호부터 제5호까지의 어느 하나의 자에 해당하지 아니하게 된 날부터 1년이 경과하지 아니한 자
1차 수령자	7. 제1호부터 제5호까지의 어느 하나에 해당하는 자(제1호부터 제5호까지의 어느 하나의 자에 해당하지 아니하게 된 날부터 1년이 경과하지 아니한 자를 포함한다)로부터 미공개정보를 받은 자

2차 이후 정보수령자는 미공개정보 이용 금지규정으로 처벌할 수 없다

그렇다면 1차 정보수령자로부터 이와 같은 정보를 받은 2차 정보수령자가 전달받은 정보를 이용하여 주식을 매입하거나 다른 사람에게 알려서 이 정보를 이용하게 하는 행위는 처벌받을까? 이 정보가 계속 전달되어 3차, 4차, 5차… 정보수령자가 있을 경우에는 어떻게 될 것인가?

미공개정보 이용행위를 금지하는 자본시장법 제174조는 내부자 또는 준내부자로부터 미공개 내부정보를 전달받은 1차 정보수령자가 그 정보를 이용하여 매매거래 등을 하거나 다른 사람에게 이용하게 하는 행위만을 처벌할 뿐이며, 1차 정보수령자로부터 1차 정보수령과는 다른 기회에 미공개 내부정보를 다시 전달받은 2차 정보수령자 이후의 사람[140]이 유가증권의 매매거래 등과 관련하여 그 정보를 이용하거나 다른 사람에게 이용하게 하는 행위는 처벌되지 않는다. 1차 정보수령자만을 처벌하는 이유는 시장에 무수히 많은 사람들에게 무수히 많은 방법으로 전달되는 모든 단계의 정보를 전부 규제대상으로 하는 것은 현실적으로 가능하지 않고 정보라는 것은 그 성격상 전달과정에서 상당히 변질되기 마련이어서 전달과정이 많아지고 시간이 경과하면 할수록 단순한 풍문(rumor) 수준으로 그치는 경우가 많아 적절한 범위로 규제대상을 제한할 필요가 있기 때문이다.[141]

그렇다면 2차 이후 정보수령자는 무조건 처벌대상에서 빠지는가?

하지만 2차 이후 정보수령자가 자본시장법 위반을 전혀 걱정하지 않아도 된다는 의미는 아니다. 자본시장법은 이러한 문제 지적이 있자 2014년 시장

---

140 내부자 또는 준내부자로부터 정보를 전달받을 것을 법 위반의 구성요건으로 하기 때문에 그 외의 자로부터 미공개 정보를 전달받을 경우에는 법상 처벌을 받는 정보수령자가 아니다.

141 대법 2001. 1. 25. 선고 2000도90 판결; 처벌범위가 불명확하게 되거나 법적 안정성을 해치게 되는 것을 막기 위하여 2차 정보수령자 이후의 정보수령자의 미공개정보 이용행위를 처벌범위에 넣지 않았다.

질서 교란행위 금지 조항을 신설(제178조의2)하여 2차 이후 정보수령자를 포함한 다양한 자본시장 질서 문란행위를 처벌할 수 있도록 하였는데, 이에 대하여는 뒤에서 자세히 설명한다. 한편, 2차 정보수령자라 할지라도 1차 정보수령자가 정보를 받은 단계에서 그 정보를 막바로 이용하는 행위에 2차 정보수령자가 공동 가담한 경우 2차 정보수령자는 미공개정보 이용금지 위반죄의 공범으로 처벌될 수 있다.[142]

회사를 위해 미공개정보 이용시 업무관련자는 1차 정보수령자가 된다

회사의 이익을 위해 정보를 이용한 경우 정보제공자가 개인이 아닌 법인을 상대로 정보를 제공할 의도였다고 해석되기 때문에 그 정보와 업무적으로 관련 있는 법인내 모든 구성원이 1차 정보 수령자로 인정될 수도 있다는 점도 주의할 필요가 있다. 예를 들어 A회사의 영업담당인 사람이 거래처 방문 중 그 거래처 B회사 상무로부터 악재성 미공개정보가 있다는 사실을 전달받고 A회사 재무담당자에게 알려 A회사가 보유한 B회사 주식을 매도하였다면 재무담당자도 2차 정보수령자가 아닌 1차 정보수령자로 처벌받을 수 있다는 것이다. 회사의 이익을 위해 한 일이지만 개인도 처벌을 피할 수 없게 되는 것이다.

어떤 증권을 거래할 때 규제를 받는가?

일반적으로 증권은 주식뿐만 아니라 채권, 수익증권 등 그 종류가 매우 많다. 그렇지만 미공개정보 이용 규제를 받는 증권들은 회사의 중요정보 발

---

142 대법원 2009. 12. 10. 선고 2008도6953 판결; 미공개 내부정보의 1차 정보수령자가 그 내부
   정보를 2차 정보수령자인 피고인에게 전달하자 피고인이 그 정보를 이용하여 특정 회사의
   주식을 매매한 후 그 수익을 분배하자고 제안하였고 1차 정보수령자가 이를 승낙하여 범행
   을 공모한 후 그에 따라 주식을 매매한 사안.

표나 실적에 가격이 영향을 받거나 이익을 얻을 수 있는 증권이라 생각하면
쉽다. 여기에는 주식은 당연히 포함되며, 전환사채·신주인수권부사채·교환
사채 등 주식관련사채,[143] 이익참가부사채,[144] 증권예탁증권,[145] 이들을 기초
자산으로 하는 금융투자상품도 해당된다. 유의할 점은 해당 회사가 직접 증
권을 발행하지 않았다고 하더라도 해당 회사의 개별 주식(예를 들어 삼성전
자, POSCO)을 기초로 금융회사가 발행하는 주가연계증권(ELS) 등 금융투자
상품도 미공개정보 이용 규제대상이 된다는 점이다. 반면에 미리 약정한 이
자와 원금만을 받는 일반회사채는 그 규제대상에서 제외된다. 이 증권들은
회사 상황이 어떠하든(부도만 나지 않는다면) 기대수익에는 변동이 없는 속성
이 있다. 또 수익증권(펀드)도 제외되는데, 수익증권은 통상 분산투자로 수
십, 수백개 종목에 투자하므로 개별기업의 주가 등락에 거의 영향이 없는 속
성을 감안한 것이다.

미공개정보 이용 처벌의 요건으로 '직무관련성'이 인정되어야 한다

직무관련성이 있어야 하는데, 회사의 임직원들의 경우 직무 수행과정에
서 미공개정보를 알게 된 경우가 해당된다. 만약 주요주주라면 회계장부열
람권, 경영권 참여 등 주요주주로서의 권리를 행사하는 과정에서 미공개정
보를 알게 된 경우가 해당될 것이고, 준 내부자의 경우 감독기관으로서 권한
을 행사하는 과정에서 또는 계약을 체결, 교섭, 이행하는 과정에서 미공개정
보를 알게 된 경우 법의 규제 대상이 된다. 유의할 점은 직무관련성의 범위
가 폭넓게 인정되어 본인업무와는 전혀 상관이 없더라도 동료로부터 들었

---

143 이들은 회사채로서 기본적으로 실적 등에 상관없이 미리 정해진 이자를 받고 만기에 원금을
     돌려받는 사채의 성격을 가지고 있지만, 특정 조건이 충족되면 발행회사 또는 다른 회사의
     주식으로 전환·교환하여 시세차익을 획득할 수 있다.
144 일정한 이율의 이자가 지급되는 동시에 회사의 이익분배에도 참가할 수 있는 사채로서 회사
     의 실적이 좋으면 약속된 이자 외에 이익도 배당받을 수 있다.
145 예탁결제원 등이 주식 등 증권을 예탁받고 그 것을 담보로 하여 발행하는 증권을 말한다.

거나 우연히 보게 된 경우에도 직무관련성이 있는 것으로 본다는 것이다. 다시 말해 직무관련성은 직무상 그 정보에 접근할 수 있는 특별한 지위에 있는 것을 의미한다.[146]

해킹을 통해 미공개정보를 알게 되었다면?

회사와 관계없는 사람이 회사 업무와 무관하게 미공개정보를 알게 되어 증권을 매매하였다면 이는 미공개정보 이용 금지 위반이 아니다. 예를 들어 해킹을 통해 회사의 미공개정보를 취득하였다면 다른 법규정으로 처벌될 수는 있지만 직무관련성 요건이 충족되지 않으므로 미공개정보 이용행위로 처벌할 수는 없다.

미공개정보를 이용하거나 남에게 이용하게 하여야 처벌대상이 된다

미공개정보를 이용하거나 또는 타인으로 하여금 이용하게 하는 행위가 존재하여야 한다. 이때 이용한다는 것은 매매, 그 밖의 거래를 직접 하거나 타인이 하도록 한다는 의미인데, 여기에는 매매뿐만 아니라 교환, 양도, 담보권 설정·취득, 대차거래 등 미공개정보를 이용하여 부당한 이익을 얻을 수 있는 모든 거래를 의미한다. 또한 타인으로 하여금 이용하게 하는 행위는 타인이 그 정보를 이용하도록 적극적으로 권유하는 행위뿐만 아니라 그 정보를 제공하면 타인이 거래에 이용할 것이라는 것을 인식하고 전달하는 것을 의미한다고 본다. 따라서 상대방이 미공개정보를 이용하리라 전혀 생각할 수 없었던 상황이라면 정보전달자에게 책임을 묻기가 어려울 것이다.

---

146   조두영(2018), 『증권범죄의 이론과 실무』, 박영사, p. 304.

식당종업원이 서빙 도중 미공개정보를 들었다면?

대법원 판례[147]에서도 정보수령자가 정보제공자로부터 정보를 전달받았다고 인정하기 위해서는 단순히 정보의 이동이 있었다는 객관적 사실만으로는 충분하지 않고, 정보제공자가 직무와 관련하여 알게 된 미공개정보를 전달한다는 점에 관한 인식이 있어야 한다고 판시하고 있다. 이러한 논리로 식당 종업원이 음식을 서빙하는 과정에서 상장회사 임원들의 대화를 우연히 듣고 그 회사가 대규모 계약을 수주하였다는 사실을 알고 주식을 매매했더라도 식당 종업원을 정보를 받은 자(정보수령자)로 보지 않으며 따라서 처벌대상이 아니다.

정보를 받았지만 매매하지 않았다면?

내부자가 증권거래에 이용하도록 할 목적으로 정보를 전달했는데 정보수령자가 이를 이용하지 않았을 경우에도 내부자는 불공정행위로 처벌받을 것인가? 일반적으로 실제 정보이용으로까지 연결되지 않았을 경우 미수에 불과하여 미공개정보 이용으로는 처벌하기가 어려울 것이다.

아무런 대가 없이 미공개정보를 제공했다면?

단순히 친분관계나 개인적 호의에서 제공되었고 어떠한 대가나 이득이 없었다면 어떨까? 경제적인 이익을 받았는지 여부와 관계없이 처벌의 대상이 된다.

거래를 하게 된 여러가지 다른 원인들이 있는데도 처벌대상인가?

증권을 매매하면서 그 동기가 온전히 미공개정보 때문이 아니라 다른 원인들도 있었다면 그래도 처벌대상이 되는가? 판례에 따르면 회사내부자, 준

---

147   대법원 2017. 10. 31. 선고 2015도8342 판결.

내부자 및 1차 정보수령자 등이 미공개정보를 인식한 상태에서 특정증권 등의 매매나 그 밖의 거래를 한 경우에 거래가 전적으로 미공개정보 때문에 이루어지지는 않았더라도 미공개정보가 거래를 하게 된 요인의 하나임이 인정된다면 특별한 사정이 없는 한 미공개정보를 이용하여 거래를 한 것으로 볼 수 있다고 한다. 그렇지만 미공개정보를 알기 전에 이미 거래가 예정되어 있었다거나 미공개정보를 알게 된 자에게 거래를 할 수밖에 없는 불가피한 사정이 있었다는 등 미공개정보와 관계없이 다른 동기에 의하여 거래를 하였다고 인정되는 때에는 미공개정보를 이용한 것이라고 할 수 없다.[148] 다시 말해 미공개정보 이용 혐의를 받지 않으려면 증권을 처분하거나 매입한 것이 전혀 우연이거나 다른 불가피한 이유에 의한 것임을 증명해야 한다.

정보를 전달하기는 했지만 전혀 이득을 얻지 못했는데도 처벌받는가?

미공개정보이용행위 금지는 미공개정보를 이용하거나 이용하게 하는 행위 자체를 규제하고 있으며 계산주체가 누구인지를 묻지 않는다. 즉, 이익이 행위자에게 귀속이 되지 않더라도 행위자의 부당이득으로 의제하여 조치하는 것이다. 예를 들면 1차 정보수령자는 아무런 매매가 없어 이익을 얻지 않았지만 정보를 전달받은 2차 정보수령자에게 부당이득이 발생한 경우 1차 정보수령자의 부당이득으로 의제하여 처벌을 받게 된다.

회사재산인 증권을 매매하는 데 미공개정보를 이용했다면?

미공개정보를 본인의 이익이 아니라 회사를 위하여 이용하였다면 어떨까? 예를 들면 회사재무담당자가 회사의 결산실적이 악화되었다는 것을 내부정보로 사전에 알고서 주식가격이 하락하기 전에 회사의 재무구조를 조금이라도 덜

---

148 대법원 2017. 1. 12. 선고 2016도10313 판결.

악화시키기 위하여 자기주식을 미리 처분하였을 경우가 해당된다고 할 것이다. 앞에서 설명한 것처럼 법에서 금지하는 미공개정보 이용행위는 그것이 자신의 이익을 추구할 목적으로 하는 것이든 또는 법인에게 이익이 귀속되는 자기주식 처분처럼 타인의 이익을 위하여 하는 것이든 어떠한 제한이나 구별을 두고 있지 않다.[149]

모호하고 추상적인 언급도 미공개정보 제공에 해당되는가?

이미 설명한 것처럼 무엇이 미공개정보인지는 법령에 명확히 예시되어 있지 않아 그 정보가 중요한지는 주가에 미쳤던 영향 및 당시 구체적 상황에 따라 판단하여야 하고, 최종적으로 법원에 의하여 가려지게 된다. 그렇지만 회사매각이라는 정보라면 누구라도 이것이 중요하다는 것에 이의는 없을 것이다. 그럼에도 회사내부자가 단순히 모호하거나 추상적으로 언급하였다면 어떨까? 판례에 따르면 정보제공자가 제공한 내용이 단순히 미공개정보의 존재를 암시하는 것에 지나지 않거나, 모호하고 추상적이어서 정보수령자가 그 정보를 이용하더라도 여전히 일반투자자와 같은 정도의 경제적 위험을 부담하게 되는 경우 원칙적으로는 미공개정보를 제공한 것으로 보기 어렵다는 태도이다.[150]

이 판결의 구체적인 내용을 살펴보면 기업 M&A 실사를 진행하는 과정에서 내부정보이용혐의자(피고인)가 내부자(실사를 진행하는 회사의 상무)에게 '웬일이냐'라고 묻자 내부자는 '실사를 나왔다'라고만 말하였고 실사대상회사가 어디인지는 말하지 않았다. 비록 실사대상회사가 입주한 건물에서 이와 같은 대화가 이루어졌다 하더라도 동 건물은 수십 개의 법인 또는 개인사업체가 입주한 곳이므로 실사를 나왔다는 말이 당연히 특정 회사에 실사를

---

149 대법원 2009. 7. 9. 선고 2009도1374 판결.
150 대법원 2017. 10. 31. 선고 2015도8342 판결.

나왔다는 것을 의미하지 않는다는 것이 판결의 취지이다.

미공개정보를 이야기하지 않고 단순히 특정 증권 매매만 권유하였다면?

미공개정보를 모호하고 추상적으로 언급한 것이 아니라 아예 말을 하지 않고 단순히 미공개정보가 있는 특정회사 증권의 매매만을 권유하였다면 처벌을 받을 것인가? 판례는 이 경우에도 미공개정보를 이용하게 한 것으로 본다. 사례를 들면 갑은 A회사의 직원으로서 "A회사가 B회사와 경영자문계약을 체결하기로 합의하여 B회사는 A회사에 대한 적대적 인수합병시도를 중단한다"는 정보를 업무와 관련하여 알게 되었고, 이에 A회사의 주가가 하락할 것으로 예상하고 영국에 살고 있는 형 을에게 전화를 걸어 "현재 가지고 있는 A회사 주식을 처분하라"고만 말했으며 을은 이 전화를 받고 보유하고 있던 A회사 주식을 모두 매도하였는데 법원은 갑을 내부자로서 미공개정보 이용행위를 한 것으로 인정하였다.[151]

매매권유 없이 회사홍보 또는 영업상 미공개정보를 이야기하였다면?

일반적으로 회사 홍보담당자나 영업직원들은 많은 사람들을 만나는 과정에서 때로는 자발적으로, 또는 상대방의 요구에 의해 어쩔 수 없이 회사의 미공개정보를 이야기하기도 한다. 그러나 단순히 정보만 이야기하였을 뿐 매매에 이용하라는 언급을 명시적으로 하지 않더라도 그 정보를 전달받는 사람이 정보를 이용하여 매매를 할 가능성을 충분히 인식할 수 있는 상황이라면 미공개정보를 매매에 이용하게 하였다고 인정되어 처벌을 받을 수 있다.[152]

---

151 대전지법 천안지원 2011. 5. 25. 선고 2010고합228 판결.

152 대법원 1995. 6. 29. 선고 95도467 판결; A는 B가 C사의 추정 결산실적을 이용하여 C사의 주식을 거래하려 한다는 것을 알면서도 C사가 직접 집계한 추정결산실적에 관한 정보를 B에

미공개정보에 관련된 제3의 다른 회사 주식을 매입하였다면?

어느 자동차회사의 판매가 시장의 예상보다 크게 증가하여 매출액이 급증하였다는 내부정보를 알게 된 회사 내부직원이 위 자동차회사에 부품을 대량으로 납품하는 협력회사의 주식을 매입하게 되면 이익을 얻을 가능성이 있을 것이다. 이와 같이 미공개정보를 이용하여 당해 회사의 주식을 거래하지는 못하지만, 그 대신 경쟁회사, 원료공급회사 등의 주식거래에 이러한 정보를 이용하는 것이 미공개정보 이용 규제에 포함될 것인가? 내부징계는 별개로 하더라도 미공개정보 이용 규제 대상에는 해당되지 않을 것이나, 시장질서 교란행위 등 다른 처벌 대상이 될 수는 있다.

하락할 걱정에 매도하였더라도 부당이득을 본 것일까?

부당이득은 특정 증권의 가격을 상승시키는 요인이 되는 호재성 정보를 이용하여 당해 증권을 매수한 후 이를 매도 또는 보유함으로써 발생한 이익뿐만 아니라, 특정 증권의 가격 하락이 예상되는 악재성 정보를 알고 보유 중인 증권을 매도하여 가격하락으로 인한 손실을 회피한 금액도 포함한다.

미공개정보를 듣고 매수하였으나 아직까지 팔지 않고 있다면?

부당이득은 미실현이익도 포함한다. 정보가 공개된 시점까지 매도가 이루어지지 않고 주식 등을 보유 중인 경우 보유 중인 주식 등의 평가이익(미실현이익)도 모두 포함된다.[153]

게 알려 주었다. 법원은 A의 행위가 그 정보를 다른 사람으로 하여금 매매에 이용하게 하는 행위에 해당한다고 판시하였다.

153 대법원 2003. 12. 12. 선고 2001도606 판결 등.

부당이득은 어떻게 계산되나?

미공개정보를 이용하여 얻은 부당이득액이나 회피한 손실액의 산정기준이나 방법에 대한 명문의 규정은 없다. 판례 등에 따르면 통상의 경우 위반행위와 관련된 거래로 인한 총수입에서 그 거래를 위한 총비용을 공제[154]하는 방법으로 산정한다. 다만 통상의 방법이 부당하다고 볼만한 사정이 있는 경우에는 제3자의 개입 등 주가에 중대한 영향을 미칠 수 있는 제반 요소를 종합적으로 고려하여 산정하기도 한다.

구체적인 계산 방법을 설명한다면?

실현이익이 있는 경우에는 정보공개 후에 최초로 형성된 최고 종가일[155]까지 매도한 주식에 대하여 매수단가와 매도단가의 차액에 매매일치수량을 곱한 금액으로 정하고,[156] 둘째, 미실현이익이 있는 경우에는 정보공개 후에 최초로 형성된 최고 종가일까지 처분하지 않은 주식에 대하여 그 최고 종가를 매도단가로 간주하여 실현이익 산정방식으로 산정한다.[157] 마지막으로 회피손실에 대하여는 매도단가에서 정보공개 후 최초로 형성된 최저 종가의 차액에 매도수량을 곱한 금액으로 산정한다.[158]

---

154 수수료, 증권거래세 등 매매 기타 과정에서의 비용은 공제하지만 유·무상증자로 인한 권리락, 배당락으로 인한 시세변동분과 종합·업종지수상승률 등은 고려하지 않는다.

155 정보공개일 이후 매일 거래가 이루어지면서 전일 종가와 같거나 낮은 종가가 형성되는 날이 있으면 바로 전일 종가가 최고종가가 되며, 전일을 최초로 형성된 최고종가일로 본다. 예) 9월 1일(정보공개일) 종가 25,000원, 9월 2일 30,000원, 9월 3일 32,000원, 9월 4일 31,000원 ⇒ 9월 3일 32,000원이 최초 최고종가가 된다. 또 정보공개 직후 매매거래가 정지된 경우에는 매매거래 재개 이후 종가를 기준으로 판단한다.

156 (가중평균 매도단가 − 가중평균 매수단가)×매매일치수량. 2회 이상 매수(매도)한 경우에는 매수(매도)수량으로 가중평균한 매수(매도)단가

157 (최초형성 최고종가 − 가중평균 매수단가) × 매매일치수량(잔여수량)

158 (가중평균 매도단가 − 최초형성 최저종가) × 매매일치수량

미공개정보 이용에 따른 처벌은 무기징역까지 가능하다

자본시장법은 미공개정보 이용을 자본시장 거래질서의 공정성과 투자자의 신뢰를 크게 훼손시키는 행위로 보아 시세조종 등 다른 불공정거래와 함께 자본시장법의 처벌중 가장 중한 1년 이상의 유기징역 또는 그 위반행위로 얻은 이익 또는 회피한 손실액의 3배 이상 5배 이하에 상당하는 벌금을 부과한다. 또한 그 위반행위로 얻은 이익 또는 회피한 손실액이 없거나 산정하기 곤란한 경우 또는 그 위반행위로 얻은 이익 또는 회피한 손실액의 5배에 해당하는 금액이 5억원 이하인 경우에는 벌금의 상한액을 5억원으로 하고 있다.[159] 최근 들어 시장불공정거래 행위나 경제사범에 대한 처벌은 강화되는 추세이며, 미공개정보 이용행위에 대한 처벌도 과거 '10년 이하의 징역'이었으나 2018년 처벌규정이 강화되어 무기징역까지 가능한 '1년 이상의 징역'으로 변경되었다.

위반금액이 많으면 가중처벌된다

가중처벌규정도 있는데 위반행위로 얻은 이익 또는 회피한 손실액이 5억원 이상인 경우에는 위 징역형을 가중한다. 이익 또는 회피한 손실액이 50억원 이상인 경우에는 무기 또는 5년 이상의 징역, 이익 또는 회피한 손실액이 5억원 이상 50억원 미만인 경우에는 3년 이상의 유기징역에 처하고 이와 함께 10년 이하의 자격정지를 동시에 부과할 수 있게 하고 있다.

위반행위로 손해를 입은 사람에게 손해배상책임도 진다

미공개정보 이용금지 규정을 위반하여 증권 등을 매매, 그 밖의 거래를 한

159　자본시장법 제443조(벌칙) 제1항.

자는 해당 증권 등을 거래한 자에 대하여 손해배상책임도 부담하게 되며,[160] 증권관련집단소송법 적용대상이 된다. 여기서 손해배상액은 손해배상청구권자의 실제 거래가격과 해당 거래가 없었다면 형성되었을 정상가격과의 차액 등을 기초로 산정하게 되는데, 손해배상은 미공개정보 이용으로 얻은 이익의 범위 내에서 책임지는 것이라고 보아야 할 것이고, 입은 손해는 내부자가 거래한 같은 시기에 반대방향으로 매매한 자를 말한다.[161]

금융회사 직원은 행정제재도 받게 된다

위반한 사람이 금융회사 직원이라면 금융감독당국으로부터 문책 등 행정제재를 받을 수 있다. 예를 들어 증권회사 등 금융투자업자의 임직원은 미공개정보 이용행위에 관여한 경우 증권선물위원회로부터 해임이나 면직, 6개월 이내의 직무정지나 정직 요구, 경고, 주의 등의 조치를 받을 수 있다.

≪ 구체적인 사례를 통해 살펴보는 미공개정보 이용금지 위반 ≫

❶ 언론에 보도된 정보도 미공개정보에 해당할 수 있다.

회사가 추정결산결과를 직접 공개한 사실이 없는 이상 비록 일간신문 등에서 그 추정결산결과와 유사한 내용으로 추측보도된 사실이 있다고 하더라도, 그러한 사실만으로는 그 회사의 추정결산실적이 일반인에게 공개된 정보라거나 또는 그로 인하여 그 회사가 직접 집계하여 추정한 결산 수치가 중요한 정보로서의 가치를 상실한다고 볼 수 없다(대법원 1995. 6. 29. 선고 95도467 판결).

160　자본시장법 제175조(미공개중요정보 이용행위의 배상책임) 제1항.
161　서울남부지방법원 1994. 5. 6. 선고 92가합11689 판결; "당해 특정증권 등의 매매 기타 거래를 한 자"란 내부자가 거래한 것과 같은 종목의 특정증권 등을 동 시기에 내부자와 반대방향으로 매매한 자를 말한다.

❷ 확정적인 사실이 아니더라도 이미 미공개정보가 생성된 것으로 볼 수 있다.

L카드사의 경영여건 악화로 경영진이 준비한 '추가자본확충 검토(안)'문건을 작성한 시점이 '자본확충' 미공개정보 생성시점이 아니라, 이미 3개월 전 사장이 L그룹 부회장 등에게 '수정사업계획 및 주요 경영현안'이라는 문건을 보고하면서 경영정상화를 위해 약 4천억 규모의 자본확충을 검토하여야 한다는 내용이 일부 포함되어 있는데, 합리적인 투자자의 입장에서는 위 내용의 정보가 객관적으로 명확하고 확실하게 완성되지 않은 상태라도 유가증권의 거래에 관한 의사 결정에 있어 중요한 가치를 지닌다고 생각할 정도로 구체화되었다고 할 것이므로 이 사건 중요정보는 '수정사업계획 및 주요 경영현안' 보고 무렵에 최초로 생성되었다고 보아야 한다(대법원 2008. 11. 27. 선고 2008도6219 판결).

❸ 허구나 추측 중에 일부만 진실된 정보가 포함된 경우에도 미공개정보에 해당할 수 있다.

단순한 추측 정보와 같이 정확성이 결여되거나 추상적인 것은 내부자거래 규제의 대상이 되는 정보라고 할 수 없고, 또한 완전 허구의 사항이라면 이를 정보라 할 수도 없으므로, 적어도 투자판단에 중대한 영향을 미칠 수 있는 정보라고 하려면 그 정보에 어느 정도의 정확성이 인정되어야 한다. 이 사건 정보에 일부 허위 또는 과장된 부분이 포함되어 있다 하더라도 그를 이유로 정보 자체의 중요성을 부정할 수 없다고 할 것이다(서울중앙지방법원 2008. 11. 27. 선고 2008고합236 판결).

❹ 직접 업무를 담당하지 않아도 미공개정보 이용 규제는 직무관련성 범위를 폭넓게 인정하므로 처벌받을 수 있다.

✔ 회사 내부 전산망을 통해서 정보를 취득하여 이용

비록 피고인이 B연구원의 다른 부서 직원으로 근무하여 나노 이미지센서 개발 및 홍보업무에 직접 관여하지 않았다 하더라도, 일반투자자에게는 접근이 허용되지 않는 회사내의 전산망을 통하여 이 사건 정보를 취득하였으므로 이는 피고인이 B연구원에 근무한다는 지위를 이용하여 불공정하게 정보를 취득한 때에 해당한다고 할 것이다(서울중앙지법 2008. 11. 27. 선고 2008고합236 판결).

✔ 직장동료와의 대화를 통해서 정보를 취득하여 이용

제약회사의 생산본부장은 회사의 신약개발 등을 지원하는 업무를 담당하고 있는데 어느날 구내식당에서 기술이전계약 담당 임원과 대화 중 위궤양치료제 기술이전계약 체결 미공개정보를 듣고 정보공개 전에 본인 및 처남 명의로 자기회사의 주식을 매수한 것은 부당이득을 취한 것이 된다(서울중앙지법 2007. 12. 26. 선고 2007노3274 판결).

✔ 직장 내 회의를 통해 정보를 취득하여 이용

A회사는 B연구소와 기술이전계약을 체결하여 '나노이미지센서' 기술을 인수하기로 하였는데 B연구소의 교육연수사업실장이 수차례 주간업무회의 등에 참석하면서 동 미공개정보를 취득하고 주식을 매수한 것은 처벌의 대상이 된다(서울고등법원 2009. 5. 15. 선고 2008노3397 판결).

✔ 부서 내 파기문서를 통해 우연히 정보를 취득하여 이용

총무과 대리였던 피고인이 총무과 사무실에서 회사 주식담당직원이 기안하였다가 파기한 이사회결의서(안)에 한달 후 개최예정인 회사 이사회에서 사업목적에 전자상거래 및 인터넷사업을 추가한다는 내용이 기재되어 있는 것을 봄으로써 정보를 취득하였다면 불공정하게 정보를 취득한 것에 해당한다(서울지법 2002. 1. 22. 선고 2001고단10894 판결).

※ 이와 관련하여 미국의 Chiarella 사건[162]의 연방대법원 판례를 참고로 살펴볼 필요가 있다. 피고는 기업의 재무관련 서류를 인쇄, 출판하는 인쇄업체인 Pandick Press사의 직원으로서 아직 공시되지 아니한 공개매수(tender offer)와 관련된 서류를 보게 되었는데 공개매수를 하는 회사나 대상회사의 이름은 최종인쇄 이전까지는 공란으로 되어 있었다. 그러나 피고는 서류의 다른 내용을 유추하여 두 회사의 상호를 알아낸 다음 대상회사의 주식을 매수하여 약 3만달러의 이익을 얻었다는 이유로 기소되었으나 연방대법원은 최종적으로 무죄를 선고하였다. 이는 정보를 취득한 피고가 미공개정보 보유회사의 직원이 아니므로 회사 직원처럼 미공개정보 이용금지의무가 엄격히 부과되는 것이 아니라는 측면으로 이해할 수 있을 것이다.

❺ 거래동기가 전적으로 미공개정보 때문만이 아니라면?

미공개정보를 인식한 상태에서 거래를 한 경우에는 특별한 사정이 없는 한 그 정보를 이용하여 거래를 한 것으로 보는 것이 타당하고, 내부자의 거래가 전적으로 내부정보 때문에 이루어졌음이 요구되는 것이 아니라 거래를 하게 된 다른 요인이 있더라도 정보의 이용이 거래의 한 요인이 된 경우에는 규제대상인 미공개정보이용행위에 해당한다(서울중앙지법 2007. 7. 20. 선고 2007고합159 판결).

❻ 미공개정보를 회사관련자가 아닌 제3자에게 받았다면?

미공개정보 이용 금지규정은 회사내부자, 준내부자, 1차 정보수령자가 유가증권의 매매 기타 거래와 관련하여 그 정보를 이용하거나 다른 사람으로 하여금 이를 이용하게 하는 행위만을 금지하고 있을 뿐 1차 정보수령자로부터 미공개내부정보를 전달받은 2차 정보수령자 이후의 사람이 유가증

---

162 Chiarella V. United States, 445 U.S. 222(1980).

권의 매매 기타 거래와 관련하여 당해 정보를 이용하거나 다른 사람으로 하여금 이를 이용하게 하는 행위를 금지하지는 않는다(대법원 2001. 1. 25. 선고 2000도90 판결).

❼ 회사의 내부정보는 아니지만 회계법인의 감사의견 정보도 미공개정보에 해당할 수 있다.

A사의 대표이사는 회계감사기관인 B회계법인 이사로부터 A사 감사의견이 '의견거절'이 될 것이라는 이야기를 듣고 이로 인해 주식이 상장폐지될 것임을 인식하고 동 의견이 공시되기 전 차명계좌를 통해 보유주식을 매도하여 손실을 회피한 것에 대하여 미공개정보 이용행위로 처벌받았다(서울지법 2003. 12. 17. 선고 2003노5389 판결).

✅ ❌ True or False?
Q. 미공개정보 규제는 상장회사 근무 임직원만 해당된다.
False (임직원이 아니어도 회사와 계약관계에 있는 자나 1차 정보수령자도 해당)
Q. 계열사에 근무해도 법상 임직원 범위에 포함된다.
True (임직원에는 계열사 임직원이 포함되며 계약직, 임시직, 비정규직을 가리지 않음)
Q. 미공개정보 언급없이 특정 주식 권유만 했어도 위반이다.
True (판례는 이 경우도 미공개정보를 이용하게 한 것으로 봄)
Q. 본인 회사 매출 급증을 알고 납품업체 주식을 샀다면 위반이다.
False (납품업체 내부자가 아니므로 미공개정보 이용이 아님)

2-2. 자본시장법상 시장질서 교란행위 규제

✓ ✗ True or False?

Q. 시장질서 교란행위 위반시 과징금외에 형사처벌은 없다. ✔ ✖

Q. 미공개정보 전달 경로를 확인할 수 없으면 처벌할 수 없다. ✔ ✖

Q. 애널리스트 기업분석자료나 펀드 운용정보도 규제대상이다. ✔ ✖

Q. 순수한 투자정보 교환 차원에서 풍문을 공유해도 위반이다. ✔ ✖

앞서 살펴본 미공개정보 이용 규제는 처벌 대상이 회사 내부자나 감독기관 등 준내부자, 그리고 이들로부터 처음으로 정보를 받은 1차 정보수령자에 한정된다. 즉, 아무리 중요한 정보라도 내부자나 준내부자로부터 받은 정보가 아니라면 미공개정보 이용 금지규정으로 처벌을 받지는 않는다. 또한 업무와 관련성을 따지기 때문에 해킹 등을 통해 미공개정보를 알게 되었다면[163] 미공개정보 이용 금지 위반으로 처벌할 수가 없는 문제가 있었다.

자본시장 불공정거래범죄 처벌은 엄격하지만 적용이 쉽지 않다

더구나 미공개정보 이용, 시세조종 등 자본시장법상 불공정거래 규제는 형사범죄로서 구성요건[164]에 대한 엄격한 해석과 입증이 필요[165]하여 실제 시장을 혼란하게 하는 행위가 있었다 할지라도 처벌할 수 없었던 경우가 많았

---

163 해커가 당해 상장회사 업무의 일환으로 해킹을 하는 것은 아니므로 업무관련성을 논할 수 조차 없다.
164 범죄에 해당되기 위해서 법이 정해놓은 요건.
165 예를 들어 미공개정보를 이용한 범죄행위가 유죄로 인정되기 위해서는 미공개정보를 이용하

고, 아울러 자본시장의 급속한 환경변화에 따라 기존 불공정거래 행위에는 해당하지 않으면서 시장질서를 교란하고 시장 건전성을 훼손하는 신종 거래 행위를 규제할 필요성이 커졌다. 또한 불공정거래 행위는 막대한 금전적 이익을 수반하나 이를 환수할 효과적인 금전적 제재가 미흡하다는 지적, 형사처벌은 일반적으로 장기간이 소요되어 불공정거래에 신속히 대처하기 어렵다는 비판이 있었다.[166]

금전제재제도 도입으로 사각지대를 보완

이와 같은 많은 문제점과 해외사례[167]를 고려하여 2015. 7. 1.부터 시장질서 교란행위가 자본시장법 제178조의2로 신설[168]됨에 따라 형사처벌 정도는 아니더라도 시장질서를 어지럽히는 행위에 대하여 과징금[169]을 부과할 수 있게 되어 규제의 사각지대를 해소할 수 있게 되었다. 요약하면 예전의

여 언제 어떻게 매매거래에 이용하였다는 것인지에 대한 구체적인 범죄사실이 입증되어야 한다(대법원 2004. 3. 26. 선고 2003도7112 판결). 즉, 특정 행위가 미공개정보 이용에 해당되는지는 1) 당해 행위자가 법상 내부자거래 규제의 대상인지, 2) 중요한 미공개정보에 해당되는지, 3) 미공개정보의 형성시기(중요성 판단시기)는 언제로 볼 것인지, 4) 행위자가 미공개정보를 인지한 상태에서 유가증권의 매매거래가 있었는지, 5) 행위자가 인지한 미공개정보를 증권 매매에 이용하거나 이용하게 하였는지에 대하여 구체적인 사실이 증명되어야 한다.

166 금융감독원(2019), '금융감독개론' 2019년 개정판, p.604.

167 미국과 일본은 같은 행위에 대하여 사안이 중대하면 형사처벌을, 사안이 가벼우면 과징금으로 처리하고 있으며, 영국 등 유럽국가들은 형사범죄와 별도로 시장교란행위를 규정하고 과징금을 부과하고 있다.

168 우리나라의 시장질서 교란행위 처벌은 영국에서 2000년에 제정된 FSMA(Financial Services and Markets Act of 2000)의 시장남용행위(Market abuse) 규정을 입법의 모델로 사용하였다. 미국은 포괄적 사기금지 규정(10b-5)으로 모든 불공정거래 행위를 규제한다.

169 행정기관이 일정한 행정상의 의무를 위반한 자에게 부과하는 금전적 제재로서 주로 경제법상의 의무를 위반한 자가 위반행위를 함으로써 경제적 이익을 얻을 것이 예정되어 있을 경우 부과된다. 이는 위반행위로 인한 불법적인 경제적 이익을 박탈하려는 것이다. 따라서 그 이익액에 따라 과하여지는 행정제재금이라 할 수 있고 간접적으로 의무이행을 강제하는 효과를 갖게 된다. 형사벌과 달리 재판과정을 거치지 않아도 부과할 수 있기 때문에 잘못된 행위에 신속하게 대처할 수 있는 장점이 있다.

'미공개정보 이용'이나 '시세조종' 행위의 요건을 갖추지 못하였지만 비슷한 방식으로 시장질서를 어지럽히는 행위들을 '시장질서 교란행위'로 법에 새롭게 정하고, 이러한 행위들에 대해 형사처벌 대신 위법행위를 통하여 얻은 이익과 부당행위에 대해 '과징금'을 부과하는 것이다.

정보를 이용하거나 증권의 시세에 관여하는 교란행위가 처벌대상이다

자본시장법에서 시장질서 교란행위는 '정보이용형 교란행위(제178조의 2 제1항)'와 '시세관여형 교란행위(제178조의2 제2항)'로 구분하여 규제한다. 첫째, 정보이용형 교란행위 금지규정 신설로 인해 미공개정보의 2차정보수령자 이후의 다차정보수령자를 제재할 수 있게 되었으며, 회사 외부에서 생성된 정보(시장정보 및 정책정보 등)[170]를 이용한 자도 제재할 수 있게 되었다. 둘째, 시세관여형 교란행위 금지규정 신설로 인해 기존에는 '시세조종 목적'을 가지고 시세에 영향을 주는 행위만을 처벌[171]하였으나, 목적성이 인정되지 않더라도 시장의 공정한 가격 형성을 저해할 우려가 있는 행위에 대하여 제재가 가능하게 되었다.

---

170 자본시장법상 미공개정보 이용금지 규정(제174조)은 원칙적으로 회사 내부에서 생성된 정보의 이용만을 금지하고 있다.
171 자본시장법 제176조(시세조종행위 등의 금지).

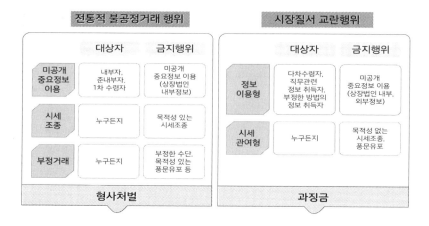

(출처: 금융투자협회, 안전한 자본시장 이용법)

여러 단계를 거쳐 미공개정보를 전달받은 경우에도 과징금이 부과된다

미공개정보 이용 금지규정(제174조)은 회사 내부자(임직원, 주요주주 등)와 준내부자(인허가권자, 계약체결자 등) 및 이들로부터 정보를 직접 전달받은 1차 정보수령자만이 처벌대상이었지만, 시장질서 교란행위 금지규정은 1차 정보 수령자로부터 정보를 받은 2차 정보수령자, 3차 정보수령자 등 아무리 많은 단계를 거쳐서 간접적으로 정보를 전달받거나 전득[172]한 다차 수령자일지라도 미공개정보라는 것을 알면서 이를 받아 금융투자상품의 매매를 하거나 다른 사람으로 하여금 이용하게 하는 경우 과징금을 부과할 수 있도록 되어 있다.

---

172   **轉得**, 1차 정보수령자로부터 정보를 직접 지득한 2차 정보수령자는 '받은 자'라고 하고, 3차 이상 정보수령자는 '전득자'라고 한다.

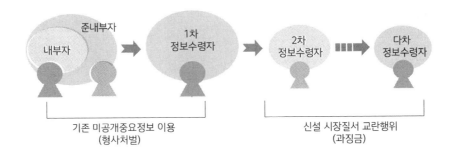

내부자
준내부자 → 1차
정보수령자 → 2차
정보수령자 ▪▪▪▶ 다차
정보수령자

기존 미공개중요정보 이용
(형사처벌)

신설 시장질서 교란행위
(과징금)

(출처: 2015. 5. 6. 금융위원회 보도자료)

미공개정보를 받는다는 사실을 몰랐는데도 처벌대상이 되는가?

미공개정보인 것을 알아야 하므로 그러한 사실을 알지 못하였다면 걱정할 필요가 없다. 즉, 자본시장법은 '내부자·준내부자·1차 정보수령자로부터 나온 미공개중요정보 또는 미공개정보인 정을 알면서 이를 받거나 전득한 자'[173]가 시장질서 교란행위 규제대상이 된다고 명시하고 있다. 따라서 내부자·준내부자·1차 정보수령자가 아닌 사람으로부터 우연히 전해 들었다거나 미공개정보인지를 모르고 우연히 알게 되었다는 사실만으로 처벌되지는 않으므로 이 경우에는 본인이 정보를 이용하거나 다른 사람에게 이용하게 하더라도 문제가 없다. 예를 들어 펀드매니저가 증권회사 애널리스트로부터 주기적으로 제공받는 조사분석자료에 근거하여 투자하고 있는데 특정 자료에 미공개정보가 포함되어 있더라도 이를 알지 못한 상태에서 투자를 하였다면 시장질서 교란행위에 해당할 가능성은 없다는 뜻이다.

---

173   자본시장법 제178조의2 제1항 제1호 가목.

몇 번째로 미공개정보를 전달받았는지 확인할 수 없다면 처벌할 수 없는가?

시장질서 교란행위는 미공개정보 이용 처벌과 달리 누구에게 미공개정보를 전달 받았는지, 몇 번째로 전달받았는지 확인이 되지 않더라도 처벌할 수 있다. 본인이 미공개정보가 내부자 등으로부터 나온 정보라는 사실을 알고 있었는지 여부만이 문제가 될 뿐이다.

상장회사 내부가 아닌 다른 곳에서 생산된 정보도 처벌대상이 된다

미공개정보 이용금지규정은 상장회사의 업무 및 재무사항에 관한 정보로서 상장회사의 내부에서 생성된 정보를 원칙적으로 규제대상으로 하고 있다. 그러나 제178조의2 시장질서 교란행위 금지규정은 회사 외부정보라 할지라도 금융투자상품의 매매 등에 중대한 영향을 줄 수 있는 정보로서 일반인에게 공개되지 않은 정보를 이용하는 행위도 처벌대상으로 하고 있다.[174]

회사 외부에서 생산된 미공개정보의 예를 든다면?

회사의 외부정보로는 대표적으로 정책정보(금융투자상품의 가격에 영향을 줄 수 있는 금리정책, 외환정책, 무역수지 상황 등 경제정책 방향과 관련된 정보) 및 시장정보(유가증권의 수요와 공급 및 시장사정에 관한 정보) 등을 예로 들 수 있다.[175] 시장에서 특정 회사의 주식에 대하여 대량의 매도주문이 있는 경우에 매도주문을 받은 증권회사가 그 주문을 이행하기 전에 자기계정의 보유주

---

174   자본시장법 제178조의2 제1항 제2호 가목 및 나목.
        2. 다음 각 목의 모두에 해당하는 정보
        가. 그 정보가 지정 금융투자상품의 매매등 여부 또는 매매등의 조건에 중대한 영향을 줄 가능성이
            있을 것
        나. 그 정보가 투자자들이 알지 못하는 사실에 관한 정보로서 불특정 다수인이 알 수 있도록 공개되
            기 전일 것
175   금융위원회 등, 『안전한 자본시장 이용법』, 2015. p.45.

식을 먼저 매도하는 행위,[176] 증권시장에서 영향력 있는 증권분석 전문가가 자신의 의견을 공표하기 전에 미리 증권을 매수하고 공표 후 다시 매도함으로써 차익을 얻는 행위[177] 등이 직무와 관련하여 생성하거나 알게 된 정보를 이용한 경우로서 제재대상이 될 수 있다.[178] 다만, 그 정보가 금융투자상품의 매매 등 결정 또는 매매 등의 조건에 중대한 영향을 줄 가능성이 없거나, 그 정보가 불특정 다수인이 알 수 있도록 공개된 것이라면 규정에 저촉되지 않을 것이다.

직무와 관련하여 정보를 생산하거나 알게 된 자는 누구든지 규제대상이다[179]

시장정보, 정책정보 등 외부정보를 자신의 직무와 관련하여 생산하거나 알게 된 자가 규제대상인데 여기서 직무관련성이란 본인의 업무에 미공개정보를 생산하거나 미공개정보를 알 수 있는 고유한 특성이 있고 직무 관련 정보를 이용하지 않아야 할 책무가 있는 경우가 될 것이다. 예를 들자면 주가에 민감한 영향을 줄 수 있는 정보를 생산하거나 이를 알 수 있는 정책담당자, 애널리스트, 펀드매니저, 신용평가회사 직원, 언론사 기자 등이 해당될 수 있다.

해킹, 협박 등 부정한 방법으로 정보를 알게 된 자도 처벌대상이다[180]

정상적인 방법으로는 미공개정보에 접근할 수 없는 자가 사회통념상 부정한 방법으로 정보를 알게 되었다면 시장질서 교란행위로 처벌 받게 된다.

---

176 프론트 러닝(front running).

177 스캘핑(scalping).

178 금융위원회 등, 『안전한 자본시장 이용법』, 2015. p.47.

179 자본시장법 제178조의2 제1항 제1호 나목.

180 자본시장법 제178조의2 제1항 제1호 다목.

이러한 부정한 방법은 다른 법령에 의하여 당연히 처벌될 가능성이 있지만 이와 함께 자본시장법상 과징금의 부과대상도 되는 것이다. 예를 들면 회사의 이메일, 사무자동화시스템을 해킹하거나 택배과정 중 회사 서류 등을 절취하여 알게 된 정보, 회사 임직원 등을 협박하여 취득한 정보를 매매에 이용할 경우 시장질서 교란행위로도 처벌받게 된다.

미공개정보를 받아 이용한 자도 처벌대상이다[181]

직무와 관련하여 정보를 생산하거나 알게 된 자 및 부정한 방법으로 정보를 알게 된 자로부터 나온 정보인 것을 알면서 이를 받아 이용한 자도 처벌대상이다. 예를 들어 엠바고[182]가 걸린 정책정보를 정부부처에서 사전브리핑 받은 언론사 기자가 동 정보가 기사화되어 일반인에게 공개되기 전에 이를 지인에게 전달하였는데, 그 정보가 금융투자상품의 매매 등 여부 또는 매매 등의 조건에 중대한 영향을 줄 수 있는 정보이고 그 지인이 공개 전 정보를 이용하여 상장주식을 매입하였다면 그 기자와 지인은 시장질서 교란행위에 해당되어 처벌 받을 수 있다.

투자정보로 생각되어 풍문을 SNS에 공유했는데?

주가를 올리려는 의도가 아니라 순수하게 투자정보를 교환하려는 취지로 전해들은 특정 주식의 풍문을 SNS에 공유하였는데도 처벌 받을 수 있을까? 동기가 순수하더라도 주가에 영향을 주게 되면 시세관여형 교란행위로 규정하여 과징금을 부과받을 수 있다. 시세조종, 부정거래 등 전통적인 불공정거래행위로 처벌하기 위해서는 '매매를 유인하기 위하여' 또는 '매매와 시세의

---

181 자본시장법 제178조의2 제1항 제1호 라목.
182 일정 시점까지 보도 금지를 뜻하는 언론용어(embargo).

변동을 초래하기 위하여' 등 목적성이 있어야 처벌을 할 수 있었으나[183] 2015
년 시장질서 교란행위 규정이 법에 도입되면서 그 목적 여부를 불문하고 풍
문을 유포하여 증권의 가격을 왜곡하는 경우에는 규제의 대상이 된다. 위의
예처럼 매매유인 등의 목적이 없어도 증권 포털게시판이나 메신저 등을 통
해 거짓 소문을 퍼트린 경우에도 그 행위가 투자자에게 오해를 유발하거나
가격을 왜곡할 우려가 있다면 과징금을 부과받게 되는 것이다.

처벌의 가능성이 있다는 풍문 유포란 어느 정도를 말하는 것인가?

시장질서 교란행위 규정은 목적이 없었더라도 풍문 유포, 거짓 계책을 꾸
며서 증권 가격이나 수요·공급상황에 왜곡을 가져올 수 있는 행위에 대하
여 처벌한다. 법원은 처벌 가능성이 있는 '풍문'은 '시장에 알려짐으로써 주
식 등 시세의 변동을 일으킬 수 있을 정도의 사실로서 합리적 근거가 없는 것
을 의미한다고 봄이 상당하다'고 판시하고 있다.[184] 만약에 주가 변동에 별다
른 영향을 미칠 위험이 없는 사소한 내용의 풍문의 유포까지 처벌하게 된다
면 지나치게 개인의 표현의 자유를 억압하고 처벌의 범위가 확대되는 것을
피할 수 없기 때문이다.

유포하는 본인도 근거가 없는 풍문임을 인식하여야 한다

한편, '합리적인 근거'가 없을 뿐 아니라 본인 스스로도 유포하는 풍문이
'합리적인 근거가 없다는 것을 인식'하고 있어야 죄가 성립한다. 그렇다면 유
포 당시에는 근거가 없었고 본인도 이를 알고 있었으나 시간이 지나 우연하

---

[183] 시세조종의 경우 '매매 유인 목적의 시세조작 사실 유포행위 및 중요한 사실에 관하여 거짓
또는 오해를 유발하는 표시행위'를 하거나, 부정거래행위로 '매매 또는 시세변동 목적의 풍
문유포, 위계의 사용, 폭행 또는 협박'을 하는 경우 불공정거래 행위로 처벌하여 왔다.

[184] 서울고등법원 2013. 3. 22. 선고 2012노3764 판결.

게도 풍문이 사실과 부합하게 되었다면 문제가 없는 것일까? 사후적으로 우연히 진실에 부합하는 것으로 밝혀진다 하더라도, 유포 당시 합리적인 근거를 전혀 갖추지 못하였고 유포하는 자신도 이를 인식하고서 유포하였다면 처벌받을 수 있다.[185] 풍문 유포의 수단은 SNS, 전화, 이메일, 대화 등 제한이 없다.

근거가 없는 본인의 개인적인 의견을 게시판에 올려도 문제가 되는가?

일반적으로 본인이 투자하였거나 투자할 회사의 주가전망을 예측하고 이를 표현할 자유가 누구에게나 있으며, 근거가 미약하거나 심지어 전혀 없다고 할지라도 본인의 의견과 추정임을 명백히 밝히고 한다면 문제가 되지 않을 것이다. 판례도 원래부터 투자자의 주가전망이나 견해를 게시하도록 구축된 공간에서 유포하는 본인의 장래 주가전망에 대한 예측이나 유포자의 단순한 개인적 의견을 제시하는 행위는 본인의 동일성(ID)을 밝히고 그것이 개인의 견해라는 점을 혼선의 여지없이 명확히 한 이상 처벌의 대상이 되는 풍문 유포 행위에는 해당되지 않는다고 보고 있다. 이는 유포자 개인의 단순한 의견제시까지 형벌의 구성요건으로서 풍문 유포 행위에 포함되는 것으로 넓게 해석한다면 헌법상 보장하는 표현의 자유를 지나치게 제한하여 이를 침해할 우려가 있고, 사실상 주식시장에서 의견교환이나 정보의 원활한 소통을 막게 되어 바람직하지도 않기 때문이다.[186]

시세관여형 시장질서 교란행위에는 어떠한 행위들이 해당되는가?

자본시장법 제178조의2 제2항은 누구든지 상장증권 또는 장내파생상품에 관한 매매 등과 관련하여 금지되는 행위들을 다음과 같이 명시하고 있다.

---

[185] 서울중앙지방법원 2012. 9. 21. 선고 2012고합662 판결.
[186] 서울중앙지방법원 2012. 9. 21. 선고 2012고합662 판결.

1. 거래 성립 가능성이 희박한 호가를 대량으로 제출하거나 호가를 제출한 후 해당 호가를 반복적으로 정정·취소하여 시세에 부당한 영향을 주거나 줄 우려가 있는 행위[187]

2. 권리의 이전을 목적으로 하지 아니함에도 불구하고 거짓으로 꾸민 매매를 하여 시세에 부당한 영향을 주거나 줄 우려가 있는 행위[188]

3. 손익이전 또는 조세회피 목적으로 자기가 매매하는 것과 같은 시기에 그와 같은 가격 또는 약정수치로 타인이 그 상장증권 또는 장내파생상품을 매수할 것을 사전에 그 자와 서로 짠 후 매매를 하여 시세에 부당한 영향을 주거나 영향을 줄 우려가 있는 행위[189]

---

[187] 시세 등에 부당한 영향을 미치는지 여부는 거래량, 호가의 빈도나 규모, 시장상황 및 기타 사정을 종합적으로 고려하여 정상적인 가격 결정을 저해하는지를 살펴 판단하게 될 것이다. 따라서 체결가능성이 희박한 고가 매도호가 및 저가 매수호가를 대량으로 제출하거나 반복적으로 정정하고 취소하는 행위, 데이트레이딩을 이용하여 단기간에 반복적으로 직전가 대비 높은 주문을 낸 뒤 매도 후 주문을 취소하는 행위 등도 처벌대상이 될 수가 있다.

[188] 통상 가장매매라 부르는데, 매매거래의 형식적인 외형은 갖추고 있으나 실질적으로는 권리의 이전을 목적으로 하지 않는 동일주체가 매매의 양 당사자가 되는 매매를 말한다. 예를 든다면 A가 보유한 두 증권계좌간 주식을 매수하고 매도하는 행위를 말한다. 나아가 A가 본인 명의의 증권계좌와 B라는 사람 명의의 본인계좌(A의 차명계좌, 따라서 B명의 계좌내 증권도 실질적으로는 A의 소유)간 주식을 매수, 매도하는 거래도 여기에 해당될 것이다.

[189] 이는 일반적으로 통정매매(자기가 매매하는 것과 같은 시기에 그와 같은 가격 또는 약정수치로 타인이 그 증권등을 매매할 것을 사전에 서로 짠 후 매매하는 행위)에 해당하고 '타인으로 하여금 그 거래가 성황을 이루고 있는 듯이 잘못 알게 하거나, 기타 타인으로 하여금 그릇된 판단을 하게 할 목적'이 있는 경우에는 자본시장법 제176조 시세조종행위에 해당되어 형사처벌의 대상이지만, 위와 같은 타인을 오인케 할 목적 등이 없더라도 시장질서 교란행위로 과징금을 부과받게 된다.
예를 들어 증권회사 직원이 고객 계좌를 관리하던 중 손실이 과다하게 발생하자 이를 보전하기 위해서 해당 계좌에서 주식을 높은 가격으로 매도 주문을 내고 다른 고객의 계좌에서 이를 매수하는 통정매매를 반복적으로 하여 계좌간 손익을 이전시켰다면 이는 타인을 오인케 할 목적이 없는 통정매매이지만 시세에 부당한 영향을 줄 우려가 있는 경우 시장질서 교란행위에 해당된다. 또한 상속세를 회피할 목적으로 거래가 상대적으로 뜸하여 적정가격을 알기 어려운 상장채권을 매수한 후 자녀에게 매우 낮은 가격에 팔고, 이를 다시 높은 가격에 매수하는 거래를 반복하여 대량의 자금을 이전하는 경우도 시장질서 교란행위에 해당할 수 있다.

4. 풍문을 유포하거나 거짓으로 계책을 꾸미는 등으로 상장증권 또는 장내파생상품의 수요·공급 상황이나 그 가격에 대하여 타인에게 잘못된 판단이나 오해를 유발하거나 상장증권 또는 장내파생상품의 가격을 왜곡할 우려가 있는 행위

시장질서 교란행위시 형사처벌도 가능한가?

미공개정보 이용 등 기존 불공정거래 행위는 형사처벌과 금전제재가 동시에 있을 수 있는데 반해, 시장질서 교란행위 위반에 대한 처벌은 과징금이라는 금전제재로 일원화되어 있다.[190] 불공정거래 행위 규제를 보충하는 특성[191]과 과징금만 부과하는 특성 등을 감안한다면 시장질서 교란행위의 위법성의 정도가 불공정거래 행위에 비해 낮다고도 생각할 수도 있겠지만 반드시 그런 것은 아니며,[192] 당초 도입 취지도 자본시장법상 불공정거래 행위에 대한 신속한 처벌 및 효과적인 금전적 이익 환수, 시장질서를 교란하는 신종 거래행위 규제를 위한 것이었다.

시장질서 교란행위 적발시 구체적인 처벌내용은?

시장질서 교란행위를 한 자에 대해서는 5억원 이하의 과징금이 부과될 수

---

190 과징금은 행정법상 금전적 제재로 법위반으로 인한 부당이득의 환수라는 측면과 부당이득 발생 유무와 관계없는 징벌적 제재라는 성격을 모두 가지고 있다.

191 미공개정보 이용행위, 시세조종행위, 부정거래행위 등 기존 불공정거래에 해당되는 경우에는 시장질서 교란행위로 보지 않는다.

192 예를 들어 해킹을 통해 기업의 미공개정보를 취득하여 이용한 경우 자본시장법상으로는 형사처벌까지 가능한 미공개정보 이용금지 법규로 규제할 수 없고 시장질서 교란행위로 과징금만 부과 받을 뿐이지만, 이와 별도로 해킹행위는 정보통신망 이용촉진 및 정보보호 등에 관한 법률 위반에도 해당되어 5년 이하 징역을 받거나 정보통신기반보호법에 의해 최고 10년의 징역을 받을 수 있다.

있다. 다만, 위반행위를 통해 얻은 이익[193] 또는 회피한 손실액의 1.5배에 해당하는 금액이 5억원을 넘는 경우에는 그 이익금액 또는 회피한 손실금액의 1.5배[194]에 해당하는 금액까지 부과가 가능하므로 사실상 과징금 부과의 상한은 없다고 볼 수 있다. 만일 위반행위를 통해 얻은 이익 또는 회피손실액이 2천만원 미만인 경우에는 과징금을 면제할 수 있고, 이익 또는 손실액을 객관적으로 산출하기 곤란한 경우에는 이익 또는 손실액을 3천만원으로 한다. 과징금이 감면될 수도 있는데 예를 들어 투자자의 피해를 배상한 경우에는 그 배상액 범위 내에서 과징금이 감경되며, 동일한 위반행위에 대하여 법원, 검찰 기타 다른 행정기관으로부터 형벌, 과태료, 과징금의 형태로 제재조치를 이미 받은 경우에는 이를 고려하여 감면할 수도 있다.[195]

미공개정보 이용과 시장질서 교란행위 규제는 성격상 어떤 차이가 있는가?

미공개정보 이용 규제는 자본시장법에서 전통적으로 규제해 온 불공정거래행위로서 형사범죄임에 따라 구성요건에 대한 엄격한 해석과 입증이 필요하고 최종 제재기관은 사법기관인 법원으로 징역·벌금이 부과될 수 있는 반면, 2015년 도입된 시장질서 교란행위는 행정범죄로 목적 요건이 필요없는 등 구성요건이 상대적으로 완화되어 있고 최종 제재기관은 행정기관인 금융위원회[196](증권선물위원회[197])로 과징금이 부과된다.

193　아직 실현되지 않은 이익을 포함한다.

194　미공개정보 이용행위 등 기존 불공정거래 행위에 대한 금전적인 제재(벌금)는 위반행위로 얻은 이익 또는 회피한 손실액의 3배 이상 5배 이하에 상당하는 벌금을 부과한다(자본시장법 제443조 제1항).

195　금융위원회 '자본시장조사업무규정' 별표 제2호 과징금 부과기준.

196　금융위원회는 금융정책을 담당하는 합의제 행정기관으로서 금융감독 주요 사항에 대하여 심의·의결하며, 금융감독의 집행을 담당하는 금융감독원에 대하여 예산 등 감독권한을 가지면서, 불공정거래 등 일부 감독집행기능은 직접 수행하기도 한다(자본시장조사단).

197　금융위원회내에 설치된 위원회로서 자본시장의 불공정거래 조사, 기업회계의 기준 및 회계감리에 관한 업무, 금융위원회 소관 사무중 자본시장의 관리·감독 및 감시 등과 관련된 주

미공개정보 이용행위와 시장질서 교란행위 차이점

구 분	미공개정보 이용행위	시장질서 교란행위
주관적 요건	목적 등을 요구	목적 요건 불필요
범죄의 성격	형사범	행정범
제 재	징역·벌금	과징금
최종 처리기관	(검찰)법원	금융위원회(증권선물위원회)

미공개정보 이용 처벌과 시장질서 교란행위 처벌의 중복처벌도 가능?

자본시장법은 불공정거래행위가 미공개정보 이용행위, 시세조종 행위, 부정거래 행위에 해당하는 경우에는 시장질서 교란행위로 보지 않는다고 제외하고 있다.[198] 이와 같은 시장질서 교란행위 규정의 보충적 성격에 따라 특정 불법행위가 미공개정보 이용행위 금지규정에 해당되어 처벌받는 경우 시장질서 교란행위로는 처벌받지 않는다.

미공개정보 이용 위반에 해당되나 처벌받지 않았다면?

미공개정보 이용행위가 명백하고 위법의 구성요건을 모두 갖추고 있었지만 사안이 경미하여 실제 처벌로는 이어지지 않은 경우 시장질서 교란행위로 처벌받을 수 있는지가 문제가 된다. 현행 자본시장법은 시장질서 교란행위를 기존의 불공정거래에 해당하지 않는 유형으로만 규정함에 따라[199] 기존 불공정거래 구성요건을 충족시키지만 경미하여 미공개정보 이용행위로 제재를 받지 않은 경우 다시 시장질서 교란행위로 제재받을 가능성은 없다고 판단된다.

요사항에 대한 사전 심의 등을 담당한다.

198 자본시장법 제178조의2 제1항 단서 및 제2항 단서.

199 시장질서 교란행위는 미공개정보 이용(자본시장법 제174조), 시세조종(제176조), 부정거래(제178조)에 해당되지 않는 경우로 한정.

≪ 구체적인 사례를 통해 살펴보는 시장질서 교란행위 금지 위반 ≫

❶ 상장회사 업무와 관련이 없는 지인으로부터 미공개정보를 듣고 주식을 매수했는데 문제가 되는가?

2015. 7. 1. 시장질서 교란행위 금지가 시행된 후 2차 이후 정보수령자에 대한 첫 번째 적발 사례가 여기에 해당된다. 일반투자자인 A는 시장질서 교란행위 위반으로 2016. 12. 21. 증권선물위원회에서 과징금 3,940만원을 부과받았는데 혐의는 다음과 같다. A는 상장회사 k사가 제3자 배정 유상증자를 실시한다는 미공개정보를 지인인 B로부터 듣고 동 정보가 유상증자 참여자인 D[200] 로부터 나온 사실을 알고 곧바로 증권계좌를 개설하고 k사 주식을 매수하여 3,940만원의 부당이득을 얻었다.

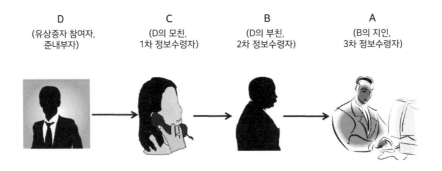

D	C	B	A
(유상증자 참여자, 준내부자)	(D의 모친, 1차 정보수령자)	(D의 부친, 2차 정보수령자)	(B의 지인, 3차 정보수령자)

정보가 준내부자인 D로부터 D의 모친 C(1차 정보수령자) → D의 부친 B(2차 정보수령자)의 순으로 전달되었으므로 이러한 행위를 한 A는 3차 정보수령자에 해당된다.[201]

---

200   유상증자에 참여하는 자로서 준내부자에 해당된다(자본시장법 제174조 제1항 제4호: 그 법인과 계약을 체결하고 있거나 체결을 교섭하고 있는 자로서 그 계약을 체결·교섭 또는 이행하는 과정에서 미공개정보를 알게 된 자).

201   금융위원회 보도자료, '시장질서 교란행위 위반사례 첫 적발', 2016. 12. 21.

❷ 위의 사례에서 B는 k사의 주식을 매수하지 않았는데 문제가 되는가?

만약에 B가 미공개정보를 알고 k사 주식을 매수하지 않았더라도 A에게 k사의 주식 매수를 권유하거나 A가 이 정보를 들으면 주식을 매수할 것이라는 것을 알고 이야기하였다면 B도 시장질서 교란행위로 처벌을 받을 수 있다. 그러나 동 사례에서는 B가 주식을 매매하지도 않았고 자신의 아들이 상장회사 인수에 참여한다는 것을 A에게 자랑삼아 이야기한 것으로 미공개정보 제공의 고의성이 없어 조치를 받지 않았다.

❸ 상장회사 임직원도 아닌 연기금 운용 담당자로 근무하는 대학동기가 이야기한 특정회사 주식을 대량매수한다는 운용정보를 이용해 투자해도 처벌대상인가?

이러한 정보는 이른바 '시장정보'로 전통적인 미공개정보에 해당되지 않았으나, 시장질서 교란행위 처벌제도가 도입되면서 연기금 등 기관투자자의 투자의사결정과 같은 시장정보의 경우에도 해당 정보가 금융투자상품의 매매 등 조건에 중대한 영향을 줄 가능성이 있는 미공개 정보이고, 직무상 시장정보를 생산한 자에게 정보를 직접 또는 간접적으로 받아 증권매매에 이용한 경우에는 '정보이용형 교란행위'[202]에 해당되어 과징금 부과대상이 된다.

❹ 동창회에서 만난 친구가 '내 아내가 상장회사 임원이 남편인 친구로부터 그 상장회사가 곧 특허출원 및 대규모 수출계약을 체결할 것이라는 이야기를 들었다'며 주식을 사라고 해서 아내계좌로 주식을 매입하려는데 처벌대상인가?

직접 주식을 매입한 아내는 5차 정보수령자(상장회사 임원 → 임원 아내 → 동창친구의 아내 → 동창친구 → 나 → 나의 아내)[203]에 해당한다. 하지만 시장질

---

202 자본시장법 제178조의2 제1항.

203 자본시장법 제174조의 미공개정보 이용행위 금지는 1차 정보수령자까지만 처벌.

서 교란행위 처벌은 몇 단계를 거쳤는지 상관없이 처벌할 수 있다.

❺ 인터넷 포털 증권정보 종목게시판에서 특정종목에 대하여 믿을만한 소식통이라 주장하며 좋은 전망을 이야기하는 게시물을 보고 투자하면 처벌대상인가?

누구라도 조회할 수 있는 종목게시판을 통해 얻은 정보는 그 정보를 받아 이용한 행위로 볼 수 없고, 또한 그 정보가 내부자로부터 나온 미공개정보라는 사정도 알기 어려워 미공개정보 이용행위나 시장질서 교란행위로 볼 수 없어 처벌되지 않는다.

❻ 확인되지 않은 '찌라시' 수준의 정보를 듣고 단순히 정보교류 차원에서 고등학교동창 카톡방에 공유하였는데 이것도 문제가 되는가?

비록 주가를 올려서 본인이 이익을 얻으려는 목적이 없었다고 하더라도[204] 상장증권 등의 매매와 관련하여 풍문 등을 유포하여 증권의 수급상황이나 가격에 대하여 투자자가 오인하게 하거나 가격을 왜곡할 우려가 있는 행위를 하는 경우에는 '시세관여형 교란행위'[205]에 해당되어 과징금 부과대상이 될 수 있다.

❼ 주식투자를 하다 보면 친구나 투자클럽 등으로부터 메일이나 메신저를 통해 다양한 정보를 받게 되는데 이를 이용해서 투자할 경우 내가 모르는 상황에서 미공개정보가 되어 처벌을 받을 수도 있는가?

일반적으로는 우리가 받는 정보는 대부분 일상적인 분석내용이나 풍문인 경우가 많아 시장질서 교란행위 등 처벌의 대상이 되지 않는다. 그러나 공

---

204 목적성(매매를 유인할 목적, 매매를 할 목적, 시세변동 목적 등)이 있다면 이는 법상 시세조종행위 또는 부정거래행위에 해당되어 형사처벌 대상이다.
205 자본시장법 제178조의2 제2항.

개 게시판과 달리 메일이나 메신저를 통해 받은 경우는 정보의 전달대상이 특정된 경우이므로 정보수령자에 해당할 수 있는데, 이때 본인이 해당 정보가 신뢰성 있는 미공개 중요정보임을 알면서[206] 받아 이용했다면 처벌의 대상이 될 수 있다.

❽ A는 주식주문 실수로 수량단위를 오인하여 대량의 매수주문을 하였고, 유통량이 적은 해당 주식이 급등하자 일반투자자들이 추격매수를 하면서 가격이 더욱 급등하는 시장왜곡이 발생하였다면?

주문실수로 일시적인 가격 등락이 있을 수 있지만 단기간에 정상적인 가격대로 복귀하는 경향이 있고 고의성이 없으므로 일반적으로는 시장질서 교란행위 등으로 처벌받을 가능성은 많지 않다. 그러나 시세가 급등하자 즉시 매각하여 차익을 얻었거나, 또는 주가급변 등 시장왜곡이 상당기간 지속되거나 사회적인 파장이 크다면 시장질서 교란행위로 처벌받을 수도 있다.

❾ 발행회사가 업무상 실수로 주주들에게 대량의 주식을 입고하였는데 주주인 B가 본인 소유가 아님을 알면서도 입고된 대량의 주식을 시장에 매도하였고 이로 인해 주가가 일시적으로 급락하는 등 사회적 이슈가 되었다면?

횡령, 손해배상 등 일반적인 형사·민사책임외에도 자본시장법상 시장질서 교란행위로 과징금이 부과될 수 있다.[207]

---

[206] 회사 내부자 및 준내부자로부터 나온 미공개정보라는 사정, 정보를 생성한 자로부터 나온 정보라는 사정, 해킹 등 부정한 방법을 통해 나온 정보라는 사정 등을 알면서 이용한 경우.

[207] **증권 유령주 배당사건(2018.4)에서 주식을 매도한 직원들에게 시장질서 교란행위 혐의가 적용되었다. 2018. 4. 6. 오전 9시 30분 **증권이 우리사주 조합원(**증권 직원) 2018명 계좌에 주당 1,000원의 배당금(총 28억 1,000만원) 대신 주당 1,000주(총 28억 1,000만주)를 보내는 사고를 낸 후 9시 35분부터 10시 6분까지 **증권 직원 22명이 주식 매도를 시도하였고 이중 16명이 매도한 501만주의 주문이 체결되었다. 이로 인해 당일 오전 **증권의 주가는 최대 11.7%까지 하락하였다. 조사결과 이들에게 부당이득이나 시세조종 등의 불공정거래 행위가 없었음이 밝혀졌음에도 목적없이 시세에 부당한 영향을 준 혐의로 이중 13명에 대하여 시장질서 교란행위에 의한 과징금이 부과(2,250만원~3,000만원)되었다(**증권은 영업일부정지

❿ 외부인이 해킹을 통해 회사의 중요정보를 취득하여 이용했다면 미공개정보 이용금지 위반으로 처벌할 수는 없지만 시장질서 교란행위로는 처벌할 수 있다.[208]

A는 IMS사가 3/4분기 영업실적을 2007. 10. 17. 오후 5시 뉴욕에서 발표할 예정임을 알고, 영업실적 보고서의 온라인 배포를 맡은 톰슨사의 전산망을 해킹하여 같은 날 오후 2시 15분 해당 자료를 다운로드 받은 후, 2시 52분부터 IMS의 풋 옵션 4만 1천불을 매수하였다. 같은 날 오후 4시 33분 IMS의 주당 수입이 월가 예상보다 28% 낮다는 사실이 발표되었고, 다음 날 IMS의 주가는 28% 하락하였으며 A는 매수한 옵션을 매도하여 28만 6천불의 이익을 실현하였다(SEC v. DOROZHKO, 574, 3d 42, 51(2d Cir., 2009)).

⓫ 자산운용사 펀드매니저 A는 회사 대형펀드에서 매수할 주식종목 정보를 친구에게 미리 알려주어 매수하게 한 후, 곧바로 펀드에서 고가에 매수하면서 친구가 다시 매도한 주문과 상호체결(통정매매)되도록 하였다.

금융투자회사 임직원이 회사에서 투자할 종목정보를 이용하여 사전에 매수하거나 타인으로 하여금 매수하게 할 경우 시장질서 교란행위에 해당되며, 나아가 선행매매 금지 위반(자본시장법 제71조) 또는 직무관련 정보이용 금지 위반(자본시장법 제54조), 심지어 금융투자상품의 매매와 관련하여 부정한 수단, 계획 또는 기교를 사용한 부정거래행위(자본시장법 제178조)에 해당되어 형사제재와 행정제재를 받을 수도 있다.

6개월 및 과태료 1.44억 부과, 전직대표이사 해임요구 상당 등 관련임직원 행정제재). 아울러 **증권 관련직원 중 4명은 징역1년6월·집행유예 3년 ~ 징역1년·집행유예2년, 4명은 벌금 1천만원 ~ 2천만원(1심판결 기준)이 선고되었는데, 이는 금융업에 종사하는 직원으로서의 불법행위에 대한 엄벌 측면이 있다. 1심 판결문에서도 "이 사건은 규모가 크고 시장의 충격이 작지 않았다. … 타인의 자산을 관리하는 것이 본질인 금융업 종사자의 철저한 직업윤리와 도덕성에 대한 신뢰를 근본적으로 배반해 엄중 처벌이 필요하다"고 판시했다.

208 외부인이 해킹을 통해 특정회사의 미공개정보를 알게 되었다면 1) 당해회사의 업무 등과 관련하여 정보를 알게 된 것이 아니고, 2) 다른 내부자로부터 정보를 전달받은 것이 아니기 때문에 미공개정보 이용금지 규제로는 처벌할 수 없다.

❷ 금융회사의 정상적인 매매도 시세에 영향을 크게 미치면 시장질서 교란행위인가?

시장질서 교란행위 규제는 시세에 부당한 영향을 미치거나 미칠 우려가 있는 행위라면 매매를 유인하려는 목적 등이 없더라도 처벌하므로 대량매수로 시세에 영향을 미치게 되면 법에 저촉되지 않을까 우려할 수 있다. 특히 금융회사는 고유재산 또는 고객재산으로 증권을 자주, 그리고 큰 단위로 매매하므로 대부분의 매매가 시세에 영향을 줄 수 있다. 그러나 시세에 영향을 주었더라도 금융회사의 정상적인 매매주문이라면 시세관여형 교란행위가 아니다. 시세관여형 교란행위(자본시장법 제178조의2 제2항)는 (1) 허수성 호가의 대량제출 또는 반복적 정정·취소행위, (2) 권리이전을 목적으로 하지 않은 가장매매, (3) 손익이전 또는 조세회피 목적의 통정매매 등에 적용된다. 또 미공개정보를 이용한 매매에도 해당되지 않으므로 정보이용형 시장질서 교란행위에도 해당되지 않는다.

✓ ✗ True or False?
Q. 시장질서 교란행위 위반시 과징금외에 형사처벌은 없다.
True (형사범죄까지 가지 않는 불공정거래행위의 규제 및 금전적 이익환수가 주목적)
Q. 미공개정보 전달 경로를 확인할 수 없으면 처벌할 수 없다.
False (시장질서 교란행위는 몇 번째로 전달받았는지 확인 안 돼도 상관없음)
Q. 애널리스트 기업분석자료나 펀드 운용정보도 규제대상이다.
True (상장사 내부정보가 아니어도 주가에 영향을 미치는 정보는 시장질서 교란행위 규제대상)
Q. 순수한 투자정보 교환 차원에서 풍문을 공유해도 위반이다.
True (동기가 순수해도 주가에 영향을 주게 되면 시세관여형 시장질서 교란행위에 해당)

2-3. 자본시장법상 단기매매차익의 반환 의무

✅ ❌ True or False?

Q. 6개월 단기매매로 실제 손실이 났어도 차익 반환이 발생한다. [✔] [✘]

Q. 반환대상자는 상장회사의 모든 임직원과 주요주주이다. [✔] [✘]

Q. 단기매매차익 반환대상 증권은 주식이다. [✔] [✘]

Q. 매수·매도의 한 시기에만 임직원 신분이었어도 위반이다. [✔] [✘]

자본시장법은 상장회사 임직원 등 내부자의 부정한 거래를 방지하기 위하여 미공개정보 이용행위 금지 규정과 함께 단기매매차익 반환제도를 두고 있다. 큰 차이점 중의 하나는 미공개정보 이용 금지제도가 부정한 내부거래자의 처벌에 초점을 두고 있다면 단기매매차익 반환제도는 내부자거래에서 발생한 이익의 환수에 주안점을 두고 있다는 것이다.

단기매매차익 반환제도란 무엇인가?

자본시장법이 도입한 단기매매차익 반환제도는 상장회사의 임직원 또는 주요주주 등이 자기 회사가 발행한 증권 등을 매수한 후 6개월 이내에 매도를 하거나, 매도를 한 후 6개월 이내에 매수를 함으로써 이익이 발생한 경우 내부정보 이용 여부와 상관없이 상장회사가 동 이익에 대하여 반환청구를 할 수 있도록 한 제도이다. 이는 내부자의 거래 자체는 허용하되, 내부자가 실제로 미공개 내부정보를 이용하였는지 여부를 묻지 않고 내부자로 하여금 6개월 이내의 거래로 얻은 이익을 회사에 반환하도록 하는 엄격한 책임을 인정함으로써 내부자가 미공개 내부정보를 이용하여 회사 주식 등을 거래하는 행위를 간접적으로 규제하려는 제도라 할 수 있다.

불법행위를 한 것도 아닌데 차익을 반환?

단기매매차익 반환제도는 상장회사의 임직원 또는 주요주주 등 내부자의 경우 미공개정보에 접근이 용이하므로 이를 이용하여 부당한 차익을 취득하려는 행위를 원천적으로 차단하려는 데 그 목적이 있다. 즉, 상장회사 임원 등은 회사 내부정보에 대한 접근성이 높고, 회사와 관계상 내부정보 이용 사실을 외부인들이 입증하기 곤란할 뿐 아니라, 자본시장의 발전을 위해서 공정성과 투명성에 대한 일반투자자의 신뢰 확보가 절실하다는 데 그 존재 의의를 두고 있다. 하지만 재산권의 과잉침해라는 주장도 계속되고 있는 실정이다.[209]

지금까지 계속 강화되어 온 단기매매차익 반환 규제

이러한 논란에도 불구하고 우리나라에서 단기매매차익 반환 규정은 제도 도입 초기보다 계속 강화되어 왔다. 1976. 12월 자본시장법의 전신인 증권거래법에 단기매매차익 반환 규정이 도입되었을 때는 '직무 또는 지위에 의하여 지득한 비밀을 이용하여' 6개월 이내에 매매한 경우만 규제하는 것으로 출발하였으나, 1987. 11월 증권거래법을 개정하여 지득한 비밀을 이용했는지 여부의 입증책임을 반환을 청구하는 회사에서 단기매매차익을 얻은 임직원 및 주요주주에게 전환하였고, 1991. 12월 드디어 내부정보 이용 여부와 관계없이 반환하도록 하는 '무과실 책임'을 부과하였으며, 또한 주식 외에도 전환사채, 신주인수권부사채 등으로 적용대상 증권을 확대하였다. 다만, 당

---

[209] 미국도 1934년법에 단기매매차익 규제제도를 도입한 이후 지속적인 폐지 주장이 있어 왔다. 폐지론의 요지는 단기매매차익 반환제도가 미공개정보 이용 여부나 거래의 동기 등을 불문하고 엄격한 책임을 물어 재산권의 과잉침해이며, 당초 내부자거래 규제가 없었던 시절에 처음 도입된 제도로서 지금처럼 내부자거래 규제가 발전된 때에는 그 존재 의의가 퇴색되었다는 것이다.

국 등의 대위청구권[210]과 제재조치를 폐지하는 등 국가의 개입을 배제하는 방향으로 제도가 변화되어 오고 있다.

단기매매차익 반환의무자는 구체적으로 누가 해당되는가?

단기매매차익 반환의무 대상자는 주권상장회사[211]의 ① 임원, ② 직원, ③ 주요주주, ④ 주권상장회사가 모집·사모·매출하는 특정증권 등을 인수한 투자매매업자가 해당된다.

❶ 임원

임원은 사외이사를 포함한 이사와 감사를 의미하는데, 법인등기부상 등기된 이사와 감사뿐만 아니라 상법 제401조의2 제1항의 업무집행지시자(사실상의 임원)[212]가 포함된다.[213]

❷ 직원

직원 전부가 단기매매차익 반환의무자가 되는 것은 아니고 ① 주요사항

---

210 과거에는 증권선물위원회(1982. 3월 증권거래법 개정으로 현재의 증권선물위원회에 해당하는 증권관리위원회의 대위청구권을 도입)가 회사를 대위하여 당사자에게 회사에 이익 반환을 청구할 수 있었다.

211 주권상장회사는 증권시장에 상장된 주권을 발행한 법인, 주권과 관련된 증권예탁증권(DR)이 증권시장에 상장된 경우에는 그 주권을 발행한 법인을 말한다(자본시장법 제9조 제15항). 쉽게 말해 한국거래소가 운영하는 유가증권시장, 코스닥시장에서 주식이 거래되고 있는 회사를 주권상장회사라 한다.

212 상법은 ① 회사에 대한 자신의 영향력을 행사하여 이사에게 업무집행을 지시한 자, ② 이사의 이름으로 직접 업무를 집행한 자, ③ 이사가 아니면서 명예회장·회장·사장·부사장·전무·상무·이사 기타 업무를 집행할 권한이 있는 것으로 인정될 만한 명칭을 사용하여 회사의 업무를 집행한 자로 규정하고 있다.

213 업무집행지시자까지 포함하는 이유는 현재 자본시장법에서 반환의무가 있는 직원을 재무·회계·공시 등 일정부서의 직원으로 한정하고 있어 집행임원까지 직원으로 분류할 경우 소속 부서에 따라 집행임원이 반환의무자에서 제외될 소지가 있는 문제를 차단하기 위해서이다.

보고서 기재사항[214]에 속하는 것의 수립, 변경, 추진, 공시, 그 밖에 이에 관련된 업무에 종사하고 있는 직원, ② 회사의 재무, 회계, 기획, 연구개발에 관련된 업무에 종사하고 있는 직원으로서 증권선물위원회가 미공개정보를 알 수 있는 자로 인정하는 자[215]가 해당된다. 참고로 여기서 직원은 정규직인지 비정규직인지 여부는 따지지 않는다.

자본시장법의 전신인 구 증권거래법에서는 업무나 지위에 관계없이 모든 직원이 단기매매차익 반환제도의 대상이었으나, 실제 미공개정보의 접근 가능성이 없는 직원에게까지 반환의무를 부과하는 것은 과도한 규제라는 비판이 있어 자본시장법은 그 범위를 축소하였다.

❸ 주요주주

단기매매차익 반환의무 대상자가 되는 주요주주라 함은 ① 누구의 명의로 하든지 자기의 계산으로 상장회사의 의결권 있는 발행주식의 지분 10% 이상을 소유한 자, ② 임원 임면 등의 방법으로 법인의 중요한 경영사항에 대하여 사실상의 영향력을 행사하는 자를 말한다.[216]

여기서 단기매매차익 반환 규정을 적용할 때 ②의 해석이 문제가 된다. 개별적으로는 지분이 10%를 넘지 않지만 여러 사람이 집합적으로 의결권을 행사하면서 사실상 영향력을 행사한다면 어떨까? 집합적으로는 주요주주에 해당하지만, 단기매매차익 반환 규정은 개별주주 1인을 기준으로 판단

---

214 ① 발행한 어음·수표의 부도 또는 은행 당좌거래의 정지·금지, ② 영업활동의 전부 또는 중요한 일부의 정지, ③ 회생절차 개시의 신청, ④ 해산사유 발생, ⑤ 자본증가 또는 자본감소에 관한 이사회 결의, ⑥ 주식의 포괄적 이전·교환, 합병, 분할·분할합병, ⑦ 중요한 영업 또는 자산의 양수도, ⑧ 자기주식의 취득 또는 처분 등이 해당한다.

215 자본시장법 시행령 제194조.

216 자본시장법 제9조 제1항, 금융회사의 지배구조에 관한 법률 제2조 제6호; 사실상의 영향력을 행사하는 자에 대하여 금융회사의 지배구조에 관한 법률 시행령 제4조는 1) 단독으로 또는 다른 주주와의 합의·계약 등에 따라 대표이사 또는 이사의 과반수를 선임한 주주, 2) 경영전략·조직변경 등 주요 의사결정이나 업무집행에 지배적인 영향력을 행사한다고 인정되는 자로 규정하고 있다.

해야 한다.[217]

❹ 투자매매업자

증권회사 등 투자매매업자는 주권상장회사가 발행하는 단기매매차익 반환대상 증권을 인수하는 경우 일정기간 동안 단기매매차익 반환규정을 적용받는다.[218]

어떤 증권을 매매했을 때 단기매매차익 반환대상이 되는가?

상장회사가 발행한 증권이라 해도 모두가 단기매매차익 반환대상이 되는 것은 아니다. 예를 든다면 회사의 실적과 상관없이 정해진 이자만 받는 채권인 일반회사채는 아무리 사고 팔아도 단기매매차익 반환대상이 아니다.[219] 구체적으로 반환대상이 되는 증권은 다음과 같다.

---

217 서울고등법원 2008. 6. 24. 선고 2007노653 판결; '주권상장회사 등의 '주요주주'라 함은 누구의 명의로 하든지 자기의 계산으로 의결권 있는 발행주식총수 또는 출자총액의 100분의 10 이상의 주식 또는 출자증권을 소유한 자와 임원의 임면 등 당해 법인의 주요 경영사항에 대하여 사실상 영향력을 행사하고 있는 주주를 말한다'는 내용을 규정하고 있는데, 주주가 '주요주주'에 해당하는지 여부는 개별 주주 1인을 기준으로 판단하여야 할 것이다. 피고인 3은 엘지카드의 주식 1.51%를 소유한 주주에 불과하므로 위 피고인은 발행주식 총수의 100분의 10 이상을 소유하고 있는 자에 해당하지 아니하고, 그밖에 위 피고인이 엘지카드의 경영이나 임원의 임면 등에 대하여 사실상 영향력을 행사하고 있었다고 인정할 만한 증거도 없으므로, 위 피고인은 '주요주주'에 해당한다고 볼 수 없다. 비록 피고인 3을 비롯하여 엘지카드의 대주주인 구씨·허씨 일가 60명이 집합적으로 의결권을 행사하면서 임원의 임면 등 당해 법인의 주요 경영 사항에 대하여 영향력을 행사하고 있다 하더라도, 주요주주에 해당하는지 여부는 개별 주주 1인을 기준으로 판단하여야 하므로 피고인 3이 주요주주에 해당할 수 없다.'

218 투자매매업자가 위 증권 등의 인수계약을 체결한 날부터 3개월 이내에 매수 또는 매도하여 그 날로부터 6개월 이내에 매도 또는 매수하는 경우, 안정조작이나 시장조성을 위해 매매하는 경우에는 그 기간내에 매수 또는 매도한 증권을 그 날부터 6개월 이내에 매도 또는 매수하는 경우 단기매매차익을 반환하여야 한다.

219 현실적으로 채권의 가격 변동폭은 아주 미미하여 빈번히 매매할 실익도 없을 것이므로 이를 반영한 것이다. 설혹 법정관리나 부도에서 탈피하여 회사채의 가격이 폭등하였고 이를 미리 알고 단기매매하였다고 하더라도 이는 미공개정보 이용으로 규제하면 충분하다.

❶ 주식 및 주식관련 회사채

상장회사가 발행한 주식, 일정한 조건하에 주식으로 바꿀 수 있는 회사
채(전환사채, 신주인수권부사채, 교환사채), 그리고 이익참가부사채[220]가 해당된
다. 위에서 말한 것처럼 순수한 회사채는 단기매매차익 반환대상이 아니다.

❷ (❶의 증권을 대상으로 발행하는 증권예탁증권[221]

❸ (❶+❷) 증권과 교환을 청구할 수 있는 교환사채권

❹ (❶+❷+❸)에 해당하는 증권 하나만을 기초자산으로 하는 금융투자상품

단기매매차익 반환대상 증권 하나만을 기초자산으로 하는 금융투자상품
(파생결합증권도 포함)만 단기매매차익 반환대상이며,[222] 주가지수나 여러 복
수의 종목을 기초자산으로 하는 ELS 등 금융투자상품은 제외된다. 또한 수
익증권(펀드)도 단기매매차익 반환대상이 아니다.

매매차익의 반환을 청구할 수 있는 자는 누구일까?

임직원이나 주요주주의 단기매매차익 사실이 있더라도 청구권리가 있는
자의 청구로 인해 반환의무가 생기는 것이며, 청구권자도 아무나 되는 것은
아니다. 자본시장법은 단기매매차익 반환을 요구할 수 있는 자(반환청구권자)
를 당해 상장회사로 정하고 있다.[223] 하지만 상장회사가 반환청구를 하지 않
을 경우 해당 회사의 주주가 그 상장회사에 대하여 반환청구를 하도록 요구

---

[220] 일정한 이율의 이자가 지급되는 동시에 회사의 이익분배에도 참가할 수 있는 권리가 부여된
사채이다. 회사의 실적에 따라 추가배당을 받을 수 있으므로 회사의 호재나 악재에 따라 가
격이 변동될 여지가 있다.

[221] 금융회사 등이 주식 등을 예탁 받고 이를 담보로 발행하는 증권을 말한다. 일반적으로 외국
주식을 직접 자국시장에서 유통시키는 경우 언어·관습의 차이, 배당 등 권리수령의 번잡함
이 있어 예탁증권(DR) 형태로 상장한다.

[222] 즉, 단기매매차익 반환대상 증권이 아닌 일반회사채를 기초자산으로 하는 금융투자상품(예
를 들어 신용부도스왑)은 적용대상이 아니다.

[223] 자본시장법 제172조 제1항.

할 수 있고, 그럼에도 상장회사가 주주의 요구를 받은 날로부터 2개월 이내에 청구를 하지 않으면 그 주주가 그 상장회사를 대위(代位)하여 단기매매차익을 상장회사에게 반환할 것을 청구할 수 있다.[224]

주주가 반환청구를 한 경우 그 반환된 차익이 청구한 주주에게 귀속되는가?

주주가 대위청구를 하더라도 그 이익은 대위청구권자가 아닌 상장회사에게 반환된다. 다만, 주주가 단기매매차익 반환청구에 관한 소송을 제기하여 승소한 경우에는 그 주주는 이익을 반환받는 상장회사에 대하여 소송비용, 그 밖에 소송으로 인한 모든 비용의 지급을 청구할 수 있다.

내부정보를 이용하지 않은 것이 명백한데도 반환의무가 생기는 것인가?

자본시장법은 단기매매차익 반환을 규정하면서 내부정보 이용 여부와 상관없이 단기매매차익이 발생한 경우 당해 상장회사에 반환하도록 규정하고 있다. 다만, 임직원 또는 주요주주로서 행한 매도 또는 매수의 성격, 그 밖의 사정 등을 고려하여 법시행령에서 정하는 경우 및 주요주주가 매도·매수한 시기 중 어느 한 시기에 있어서 주요주주가 아닌 경우는 예외라고 법에 명시하고 있다.[225]

법 시행령[226]으로 정한 단기매매차익 반환 예외에 해당하는 경우는?

1. 법령에 따라 불가피하게 매수하거나 매도[227]

---

224 이를 대위청구권이라 하는데, 자본시장법의 구법인 증권거래법에서는 감독당국인 증권관리위원회(현재의 증권선물위원회)도 대위청구권자에 포함시켰으나, 자본시장법에서는 감독당국의 대위청구권을 삭제하였다.

225 자본시장법 제172조 제6항.

226 자본시장법 시행령 198조.

227 은행법상 은행 지분소유한도를 초과하여 소유한 자에 대하여 내리는 강제매각명령 등이 해

2. 정부 허가·인가·승인 등이나 문서에 의한 지도·권고에 따라 매수·매도[228]

3. 안정조작이나 시장조성을 위하여 매수·매도 또는 매도·매수

4. 모집·사모·매출하는 특정증권 등의 인수에 따라 취득하거나 인수한 특정증권 등을 처분

5. 주식매수선택권의 행사에 따라 주식을 취득

6. 이미 소유하고 있는 지분증권, 신주인수권이 표시된 것, 전환사채권 또는 신주인수권부사채권의 권리행사에 따라 주식을 취득

7. 증권예탁증권(DR)의 예탁계약 해지에 따라 증권을 취득

8. 교환사채권의 권리행사에 따라 증권을 취득

9. 모집·매출하는 특정증권 등의 청약에 따라 취득

10. 우리사주조합원이 우리사주조합을 통하여 회사의 주식을 취득

11. 주식매수청구권의 행사에 따라 주식을 처분

12. 공개매수에 응모함에 따라 주식등을 처분

13. 그 밖에 미공개정보를 이용할 염려가 없는 경우로서 증권선물위원회가 인정하는 경우[229]

　① 유상신주 발행시 발생한 실권주 또는 단수주의 취득

　② 집합투자규약에 따라 집합투자업자[230]가 행하는 매매

　③ 공로금·장려금·퇴직금 등으로 지급받는 주식의 취득

　④ 이미 소유하고 있는 특정증권 등의 권리행사로 인한 주식의 취득[231]

당될 것이다.

[228] 정부주도의 산업구조조정에 따라 지분 매각이나 매수가 이루어지는 경우 등이 해당된다.

[229] 단기매매차익 반환 및 불공정거래 조사·신고 등에 관한 규정 제8조.

[230] 펀드를 설정하여 운용하는 자산운용회사를 말한다.

[231] 예를 들어 보유하고 있는 주식을 발행한 상장회사가 주주를 대상으로 유상증자를 하여 이에 응모하는 것을 말한다.

⑤ 증권시장에서 허용되는 최소단위 미만의 매매[232]

⑥ 국민연금기금, 공무원연금기금, 사학연금기금의 관리나 운용을 위한 매매[233]

⑦ 그 밖에 증권선물위원회가 의결로써 미공개정보를 이용할 염려가 없는 경우로 인정하는 경우

위 규정에 명시된 사례 외에는 추가 인정될 수 있는 방법은 없는가?

두 가지 방법으로 예외를 인정받을 수 있을 것이다. 첫째, 바로 앞 예외사유 제13호 ⑦번에 근거하여 증권선물위원회의 의결로써 미공개정보를 이용할 염려가 없는 경우로 인정받거나, 둘째 직접 소송을 제기하여 법원의 판결을 받아 예외를 인정받는 방법이다.

당초 자본시장법은 시행령 제198조에서 정한 예외사유만을 한정적으로 열거한 것으로 자본시장법 시행령에서 정하지 않은 사유로까지 예외사유를 넓힐 것으로 예정한 것은 아니라 보아야 한다. 그럼에도 판례는 '단기매매차익 반환제도의 입법목적, 자본시장법 시행령 198조에 정해진 예외사유의 성격 그리고 헌법 제23호가 정하는 재산권 보장의 취지를 고려하면, 자본시장법 시행령 제198조에서 정한 예외사유에 해당하지 않더라도 객관적으로 볼 때 내부정보를 부당하게 이용할 가능성이 전혀 없는 유형의 거래에 대하여는 법원이 자본시장법 제172조 제1항의 매수 또는 매도에 해당하지 아니하는 것으로 보아 그 적용을 배제할 수 있다'[234]고 판시하고 있다.

위 판례에서 주목할 내용은 '내부정보를 부당하게 이용할 가능성이 전혀

---

232 예를 들어 유가증권시장의 경우 고가주식이 아닌 경우 최소매매가 10주 단위이므로 본인이 공모주 청약 등을 통해 그 이하의 주식을 받았다면 증권회사의 단주매매서비스를 이용하여 처분하게 된다.

233 다만 발행인의 경영권에 영향을 주기 위한 것(임원의 선임, 해임 또는 직무의 정지, 이사회 등 회사의 기관과 관련된 정관의 변경 등)이 아닌 경우에 한한다.

234 대법원 2016. 3. 24. 선고 2013다210374 판결 참조.

없는' 부분이다. 즉, 내부정보에의 접근 가능성을 완전히 배제할 수 없는 유형의 거래인 경우는 내부정보에 대한 부당한 이용의 가능성이 있다고 보아 단기매매차익의 반환책임을 피할 수 없다는 것이다.[235]

6개월 이내 단기매매차익은 어떻게 계산되는가?

단기매매차익의 계산방식은 자본시장법 시행령 및 규정에 구체적으로 규정되어 있다.[236] 간단히 설명하면 단기매매차익은 매도단가에서 매수단가를 뺀 금액에 매수수량과 매도수량중 적은 수량을 곱하여 계산한다.

그렇다면 6개월 이내에 매수거래 또는 매도거래가 여러 건 있는 경우에는 어떻게 할까? 자본시장법은 가장 시기가 빠른 매수분과 가장 시기가 빠른 매도분을 대응하여 단기매매차익을 산정하고, 그 다음의 매수분과 매도분에 대하여는 대응할 매도분이나 매수분이 없어질 때까지 같은 방법으로 대응하여 산정하도록 규정하고 있다(일명 '선입선출법'). 참고로 6개월간 매수분·매도분을 대응하다 보면 손실이 나오는 부분도 있을 수 있는데 자본시장법은

---

235 대법원 2008. 3. 13. 선고 2006다73218 판결 참조.
236 자본시장법 시행령 제195조 제1항은 단기매매차익의 산정방법에 관하여 제1호에서 '해당 매수 또는 매도 후 6개월 이내에 매도 또는 매수한 경우에는 매도단가에서 매수단가를 뺀 금액에 매수수량과 매도수량 중 적은 수량(이하 '매매일치수량')을 곱하여 계산한 금액에서 해당 매매일치수량분에 관한 매매거래수수료와 증권거래세액 및 농어촌특별세액을 공제한 금액을 이익으로 계산하는 방법. 이 경우 그 금액이 0원 이하인 경우에는 이익이 없는 것으로 본다.'라고 규정하고 있고, 제2호에서 "해당 매수 또는 매도 후 6개월 이내에 2회 이상 매도 또는 매수한 경우에는 가장 시기가 빠른 매수분과 가장 시기가 빠른 매도분을 대응하여 제1호에 따른 방법으로 계산한 금액을 이익으로 산정하고, 그 다음의 매수분과 매도분에 대하여는 대응할 매도분이나 매수분이 없어질 때까지 같은 방법으로 대응하여 제1호에 따른 방법으로 계산한 금액을 이익으로 산정하는 방법. 이 경우 대응된 매수분이나 매도분 중 매매일치수량을 초과하는 수량은 해당 매수 또는 매도와 별개의 매수 또는 매도로 보아 대응의 대상으로 한다."라고 규정하고 있으며, 같은 조 제6항은 "제1항부터 제4항까지에서 규정한 사항 외에 법 제172조 제1항 전단에 따른 단기매매차익 계산의 구체적인 기준과 방법 등 필요한 세부사항은 증권선물위원회가 정하여 고시한다"라고 규정하고 있는데, 그 위임에 따른 '단기매매차익 반환 및 불공정거래 조사·신고 등에 관한 규정'에 세부적인 내용을 정하고 있다.

손실분을 고려하지 않고 0원으로 계산한다. 즉, 6개월간 매매를 대응하여 이익 150만원, 손실 100만원으로 나오더라도 손실 100만원을 0으로 보므로 단기매매차익 반환의 대상 금액은 50만원이 아닌 150만원이 된다.

다만, 주의할 점은 모든 거래에 대하여 선입선출의 방식으로 대응하는 것이 아니라 6개월 이내의 거래에 대해서만 선입선출방식으로 대응하여 단기매매차익을 산정한다는 것이다. 왜냐하면 6개월 이후의 거래는 단기매매차익 대상 거래가 아니므로 매수거래 또는 매도거래를 대응할 필요조차 없기 때문이다.

구체적인 사례를 들어 단기매매차익 계산방식을 설명하여 준다면?[237]

A라는 주권상장회사 임원이 6개월간 자기회사 주식을 다음과 같이 매매하였다고 하자. A는 6개월간 총 150주를 매수하였고 총 100주를 매도하였다.

(단위: 주, 원)

매매구분	매매일자	매매수량	매매단가	거래금액	비 고
매 수	1.30	50	10,000	500,000	평균매수 단가(B/A) : 11,000
	2.15	20	11,000	220,000	
	3.12	50	12,000	600,000	
	4.16	30	11,000	330,000	
	계	150(A)		1,650,000(B)	
매 도	2.10	40	12,000	480,000	평균매도 단가(D/C) : 11,600
	3.16	20	13,000	260,000	
	5.12	30	11,000	330,000	
	6.10	10	9,000	90,000	
	계	100(C)		1,160,000(D)	

---

237 금융감독원 보도자료, '단기매매차익 산정방법 변경', 2000. 9. 28.

이제 자본시장법에서 정하는 선입선출법(순차대응방식)으로 단기매매차익을 계산하여 보자.

(단위: 주, 원)

순서	내용	산식	비고
1	1.30 매수분 50주 중 40주와 2.10 매도분 40주 대응	40×2,000	차익: 80,000
2	1.30 매수분 50주 중 잔량 10주와 3.16 매도분 20주 중 10주와 대응	10×3,000	차익: 30,000
3	2.15 매수분 20주 중 10주와 3.16 매도분 중 잔량 10주와 대응	10×2,000	차익: 20,000
4	2.15 매수분 20주 중 잔량 10주와 5.12 매도분 30주 중 10주와 대응	10×0	차익: 0
5	3.12 매수분 50주 중 20주와 5.12 매도분 중 잔량 20주와 대응	20×(-1,000)	차손: 20,000
6	3.12 매수분 50주 중 잔량 10주와 6.10 매도분 10주와 대응	10×(-3,000)	차손: 30,000

자본시장법은 손실이 나더라도 감안하지 않고 0원으로 처리하므로 총 130,000원의 단기매매차익이 발생하게 된다.[238]

---

238 자본시장법의 전신인 구 증권거래법에서는 2000. 9. 8. 시행령을 개정하여 지금의 선입선출법으로 변경하기 전까지 단기매매차익 계산시 가중평균법을 사용하여 손실분을 반영하여 주었다. 참고로 위 계산 사례를 거래량가중평균법(손실 반영)을 사용하면 단기매매차익은 60,000원으로 줄어든다.
평균매도단가(11,600원) – 평균매수단가(11,000원) | × 매수수량과 매도수량 중 일치하는 (100주)
= 단기매매차익(60,000원)

단기매매차익을 계산할 때 세금이나 다른 비용은 차감해주는가?

자본시장법은 계산된 단기매매차익에서 매매거래수수료와 증권거래세액 및 농어촌특별세액을 공제해 주도록 하고 있다. 그러나 그 외 비용들은 공제가 되지 않는다. 예를 들어 무상증자 또는 배당에 따른 세금, 미수연체이자, 신용이자, 양도소득세 등이나 기타 경영권 프리미엄 등 제반의 비용들은 고려되지 않는데, 이러한 이유는 단기매매차익 계산시 경영권 프리미엄이나 양도소득세를 고려하지 않는다는 아래 대법원의 판결내용을 보면 명확히 알 수 있다.

주식 양도소득세도 공제되지 않는다

단기매매차익에서 주식 매도로 납부한 양도소득세[239]를 공제해야 한다는 주장에 대하여 대법원은 '단기매매차익 반환제도의 입법목적, 양도소득세는 양도차익에 과세되는 직접세로서 단기매매차익을 반환하여야 하는 모든 주식등의 거래에서 필연적으로 발생하거나 수반하는 거래세 내지 거래비용으로 볼 수 없는 점, 내부자가 단기매매차익을 모두 반환함으로써 납부한 양도소득세 상당의 손실을 입게 되더라도 이는 단기매매차익 반환제도에 기인한 것이 아니라 양도소득세 관련 법령이 적용된 결과인 점 등을 고려하면, 주권상장회사의 내부자가 6개월 이내에 그 법인의 주식 등을 매수한 후 매도하거나 매도한 후 매수한 경우에 그 매도에 따른 양도소득세를 납부하더라도 반환할 단기매매차익을 산정할 때에 양도소득세를 공제하여야 한다고 볼 수 없고, 양도소득세의 공제를 규정하지 않은 자본시장법 시행령 제195조 제1항이 자본시장법 제172조 제1항의 위임 범위를 넘어선 것이거나 기본권의 제한에 관한 과잉금지의 원칙에 반하여 헌법 제23조가 보장하는 재산권을

---

[239] 대주주가 주식을 매도하거나 또는 소액주주라도 장외에서 주식을 매도하는 경우 양도소득세를 납부하여야 한다.

침해하는 것이라고 볼 수도 없다'라고 판시[240]하였다.

회사인수시 지급한 경영권 프리미엄도 공제되지 않는다

또한 경영권 프리미엄의 인정 여부와 관련하여 대법원은 '주식의 양도와 함께 경영권의 양도가 이루어지는 경우에 경영권의 양도는 주식의 양도에 따르는 부수적인 효과에 불과하고 그 양도대금은 경영권을 행사할 수 있는 정도의 수에 이르는 주식 자체에 대한 대가이므로, 내부자가 그 법인의 주식의 양도와 함께 경영권을 양도하면서 이른바 경영권 프리미엄을 취득한 후 6월 이내에 주식을 매수하여 이익을 얻은 경우에 그 단기매매차익을 산정할 때에 경영권 프리미엄을 제외하여야 한다고 볼 수 없다'고 판시[241]하였다.

6개월 이내 매수·매도 한 시기에만 상장회사 임직원 지위에 있었는데?

자본시장법 제172조 제6항은 주요주주에 대하여는 매도·매수한 시기 중 어느 한 시기에 있어서 주요주주가 아닌 경우에는 단기매매차익 반환 규정을 적용하지 않는다고 명시하고 있어서 상장회사 임직원도 동일하게 해석된다고 오해할 수 있다. 하지만 오히려 법이 상장회사 임직원 및 주요주주 등 적용대상자 중 주요주주에 대하여만 매수 또는 매도의 어느 한 시기에 주요주주가 아닌 경우에 단기매매차익 규정을 적용하지 않도록 규정하고 있는 취지에 비추어 본다면 임원 또는 직원에 대하여는 매수 또는 매도의 어느 한 시기에만 그 신분을 가지고 있으면 단기매매차익 반환 규정의 적용을 받게 된다고 보는 것이 적절할 것이다. 대법원 판례도 같은 입장을 견지하고 있다.[242]

---

240 대법원 2016. 3. 24. 선고 2013다210374 판결 참조.
241 대법원 2004. 2. 12. 선고 2002다69327 판결 참조.
242 대법원 2011. 3. 10. 선고 2010다84420 판결; '임원 또는 직원에 대하여는 매수 또는 매도의 어느 한 시기에만 그 신분을 가지고 있으면 같은 조 제2항의 적용대상자에 해당하여 그 단기매매차익을 반환할 의무가 있다. 원심이 원고의 청구를 배척한 거래분은 '정직처분일 이후인

회사주식을 단기매매한 기억이 있는데 언제까지 걱정을 해야 하는가?

회사가 직접 또는 주주가 회사를 대위하여 단기매매차익을 반환하라고 요구할 수 있는 권리는 단기매매로 이익을 취득한 날부터 2년 이내에 행사하지 않으면 소멸하도록 규정되어 있다.[243] 이는 법률상 제척기간[244]이어서 소멸시효와 달리 중단·정지가 없으므로 매매거래일로부터 2년이 지났다면 이미 권리는 소멸한 것이므로 회사 등이 이미 2년이 지난 이익분에 대하여는 반환요구를 하더라도 법상 반환할 의무가 없는 것이다.

여기서 조금 더 부가하여 설명하자면 2년은 소송제기일을 기준으로 하는 것이 아니라 권리행사를 하는 날을 기준으로 하는 것이다. 쉽게 설명하면 2년이 경과하기 전에 내용증명우편 등을 통하여 단기매매차익금을 반환하라

2002년 6월 24일부터 같은 해 11월 18일까지의 매수분'과 그에 대응하는 '정직처분일 이전인 2002년 4월 1일부터 같은 해 5월 22일까지의 매도분'으로 구성되어 있는데, 그중 매도거래 당시 직원의 신분이었음에 다툼이 없는 이상 매수 또는 매도의 두 시기 중 어느 한 시기에 신분을 가지고 있을 것을 요구하는 위 법문상의 요건은 구비한 것이어서 그 후 매수거래 당시 정직처분을 받아 신분상의 제한이 있었는지 또는 퇴직 등으로 신분을 상실하였는지 여부는 반환의무대상자로서의 요건에 관한 한 문제가 되지 아니하는 것이고, 또한 피고가 정직처분을 받아 직원으로서의 신분 및 임무수행상의 제한을 받고 있는 상태에서 위와 같이 주식을 매수하였다 할지라도 피고 스스로 경제적 이해득실을 따져본 후 임의로 결정한 다음 공개시장을 통하여 매수한 것으로 보여질 뿐 비자발적인 유형의 거래로 볼 수 없을 뿐만 아니라, 정직처분을 받은 자와 회사 경영자 등과의 관계가 우호적인지 적대적인지는 개별 사안에 따라 다를 수 있고 또한 같은 사안에 있어서도 시기별로 차이가 있을 수 있으므로 그 적대적 관계성은 결국 개별 사안에서 각 시기별로 구체적 사정을 살펴본 이후에야 판단할 수 있는 사항이어서, 피고가 정직처분을 받은 자의 지위에서 주식을 거래하였다는 그 외형 자체만으로부터 내부정보에의 접근 가능성이 완전히 배제된다고 볼 수는 없는 점을 고려하면 결국 '정직처분일 이후인 2002년 6월 24일부터 같은 해 11월 18일까지의 매수분' 역시 '내부정보에 대한 부당한 이용의 가능성이 전혀 없는 유형의 거래'에는 해당하지 않는다고 보아야 할 것'으로 단기매매차익 반환 규정의 적용을 받는다고 판시하였다.

243 자본시장법 제172조 제5항.

244 어떤 권리에 대하여 법률이 예정하는 존속기간으로 법정기간의 경과로써 당연히 권리의 소멸을 가져온다. 즉 권리의 존속기간인 제척기간이 만료하게 되면 그 권리는 당연히 소멸하는 것이 된다. 소멸시효와 비슷하지만, 제척기간에는 시효와 같은 포기·중단·정지라는 문제가 있을 수 없다.

는 통지(권리행사)를 하였다면 2년이 지난 후에 소송을 제기하더라도 제척기간에 걸리는 것은 아니라는 말이다.[245] 또한 2년의 계산은 계약체결일을 기준으로 한다는 것이 판례의 입장이다.[246]

단기매매차익 반환규정을 위반하게 되면 처벌은?

단기매매차익거래에 대한 형사처벌 규정은 없으며, 거래 자체의 효력에도 아무런 영향을 미치지 않는다. 즉, 단기매매를 한 상장회사 임직원 및 주요주주에게 미공개정보 이용행위 등 다른 법규 위반 사실이 없다면 임직원 및 주요주주는 단기매매로 얻은 이익을 회사에 반환할 의무를 부담하는 이외에 형사상, 행정상 책임은 지지 않는다.[247] 한편, 주권상장회사가 금융감독

---

245 대법원 2012. 1. 12. 선고 2011다80203 판결; '단기매매차익 반환청구권에 관한 기간은 제척기간으로서 재판상 또는 재판외의 권리행사 기간이며 재판상청구를 위한 출소기간은 아니라고 할 것이다. 원심판결 이유에 의하면, 원심은, 원고가 2008년 12월 8일 원고의 임원이었던 피고에게 내용증명우편을 통하여 단기매매차익금을 반환하라는 청구를 하고, 위 내용증명우편이 2008년 12월 9일 피고에게 도달한 사실을 인정한 다음, 위 청구일로부터 소급하여 2년이 되는 날인 2006년 12월 10일부터 2008년 12월 9일까지 사이에 이루어진 원고 주식의 단기매매로 피고가 취득한 169,781,463원에 대한 원고의 단기매매차익금 반환청구 부분은 제척기간이 준수되어 적법'하다고 판단하였다.

246 대법원 2011. 3. 10. 선고 2010다84420 판결; '내부정보를 이용할 가능성이 높은 단기매매를 6월이라는 기간요건 하에 간접적으로 규제 하고자 하는 단기매매차익 반환제도의 취지와 더불어 민법상 매매는 당사자 일방이 재산권을 상대방에게 이전할 것을 약정하고 상대방이 그 대금을 지급할 것을 약정함으로써 그 효력이 생긴다(민법 제563조)는 점을 고려하면, 6월 이내의 단기매매인지 여부는 계약체결일을 기준으로 판단하여야 한다. 그리고 어느 시점에 계약체결이 있었는지는 법률행위 해석의 문제로서 당사자가 표시한 문언에 의하여 객관적인 의미가 명확하게 드러나지 않는 경우에는 그 문언의 내용과 법률행위가 이루어지게 된 동기 및 경위, 당사자가 법률행위에 의하여 달성하려고 하는 목적과 진정한 의사, 거래의 관행 등을 종합적으로 고찰하여 논리와 경험의 법칙, 그리고 사회일반의 상식과 거래의 통념에 따라 합리적으로 해석하여야 한다'고 판시하였다.

247 자본시장법의 전신인 구 증권거래법은 증권선물위원회가 주권상장회사에 대해 단기매매차익 반환요구를 할 수 있도록 규정하고 동 요구에 불응할 경우 금융위원회에 필요한 조치(임원해임권고, 유가증권 발행 제한 등)를 취하도록 요청할 수 있다고 규정하고 있었으나, 증권선물위원회의 반환요구를 단순 통보로 완화하고 요구 불응에 대한 조치권도 삭제하면서 규제의 실효성을 확보하기 위하여 당해 법인에 대해 공시의무를 부과하였다.

당국인 증권선물위원회로부터 단기매매차익의 발생 사실을 통보받는 경우
그 법인은 통보받은 내용을 인터넷 홈페이지 등을 이용하여 공시하여야 할
의무가 발생[248]하는데, 이를 이행하지 않을 경우 증권선물위원회는 주권상장
회사에 대하여 임원의 해임권고, 증권발행 제한 등의 조치를 취할 수 있다.[249]

단기매매차익 반환 강제는 개인 재산권 행사의 지나친 제한 아닌가?

아무리 상장회사 임직원이라 할지라도 내부정보를 이용하지도 않았는데
단기매매차익을 반환하도록 강제하는 것은 헌법 제23조에 보장된 재산권을
지나치게 침해하는 것이 아닌가 하는 의문이 있을 수 있을 것이다.[250] 하지
만 헌법재판소는 단기매매차익 반환제도가 헌법상 재산권 침해에 해당되지
아니한다는 취지로 합헌이라고 결정하였다.[251] 이는 내부자거래를 규제함으
로써 일반투자자의 이익을 보호하고 증권시장의 공평성, 공정성을 확보하게
되어 일반투자자들의 증권시장에 대한 신뢰를 확보하고 이를 바탕으로 국가
경제의 발전에 기여하는 취지로 목적의 정당성이 인정되며, 내부정보를 이
용하였을 개연성이 큰 내부자의 단기주식거래로 얻은 이익을 회사에 반환하
도록 하는 것은 내부자거래에 대한 상당한 억지효과를 가질 것이 예상되므
로 적절한 수단으로 인정된다고 판단하였다.

---

248 자본시장법 제172조 제3항.

249 자본시장법 제426조 제5항.

250 최초 단기매매차익제도를 도입한 1976. 12월 당시에 증권거래법은 상장회사의 임직원 또는
     주요주주가 그 직무 또는 지위에 의하여 지득한 비밀을 이용하여 단기매매차익을 얻은 경우
     만 단기매매차익 반환대상으로 하였으나 1991. 12월 내부정보 이용여부와 관계없이 반환,
     무과실책임을 부과하는 것으로 규정을 변경한 바 있다.

251 헌법재판소 2002. 12. 18. 선고 99헌바105 결정.

헌법재판소의 합헌 판결 중 중요 내용 소개

헌법재판소의 판결을 자세히 살펴보면 '내부자가 실제로 내부정보를 이용하였는지 여부를 조건으로 할 경우 사실상 단기매매차익제도를 무력화하여 내부자거래 규제의 목적을 달성하기 어렵게 될 것이 능히 예상되는 점, 일반투자자들은 비록 내부자가 내부정보를 이용하지 않았다 하더라도 내부자의 회사에서의 지위로 인하여 그것이 내부 정보의 이용으로 인한 것이 아닌가 불신하여 증권시장 전반이 위축될 수 있는 점에 비추어 내부정보를 이용하였다는 점을 조건으로 하지 아니한 것이 과도한 침해라 볼 수 없다'고 하였다. 또한 '내부자의 재산권 제한이 내부자에게 일체의 주식거래를 금지하는 것이 아니라 단지 단기매매에 해당하는 경우 그 이익을 회사로 반환하도록 하는데 그치며 그 기간에도 제한이 있으므로 법익의 균형성도 갖추었다'고 판단하였다.

≪ 구체적인 사례를 통해 살펴보는 단기매매차익 반환 ≫

❶ 자동차 부품을 생산하는 상장회사 공장에서 브레이크 시스템 조립업무를 담당하는 생산직 직원 A는 회사의 성장전망이 좋다고 생각하여 본인회사 주식 2,000만원 상당을 매입하였는데 3개월만에 주가가 50% 오르자 매각하여 1,000만원의 이익을 보았다면 단기매매차익 반환 대상일까?

A는 단기매매차익 반환의무를 부담하는 재무·회계·기획·연구개발·공시 담당부서 직원이 아니므로 회사 주식 매매로 얻은 1,000만원을 회사에 반환할 의무가 없다.

❷ 주식을 매도한 후에 매수한 경우에도 단기매매차익 반환규정이 적용되나?

매도 후 매수에 따른 매도·매수금액 차이도 단기매매차익에 해당된다. 예를 들어 상장회사 임원인 C가 2019. 11. 15. 기존 보유주식 500주를 100만원에 매도 후 2019. 12. 10. 500주를 70만원에 매수하였다면 30만원의 단기매매차익이 발생하여 반환대상이 되는 것이다.

닭고기 가공업체 M사가 지분을 매각하였다가 다시 매입한 전회장 H를 상대로 단기매매차익 반환 청구소송을 제기하여 54억원을 받게 된 실제 사례[252]를 살펴보자. M사의 전 회장인 H는 2011. 5월 200억원대 횡령·배임 혐의로 불구속 기소되면서 대표이사를 사임하고 회장지위를 유지한 상태에서 2011. 6월 M사의 거래정지가 해제되자 본인 보유주식 940만주를 팔았다가 5개월에 걸쳐 더 낮은 가격에 230만주를 다시 사들였다. 법원은 H 전 회장이 '미공개 중요정보를 이용하지 않았다'고 주장하였지만 'H 전회장은 주식 매도 당시 마니커의 대주주이자 회장으로서 업무를 집행했다. 단기매매차익을 반환할 의무가 있다'고 판단하였다.

❸ 단기매매로 손실이 발생한 경우에는 매매이익에서 매매손실분을 반영해 순이익만 반환대상이 되어야 하는 것이 아닌가?

단기매매차익 반환 규정은 징벌적 규정으로 손실분을 반영해 주지 않는다. 즉, 매수(도), 매도(수)를 반복한 경우 손실분을 제외하고 이익분만을 계산하므로 손실이 난 경우에도 단기매매차익을 반환하는 경우가 발생한다. 예를 들어보자. 상장회사 직원 A가 자기회사 주식을 2019. 3. 13. 100주 매수 후 매도하여 100만원 이익, 3. 30. 100주 매수 후 매도하여 150만원 손실, 5. 30. 100주 매수 후 매도하여 20만원의 이익을 얻었다면 A의 실제손익은 △30만원이나 반환대상금액은 손실을 0으로 보므로 이익분 120만원을 반환해야 한다.

---

252 대법원 2016. 3. 24. 선고 2013다210374 판결.

❹ 임직원이 퇴직한 후에 본인이 근무하였던 상장회사 보유주식을 매도한 경우에는 단기매매차익 반환 규정이 적용되지 않는다는데?

임직원은 매도 및 매수한 시기 중 어느 한 시기에 있어 임직원의 지위에 있었던 경우 단기매매차익 반환규정이 적용된다. 예를 들어 상장회사 임원인 B가 임원재직 당시인 2019. 2. 1. 500주를 100만원에 매수하였고 3. 31 퇴직한 후 매수일로부터 6개월 이내인 4. 15. 500주를 120만원에 매도하였다면 20만원의 단기매매차익이 발생하여 반환의무가 발생하는 것이다.

✅ ❌ True or False?

Q. 6개월 단기매매로 실제 손실이 났어도 차익 반환이 발생한다.

    True (단기매매차익 계산시 손실분은 감안하지 않고 이익 발생분만 합산)

Q. 반환대상자는 상장회사의 모든 임직원과 주요주주이다.

    False (직원은 공시, 재무, 기획, 회계 등 미공개정보 접근가능 부서 근무자에 한정)

Q. 단기매매차익 반환대상 증권은 주식이다.

    False (주식뿐만 아니라 전환사채, 신주인수권부사채, 교환사채, 이익참가부사채 등도 포함)

Q. 매수·매도의 한 시기에만 임직원 신분이었어도 위반이다.

    True (주요주주와 달리 임직원은 매수 또는 매도 한 시기에만 임직원이었어도 위반)

2-4. 외감법상 분식회계 규제

✓ ✗ True or False?

Q. 분식회계 규제는 상장회사에만 적용된다.   ✓ ✗

Q. 분식회계 위반시 회계관련 부서 임직원만이 처벌받는다.   ✓ ✗

Q. 분식회계 조사는 금융감독원과 공인회계사회에서 분담한다.   ✓ ✗

Q. 조사대상 기업들은 무작위 선정한다.   ✓ ✗

분식회계란 외감법[253]에 근거한 회계처리기준을 준수하여 재무제표를 작성하고 또 이를 공시할 책임이 있는 회사의 경영진 등이 회사의 재무상태나 영업실적을 실제와 다르게 자산이나 이익 등 재무제표상의 수치를 왜곡시켜 작성하고 공시하는 행위를 말한다.

분식회계의 판단 기준이 되는 회계처리기준

외감법에 따른 회계처리기준은 외감법 제5조에 의거, 금융위원회가 증권선물위원회의 심의를 거쳐 정하는 기준으로서 사실상 모든 기업이 회계처리를 할 때 이를 적용하고 있다. 즉, 원칙적으로는 주권상장회사, 금융회사 등과 이들 회사와 연결재무제표를 작성하여야 하는 지배·종속회사에 적용(외감법 시행령 제6조)되나, 실제로는 외부감사 대상회사 이외의 기업 회계처리에도 적용하고 있다. 한편, 우리나라의 회계처리기준은 이원적 기준체계인데, 상장회사 등은 '한국채택국제회계기준(K-IFRS)'을 적용하고 비상장회사

---

253   주식회사 등의 외부감사에 관한 법률.

는 '일반기업회계기준'을 적용한다. 물론 비상장회사가 K-IFRS를 채택하는 것도 가능하다.

분식회계를 심각한 위법행위로 보는 이유

일반적으로 현대 기업은 아주 우량한 기업이 아닌 이상 증권 발행이나 대출 등을 통해 외부의 투자자로부터 자금을 조달하여 생산활동을 한다. 이러한 자금조달과정에서 회사의 정보가 정확하고 충분하게 제공되지 않는다면 자금을 제공하는 투자자측에서는 효율적인 의사결정을 내리기가 어렵고, 정보의 불균형으로 자본시장의 신뢰성도 확보될 수가 없다. 회사의 정보 중 전통적으로 가장 중요시되는 것은 재무제표[254]로 대표되는 재무정보이다. 이에 따라서 금융감독당국은 회사와 투자자, 이해관계자간 정보의 불균형을 해소하고 정확하고 신뢰성이 있으며 비교 가능성이 있는 재무정보가 작성되도록 기업회계기준 등 여러 가지 제도적 장치를 마련하고 이를 위반하는 경우 엄중한 책임을 묻고 있다.

분식회계 조사는 누가 하는가?

기업의 분식회계 여부는 1차적으로 외부감사를 맡은 회계법인이 거르게 된다. 회계법인은 감사도중 회계원칙에 위배되는 사항들이 발견되면 감사를 받는 회사와 협의하여 수정을 하거나 수정될 수 있는 사안이 아닌 경우 '한정의견', '부적정의견'이나 '의견거절'을 표명한다. 그렇지만 분식회계 여부의 법상 조사권은 금융감독원과 한국공인회계사회에 있으며, 이들 기관은 해당 외부감사대상 기업이 기업회계기준에 맞게 재무제표를 작성했는지에 대한 조사(심사·감리)를 하여 분식회계 여부 등을 밝히게 된다. 일반적으로 금

---

254 일반적으로 재무제표란 회사의 재무 상태를 나타내는 자산, 부채, 자본에 대한 정보를 보여주는 회계 장표로 재무 상태표, 손익계산서, 현금흐름표 등이 있다.

융감독원은 상장기업 및 상장예정기업, 공인회계사회는 비상장기업에 대하여 심사·감리업무를 수행한다.

분식회계를 조사하는 '심사'와 '감리'의 차이점은?

일반적으로 심사·감리제도는 회사의 재무제표, 그리고 이에 대한 회계법인(감사인)의 감사보고서가 회계처리기준 및 회계감사기준을 준수하여 작성되었는지를 확인하여 위반사항이 발견된 경우 일정한 처벌을 함으로써 회계정보의 신뢰성을 확보하는 데 있다고 할 수 있다.[255] 이때 '심사'와 '감리'의 차이는 큰 틀에서 보면 금융감독원 등 조사기관이 재무제표의 회계기준 준수 여부에 대하여 원칙적으로는 1차 단계로 '심사'를 하고, 위규사항이 농후할 경우 '감리'단계로 들어간다고 보면 된다. 즉, '심사'는 표본심사나 혐의심사 등 방법을 통해 공시된 재무제표 등을 검토하고 발견된 특이사항에 대하여 회사의 소명을 들은 후 회계기준 위반사항(과실)이 있다고 판단되는 경우 수정권고 및 수정 후 경조치로 종결하는 것이다. '감리'는 1단계 재무제표 심사 결과 위반사항이 중과실 또는 고의로 판단되는 경우나 회계부정제보 접수[256] 등의 경우 자세하고 엄중하게 회계기준 준수 여부를 정밀 검토하는 것이라 보면 된다.

어떤 방식으로 심사·감리 대상기업을 선정하는가?

상장회사의 심사·감리를 주로 담당하는 금융감독원의 경우 ① '회계분식 위험이 높은 기업[257]을 우선적으로 표본으로 추출하는 방법'과 '무작위 표

---

[255] 심사·감리는 회사의 재무제표뿐만 아니라 감사인의 감사보고서에 대하여도 적용이 되며 이에 따라 회계법인도 처벌의 대상이 되지만 일반인과는 조금 거리가 있는 내용이므로 이하에서는 회사 재무제표의 심사·감리를 중심으로 기술한다.

[256] 이 경우는 심사단계 없이 직접 감리단계에 착수한다.

[257] 예를 들어 취약한 재무구조, 적자 지속, 부실한 내부통제, 빈번한 경영권 변경, 횡령·배임 발생 등을 들 수 있다.

본추출 방법'을 병행하여 재무제표가 회계처리기준을 준수하여 작성·공시 되었는지 여부를 조사하는 '표본심사'방식과 ② 금융감독원이 회계처리기준 위반혐의를 직접 또는 제보를 통해 인지한 기업에 대해 바로 조사 실시하는 '혐의심사'의 두 가지 방식으로 대상기업을 선정한다.[258] 금융감독원이 2020 년 중 제무제표 심사·감리를 종결한 상장회사는 총 123사이며, 이중 표본심 사·감리한 회사는 79사, 혐의심사·감리 회사 수는 44사이다.[259] 123사 중 82사는 재무제표 심사 절차로 종결되었고, 심사·감리결과 지적률은 63.4% 에 달한다. 공인회계사회의 경우도 유사하게 표본추출방식과 혐의입수방식 으로 심사·감리회사를 선정한다.

분식회계를 한 회사와 담당자들은 어떠한 조치들을 받게 되는가?

금융감독원은 조사결과 고의로 허위 재무제표를 작성·공시한 것이 밝혀 질 경우 해당회사는 물론 관련 임직원을 검찰에 고발·통보하게 되는데, 외감 법은 회계처리기준을 위반하여 거짓으로 재무제표를 작성·공시한 자에 대 해서는 10년 이하의 징역 또는 그 위반행위로 얻은 이익 또는 회피한 손실 액의 2배 이상 5배 이하의 벌금을 부과하도록 하고 있다.[260] 이와 함께 과징 금도 부과되며, 그 금액은 회사가 고의 또는 중대한 과실로 회계처리기준을

---

258 감리에 착수하게 되는 구체적인 기준은 금융위원회 규정 '외부감사 및 회계 등에 관한 규정' 제23조 참조.

259 금융감독원 보도자료, '2020년 중 상장회사에 대한 심사·감리 결과 분석 및 시사점', 2021. 2. 22.

최근 3년간 심사·감리 상장회사 수

(단위: 사, %)

구 분	'18년	'19년	'20년	'19년 대비	
				증감	증감률
표본 심사·감리	77	89	79	△10	△11.2
혐의 심사·감리	23	50	44	△6	△12.0
합 계	100	139	123	△16	△11.5

260 외감법 제39조.

위반하여 재무제표를 작성한 경우에 그 회사에 대하여 회계처리기준과 달리 작성된 금액의 20%를 초과하지 않는 범위에서 정해진다. 그리고 행정조치로서 해당회사에 임원의 해임 또는 면직 권고, 6개월 이내의 직무정지, 경고, 주의 등의 조치와 함께 해당 회사에 대하여는 일정기간 증권 발행제한 조치가 내려질 수 있다. 아울러 회계감사를 담당한 회계법인 및 공인회계사도 행정조치를 받는 외에 분식회계에 따른 형사책임 등을 지게 되는 것은 물론이다. 구체적인 조치의 기준 및 적용 방식은 관련규정 별표로 공개되어 있으므로 필요시 참고할 수 있다.[261]

분식회계로 외감법 외에 추가로 처벌받을 수도 있나?

2011년 저축은행 연쇄 영업정지사태 때 일어난 일이다. A저축은행 회장은 영업정지를 모면하기 위하여 인위적으로 BIS비율을 높이고 채권발행을 통한 신규대출자금 조달을 위해 분식회계를 하도록 지시하였다. 이와 관련하여 대법원은 영업정지를 모면하는 과정에서 BIS비율을 조작한 A저축은행 임원 등에 대해 분식회계에 따른 형사처벌과 함께 허위작성·공시된 재무제표를 이용한 채권발행에 대해 사기적 부정거래를 동시에 적용한 원심이 합당하다고 판결하였다.[262] 이처럼 분식회계를 통해 허위로 작성한 재무제표를 동원하여 증권을 매매하거나 발행한 경우 자본시장법상 부정거래행위[263]로 별도의 형사처벌, 민사책임 및 행정제재도 받을 수 있다.

---

261 외부감사 및 회계 등에 관한 규정 별표 7 '조치등의 기준' 참조(국가법령정보센터(www.law. go.kr)에서 '외부감사 및 회계 등에 관한 규정'을 검색하여 열람하면 되는데, 별표들은 규정 마지막 부분에 파일 첨부 방식으로 게재되어 있다).

262 대법원 2013. 1. 24. 선고 2012도10629 판결; 저축은행의 임원 등이 허위재무제표를 작성하여 공시한 후 그 저축은행이 발행하는 후순위채권 투자자를 모집한 사건에서 법원은 허위작성·공시된 재무제표를 이용한 사기적 부정거래(자본시장법)와 분식회계(외감법)는 구성요건이나 보호법익이 전혀 다르므로 각기 처벌된다고 판시하였다.

263 자본시장법 제178조 제1항.

변호인의 도움을 받을 수 있는가?

행정조사기본법은 금융감독원의 감리에 관한 사항의 경우 변호사 등의 조력권을 배제하는 조항을 두고 있으나, 금융감독원은 자체 규정을 통해 변호사 등 대리인의 조력권을 인정하고 있다.[264] 조사과정에서 회계분식 혐의 등 법률위반 우려가 있는 경우 변호인의 도움을 받는 것이 좋다. 이는 법률위반인 경우 대부분 검찰 고발이나 통보 등 심각한 조치가 이루어지기 때문이다. 또한 문답서, 본인이 제출한 자료 등의 피조사자 열람권도 보장되고 있다.[265]

≪ 구체적인 사례를 통해 살펴보는 분식회계 금지 위반≫[266]

❶ 재고자산 허위계상

상장회사 A사는 재고자산(고철) 장부수량과 실제수량이 일치하지 않자, 종속회사에 재고자산을 이동하여 보관하고 있는 것처럼 거짓으로 꾸며서 회계장부 및 증빙(운송계약서, 물품입고확인서 등)을 작성하였다.

---

264 외부감사 및 회계 등에 관한 규정 제24조.

265 외부감사 및 회계 등에 관한 규정 제25조(피조사자의 자료열람 요구 등) ① 피조사자는 문답서, 감리집행기관의 요청에 따라 사건과 관련된 특정 사실관계 등에 관한 진술에 거짓이 없다는 내용을 본인이 작성하고 기명날인한 문서 및 사건과 관련하여 본인이 감리집행기관에 제출한 자료에 대한 열람을 신청할 수 있다. 다만, 감리등의 과정에서 작성된 문답서는 감리집행기관이 제31조제1항에 따른 통지를 한 이후에 신청할 수 있다.
② 감리집행기관은 제1항에 따른 신청이 있는 경우에 열람을 허용하여야 한다. 다만, 다음 각 호의 어느 하나에 해당하는 경우에는 그러하지 아니하다.
　1. 제24조제4항 각 호의 어느 하나에 해당하는 경우
　2. 조사결과 발견된 위법행위에 대하여 검찰총장에게 고발, 통보 또는 수사의뢰를 해야 한다고 판단한 경우(문답서에 대한 열람을 신청한 경우에 한정한다)

266 금융감독원이 발표한 여러 보도자료들 중 회계분식 사례들을 정리한 것이다. 회사명이 포함된 실제 분식회계 제재 내용은 금융감독원 회계포탈(http://acct.fss.or.kr)의 회계감리결과 제재 공시내용을 참고하면 된다(메인메뉴/회계감리/회계감리결과제재등).

❷ 허위 제조·판매로 매출 계상

상장회사 A사는 상장폐지(매출액 30억원 미만[267])를 피하기 위해 제조되지 않은 제품을 만든 것처럼 허위증빙을 꾸미고 거래처 B사 및 C사와 공모하여 판매하지 않은 제품을 판매한 것처럼 가짜 세금계산서를 발행하였으며, 상장회사 A사의 특수관계자가 거래처에 판매대금을 입금하고 거래처는 이를 다시 상장회사 A사의 통장에 입금하였다.

❸ 특수관계자를 개입시켜 순액을 총액으로 회계처리

상장회사 A사는 당초 A사의 특수관계자(B사)로부터 원재료를 공급받아 외주가공 후 B사에 납품하는 거래를 순액으로 회계처리하다가 사업부진으로 매출액이 30억원 미만이 될 상황이 되자 상장폐지(매출액 30억원 미만)를 피하기 위해 상기 거래에 다른 특수관계자(C사)를 개입시켜 C사로부터 원재료를 구입하는 구조로 외관을 만들어 총액으로 회계처리하였다.

❹ 해외자회사 예금 허위계상

상장회사 A사는 미국에 자회사(B사)를 설립하고 자본금으로 6백만불을 송금한 후 바로 인출하였음에도 현지은행의 잔액증명서를 위조하여 예금잔액이 있는 것처럼 회계장부를 조작하였다.

❺ 거래처 자금대여를 통한 허위매출

상장회사 A사는 아직 신규사업을 시작하지도 않았는데 판매대리점에 가짜 매출세금계산서를 발행하여 허위매출을 계상하고, A사의 종속회사 B사로 하여금 거래처 C사 및 D사를 통해 우회적으로 판매대리점에 자금을 지

---

267 거래소의 상장폐지 요건 중 매출액 요건으로 사업연도말 현재 매출액이 30억원 미만(개별재무제표 기준)인 경우 관리종목으로 지정하고, 지정된 상태에서 최근 사업연도에도 매출액이 30억원 미만인 경우 상장폐지된다.

원하여 매출대금이 정상적으로 회수되는 것처럼 회계장부 및 증빙을 조작하였다.

❻ 해외자회사 허위매각

상장회사 A사는 100% 해외자회사인 B사(거액의 손실 발생)를 연결재무제표에 포함할 경우 관리종목 지정사유에 해당됨에 따라 B사를 연결대상에서 제외하기 위하여 B사의 지분 51%를 허위로 매각하기로 하고, A사는 거래처 D사를 통해 51% 지분매수자(해외법인 C사)에게 매매대금을 송금하고 매수자인 C사가 동 금액을 A사에 다시 송금하였다.

❼ 자산수증이익 허위계상

코스닥시장 상장회사인 A사는 계속사업손실 누적으로 인한 상장폐지를 모면하고자 2009. 12월 대표이사 등으로부터 4개 비상장회사 주식을 증여받는 계약을 체결하면서, 회사가 상장폐지결정이 되거나 2010. 3. 10.까지 상장폐지 여부가 결정되지 않는 경우에는 증여취소하는 이면계약을 체결함에 따라 증여 관련 수익을 인식할 수 없음에도 2009년 말 재무제표에 자산수증이익을 111억원 허위계상하였다.

❽ 지분법 평가 및 단기대여금 등 분식

상장회사 A사는 비상장종속회사인 S사의 지분 100%를 보유하고 있고, A사의 자산 대부분(93.1%)이 S사의 자산으로 구성되어 있으며, A사와 S사 모두 甲(A사 최대주주, S사 대표이사)이 경영권을 행사하고 있었는데 甲은 A사의 상장폐지 모면 등을 위해 수년에 걸쳐 S사의 분식회계를 주도해왔다.

한편, A사는 S사의 고의적인 분식회계로 인해 S사의 자기자본이 부풀려진 사실을 알고 있었음에도 S사의 왜곡된 재무제표를 이용하여 지분법을 적용함에 따라 지분법적용투자주식을 322억원 과대계상하고, 회수가능성이 없는 S사에 대한 단기대여금에 대한 대손충당금을 291억원 과소계상하였으며, S사의 차입금에 대한 지급보증 충당부채 118억원을 미설정하는 등 당기순이익 및 자기자본을 총 731억원만큼 허위로 장부에 계상하였다.

❾ 외부감사 방해 및 부채 누락

상장회사 A사의 실질적인 경영자인 乙은 감사인의 의견거절로 A사가 상장폐지 요건에 해당하자 이를 모면하기 위해 사채업자로부터 160억원을 차입한 후 동 금액을 회사에 증여한 것처럼 관련 증빙을 허위로 작성하여 감사인에게 제시함에 따라 정상적인 외부감사업무를 방해하였다.

한편, A사는 상기와 같이 乙과 허위의 증여계약을 체결하고, 160억원을 수증받은 것으로 회계처리함에 따라 160억원의 부채(사채업자 차입금)를 누락하였다.

☑ ☒ True or False?

Q. 분식회계 규제는 상장회사에만 적용된다.

False (분식회계 규제 대상은 약 3만개의 외부감사대상법인)

Q. 분식회계 위반시 회계관련 부서 임직원만이 처벌받는다.

False (허위재무제표 공시나 이를 이용한 자금조달 등과 관련된 부서 임직원도 처벌)

Q. 분식회계 조사는 금융감독원과 공인회계사회에서 분담한다.

True (금융감독원은 상장기업, 공인회계사회는 비상장기업을 담당)

Q. 조사대상 기업들은 무작위 선정한다.

False (표본심사방식과 혐의심사방식을 병행)

색인

02 금융감독원

제2편   피조사자로서 유의할 점과 권리

01   평상시 업무처리 단계

02 조사기관의 조사착수 인지 단계

03 조사기관의 조사진행 단계

04 조사종료 후 처벌 결정 단계

제3편 위반하기 쉬운 금융법규

01 일상생활 속 위반하기 쉬운 금융법규

오용석

■ **금융감독원 (1990. 1. ~ 2020. 2.)**
- 前 공시심사실 기업공시심사2팀장
- 前 북경사무소 홍콩주재원
- 前 자산운용검사국 검사2팀장
- 前 자본시장조사2국 조사기획팀장
- 前 총무국 인사팀장·부국장
- 前 자산운용감독실 실장
- 前 공보실 국장
- 前 금융감독원 연수원 교수

■ **국민연금 기금운용위원회 (2020. 2. ~ 2023. 2.)**
- 前 국민연금기금 수탁자책임전문위원회 위원장 (상근전문위원)
- 前 국민연금기금 위험관리·성과보상전문위원회 위원장 (상근전문위원)
- 前 국민연금기금 투자정책전문위원회 위원장 (상근전문위원)

■ **법무법인 율촌 (2023. 4. ~ 현재)**
- 現 기업법무 및 금융부문 고문 (backniner@gmail.com)

도움을 주신 분들께 감사드립니다.

- 법무법인 린   박은석 변호사
- 법무법인 화우   허환준 변호사
- 법무법인 김앤장   김대혁 변호사
- 법무법인 율촌   임창주 회계사
- 한겨레신문   김경락 기자
- 금융감독원   이지원 팀장
- 고려대학교   박영래 교수

법집행기관 조사 후회없이 대처하기
위반하기 쉬운 주요 금융법규 해설 포함

초판발행   2022년 8월 30일
중판발행   2023년 7월 10일

지은이   오용석
펴낸이   안종만·안상준

편 집   장유나
기획/마케팅   김한유
표지디자인   이영경
제 작   고철민·조영환

펴낸곳   ㈜ **박영사**
             서울특별시 금천구 가산디지털2로 53, 210호(가산동, 한라시그마밸리)
             등록 1959.3.11. 제300-1959-1호(倫)
전 화   02)733-6771
f a x   02)736-4818
e-mail   pys@pybook.co.kr
homepage   www.pybook.co.kr
ISBN   979-11-303-4201-6 93360

copyright©오용석, 2022, Printed in Korea

정 가   25,000원